Fünfzig Jahre nach Ende des Zweiten Weltkrieges beschäftigt sich das Buch des Journalisten Paul Kohl mit einem zentralen, bisher verdrängten Thema der kritischen Militärgeschichte: den Verbrechen der deutschen Wehrmacht und der Polizei während des Angriffskrieges gegen die Sowjetunion.
Der Autor bereiste 1985 das Gebiet der damaligen Sowjetunion und befragte erstmals Überlebende des Vernichtungsfeldzugs der deutschen Wehrmacht und der Polizei. Seine Reise führte ihn zu den ehemaligen Konzentrationslagern von Minsk, Borisov, Orscha, Mogilov und Vitebsk.
Er berichtet auch über das Lager Trostenez bei Minsk, der zentralen Vernichtungsstätte von Belorußland, wo 206500 Menschen von der Sicherheitspolizei und dem Sicherheitsdienst und von der deutschen Polizei in Zusammenarbeit mit der Wehrmacht erschossen und verbrannt worden sind.
Das Buch wird von einem ausführlichen Dokumententeil ergänzt.

Paul Kohl, geboren 1937, lebt als Journalist in Berlin.

Paul Kohl

Der Krieg der deutschen Wehrmacht und der Polizei 1941–1944

Sowjetische Überlebende berichten

Mit einem Essay von
Wolfram Wette

Fischer
Taschenbuch
Verlag

Die Zeit des Nationalsozialismus
Eine Buchreihe
Herausgegeben von Walter H. Pehle

Veröffentlicht im Fischer Taschenbuch Verlag GmbH,
Frankfurt am Main, Februar 1995

Lizenzausgabe mit freundlicher Genehmigung
des Gütersloher Verlagshaus Gerd Mohn, Gütersloh
Die Originalausgabe erschien unter dem Titel
»Ich wundere mich, daß ich noch lebe«

Gesamtherstellung: Clausen & Bosse, Leck
Printed in Germany
ISBN 3-596-12306-2

Gedruckt auf chlor- und säurefreiem Papier

Inhalt

Die Reise

Dokumente

Anhang

»Es ist und bleibt unser Anliegen, die soldatische Haltung und Leistung der Soldaten und Truppenteile der ehemaligen Wehrmacht, die ehrenhaft und tapfer gekämpft haben, zu würdigen und ihnen die Achtung und den Respekt der Bundeswehr zu bekunden.«

General Klaus Naumann, Generalinspekteur der Bundeswehr,
in seiner Festansprache am 7. Juni 1992 in Mittenwald.

Einleitung

Warum ich diese Reise unternahm

Oradour und Lidice sind bekannte Namen. Selbstverständlich. Doch Kortelisi, Bajki, Borki, Dalwa? Vielleicht mit Ausnahme von Chatyn kennen wir keines der 628 Dörfer, die allein in Belorußland mitsamt der Bevölkerung von deutschen Truppen niedergebrannt wurden. Warum nicht? Über die KZs in Dachau, Buchenwald, Sachsenhausen usw. wurde sehr viel veröffentlicht. Warum wurde noch nichts veröffentlicht über die Lager in und um Minsk, Baranowici, Smolensk, Vjasma usw.?
Das Getto von Warschau ist ein Begriff. Warum wissen wir nichts über die Gettos von Minsk, von Vitebsk, von Orscha, von Mogilov, von Sluzk oder Riga? Warum?
Über Auschwitz wissen wir sehr gut Bescheid. Warum wissen wir nichts über Trostenez bei Minsk, den zentralen Vernichtungsort von Belorußland, wo 206500 Menschen erschossen, vergast und verbrannt wurden? Warum ist Trostenez so unbekannt? Über die Verbrechen der deutschen Wehrmacht, der deutschen Polizei und der SS in Polen wissen wir viel. Warum wissen wir so wenig über die Massaker der deutschen Truppen in den besetzten Gebieten der Sowjetunion? Was wissen wir über den Einsatz der Gaswagen in den besetzten Gebieten der Sowjetunion durch die Einsatzgruppen? Was wissen wir überhaupt über diese Einsatzgruppen der Sicherheitspolizei und des Sicherheitsdienstes (SD)?
Über 28 Millionen Tote hatte die Sowjetunion durch den deutschen Überfall von 1941 und die Besetzung bis 1944 zu beklagen. Das sind 14 Prozent der Bevölkerung der UdSSR. Das sind aber auch 44 Prozent der weltweiten Gesamtzahl der Opfer des Zweiten Weltkrieges. Ausgehend von der früheren Angabe von über 20 Millionen sowjetischen Opfern mußten 13,6 Millionen Rotarmisten ihr Leben lassen und 7 Millionen Zivilisten. Nach Angaben des Minsker Historikers Iwan Bejdin wurden von den deutschen Truppen sogar 11 Millionen Zivilisten ermordet. Wie viele Millionen Kriegsgefangene und Zivilisten wurden nach Deutschland deportiert, um sich hier in den Rüstungsbetrieben zu Tode rackern zu müssen? Und wer von uns kennt die Massengräber, wo diese Menschen bei uns im bundesdeutschen Boden ver-

scharrt liegen? Wir haben die Feuerstürme von Hamburg und Dresden selbst erlebt, oder zumindest darüber erzählen gehört. Und man spricht noch heute davon. Doch wer erwähnt auch nur mit einem Wort eine der 1700 zerbombten Städte oder eines der 70000 vernichteten Dörfer in der Sowjetunion?

50 Jahre nach Ende dieses Vernichtungskrieges wissen wir – von wenigen großen Städten abgesehen – immer noch beschämend wenig darüber, was damals dort geschah. Eine andere Art von Eisernem Vorhang haben wir hier in unserem Wahrnehmungsvermögen heruntergehen lassen. Und wenn man darüber zu sprechen beginnt, dann hört man oft, es solle »endlich Schluß sein« mit alldem. Wie kann Schluß sein mit Informationen, die noch gar nicht verbreitet wurden? Und wer sagt dies? Und in welcher Absicht?

Wenn bei uns vom Krieg und vom »Russen« die Rede ist, hört man als erstes die leidvollen Geschichten der Flüchtlinge und Vertriebenen. Daß aber davor die deutschen Truppen russische Bevölkerung vertrieben und deportiert haben und diese vor den Deutschen fliehen mußte – wer denkt schon daran? Und man rechnet auf, was die russischen Truppen beim Einmarsch in das zusammenbrechende Reich alles begingen. Natürlich sind auch hier Verbrechen geschehen. Ich sage »natürlich«, denn ich stelle mir vor, mit welcher Wut, mit welchem Haß und Rachegefühl Rotarmisten den Boden des damaligen Reiches betraten, nachdem sie erleben mußten, wie ihre Familien von den Deutschen massakriert wurden, wie ihre Städte und Dörfer zerstört und ihre Kameraden in den Lagern von der Wehrmacht wie Ungeziefer vernichtet wurden. Sollte man von solchen Menschen erwarten, daß sie nicht in Zorn und Rache diesen Boden betraten, von dem dieser Krieg ausging? Auch hier verwechselt man gerne Ursache und Wirkung.

Und dennoch und trotz allem hat die einmarschierende Rote Armee nicht Gleiches mit Gleichem vergolten. Das ist leicht nachzurechnen. Denn hätten die Sowjets auch ihrerseits über 28 Millionen Deutsche umgebracht – was wäre da noch vom Rest-Reich geblieben? Von der damals sowjetisch besetzten Zone wäre auf jeden Fall nichts mehr geblieben. Und viele von uns würden heute nicht mehr leben.

Leicht kommt uns von den Lippen, daß die Alliierten Hitler besiegt hätten. Sie landeten in der Normandie aber erst am 6. Juni 1944, eineinhalb Jahre nachdem die Rote Armee die deutsche Wehrmacht in Stalingrad endgültig geschlagen hatte. Sie griffen erst ein, als längst feststand, daß die Rote Armee Hitler in die Knie zwang. Die Rote Armee hat uns vom deutschen Faschismus befreit, und nicht die Alliierten. Und das schaffte die Rote Armee nicht wegen, sondern trotz Stalin. Dennoch feiern wir immer noch die Alliierten als unsere »Befreier«.

Ich habe meinen Vater oft gefragt: Was hast du gemacht im Krieg, und nichts erfahren. Er war Polizist und mit einem Polizeibataillon in Polen, in Serbien, in Griechenland und Holland eingesetzt. Ich wußte, daß er beteiligt war am »Bandenkampf«, bei Unternehmungen gegen Partisanen, bei »Befriedungsaktionen«, bei »Säuberungsaktionen« in Dörfern und Gettos. Ich habe ihn oft gefragt, was sie denn mit diesen Menschen gemacht haben. Achselzucken oder ausführliche Erzählungen mit belanglosen Daten, Uhrzeiten, Kompaniezusammenstellungen, gespickt mit Dienstgradbezeichnungen. Meine Ahnung wuchs. Und damit ein unbehagliches Gefühl. Besonders wenn er von seinen »Kameraden« sprach. Mein Vater war kein Nazi. Aber er hat auch nichts gegen sie getan. Er war kein Faschist. Aber auch kein Antifaschist. Daß meine Eltern die NSDAP wählten, war ihnen selbstverständlich. Es ging ihnen doch gut, bis '39. Sie haben auch nicht »Mein Kampf« gelesen, obwohl das Buch in der Vitrine stand.
Vier meiner Onkel waren an der Ostfront. Drei kehrten zurück. Oft hatte ich sie gefragt: Was habt ihr da eigentlich gemacht? Konkret. Die Antworten: Es war eben Krieg. Wir haben nur unsere Befehle ausgeführt. Das war eben so. Wo gehobelt wird, fallen Späne. Auch Menschen. Der vierte Onkel ist bei Charkov begraben. Er hatte sich freiwillig gemeldet. Oder sie erzählten penibel genau, wann sie mit welcher Einheit und mit wieviel Mann um wieviel Uhr wohin transportiert wurden, wo sie dann mit welcher Einheit zusammengelegt wurden und wann wo das russische Feuer begann und mit wieviel Geschützen mit wieviel Millimeter sie das Feuer erwiderten. So ein Gedächtnis! Aber keiner kann sich erinnern, jemals einen Russen oder eine russische Familie erschossen zu haben. Zahlen, hinter denen sie verstecken, was sie wirklich trieben.
Einer dieser Onkel war bei der OT, der Organisation Todt. Bei Stalino. Er hat »nur Straßen gebaut«, sagt er. Die Organisation Todt hat in den besetzten Gebieten der Sowjetunion aber auch Konzentrationslager gebaut und die Zivilbevölkerung zu Schanzarbeiten angetrieben und sie niedergeschossen, wenn sie vor Erschöpfung umfielen. Und sie hat Juden in Gettos erschossen. Davon wußte er nichts.
Der andere Onkel war Fallschirmspringer. Für welche Einsätze? Das hatte er vergessen. Und der dritte war bei den Stukas, den Sturzkampffliegern. Er wurde abgeschossen. Und wenn er mal erzählte, schimpfte er über die russischen Partisanen, weil sie sich verteidigt haben. Sie alle und meine Eltern sprechen heute noch vom 8. Mai 1945 als Tag der Niederlage, des Zusammenbruchs, der Kapitulation, und nicht als Tag der Befreiung. Nein, wirkliche Nazis waren sie alle nicht... Warum wurde in der Bundesrepublik der 8. Mai nicht als Nationalfeiertag festgelegt?

Mit meiner Fragerei hatte ich mich in meinem Verwandtenkreis allmählich unbeliebt gemacht. Zumal ich ein Rundfunkfeature für den Sender Freies Berlin über dieses Thema schreiben wollte. Aussagen von Familienangehörigen auch noch veröffentlichen? Da sprach man mit mir erst recht nicht mehr über dieses Thema.
Mehr Ehrlichkeit erhoffte ich mir darauf von Fremden. So gab ich in mehreren Tageszeitungen eine Anzeige auf: »Rußlandfeldzug! Suche ehemalige Wehrmachtssoldaten...« Zwei Wochen lang klingelte das Telefon. 35 ehemalige Wehrmachtssoldaten wollten mir berichten, wie es wirklich war. Ich habe alle besucht, habe ihre Erzählungen auf Kassette aufgenommen.
Sie jammerten über die kalten Winter. Haben die sowjetischen Soldaten nicht gefroren? Sie klagten über den Schlamm, über die schrecklichen Strapazen, über den Hunger. Hatten sich nicht viele von ihnen freiwillig an die Front gemeldet? Und die Sowjets, die ihr Land verteidigten, haben die nicht auch gelitten? Sie schimpften über die Unfähigkeit ihrer Befehlshaber, ihrer Generäle, über deren strategische und taktische Fehlentscheidungen. Sonst hätte man den Bolschewismus natürlich schnell besiegt. Man hätte alles ganz anders machen müssen. Aber auf sie als einfache Soldaten hörte ja keiner. Sie erzählten mir, wie sie es gemacht hätten und wie dann der Russe leicht vernichtet worden wäre.
Und dann schwärmten sie, wie freundlich sie von den russischen Familien aufgenommen wurden, wie diese alles für sie hergegeben haben, wie herzlich ihr Zusammenleben war, als wären die Deutschen dort alle auf Urlaub gewesen. Sie schwadronierten, daß den Russen das Sterben nicht viel ausmachte, daß die eben eine andere Einstellung zum Tod hätten, eine asiatische.
Ich fragte, ob sie auch beteiligt waren am Niederbrennen der Dörfer. Nein, das waren immer andere. Man habe wohl ab und zu von weitem ein Bauernhaus brennen sehen. Und außerdem hätten die Russen ihre Häuser immer selbst angesteckt.
Ich fragte, ob sie an Massenerschießungen beteiligt waren. Nein, um Gottes willen, das war die SS. Wohl habe man so hin und wieder gehört, daß bei einer anderen Einheit »so etwas« vorgekommen sei.
Ich fragte, ob sie mitgeholfen hätten, Gettos zu errichten und zu bewachen. Auch da waren alle gerade Essen holen oder im Lazarett. Auch geplündert haben sie nicht. »Requiriert« ja, aber nicht geplündert. Und jedes Huhn, jedes Schwein und jede Kuh, die sie aus den Ställen der Bauern holten, haben sie bezahlt. Natürlich. Die Russen hätten dabei sogar noch ein gutes Geschäft gemacht.
Doch als ich meinen Recorder eingepackt hatte und in der Tür stand und

mich verabschiedete, da rutschte manchem noch ein Satz heraus, den er lächelnd zu beschönigen versuchte. Naja, ganz so brav waren wir natürlich nicht. Aber was willste machen.

Von den 35 ehemaligen Wehrmachtssoldaten haben sich drei zu ihren Verbrechen bekannt. Haben ihre Schuld eingesehen, es tat ihnen leid. Sie würden gerne wieder in die Sowjetunion fahren, als Touristen das Land wiedersehen und jene Sowjetbürger, denen sie damals als Feinde gegenüberstanden. So sprachen drei von 35 ehemaligen Soldaten.

Darauf gab ich eine Anzeige in Tageszeitungen auf mit dem Text: »Überfall auf die Sowjetunion! Welcher ehemalige Soldat erzählt mir über die Verbrechen der deutschen Wehrmacht und der Polizei...« Kein einziger Anruf. Doch, ein Anruf kam: Eine wütende Stimme beschimpfte mich als Schmutzfink, als Kommunistensau, ob ich denn überhaupt Deutscher sei und ich solle mich vorsehen, sonst würde man mit mir noch abrechnen. Das Ganze natürlich, ohne seinen Namen zu nennen.

Ich besorge mir Literatur über dieses Thema. Ich gehe in Bibliotheken. Da steht in mehreren Exemplaren Paul Carell, »Unternehmen Barbarossa«, und daneben mit Farbfotos Carells »Unternehmen Barbarossa im Bild«. Ich blättere in den Bänden und sehe die Bilder mit den Soldaten an den Geschützen und lese die Bildunterschrift: »Die Werferbatterien jagten ihre mächtigen Geschosse in schneller Folge aus den Rohren. Mit glühendem Feuerschweif heulten die Raketen über die Front.« Natürlich hatten die Deutschen damals keine Raketen. Und: »Das deutsche 8,8-cm-Flakgeschütz war der Panzerschreck der Russen.« Ich sehe die Panzerkolonnen und lese: »Die Schlacht rollt. Deutsche Panzer preschen in Feuerstellung.« Ich sehe die brennenden Dörfer und lese: »Und weiter stürmen die Panzer nach Osten.« Und dann immer diese lachenden Soldaten mit ihren hochgekrempelten Hemdsärmeln und die MP in der Faust. Unrasierte, verschwitzte, aber immer heldenhafte Gesichter. Und ihre Panzer stürmen voran, daß die Steppe nur so staubt. Fröhliche Umarmungen mit Russen, die ihnen Fleisch und Eier anbieten. Ein deutscher Soldat, der vor einem Russenkind kniet und ihm Bonbons anbietet. Bilder für die deutschen Wochenschauen. Und dann die frierenden Landser im Schneefeld mit der Unterschrift: »Der russische Winter hat der deutschen Offensive gegen Moskau das Rückgrat gebrochen!« War es nur der Winter? Und nicht die Rote Armee, die Partisanen, die zivilen Widerstandskämpfer in den Städten?

Aber in diesem »Standard-Informationswerk« von Carell kein einziges Bild von Zivilisten, die am Galgen hängen, von Massenerschießungen und Massengräbern, von Gettos, von Kriegsgefangenenlagern, von Gaswagen... So etwas hat es nach Paul Carell nicht gegeben. Das ist auch kein Wunder, wenn

man weiß, daß Paul Carell in Wirklichkeit Paul Karl Schmidt hieß und der Pressechef des Nazi-Außenministers Ribbentrop war.
In einem dieser Bände sehe ich immerhin die Fotografie eines russischen Kriegsgefangenen: das Gesicht ausgemergelt von Hunger und Zwangsarbeit, ein knöchriger, geschorener Schädel mit Augen im Tran, schon halb zum Tod hinüber – Bilder, wie wir sie von Auschwitz-Häftlingen kennen. Das einzige Bild von einem Opfer dieses »Rußlandfeldzuges«. Und darunter steht von einem Leser mit blauem Kugelschreiber gekrakelt: »Langhaariger Penner.«
Ich sehe von Konsalik »Die Rollbahn«, lese ein paar Zeilen und stelle es wieder ins Regal. Ich finde das 1982 von Erich Mende veröffentlichte Buch »Das verdammte Gewissen«, ein Buch von Alfred Dregger und die Erinnerungen von Adolf Heusinger, dem Chef der Operationsabteilung im Generalstab des Heeres in der UdSSR. Heusinger war nach 1945 Mitbegründer und Generalinspekteur der Bundeswehr sowie Vorsitzender des Ständigen Militärausschusses der NATO in Washington. In allen finde ich viel Selbstlob und »schicksalhafte Verstrickung«, aber kein Wort der Anerkennung und Übernahme von Schuld. Aus den Tätern war also nichts herauszubekommen, von den Vätern nichts zu erfahren.
Ich sehe im Regal »Sonderakte Barbarossa – Dokumente« aus sowjetischer Sicht von Lew Besymenski, dem Moskauer Historiker, schlage auf und lese innen auf dem Titelblatt mit Kugelschreiber geschmiert: »Übles bolschewistisches Machwerk! Hier wird gelogen, verschwiegen, entstellt und verschönt. Fazit: Nicht lesbar!« Und ich finde von demselben Autor »Die Schlacht um Moskau 1941«, ein Buch, das sich ebenfalls auf sowjetische Dokumente stützt. Froh darüber, endlich einmal eine Schilderung aus der Sicht der Opfer in der Hand zu haben, leihe ich die beiden Bücher aus. Der Bibliothekar, ein junger Mann, blättert darin herum und sagt dann: »Und Sie glauben, das stimmt?«
Schon lange vorher, aber nun erst recht, war mir klar, daß es nur einen Weg gab, um zu erfahren, was von 1941 bis 1944 zum Beispiel nur im »Operationsraum« der Heeresgruppe Mitte von Brest am Bug bis kurz vor Moskau geschah: nämlich diese Strecke selbst nachzufahren und dort die Überlebenden aus dieser Zeit erzählen zu lassen. Wenn die Täter schweigen, so werden die Opfer berichten.
Es gab die Heeresgruppe Nord mit ihrer Stoßrichtung auf Leningrad, die Heeresgruppe Süd, die auf die südlichen Sowjetrepubliken angesetzt war, und die Heeresgruppe Mitte, die mir wegen ihrer zentralen Lage und Stoßrichtung auf Moskau beispielhaft für diesen Vernichtungskrieg war, der unter dem Code »Unternehmen Barbarossa« lange vorbereitet wurde. Von

Brest bis Moskau also sollte die Reise gehen. Vom Sender Freies Berlin erhielt ich den Auftrag für ein Rundfunkfeature über dieses Thema und damit von ihm auch die Reisekosten. »Steh auf! Es ist Krieg!« hieß dann später das Feature, das fast alle Rundfunkanstalten gesendet haben.

Wie diese Reise verlief

Nachdem ich mich in Fachliteratur (siehe im Anhang das Literaturverzeichnis) – darunter die Kriegstagebücher des Oberkommandos der Wehrmacht und die Ereignismeldungen UdSSR der Einsatzgruppen – eingelesen hatte, stellte ich eine Route von Städten, Dörfern und Orten zwischen Brest und Moskau zusammen, die ich besuchen wollte, und ging damit zum Westberliner Büro der sowjetischen Presseagentur APN / Nowosti. Dort übermittelte man meine Wünsche und Pläne der Moskauer Zentrale. Man war mit meiner Wunschroute einverstanden und schlug noch zusätzlich andere Orte vor, die ich noch nicht kannte. APN / Nowosti in Moskau telefonierte in den einzelnen Städten mit den Redakteuren der Kreiszeitungen und mit den Bürgermeistern, die mich dann ortskundig betreuen, mich mit Informationen versorgen, mich zu den einzelnen Stätten führen und überlebende Gesprächspartner für mich ausfindig machen sollten. Fahrer wurden bereitgestellt, Hotelzimmer reserviert. Und es wurde für mich ein Dolmetscher in Moskau ausgewählt, der nicht nur einfach übersetzte, sondern selbst Journalist ist und sich für dieses Thema interessierte. So entstand ein Programm für sechs Wochen, auf die Stunde genau ausgetüftelt, mit Ankunfts- und Abfahrzeiten in jeder Stadt, in jedem Dorf.

Belorußland hat neben den baltischen Republiken in diesem Krieg am meisten leiden müssen. Belorußland hatte 2,2 Millionen Tote zu beklagen. In dieser Republik kam jeder vierte Bewohner ums Leben. In Weißrußland, das die Nazis »Weißruthenien« nannten, wurden 209 Städte und 9200 Dörfer (davon 628 Dörfer mitsamt den Bewohnern) vernichtet. Es gab dort 70 Gettos und 60 große Lager, in denen Kriegsgefangene und Zivilisten systematisch durch Erfrieren, Verhungern, Erschießungen, durch bewußt herbeigeführte Epidemien dem Tode ausgeliefert wurden. 1,4 Millionen Menschen sind allein in Weißrußland in diesen Lagern umgekommen. Die Industriekapazität dieser Republik wurde zu 96% zerstört.

Als ich über 40 Jahre nach Ende dieses Krieges im September 1985 losfuhr, fragte ich mich auch: Wie würde ich in einem solchen Land empfangen werden? Meine Gesprächspartner traf ich in den Räumen der Kulturhäuser. Jede Siedlung hat ein solches Kulturhaus. Hier finden Versammlungen statt,

Konzerte, Vorträge, Theateraufführungen, Filmvorführungen, hier ist auch oft die Bibliothek untergebracht. Ich traf sie in Sitzungsräumen von Rathäusern, von Gemeindeverwaltungen oder in Redaktionsräumen von Kreiszeitungen, in Büros von Kolchosen und Sowchosen oder in Heimatmuseen mit Räumen, in denen Erinnerungsstücke aus dem Krieg ausgestellt werden. Jedes kleine Dorf hat ein solches »Kriegsmuseum«. Hier sind die Gegenstände versammelt, die man in der jeweiligen Umgebung fand: Granatenhülsen, ein Stück eines abgeschossenen Bombers, Geschützteile, durchschossene Stahlhelme, Uniformteile, zerfetzte Armeebücher, Briefe, Karten. Dazu Schaubilder und Galerien von eingerahmten Porträts von Generälen, Partisanen, Zivilisten – Verteidiger des jeweiligen Ortes.

Bei jedem Treffen waren 10 oder 20 alte Menschen versammelt, die der jeweilige Bürgermeister oder Zeitungsredakteur aus dem Ort selbst oder aus der Umgebung gebeten hatte zu kommen: ehemalige Partisanen, Widerstandskämpferinnen, Rotarmisten, Menschen, die von Massenerschießungen fliehen konnten oder zusammen mit anderen in brennenden Scheunen eingeschlossen waren und ausbrechen konnten, die aus KZs und Kriegsgefangenenlagern flüchten konnten oder dort irgendwie überlebten. Fast alle hatten ihre ganze Familie verloren und sind nun die letzten Zeugen von Vernichtungsaktionen.

Ich saß Invaliden gegenüber, denen man ein Bein oder einen Arm amputiert hatte, die blind waren oder gelähmt durch eine deutsche Kugel. Am Anfang betrachteten sie mich skeptisch, stellten kritische Fragen an mich. Immerhin war ich – ausgenommen die großen Städte – in Dreiviertel des Gebietes nach Kriegsende der erste Westdeutsche (oder gar Deutsche überhaupt), der diese Menschen besuchte und sie nach ihren Erlebnissen damals fragte. Doch bald verlor sich ihre Scheu, sie gewannen Vertrauen.

Viele sprechen zu Beginn nur stockend. Sie haben Angst vor der Erinnerung. Doch dann bricht ihr Schmerz mit einem Mal wieder hervor. Ihre Sätze ersticken in Tränen, sie können nicht mehr weitersprechen, entschuldigen sich. Andere beginnen gleich bei den ersten Sätzen zu weinen, stoßen ihre erlebten Leiden hervor, als sei es gestern gewesen. Das Entsetzen tritt ihnen wieder aus den Augen. Sie gehen aus dem Raum, beruhigen sich und kommen wieder. Sie dachten, es sei alles vergessen. Doch wenn sie nun berichten, steht wieder alles vor ihnen. Sie werden von ihren Erinnerungen überwältigt. Alte Männer wischen sich heimlich Tränen aus den Augen. Ich habe niemanden erlebt, der beim Erzählen seiner Geschichte ruhig bleiben konnte.

Viele geben mir einen Brief, in dem sie am Tag zuvor alles aufgeschrieben hatten, weil sie Angst hatten vor dieser Begegnung. Sie holen Fotos aus

ihren Handtaschen, zeigen mir ihre Familienangehörigen, die von den Deutschen umgebracht wurden. Oder in den Museen zeigen sie auf die Porträts: »Das war mein Mann. – Das war meine Schwester. – Das war mein Sohn. – Meine Mutter. Mein Vater. Meine Tochter...«
Während all dieser Zeit höre ich kein böses Wort mir gegenüber, keinen Vorwurf. Immer wieder unterscheiden sie zwischen den Faschisten und den Deutschen. Sie betonen, daß es auch gute Deutsche hier gab, vereinzelt. Die ihnen eine Zigarette zugesteckt hatten, die von ihrer Familie zu Hause erzählten, die ihnen in einigen Fällen sogar das Leben gerettet hatten, sie vor den Faschisten retteten.
Und sie unterscheiden immer wieder zwischen der Generation damals und der bundesrepublikanischen Jugend heute. Daß diese Menschen nach all ihren Erlebnissen noch so differenzieren – das hat mich oft beschämt. Kein Wort der Rache. Wohl aber Trauer und Schmerz. Und kopfschüttelndes Unverständnis darüber, daß bei uns in der Bundesrepublik noch heute so viele Massenmörder nicht zur Rechenschaft gezogen wurden und frei herumlaufen. Von den immer noch unterlassenen Wiedergutmachungszahlungen an die deportierten Zwangsarbeiter reden sie erst gar nicht, winken mit der Hand resigniert ab, aussichtslos.
Und ein anderer Punkt taucht immer wieder in unseren Gesprächen auf: die Stationierung der Pershing II auf bundesdeutschem Boden. 1985 ist die Stationierung dieser Mittelstreckenraketen in vollem Gang. Die Sowjets haben wieder Angst vor uns. Sie können nicht verstehen, daß nach zwei Angriffen auf ihr Land nun die Westdeutschen dem US-Militär erlauben, auf ihrem Boden jene Pershing II aufzustellen und damit für einen dritten Angriff rüsten.
Wenn ich mich verabschiede, schenken sie mir Bücher über die neuerrichtete Stadt, über das notdürftig wiederaufgebaute Dorf. Man schenkt mir Holzschnitzereien, Fotos, Souvenirs, Anstecknadeln. Und immer wieder packt man mir das in der Schale liegengebliebene Obst und Gebäck ein als Proviant für unterwegs. Sie verabschieden mich, als würde ich zur Familie gehören, und laden mich ein, doch bald wiederzukommen. Und immer wieder dieser Satz: »Grüßen Sie das deutsche Volk und sagen Sie, wir möchten in Frieden miteinander leben.«
Alte Frauen, alte Männer, deren gesamte Familie erschossen, vergast, verbrannt wurde und die als letzte Zeugen dieser Vernichtungsaktionen überlebt haben, führen mich zu diesen Massengräbern: »Hier war es.« Gruben, die man an der nachgesackten Erde erkennt. Davor ein kleiner Obelisk als Gedenkstein mitten in der Landschaft. Auch bei dieser direkten Konfrontation an den Vernichtungsstätten kein Vorwurf mir gegenüber. Nur ihr Be-

dauern: »Warum kommen Sie erst jetzt?« Ja, das frage ich mich auch. Warum komme ich erst jetzt? Warum habe ich nicht schon vor 20 Jahren diese Erkundung unternommen? Ich wußte doch auch damals schon in Umrissen, was hier geschehen war. Ich rechne zurück: Das wäre 1965 gewesen. Die Bundesrepublik hatte damals gerade die Adenauer-Ära hinter sich. Ludwig Erhard war Bundeskanzler. Dann kam Kiesinger. Animierte diese Zeit mit ihrem Antikommunismus zu einer Reise in die Sowjetunion, die immer noch als Feindbild herhalten mußte?
Meine Gastgeber meinen aber mit ihrer Frage, daß ich früher noch mehr lebende Augenzeugen hätte antreffen und befragen können. So viele sind inzwischen gestorben. Und es ist abzusehen, wann der letzte Augenzeuge aus jener Zeit nicht mehr leben wird. »Nun gut«, sagen sie, »es ist besser, Sie kommen so spät als gar nicht.«
Bei meiner Reise durch das westliche Belorußland (das frühere östliche Polen) von Brest bis kurz vor Minsk muß ich mir immer wieder vor Augen halten, daß über diese Menschen, die hier nun vor mir sitzen, zweimal die Mordlawine hinweggegangen ist. Am 17. September 1939 vom Osten her Stalins Rote Armee und am 22. Juni 1941 vom Westen her die deutschen Truppen. Damals, 1985, erstarrten meine Gesprächspartner, wenn ich sie bat, auch etwas über den Überfall Stalins auf dieses Gebiet zu berichten, und mein Dolmetscher Slawa wurde nervös. Sie schwiegen verlegen. Heute würden sie sicher freier darüber sprechen.
Am 23. August 1939 unterzeichneten die Außenminister Ribbentrop und Molotov einen »Nichtangriffsvertrag zwischen Deutschland und der Sowjetunion« und ein »Geheimes Zusatzprotokoll«, in dem sich Hitler und Stalin Polen je ungefähr zur Hälfte in »Interessenssphären« aufteilten [1]. Eine Woche darauf, am 1. September 1939, überfielen die deutschen Truppen Polen (Stalin schickte Hitler ein Glückwunschtelegramm zur erfolgreichen Einnahme von Warschau), und am 17. September 1939 rückte die Rote Armee in das östliche Polen ein. Wie verabredet trafen sich die beiden Armeen an der »Interessensgrenze« in der Mitte Polens. Deutsche und russische Generäle schüttelten sich freundschaftlich die Hände, feierten zusammen bei Sekt ihren Einmarsch, prosteten sich auf die Zukunft zu und hielten am 22. September 1939 in Brest-Litowsk sogar eine gemeinsame Truppenparade ab.
Elf Tage nach dem Einmarsch der Roten Armee in Ostpolen schlossen Hitler und Stalin am 28. September 1939 neue Abkommen: einen »Deutsch-sowjetischen Grenz- und Freundschaftsvertrag« nebst zwei »Geheimen Zusatzprotokollen« und einem »Vertraulichen Protokoll« und eine »Erklärung der Deutschen Reichsregierung und der Regierung der UdSSR« – alle unterzeichnet von Ribbentrop und Molotov.

In diesem »Grenz- und Freundschaftsvertrag« und in einem der beiden »Geheimen Zusatzprotokolle« vom 28. September 1939 wurde die gemeinsame Grenzlinie »rektifiziert«: In der nördlichen Hälfte Polens gab Hitler den Sowjets besetztes Land ab, dafür ließen die Sowjets die deutsche Wehrmacht im Süden weiter vorrücken. In der Mitte Polens wurde als gemeinsame Grenze der Bug bei Brest-Litowsk festgelegt[2].

Auch Stalin hatte mit Polen einen sowjetisch-polnischen Nichtangriffspakt geschlossen. Das war 1932. Nun war er in Ostpolen unter dem Vorwand einmarschiert, die dort lebende weißrussische und ukrainische Bevölkerung zu schützen. Tatsächlich lebten in dem von der UdSSR besetzten Gebiet Ostpolens etwa acht Millionen Weißrussen und Ukrainer und nur ca. fünf Millionen Polen. Rote Armee, der Geheimdienst NKWD und die Geheimpolizei GPU liquidierten, wie Hitler es zuvor in Westpolen und später in der Sowjetunion tat, die Verwaltung und die Intelligenz. 300000 Polen gerieten in sowjetische Kriegsgefangenschaft. Davon überlebten nur 82000. Chatyn bei Smolensk, wo die deutschen Besatzer später 4500 der insgesamt 15000 ermordeten polnischen Offiziere in einem Massengrab fanden, ist bekannt. Doch unbekannt sind die Lager Starobielsk und Ostaschkov, in denen fast alle 10000 Gefangenen ermordet wurden. Während der 21 Monate dauernden Besatzung, vom 17. September 1939 bis zum 22. Juni 1941, bis die Sowjets selbst von der deutschen Wehrmacht überfallen wurden, ließ Stalin von den insgesamt 13 Millionen Bewohnern Ostpolens etwa 1250000 Menschen nach Sibirien und Kasachstan deportieren. Das sind knapp 10 Prozent der gesamten örtlichen Bevölkerung. Von diesen Deportierten kamen ca. 40 Prozent in den Gulags ums Leben[3]. Doch nicht die Verbrechen Stalins, sondern die Verbrechen der deutschen Wehrmacht, der deutschen Polizei und der Einsatzgruppen sind der Inhalt meines Buches.

Nach dieser Reise im September 1985 fuhr ich noch mehrmals in die Sowjetunion, um gezielt an bestimmten Orten über Verbrechen nachzufragen. Bei alldem ging es mir nicht – wie in den meisten anderen Darstellungen – um Schlachtbeschreibungen, welche Division wann aus welcher Richtung kam. In diesen üblichen strategisch-taktischen Schilderungen wie zum Beispiel bei allen Büchern von Werner Haupt, den ich bewußt nicht in mein Literaturverzeichnis aufnahm, fällt auf, daß darin außer den deutschen »Helden« nie Menschen vorkommen. Man könnte meinen, es handele sich hier um menschenlose Regimenter und Bataillone, um menschenleere Landschaften und Städte. Und natürlich kommen in diesen »realistischen« Darstellungen erst recht keine abgeschlachteten Opfer vor. Will man damit der Schuld entgehen?

Ich will umgekehrt nur von Menschen erzählen. Kriegsleiden von unten

gesehen. Aus der Sicht der Opfer. Und diese überlebenden Opfer erzählen natürlich nicht »wissenschaftlich«. Wenn sie »Soldaten« sagen, dann meinen sie nicht unbedingt damit die Wehrmacht. Sie meinen einfach Uniformierte. Das können SD-Beamte sein oder Schutzpolizisten, russische Hilfswillige oder Rumänen. Als diese Menschen aus ihren Häusern und Wohnungen geholt, auf dem Marktplatz zusammengetrieben und auf Lkws geladen wurden, da fragten sie nicht, welche Einheit sie zum Tode karrte. Sicherheitspolizei, Waffen-SS, allgemeine SS, Wehrmacht, Organisation Todt, Schutzpolizei, Gendarmerie – für die Opfer waren dies alles »Soldaten«. Sie sprechen von »deutschen Truppen«, von »Faschisten«, von »Hitler-Leuten«. Man kann hier keine genaue militärische Bezeichnung erwarten, keine exakten Termini. Diese Menschen kämpften um ihr Überleben und waren froh, wenn sie wieder mal für einen Tag davongekommen sind. Erst später, im nachhinein und erst recht nach Kriegsende, als Berichte erschienen, haben einzelne diese Truppenteile unterschieden.
So verhält es sich auch mit den Zahlenangaben. Als deutsche Truppen ein Dorf niederbrannten, wußten die Bewohner natürlich nicht, wie viele Menschen jetzt in dieser Scheune zusammengepfercht waren, wie groß das Ausmaß der Vernichtung war. Kriegsgefangene wußten natürlich nicht, wie viele Gefangene in diesem Moment in diesem Lager hausten, wie viele jeden Tag erschossen wurden. Erst später erfuhren sie diese Zahlen, lasen sie nach Kriegsende in den Zeitungen. Wobei sich die Sowjetische Außerordentliche Staatliche Untersuchungskommission auch selbst meistens nur auf Schätzungen stützen konnte, die allerdings im großen und ganzen zutrafen.
Wenn die Augenzeugen in diesem Buch an vieles noch eine so genaue Erinnerung haben, so können sie natürlich nach über 40 Jahren nicht mehr unterscheiden, ob sie sich nun an selbst Erlebtes erinnern oder darüber gelesen oder gehört haben. Nach so vielen Jahrzehnten vermischt sich zwangsläufig persönlich Erlebtes mit Berichten von anderen. Das bedeutet jedoch keineswegs, daß ihre Aussagen im geringsten in Frage zu stellen sind. Sie dürfen nur nicht als wissenschaftliches Material angesehen werden, sondern als Erfahrung, die in diesen Menschen bis heute lebendig geblieben ist.
Oft erlebe ich, daß bei Nennung der deutschen Verbrechen bei uns sofort mit den Verbrechen Stalins gekontert wird. Als wäre die Schuld des einen durch die Schuld des anderen aufgehoben. Nie würde man auf den Gedanken kommen, einen Mörder freizusprechen, nur weil ein anderer auch gemordet hat. Dieses Zeigen auf den anderen macht deutlich, wie sehr man bemüht ist, von der eigenen Schuld abzulenken oder sie zu verharmlosen. Unerträglich ist dabei, wenn man aufrechnet, daß Stalin ca. 50 Millionen Sowjetbürger umbringen ließ und Hitler »nur« 28 Millionen. Solange bei uns immer noch

nicht die »Ereignismeldungen UdSSR« jener Killerkommandos, genannt Einsatzgruppen, veröffentlicht sind, haben wir kein Recht, auf andere zu zeigen. Diese »Ereignismeldungen UdSSR« belegen nämlich, daß die Mehrheit der »anständigen« und »ehrenhaften« Soldaten und der deutschen Polizei genauso aktiv an Massenmorden beteiligt waren wie die SS und die Waffen-SS. Solange bei uns immer noch Gerichtsverfahren gegen nachgewiesene Kriegsverbrecher »mangels hinreichenden Tatverdachts« eingestellt werden, haben wir kein Recht, mit dem Finger auf die sowjetischen Kollaborateure zu zeigen, auf die lettischen, weißrussischen und ukrainischen Hilfswilligen. Dieses Thema ist ein innersowjetisches Problem. Es ist nicht das Thema meines Buches.
In einer Zeit, in der ein Arzt gerichtlich verfolgt, demagogisch diffamiert und sogar mit dem Tode bedroht wird, nur weil er die Selbstverständlichkeit ausspricht, daß Soldaten »potentielle Mörder« sind, in dieser Zeit darf anstandslos das Buch des ehemaligen Kommandeurs der 6. Infanterie-Division, Horst Großmann, vertrieben werden, in dem er schreibt: »Lob und Dank verdienen alle Waffengattungen...« Seine Division hat auch mit dazu beigetragen, daß in Rschew von den 60000 Einwohnern nach der deutschen Okkupation nur noch 362 Menschen lebten. Weiter Großmann in seinem Buch: »So verlassen die Rschew-Kämpfer unbesiegt einen Frontabschnitt, dessen Name allein für sie Inbegriff soldatischer Bewährung bleibt und auch in Zukunft Ansporn zu voller Einsatzbereitschaft sein wird.« Das schrieb Großmann 1963. Was meint er denn mit »in Zukunft ... volle Einsatzbereitschaft?« Über diese Verherrlichung des Krieges und über diesen Aufruf zum Massenmord regten sich keine Bundeswehrsoldaten auf, da fühlten sie sich nicht »in ihrer Ehre beleidigt«, und kein Verteidigungsminister sah darin einen Grund zur Klage wegen Volksverhetzung. Und dann schreibt Großmann in seinem Buch: »Unmenschliches leistete der deutsche Soldat.« Da hat er recht. Das ist wahr. Treffender hätte er es gar nicht formulieren können.
Ich dagegen danke meinen russischen Freunden Sergej Guk, Valerij Golubzov und Borislaw Petschnikow. Sergej Guk hat als damaliger Leiter des Westberliner APN/Nowosti-Büros meine Reise schwungvoll in die Wege geleitet. Valerij Golubzov organisierte von Moskau aus in unzähligen Telefongesprächen den konkreten Verlauf der Reise, und Borislaw Petschnikow machte als Dolmetscher vieles Unmögliche möglich. Diese Troika warf sich für mich ins Geschirr und tat alles, damit ich dieses Buch schreiben konnte. Diesen dreien meinen freundschaftlichen Dank!

Die Reise

»22. Juni 1941 (Sonntag)
... Neue Fanfaren ausprobiert... Aber die Lißtfanfare bleibt doch die beste... schwülere Atmosphäre. Nun wartet aber die ganze Welt auf das reinigende Gewitter... Um 3^{30h} beginnt der Angriff. 160 komplette Divisionen. 3000 km lange Angriffslinie. Alles steht gut. Größter Aufmarsch der Weltgeschichte. Der Führer ist von einem Albdruck befreit, je näher die Entscheidung kommt... Er taut direkt auf. (Alle) Müdigkeit scheint von ihm gewichen... Dieses Krebsgeschwür muß ausgebrannt werden. Stalin wird fallen... 3^{30h}. Nun donnern die Geschütze. Gott segne unsere Waffen! Draußen auf dem Wilhelmplatz ist alles still und leer. Berlin schläft, das Reich schläft... Ich gehe ruhelos im Zimmer auf und ab. Der Atem der Geschichte ist hörbar. Große, wunderbare Zeit, in der ein neues Reich geboren wird. Unter Schmerzen zwar, aber es steigt empor zum Licht. Die neue Fanfare ertönt. Machtvoll, brausend und majestätisch. Ich verlese über alle Sender die Proklamation des Führers an das deutsche Volk. Auch für mich ein feierlicher Augenblick... Ich fühle mich ganz frei... Dann fahre ich nach Schwanenwerder. Die Sonne steht schon groß und schön am Himmel. Im Garten draußen zwitschern die Vögel. Ich falle ins Bett. Und schlafe 2 Stunden einen tiefen, gesunden Schlaf.«

Joseph Goebbels, Tagebücher[4]

An einem 24. Juni hatte Napoleon 1812 die Memel überschritten und damit seinen Überfall auf Rußland begonnen. Die Tage vom 22. bis 24. Juni sind die längsten im Jahr. Da ist es am längsten hell. Das heißt, an diesen Tagen können Soldaten am weitesten marschieren, die Panzer am weitesten fahren und die Flugzeuge am längsten bombardieren.

Brest

Brest (polnisch: **Brześć nad Bugiem**) (BB 360°).
Geb. Brest.
54200 Einw. (1937).
(4615 Wohngebäude, 1931).
Gebietshauptstadt und Festung am rechten Ufer des Bug, an der Mündung des Muchawez (Muchawiec). Wichtiger Eisenbahnknotenpunkt der Bahnen von Warschau, Moskau, Belostok, Baranowitschi, Kowel und Chelm. Straßenknotenpunkt der Straßen von Warschau (195 km), Chelm (152 km), Luzk (206 km) und Ssluzk. – Die Stadt ist bekannt durch die Friedensverhandlungen zwischen Rußland und den Mittelmächten im Nov./Dez. 1917. – **Wehrwichtige und militärische Anlagen:** 3 Krankenhäuser, ehemaliges polnisches Lazarett, 38 Schulen, El.-W. (928 kW), El.-W. der Eisenbahn (244 kW), Wasserturm, Wasserleitung, Kanalisation, Post-, Fernsprech- und Telegraphenamt, Großgarage, Hauptbahnhof (1,5 km lang, bis zu 7 Ausweichgleisen breit) mit Wasserturm, Bahnhof Brest II mit großen Lagerhäusern und Wasserturm, Bahnhof Brest IV (2 km lang, bis zu 12 Ausweichgleisen breit) mit Wasserturm, Lagerhäusern und Rampen, Bahnhof Brest-Podleskij mit Wasserturm; 2 Bahnbrücken über den Muchawez, Straßenbrücke über den Bug, großes Lagerhaus mit Gleisanschluß, Öl- und Benzinniederlage, Feuerwehrdepot, Schlachthof; ehemalige polnische Artillerie- und Pionierkaserne, Panzerwagenkaserne, 2 Infanteriekasernen; erweiterter Fortgürtel, große alte Kernfestung, 2 Munitionsdepots, Flugplatz (Schuppen, Kaserne, Gleisanschluß, FT- und meteorologische Station, unterirdisches Munitionsdepot), Truppenübungsplatz. – **Industrie:** Metallwarenfabriken, Lederverarbeitung, Ölfabrik, Holzindustrie, Musikinstrumentenfabrik, 4 Dampfsägewerke, Sägewerke, viele Ziegeleien, Kerzen-, Tabak-, Grütze- u. Likörfabrik, Brauereien, Mühlen, darunter 3 Motormühlen[5].

Montag, 9. September, 16 Uhr: Ankunft in Brest am Bug. Hier beginne ich meine Reise auf der Spur der Heeresgruppee Mitte von Brest bis Moskau. Ich werde abgeholt von meinem Dolmetscher Borislaw Petschnikow und von einem Redakteur der Brester Kreiszeitung. Der Zug fährt in den Bahnhof ein. Ich trete hinaus auf den Flur, will ihnen ein Zeichen geben. Die Schaffnerin, die uns eben noch so liebenswürdig Gläser mit heißem Tee servierte, machte uns resolut klar, daß wir alle in unserem Abteil warten müssen, bis Zoll und Paßkontrolle den Waggon passiert haben.
Wir sitzen also in unseren Abteilen und warten. Grenzbahnhof Brest. Draußen laufen Dutzende auf dem Bahnsteig hin und her. Suchen ihre Leute in den Waggons. Paßkontrolle. Mein Gegenüber, ein Student aus Ost-Berlin, der in Moskau Ökonomie studiert, streckt seinen DDR-Paß hin. Der sowjeti-

sche Grenzbeamte blättert. In Ordnung. Ich gebe ihm meinen Westberliner »Behelfsmäßigen Personalausweis« und mein Visum. Er blättert. In Ordnung. Etwas zu verzollen? Nein. Keine Gepäckkontrolle. Ich kann aussteigen. Draußen stehen schon Borislaw und der Redakteur. Wir stellen uns vor. Er heißt Sascha, schüttelt mir die Hand. »Herzlich willkommen in der Sowjetunion!« Es beginnt zu regnen. Die beiden schnappen meine zwei Koffer und laufen zum bereitstehenden Pkw der Zeitung. Wir fahren zum Hotel »Intourist«. Brest – meine erste Station.
Das also ist Brest. Breite Straßen, an den Seiten junge Bäume gepflanzt. Neubauten. Der Verputz schon ein bißchen abgeblättert. Daneben werden neue Wohnblöcke hochgezogen. Sehr wenige Autos auf den Straßen. »Schon viel zu viele!« sagt Sascha. Große rote, gelbe, blaue Transparente an den Hauswänden. Gigantische Leninköpfe. In riesigen Buchstaben drei Worte: »Frieden«, »Partei«, »Ruhm«. Menschen strömen in Geschäfte, stehen an Bushaltestellen; eine Schulklasse wird über den Fahrdamm geleitet. Eine Menschengruppe vor einem Kwas-Wagen, Krüge in der Hand. Verkehrspolizisten von der »Gaj« stehen gelangweilt neben ihrem Fahrzeug. Am Straßenrand werden Blumen und Äpfel verkauft.
Im Hotel »Intourist«. Borislaw erledigt meine Anmeldung an der Rezeption. Sascha telefoniert mit der Redaktion für unser erstes Treffen in der Festung. Ich will mit dem Aufzug nach oben in mein Zimmer, da hilft mir ein älterer Mann die Koffer tragen. Wir stehen im Aufzug. Er spricht Deutsch. Ich frage ihn, wo er so gut Deutsch gelernt hat. »In einem deutschen KZ«, sagt er. Ohne Vorwurf.
Am nächsten Tag: Borislaw und ich stehen vor dem Eingangstor der Festung: ein monumentales Betongewölbe. Das Tor in Form eines riesigen fünfzackigen Sowjetsterns. Die Wände, die Zacken verkantet, verzahnt. Über uns in den Betonnischen durch Lautsprecher das Ticken eines Metronoms. Das Pausenzeichen von Radio Moskau. Ein Signal dafür, daß im Augenblick keine Luftangriffe drohen. Dann Stille. Drei, vier Sekunden. Darauf das drohende Brummen von Bombengeschwadern. Wieder kurze Stille. Dann hallend die Stimme des Nachrichtensprechers: »Achtung! Hier spricht Moskau! Wir senden eine wichtige Botschaft. Heute morgen um 4 Uhr haben ohne jede Kriegserklärung deutsche bewaffnete Kräfte die Grenzen der Sowjetunion überschritten. – Wir sind im Recht. Der Feind wird geschlagen werden. Der Sieg wird auf unserer Seite sein.«[6] Anschließend der Marsch »Steh auf, steh auf, du Riesenland...«
Als wir ankommen, stehen schon Gruppen von Menschen unter dem Gewölbe. Schweigend. Rosen und Nelken in der Hand. Ältere, viele Jugendliche, Kinder. Sie hören auf den Text der Nachricht, auf die Musik. Hin und

wieder flüstert jemand. Neue Gruppen kommen hinzu. Auch westliche Touristen. Einzelne, Familien mit ihren Kindern, sowjetische Touristen. Es beginnt zu regnen. Der Wind weht den Regen schräg in den Durchgang hinein. Wir rücken eng zusammen auf die trockene Stelle. Schauen hinaus auf den großen Platz vor dem Tor, wo die Busse parken, hören das Ticken des Metronoms. Auf der anderen Seite das weite Gelände der früheren Festung, die Kasematten, die Ruinen, die Gedenkstätten. Ebenso plötzlich, wie es begann, hört es auf zu regnen. Die Wolkendecke reißt auf, es wird hell, sogar etwas Sonne. Wir gehen weiter. Viele bleiben stehen, schweigend. Hören den Marsch, den Chor: »Und nicht zertrete mehr der Feind uns Feld und Flur und Strand...«

In einem Raum im Museum der Festung werden wir bereits erwartet: Eine ehemalige Krankenschwester des Festungshospitals, ein Musiklehrer, zwei Ehefrauen von damals hier stationierten Kommandeuren. Prochorenkow, Daja Dmitrowna, ist die Älteste. 74 Jahre. Schon beim ersten Satz bricht sie in Tränen aus: »Die Deutschen haben meine ganze Familie umgebracht. Zuerst hier gleich zu Beginn des Krieges 1941 meinen Mann. Er war Artillerist. Dann meine drei Kinder. Mein ältester Sohn war 6, der andere 4 und mein Kleinstes 11 Monate alt. 1943 sind meine Eltern an einer Eisenbahnstation bei Brest erschossen worden, als sie fliehen wollten. Eine Woche lang war ich auf dem Festungsgelände. Ich war damals 30 Jahre alt. Wir haben uns in den Kellern der Kasernen versteckt. Wir hatten kein Wasser. Nichts zu essen. Eine Woche lang. Als die Faschisten die Festung stürmten, warfen sie Rauchgranaten in die Keller. Ich habe gesehen, wie meine Kinder erstickten. Und ich konnte nichts dagegen tun. Wie ich das selbst überlebt habe, weiß ich nicht. Durch einen Zufall. Ich wundere mich, daß ich noch lebe.«

Ich sehe draußen die Sonne auf dem Festungsgelände, die Menschen, die über das Pflaster gehen. Blumen in der Hand. Ich sehe die Bäume. Es ist ein schöner Herbsttag. Mir gegenüber Frau Arschinowa, Anastasia Antonowna. Sie holt aus ihrer Handtasche ein Foto von ihrer Familie. Fragt mich, ob ich mich dafür interessiere. Aber natürlich. Liebevoll legt sie das Foto auf das Wachstuch des Tisches. »Meine Familie. Ich bin als einzige übriggeblieben.«

Auf dem Foto: ein Ausflug vor dem Krieg. An einem See. Sie noch jung, ein kleines Kind auf dem Arm, das nur wenig ältere an der Hand. Daneben ihr Mann. Im Sonntagsanzug. »Mein Mann und Kind tot«, sagt sie auf deutsch. Und dann weiter in Russisch: »Ich war die Frau eines Kommandeurs der Festung. Ich hatte drei kleine Kinder. Der Ältere war 5, meine Tochter 3 Jahre. Wir lebten zusammen mit anderen Familien in der Festung. Im Ost-Fort. Als die Faschisten uns überfielen, beschossen sie die Festung derart, daß wir völlig verwirrt waren. Alle rannten hin und her, die Männer, die Frauen, die Kinder. Alle rannten umher. Wir wußten nicht, was wir als erstes tun sollten. Die Faschisten haben mich als Frau eines Kommandeurs und meine Kinder aus der Festung herausgezerrt und uns unter die Geschütze gelegt, die die Festung beschossen. Das waren große Kanonen. Die Faschisten haben uns als Geiseln unter die Geschütze gelegt, damit mein Mann und die anderen Verteidiger kapitulieren sollten. Was sollte ich da tun? Es war entsetzlich. Bei jedem Schuß war mir, als würde mein Gehirn aus dem Kopf herausquellen. Den Kindern kam das Blut aus den Ohren und aus dem Mund. Meine Tochter starb. Mein Sohn ist seitdem taub. Er war damals 5 Jahre alt. Wenn ich heute durch die Straßen von Brest gehe, sehe ich in meiner Erinnerung immer noch das zerstörte Brest und empfinde Schmerz dabei. Und dann sehe ich zugleich die heutige blühende Stadt, die wiederaufgebauten Häuser, die lachenden Menschen.«

Ich schaue wieder das Foto an. Die Familie sonntags am See. Auch der Tag des Überfalls war ein Sonntag. Sie nimmt das Bild zu sich, weint still. – »Können Sie das verstehen?« fragt sie und wischt sich mit dem Handrücken über die Wange.

Frau Arschinowa und die 74jährige Frau wollen nicht mit hinaus auf das Festungsgelände. Sie haben genug davon. Sie wollen das nicht wiedersehen. Es reißt zu viele Erinnerungen auf. Ich verabschiede mich von ihnen. Sie wünschen mir viel Glück, danken mir dafür, daß ich gekommen bin, um mir das alles anzuhören. Die 74jährige drückt mir die Hand und sagt: »Grüßen Sie das deutsche Volk. Und sagen Sie, daß wir gut nebeneinander leben möchten. Und daß es keinen Krieg mehr gibt.«

Wir gehen über das Gelände, wo früher die Festung stand. Um uns herum die Reste, die von der Festung übriggeblieben sind: Mauern, Fundamente, offene Keller, die Grundmauern des Weißen Palastes. Hier ist am 3. März 1918 der Diktatfrieden von Brest-Litowsk unterzeichnet worden, und ringsumher die Trümmer des Zweiten Weltkrieges. Wir gehen an Tafeln mit Namen vorbei. Davor liegen Chrysanthemen. Eine wiederhergestellte Häuserzeile, das zerschossene Cholmer Tor aus roten Ziegelsteinen, die Ruinen der Kasernen, die Reste der Wohnungen für die Zivilangehörigen der Brester Garnison, die Ruine der ehemaligen Kirche – die Sowjets hatten sie bei ihrer Besetzung Polens 1939 zum Klub der Garnison umgebaut. Daneben das kolossale Mahnmal: der gigantische Kopf eines Sowjetsoldaten. Turmhoch. Über sein Gesicht wächst Moos entlang den Wasserläufen des Regens. Sein Hinterkopf mit den wehenden Haaren geht über in eine flatternde Fahne. Das Ganze gegossen aus Beton. Und als Kontrast dazu gleich daneben ein schlanker, hoch aufschießender Obelisk. Und unter unseren Füßen, un-

ter den Steinplatten liegen 850 Verteidiger der Festung begraben. Eine lange Mauer mit ihren Namen. Davor niedergelegt Rosen, Nelken. An die Buchstaben der Namen rote Pioniertücher geklemmt. Aus den Lautsprechern um uns ertönt, halb vom Winde verweht, leise Chorgesang: die »Träumerei« von Robert Schumann.
Die ehemalige Krankenschwester Katschowa, Braskowa Lesnewna, Karbuk, Georgij Michailowitsch und Borislaw gehen mit mir über das Festungsgelände. Karbuk, G. M., heute 62 Jahre alt, erzählt: »Ich war damals 18. Am Samstag, dem 21. Juni 1941, am Vorabend des Krieges, bin ich zusammen mit meinen Freunden in den Park gegangen. Ich weiß es noch genau: Es war ein warmer Abend. Da spielte ein Orchester. Es gab Musik, die Leute haben getanzt. Wir trafen unsere Mädchen, waren lustig. Dann, in der Nacht, es begann gerade zu dämmern, weckte mich mein Vater: ›Steh auf!‹ schrie er. ›Es ist Krieg!‹ Es waren nicht einzelne Schüsse zu hören. Es war eine ganze Kanonade. Die Artillerie, die die Festung beschoß. Da sahen wir auch schon die Bomber über Brest fliegen und wie sie die Bomben abwarfen[7]. Wir sind nach draußen auf die Straße. Da rannten unsere Soldaten. Wir fragten: ›Was ist los?‹ Und sie: ›Seht ihr nicht, es ist Krieg!‹ Wir Jugendliche wollten nicht an Krieg glauben. Für uns war das etwas Fernes. Wir ahnten wohl, daß bald ein Krieg ausbrechen werde. Wir haben doch die Deutschen hinter dem Bug gesehen. Trotzdem, wir wollten nicht daran glauben. Doch als wir auf der Straße die ersten Verwundeten und Toten auf dem Pflaster liegen sahen und all das Blut – da haben wir daran glauben müssen, daß nun Krieg war. Nach ein paar Stunden fuhren schon die ersten Panzer, danach die Motorradfahrer durch die Stadt, und dann die Infanterie. Mein Vater war Vorsitzender der Genossenschaft. Er rannte gleich zum Genossenschaftsbüro. Ein deutscher Soldat packte ihn am Arm und schrie: ›Du Kommunist! Du Kommissar!‹ Er wollte ihn sofort auf der Straße erschießen. Mein Vater hat noch Glück gehabt. Er konnte sich losreißen und in dem Gewühl untertauchen. In der Stadt sind überall Menschen erschossen worden. Schon in den ersten zwei Wochen wurden in Brest 8000 bis 9000 Menschen erschossen[8]. Und auch in den Monaten danach ging das ständig weiter[9]. Von 36 Mitschülern meiner Klasse sind im Lauf des ganzen Krieges vier am Leben geblieben. Die Deutschen haben überhaupt alle erschossen, die ihnen nicht paßten. Weil sie Kommunisten waren, weil sie Juden waren, weil sie Widerstand leisteten oder auch nur im Verdacht standen, Widerstand zu leisten. Besonders die Einsatzgruppen. Das waren die Killerkommandos. Hier war die Einsatzgruppe B, und zum Teil auch die Einsatzgruppe A. Die haben zusammen mit der Wehrmacht und den Polizeieinheiten gemordet.«[10]
Wir gehen über eine Brücke. Georgij Karbuk erzählt mir über die Festung:

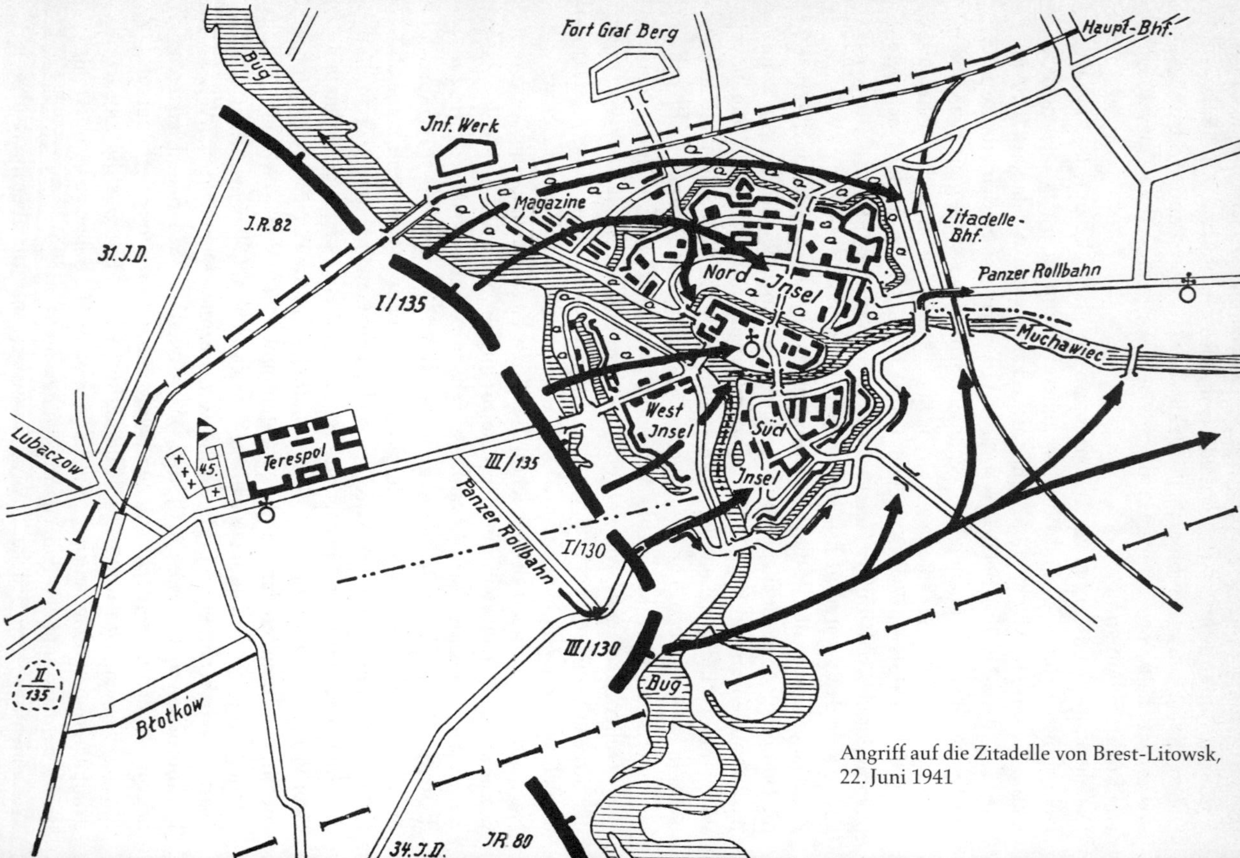

Angriff auf die Zitadelle von Brest-Litowsk,
22. Juni 1941

»Die Festung liegt am Zusammenfluß von Muchawiec und Westlichem Bug und besteht aus vier Inseln. Vier Anlagen zusammengebaut zu einem gewaltigen Bollwerk. Eine Fläche von insgesamt vier Quadratkilometern. Umgeben von einem sechs Kilometer langen und 10 Meter hohen Erdwall. Im Außenring die Verteidigungsanlagen. Innerhalb der Mauern die Kasernen, Kasematten, Magazine, Krankenhäuser, Schulen, Wohngebäude für die Familienangehörigen. 8000 Soldaten waren üblicherweise als Garnison stationiert. Zur Zeit des Angriffs aber, an einem Sonntagmorgen, befand sich nur ein Teil davon in der Festung. Etwa 3500 Soldaten. Der andere Teil hatte Urlaub oder war woanders eingesetzt. Der Überfall begann am 22. Juni 1941 um 3 Uhr 15.[11] Es begann gerade zu dämmern. 500 Geschütze waren auf die Festung Brest gerichtet. In den ersten Stunden sorgten Geschütze, Bomber und Maschinengewehre für 5000 Einschläge pro Minute. Bis 12 Uhr mittags sollte die Festung – laut Plan – eingenommen sein. Die deutsche Wehrmacht war davon überzeugt, die Grenzwachen innerhalb von einer halben Stunde zu liquidieren. Sie versuchte von drei Seiten, in die Festung einzudringen: vom Westen auf die Westinsel; vom Norden, wo die Wohnhäuser der Angehörigen der stationierten Soldaten standen; und vom Süden, auf die Südinsel, wo sich die Hospitäler befanden. In 8 Stunden sollte die Festung erobert sein. Womit die Deutschen aber nicht rechneten: Es dauerte 28 Tage, bis die Festung fiel. Fast einen Monat lang. Am 30. Juni standen sie immer noch vor den massiven Mauern. Vorangegangen war ein permanenter Artilleriebeschuß. Besonders am 29. und 30. Juni 1941. Dabei fielen die meisten Verteidiger. Nach dem 30. Juni konnten die deutschen Truppen vereinzelt in das Gelände eindringen, wurden aber immer wieder hinausgeschossen. Während die Wehrmacht bereits weit in das Land eingedrungen, schon bis hinter Smolensk vorgestoßen war, dauerten die Kämpfe um die Brester Festung immer noch an. Bis zum 20. Juli. Dann mußte sich der kleine noch lebende Rest der sowjetischen Garnison ergeben. Er hatte keine Munition mehr.«
Georgij Michailowitsch Karbuk bleibt vor einer Plastik stehen. Überlebensgroß ein Rotarmist, auf dem Boden kriechend, ganz flach auf der Erde, schwer verletzt, halb verdurstet, schiebt sich zu einer Wasserquelle hin. »Durst« heißt die Plastik. »Das Schlimmste war der Wassermangel. Die Maschinengewehre mußten ständig mit Wasser übergossen werden, um sie zu kühlen, damit sie sich nicht heißschießen, die Metalläufe sich nicht verbiegen, sie nicht klemmen. War ein Maschinengewehr defekt, war man verloren. Daneben lagen die Verwundeten, die starben, wenn sie kein Wasser bekamen. Was war nun wichtiger? Ein intaktes Maschinengewehr zur Verteidigung oder diesen Menschen retten? War ein Maschinengewehr kaputt, so war auch eine ganze Gruppe von Menschen verloren. Und überall lagen

die Verwundeten und Sterbenden. Die lechzten nach Wasser! Die Familien, die Kinder! Wie viele sind nur verdurstet! Und ganz nah, nur ein paar Schritte, die beiden Flüsse. Doch die Deutschen hatten drüben an ihrem Ufer große Flakscheinwerfer aufgestellt und strahlten unsere Seite in der Nacht taghell an. Jeden Busch haben sie damit angeleuchtet. Und wagte sich jemand von uns an den Fluß heran, um nur eine Blechbüchse voll Wasser zu holen, sofort wurde er abgeknallt. Da sind viele von uns liegengeblieben.«
Wir stehen an diesem Ufer. Das hohe Gras der Wiesen, die Bäume, die Büsche. Die Sonne scheint. Das langsam fließende Wasser. Grün. Ein idyllischer Ort. Unvorstellbar, was hier damals geschah. Etwas weiter entfernt befand sich jene Brücke, auf die Hitler nach der Einnahme der Festung Mussolini geführt hatte, um ihm den Erfolg seiner schlagkräftigen Wehrmacht vorzuführen. »Zuvor hatte Hitler noch ein paar der schwersten russischen Kanonen an die Festungsmauer heranschaffen lassen, um Mussolini zu zeigen, welch gewaltigen Feind die Deutschen besiegt hätten. Eine Aufforderung an den Duce, sich doch endlich mehr in diesem Krieg zu engagieren.«
Wie das konkret war, als die Deutschen in die Festung eindrangen, will ich wissen. Katschowa Braskowa Lesnewna, Krankenschwester in der chirurgischen Abteilung des Hospitals auf der Südinsel: »In der Festung lebten etwa 300 Familien der hier stationierten Soldaten, Frauen, Kinder. Dazu die Krankenschwestern, Ärzte und Ärztinnen der Hospitäler. Gleich beim ersten Bombardement und dem Beschuß durch die Kanonen gingen die Gebäude der Chirurgischen Klinik in Flammen auf. Auch die anderen Gebäude brannten. Das gesamte Hospital bestand aus 36 Bauten. Wir dachten, die Faschisten würden die Krankenhäuser verschonen. Auf den Dächern waren doch groß die roten Kreuze gemalt. Gleich beim ersten Beschuß gab es viele Verwundete und Tote. Ich erinnere mich noch genau. Wir hatten den Befehl, sofort alle Überlebenden in die Kasematten des Erdwalls zu transportieren. Während der Beschießung. Überall lagen die Toten und Verwundeten auf der Erde. In den Kasematten haben wir dann notdürftig die Verwundeten gepflegt. Die verletzten Kinder, die Soldaten, die Frauen. Doch dann hatten wir kein Verbandszeug mehr. Keine Medikamente mehr, kein Wasser. Die Hauptgebäude brannten. Wir waren in den Kasematten. Es fehlte an allem. Vor allem Wasser. Wir konnten kein Wasser vom Fluß holen. Aber wir brauchten doch Wasser für die Verwundeten!
Ich habe es selbst erlebt, wie eine Krankenschwester aus unserer Abteilung am Wiesenufer erschossen wurde, weil sie Wasser holen wollte. Ich habe es mit eigenen Augen gesehen. Wir konnten nicht einmal den Leichnam wegholen. Acht Tage lag sie da im Gras. Und dann, nach einer Woche Belagerung, sind die ersten Faschisten in die Festung eingedrungen. Vor unseren

Augen haben sie alle Verwundeten, die Kinder, die Frauen, die Soldaten – alle erschossen. Wir Krankenschwestern wollten ihnen entgegeneilen, wir hatten unsere weißen Kittel an mit dem roten Kreuz darauf, und unser Schwesternhäubchen. Wir dachten, darauf würden sie Rücksicht nehmen. 28 Verwundete haben die Faschisten allein in meiner Abteilung erschossen. Und wenn welche nicht sofort tot waren, warfen sie Handgranaten auf sie.
Als die Deutschen die ersten Länder besetzt hatten, haben wir in den Zeitungen von ihren Brutalitäten gelesen. Wir konnten es trotzdem nicht so recht glauben, daß Menschen so grausam gegen andere Menschen sein können. Wir wollten es einfach nicht glauben. Und nun haben wir es selbst erlebt.
Später dann, während des Krieges, habe ich an meine Familie nach Kobrin geschrieben. Ich wollte wissen, wie es ihnen geht. Ob noch alles in Ordnung ist. Lange erhielt ich keine Antwort. Dann erfuhr ich durch andere, daß die Deutschen meine Schwester und ihren Mann erschossen hatten. Die ganze Familie meiner Schwester wurde erschossen. Sie waren Kolchosbauern. Die ganze Familie: Fünf Menschen einfach erschossen.
Und heute – über 40 Jahre nach Kriegsende – hier in Brest ist in der neuen Fußgängerzone eine große Buchhandlung. In diesem Haus wohnte meine Freundin. In diesem Haus ist meine Freundin mit ihrer ganzen Familie erschossen worden. Ich kann heute nach über 40 Jahren immer noch nicht in dieses Haus gehen. Ich kann es nicht einmal ansehen. Ich kann heute noch nicht ruhig daran vorbeigehen.«
Weiter über die Fundamente der Festung. Georgij Karbuk zeigt mir geschmolzene Mauerreste. Geschmolzene Ziegelsteine. Wie eine Lavamasse erstarrt: »Die Deutschen haben Flammenwerfer eingesetzt. Sie haben die Flammenwerfer einfach in die Kellerfenster hineingehalten. Sie wagten nicht, selbst in den Kellerraum einzudringen. So haben sie einfach die Flammenwerfer hineingehalten. Da verbrannte alles. Sogar die Ziegelsteine schmolzen. Andere warfen Granaten in die Kellerräume, wo sich die Familien versteckt hielten.«
Geschmolzene Ziegelsteine. So etwas habe ich noch nicht gesehen. Wie eine erstarrte Paste. Dunkelrot, schwarz: »Von den 3500 Mann in der Festung haben 17 überlebt.«
Wir gehen in einen der Keller. An der Wand Inschriften. Mit dem Bajonett in die Betonwand eingeritzt. Mein Dolmetscher übersetzt: »Wir sterben. Aber wir haben uns verteidigt. 20.7.41.«
Wir gehen zurück zum Museum. In Vitrinen Briefe, Tagebücher, Uniformfetzen, eine durchschossene Uhr, durchschossene Fotos. Die Wände voller eingerahmter Porträts der Verteidiger. Diese jungen, ernsten Gesichter. Die Frauen, die Kinder. Darunter ihre Schulzeugnisse, bis zum Beginn

der großen Ferien 1941. Bombensplitter, Granathülsen, die Ziehharmonika eines Soldaten, sein Komsomolzenbuch, halb verbrannt. Ein Stück Blech vom Dach des Krankenhauses; Baumstümpfe, in denen noch die Kugeln der MG-Salven stecken. Ein anderer Baumstumpf, zerfetzt von einer Granate, ein Teil eines Krankenbettes, durchsiebt von Kugeldurchschüssen. In einer Vitrine ein Brief. Ein Brief unter Hunderten in diesen Räumen: »An meine Eltern, an meinen Bruder Lale. Lieber Lale, schicke mir Deine Fotografie. Ich lebe hier wie woanders auch. Ich sehne mich nach Euch. Und ich sehne mich nach meinem Grusinien. Hier ist alles ruhig. Bald geht mein Dienst zu Ende. Ich umarme Euch, Kako. Brest, 13. Juni 1941.«

Kako ist Akaki Ambrosewitsch Schewardnadse, der ältere Bruder des ehemaligen sowjetischen Außenministers Eduard Schewardnadse. Er wurde hier erschossen, gleich am ersten Tag des Überfalls. Am Ausgang ein großer Kasten aus Glas. Bis zum Rand gefüllt mit Asche. Ein Sarg voller Asche. Asche der Festung von Brest. Ich trete hinaus ins Freie. Helle Sonne. Ich spüre die Wärme auf der Haut. Abschied von Braskowa Katschowa. Sie drückt mir die Hand. »Bitte sagen Sie den Deutschen, daß wir wohl unterscheiden zwischen den Faschisten damals und den Deutschen heute. Auch damals haben wir immer unterschieden zwischen faschistischen Verbrechern und den einfachen deutschen Soldaten. Wir haben das damals trotz allem sehr genau auseinandergehalten. Und wir haben keinen Zorn, kein Rachegefühl gegen die Deutschen heute. Aber wir können nicht verstehen, daß so viele bei Ihnen immer noch nicht begreifen wollen, was die Faschisten damals uns angetan haben. Bei Ihnen sind so viele Informationen erschienen und bekanntgeworden über die 6 Millionen ermordeten Juden. Wird denn über unsere Opfer, über unsere 28 Millionen ermordeten Sowjetmenschen auch soviel berichtet?«

Zurück zum großen Portal. Von weitem hören wir das Metronom ticken. Wieder stehen Gruppen von Menschen unter dem Gewölbe. Blumen in den Händen, hören auf die Stimme des Nachrichtensprechers von Radio Moskau, hören auf die Musik.

Gang durch Brest

Am Nachmittag führt mich Georgij Michailowitsch Karbuk durch Brest. Er erzählt: »Ich bin hier in Brest geboren. Ich habe den Krieg hier miterlebt. Und ich war mit dabei, als Brest Ende Juli 1944 befreit wurde[12]. Vor dem Krieg arbeitete ich als Musiklehrer. Jetzt bin ich Rentner. Ab und zu helfe ich noch in der Musikschule aus, wenn sie jemanden brauchen.

Gleich zu Beginn des Krieges haben mich die Deutschen ins Gefängnis gesteckt. Warum – weiß ich nicht. Dort drüben, das Gebäude an der Ecke. Wir werden jetzt hingehen. Das war das Gefängnis vom SD, vom Sicherheitsdienst[13].
Zweimal die Woche wurden 250 bis 400 Mann aus dem Gefängnis herausgeholt. Wir haben von unseren Gitterfenstern aus gesehen, wie man sie in den Hof führte. Sie mußten sich nackt ausziehen, ihre Hände wurden auf dem Rücken zusammengebunden, und dann schob man sie in Lkws und brachte sie zum südlichen Stadtrand von Brest. Dort wurden sie dann erschossen. Zweimal die Woche 250 bis 400 Mann. So war wieder Platz in den Zellen, man konnte neue verhaften und einsperren. Das war ein ständiger Durchgang. Uns war, als würden wir ersticken vor Angst. Jedesmal konnten sie zu uns in die Zelle kommen und uns herausholen.
Einmal wurde auch eine große Gruppe von deutschen Zigeunern hier im Hof erschossen. Männer, Frauen und Kinder. Durch ein Wunder bin ich am Leben geblieben. Nach einem halben Jahr konnten mich Partisanen befreien. Aber nicht allen aus unserer Zelle gelang die Flucht. Dann wurde ich natürlich Partisan. Später kam ich zur Roten Armee, ja, und als Soldat war ich sogar mit dabei, als wir Brest befreiten.«
Wir stehen vor dem ehemaligen Gefängnis. Ein hoher Bau aus roten Klinkersteinen. Heute ist es eine Fabrik. Die kleinen Fenster sind herausgesprengt und durch große ersetzt. Vieles ist neu gemauert. Vereinzelt sieht man noch die Einschläge der Granaten im Gemäuer. »Ja, da war ich drin«, sagt Georgij Karbuk. Es regnet. Große Pfützen rundum auf dem welligen Bürgersteig. »Als Rotarmist habe ich mit den anderen dieses Gebäude gestürmt und meine Landsleute befreit, die so eingesperrt waren und auf ihre Hinrichtung warteten wie ich damals. Diesen Moment werde ich nie vergessen.«
Ein großer Kastenwagen fährt durch das Gittertor heraus. Auf den dunkelgrünen Flächen geschrieben »Chleb« – Brot. Innen auf dem Hof stehen ein paar Arbeiter. Heute werden in dieser Fabrik Schrauben hergestellt. »Erst vor zwei Jahren war ich drin. 40 Jahre nach dem Krieg. So lange brauchte ich, bis ich wieder hineingehen konnte. Ich hab' den Arbeitern gesagt, daß ich früher hier inhaftiert war. Sie haben mich herumgeführt und mir alles gezeigt. Vieles hat sich natürlich verändert. Man hatte umgebaut. Aber so manche Treppe, so Mauern, kleine Nischen habe ich wiedererkannt. Ich mußte bald wieder raus. Ich bekam einen Herzanfall. Diese Erinnerung an früher hat mich so aufgeregt. Trotz all der Zeit, die inzwischen vergangen ist. Kommen Sie, ich will weg von hier.«
Wir gehen durch die Stadt. Durch Alleen. Die Platanen sind noch jung. An

einem Kindergarten vorbei. Die Mütter holen ihre Kinder ab. Zupfen Jäckchen, Schal und Mütze zurecht. Packen die Kleinen schnell in Kinderwagen. Die Mütter haben es eilig. Vielleicht müssen sie noch schnell vor Ladenschluß einkaufen, oder ihre Schicht beginnt.
Georgij Karbuk hat auch erlebt, wie die Deutschen gleich nach dem Einmarsch in Brest das jüdische Getto errichteten. So machten sie es in allen eroberten Gebieten der Sowjetunion. Unverzüglich nach der Besetzung einer Stadt ordneten die Armeebefehlshaber die Registrierung und Kennzeichnung der einheimischen Juden und die Einrichtung von Gettos an[14]. Auf großformatigen Plakaten wurden sie über ihre absolute Entrechtung informiert[15]. Die sowjetischen Juden mußten Armbinden tragen oder einen gelben kreisrunden Fleck auf Brust und Rücken. Sie durften das Getto nur zur Arbeit verlassen. Wer sich unerlaubt daraus entfernte, wurde erschossen. »Und ich habe erlebt, wie sie am 15. und 16. Oktober 1942 das Getto niedermachten. In zwei Tagen haben sie 16000 Juden vernichtet[16]. Ich war in der Nähe. Auch auf mich haben sie geschossen. Und ich sah, wie sie die Kinder von den Bäumen herunterschossen. Sie hatten sich aus Angst in den Baumkronen versteckt, im Laub. Sie haben sie wie Vögel heruntergeschossen.«[17]
Wir kommen an dem neuen Kino »Belarus« vorbei. Ein großer Rundbau aus Glas. Vier Säle zeigen ihre Programme. Jetzt am Nachmittag gibt es einen Kinderfilm. Die Kinder laufen hinein, Schulklassen. Sie freuen sich, ins Kino zu gehen, trippeln schnell die Treppen hoch.
Wir gehen über eine alte, nicht gepflasterte Straße. Längs stehen alte, niedrige Häuser. Die Wände gelb, ein verwaschenes Gelb. Große holzgerahmte Fenster, aufgeteilt in kleine quadratische Scheiben. In einem der Häuser sehen wir Frauen in weißen Kitteln und weißen Hauben. Zuckerbäcker, denke ich auf den ersten Blick. Aber es sind Apothekerinnen, die mit der Hand Pillen herstellen, die Zutaten auf kleinen Waagen abwiegen. – Plötzlich geht Georgij Karbuk zur anderen Straßenseite hinüber. Wir gehen drüben weiter. Und nach einer Weile kehrt er wieder zurück auf die andere Seite. Kein Bauzaun, kein Durchgangsverbot. Alles frei. Warum dieser Wechsel?
Die alte, erdige Straße wird plötzlich zu einer Fußgängerzone. In die Mosaiksteine sind Muster hineingeklopft. Neue Geschäfte, neue Straßenleuchten, Bänke, auf denen niemand sitzen will. Ein Brunnen, der nicht einlädt zum Stehenbleiben. Kühl, hart, neu.
Wir kommen zum Markt. Die Brester Hausfrauen kaufen ein. Es regnet wieder. Um uns Obstkisten, halb zugedeckte Waren. Von den Planen über den Ständen stoßen die Händler mit Stangen und Besen die Kuhlen mit Regenwasser ab. Ringsum kleine Sturzbäche. Obst und Gemüse werden

übergossen. Brot und Fleisch schnell zugedeckt oder weggeräumt. Lkw-Fahrer werfen die leeren Holzkisten auf die Pritschen. Dahinter die Müllabfuhr. Neues Gemüse wird auf die simplen Holztische gepackt. Und überall Pilze: Berge von frischen Pilzen. Girlanden von getrockneten Pilzen hängen von den Lattendächern der Stände herab.

Nebenan der Busbahnhof. Busse kommen und fahren ab. Stoßen schwarze Wolken aus. »Hier, wo jetzt der Markt ist, standen früher die Galgen. Man hat uns nicht erlaubt, die Gehängten nach einigen Tagen abzunehmen. Ich selbst habe gesehen, wie Menschen eine ganze Woche hingen. Zur Abschreckung. Da kamen schon die Raben und hackten am Fleisch. Jeder, der nur den geringsten Widerstand leistete bei seiner Verhaftung, wurde gehängt. Jeder, der seinen Radioapparat nicht ablieferte, wurde gehängt. Jeder, der als Kommunist galt, wurde gehängt. Jeder, der irgendwie zeigte, daß er mit den Deutschen nicht einverstanden war. Wer sich nur verdächtig machte, in einer Untergrundgruppe zu arbeiten, oder Kontakt mit Partisanen hatte – sofort gehängt.

Ich kann mich noch sehr gut an die Razzien erinnern. Auf dem Markt. Die Soldaten sperrten mit Hunden den ganzen Bezirk ab, und mit ihren Lkws. Da konnte keiner mehr raus. Man wurde in die Wagen gezerrt und abtransportiert. Wir wohnten damals ganz in der Nähe von diesem Markt. Da gibt es diese Durchgangshöfe. Von unserem Küchenfenster aus haben wir gesehen, wie die Menschen vor diesen Razzien über die Durchgangshöfe zu fliehen versuchten.« [18]

Ein paar Straßenecken weiter. Wir stehen in einem Hof, umgeben von Wohnblöcken. In der Mitte frisch gepflanzte Bäume, noch ganz dünn. Ein Kinderspielplatz mit Schaukel, Rutsche und Sandkasten. Kinder spielen Nachlaufen – Georgij Karbuk: »Hier in diesem Hof wurden an einem Tag 800 Menschen erschossen. Berge von Leichen lagen hier. Ich habe sie gesehen.« [19]

Ich sehe die Bäumchen, die Kinder, die Frauen, die beisammenstehen und sich unterhalten, die Alten, die quer über den Hof schlurfen. Eine Mutter, ein Kind an der einen, zwei gefüllte Plastiktüten an der anderen Hand. Zwei leere Eisenbänke. Wäsche hängt in einer Ecke. Ich habe Mühe, mir einen Berg von 800 Leichen vorzustellen. Ich kann es nicht, will es auch nicht.

»Nach dem Krieg war es schrecklich, auf die Straße zu gehen. Man traf ständig Leute, die weinten. Die Mutter meines Freundes, der gefallen war. Auch ihr Mann ist gefallen. Immer traf man Menschen, die jemanden verloren hatten. Dann erzählten sie und weinten. Man konnte wirklich nicht mehr auf die Straße gehen, ohne jemanden zu treffen, der einem sein Leid

klagte. Ich bekam schon ein schlechtes Gewissen, daß ich am Leben geblieben bin.
Wenn ich heute durch Brest gehe, erinnere ich mich natürlich ständig an damals. Doch mit der Zeit – man baut neue Häuser, verbreitert die Straßen, da kann ich diese oder jene Stelle von damals schon nicht mehr finden. Ich erinnere mich an eine Stelle, an den Eisenbahngleisen, wo wir – meine Mutter und ich – Kohlen aufgesammelt hatten. Heute kann ich diese Stelle schon nicht mehr finden. Wir hatten sehr viel Angst. Denn wir konnten dafür sofort erschossen werden, nur weil wir von den Waggons herabgefallene Kohlen aufsammelten. Das Gefühl des Schreckens aber ist in mir bis jetzt lebendig.«
Georgij Karbuk fragt mich, ob auch mein Vater in Rußland war. Er war in Jugoslawien und Griechenland. Aber zwei meiner Onkel waren bei der Heeresgruppe Mitte. Nein, sie erzählen nichts über diese Zeit.
Als wir später allein zum Hotel zurückkehren, sagt mir Slawa, warum Georgij Karbuk vorhin die Straßenseite wechselte: Während der Kämpfe um die Stadt schlugen auf dieser Straßenseite immer die Artilleriegranaten ein. Man konnte die Leichen nicht wegholen, sonst wäre man selbst getroffen worden. Nur auf der anderen Straßenseite, im Schutz eines größeren Hauses, konnte man die Straße entlanggehen. Georgij Karbuk hatte es Slawa erklärt und gebeten, es nicht für mich zu übersetzen. Er genierte sich vor mir. Er fürchtete, ich könnte das als einen Tick von ihm halten, nach so langer Zeit immer noch an dieser Stelle die Straßenseite zu wechseln.
Slawa und ich wollten abends essen gehen und ein »anständiges« Bier trinken, wie Slawa meint, und vielleicht sogar trotz Einschränkung ein paar Wodkas, um all diese grauenhaften Geschichten hinunterzuspülen. Er kennt hier ein Restaurant, das besonders knusprige Hähnchen brät und bestes Pilsner vom Faß zapft. Wir gehen dorthin. Die Luft ist warm.
Vor einem Café steht eine Gruppe Jugendlicher, offene Hemden, Jeans, an ihre Mopeds gelehnt. Sie palavern laut, lachen, ihre Mächen sind dabei, sitzen auf den Maschinen. Sie trinken Pepsi-Cola aus Dosen, ziehen aus einem Automaten Marlboro, führen sich gegenseitig den Sound ihrer Maschinen vor.
Im Restaurant: Wir sitzen auf Holzbänken an langen Holztischen. Die Musik kommt heute von der Platte. Es ist Montag. Sonst spielt jeden Tag eine Kapelle live. Doch montags hat die Kapelle Ruhe. Da dreht sich der Plattenteller: Stevie Wonder: »I just called to say, I love you.« Ich gehe auf die Toilette. Im gefliesten Vorraum schlagen mir Lärm und dichter Zigarettenrauch entgegen. In dem winzigen Toilettenvorraum drängt sich ein Dutzend Jugendlicher. Sie rauchen. Ich kann kaum atmen. Laut diskutiert jeder mit

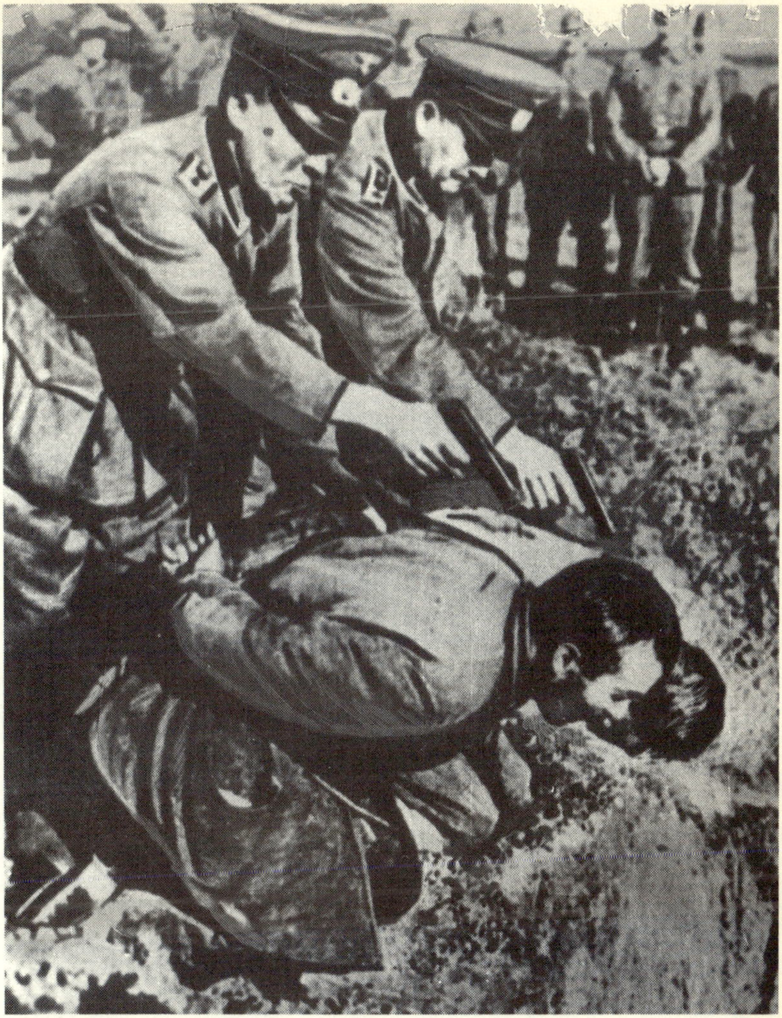

Erschießung russischer Zivilisten

jedem, erzählen sich gegenseitig gestikulierend Geschichten. Der kleine Raum gefüllt mit Hall.
Im Restaurant ist Rauchen nicht gestattet. Doch nirgends ein Schild. Slawa: Wenn keine Aschenbecher auf dem Tisch stehen, ist Rauchen grundsätzlich nicht erlaubt. Das schäumende Pilsner wird serviert, wir essen das knusprige Hähnchen und besprechen das Programm für morgen.
Zurück im Hotel »Intourist«, 7. Stock. Ich schalte den Fernsehapparat ein, sehe die Nachrichten. »Johannes Rau in Moskau eingetroffen. Herzlicher Empfang für Johannes Rau in Moskau.« Sekt wird in langstielige Gläser gegossen, Nahaufnahme auf die nach oben perlenden Fäden, die anstoßenden Gläser. Ich muß an die Verdurstenden denken, die am Muchawiecufer abgeknallt wurden, als sie eine Blechbüchse voll Wasser holen wollten. An die Berge von Leichen. Johannes Rau und seine Delegation mit den sowjetischen Vertretern an einem riesigen Mahagonitisch, zwischen ihnen Blumen, Obst und Gebäck. Beide Seiten nicken mit den Köpfen, abwägend, zustimmend.
Ich schaue vom 7. Stock herab auf die Stadt Brest. Die Lichter, das Leben unten auf der Straße, die Menschen, die Autos, der nahe Park. Busse fahren unten vor, neue Gäste kommen an. Das war mein erster Tag in Brest. Ich denke daran, daß die Heeresgruppe Mitte am ersten Tag 70 Kilometer tief in das Land vorstieß[20]. Bis nach Kortelisi. Morgen werde ich in Kortelisi sein.

Kortelisi

Oradour. Das ist für uns ein Begriff. Natürlich. Und Lidice. Selbstverständlich. Doch Kortelisi?
Wir kommen mit dem Auto der Brester Kreiszeitung in Kortelisi an. Es liegt etwa 60 Kilometer südöstlich von Brest, bereits in der Ukrainischen Republik. Die Ukraine reicht dort bis knapp an Brest heran.
Es ist schwer zu erkennen, wo eigentlich das Dorf ist, die Dorfmitte. Kortelisi wurde erst 1983 wiederaufgebaut. Es wird immer noch aufgebaut. Jetzt, im Herbst 1985, ist das Dorf gerade zwei Jahre alt und besteht nur aus einzelnen Häusern, Häusergruppen und dazwischen weitflächige Parks und immer wieder neugepflanzte Bäume.
Wir halten vor einem improvisierten Flachbau, einer Art Baracke. Vor der Tür wartet bereits eine Gruppe von Frauen und Männern auf uns. Sie begrüßen mich mit einem riesigen Blumenstrauß und betonen, daß sie sich freuen über meinen Besuch. Sie führen mich in das Gebäude, es ist ein kleines Museum.
An den Wänden hängen Porträts von ermordeten Bürgern von Kortelisi und von Kommandeuren, die Kortelisi am 22. Juli 1944 befreiten. In Vitrinen liegen verrottete Maschinenpistolen der deutschen Wehrmacht, durchschossene Kleider von Zivilisten. In der Mitte des Raumes steht ein Glaskasten, gefüllt mit Asche des verbrannten Dorfes. Eine Wand wie ein Schaufenster: dahinter das Panorama des Dorfes, im dämmrigen Licht das naturgetreue Modell dieses Dorfes, wie es am Tag der Vernichtung durch die Polizeikompanie »Nürnberg« am 23. September 1942[21] ausgesehen hat. Die Bauernhäuschen zehn, fünfzehn Zentimeter hoch, die Kirche, die Schule, ein großer Teich. Menschen hasten über die Dorfstraßen, über die Erdpfade, stürzen, flüchten nach allen Seiten, sind zu Gruppen zusammengepfercht, bewacht von deutschen Soldaten, die MPs im Anschlag.
Der Leiter des Museums drückt auf einen Knopf: Die Lichter hinter den Fensterchen gehen an. Eine kleine Flamme in einem Haus, dann in sechs, sieben anderen Häusern, die Flammen werden größer. Das ganze Dorf brennt. Dazu auf Band eine mahnende Stimme. Sie erzählt, was an jenem 23. September 1942 hier geschah. Vor der Glasscheibe auf einem Pult ein riesiges dickes Buch. In ihm stehen alle 2875 Namen der Bewohner von

Kortelisi geschrieben, die an diesem Tag ermordet wurden, darunter 1624 Kinder.
Der Museumsleiter holt eine Mappe mit Fotografien. Wir sehen die Bilder an. Aufnahmen, die deutsche Soldaten machten. Man hatte die Fotos in den Uniformen gefangener oder toter Soldaten gefunden. Auf der Rückseite mancher Fotos der Stempel »Agfa-Papier«. Und Aufnahmen der Außerordentlichen Staatlichen Kommission, die nach der Befreiung Kortelisis am 22. Juli 1944 gemacht wurden. Auf der Rückseite dieser Bilder das amerikanische Kodak-Zeichen. Im Gras verkohlte Leichenteile. Ich kann ein Bein erkennen, eine Hand, ein Kindergesicht. Dann Bauernhäuschen mit Strohdach, davor Wehrmachtssoldaten; sie schlagen mit dem Gewehrkolben die Fenster ein, schauen hinein, ob sich noch Russen versteckt halten, schießen in die Räume hinein, holen eine Familie heraus. Hasenjagd. Dann: Balken zu einem Galgen errichtet, auf dem Brett steht eine Gruppe russischer Männer, die Stricke um die Hälse. Ein Soldat springt gerade noch vom Brett herab, ein anderer zieht am Klappenverschluß. Dann: das Dorf Kortelisi mit Stacheldraht umringt. Wieder verbrannte Kinder. Eine alte Frau mit eingeschlagenem Gesicht, eine ganze Gesichtshälfte ist zermatscht. Ein Hof voller Leichen. Dazwischen zerschossene Säcke mit Äpfeln, Kartoffeln, eine zertretene kleine Holzkiste, ein Gurkenfäßchen, ein Einkaufskorb, ein zerschossenes Gesicht. Der ganze Hof voller massakrierter Menschen; deutsche Soldaten steigen darüber, suchen sich noch etwas Brauchbares heraus. Dann: eine Grube voller nackter Leichen, wie in einem Schlachthof. Dann: ein brennendes Dorf, bewacht von deutschen Soldaten, daneben stehen die überlebenden Russen, Frauen und Kinder, alte Männer, schauen fassungslos in die Flammen, können nicht begreifen, daß da ihr Dorf niederbrennt. Dann: Vor einer Grube knien russische Bauern, hinter ihnen Wehrmachtssoldaten, ihre Pistolen im Genick der Russen. Die Soldaten lachen auf dem Foto. Die Russen haben ihre Münder weit auf vor Schreck. In den Büschen im Hintergrund wartet die nächste Gruppe russischer Bauern auf ihre Erschießung, bewacht von jungen deutschen Soldaten.
Ich lege die Bilder aus der Hand. Mir ist schlecht. Der Museumsleiter ist sehr freundlich. Er entschuldigt sich dafür, daß er mir diese Bilder gezeigt hat. Er sagt: »Es tut mir leid, daß ich Sie als unseren Gast damit konfrontiert habe.«
Ich frage, ob er davon Duplikate hat, Kopien, Abzüge, die ich mitnehmen könnte, um sie in Westdeutschland zu zeigen. »Nein, Duplikate hat das Museum nicht. Dies sind alles Originale, sind nur einmal hier vorhanden. Aber ich gebe sie Ihnen gerne mit. Suchen Sie sich die Bilder aus, die Sie

mitnehmen wollen. Bei Gelegenheit können Sie sie dann an uns zurückschicken.«

Ich frage nochmals nach, um ein Mißverständnis zu vermeiden. Doch er bestätigt: »Auch wenn Sie für uns ein Fremder sind, auch wenn Sie weit weg wohnen im Westen. Wir vertrauen Ihnen diese Originale an. Und Sie werden sie uns später einmal zurückschicken. Denn wir brauchen sie hier weiter. Es sind ja Ausstellungsstücke für unser Museum.«

Er fragt nicht nach meiner Anschrift; er verlangt keine Quittung, keine Unterschrift. Er gibt mir die 15 Fotos in die Hand, allein gegen die Zusicherung, daß ich sie irgendwann einmal zurückschicken werde.

Wir gehen hinaus, um die »Stätten« anzusehen. Die Gruppe begleitet mich. Eine Frau überreicht mir einen Strauß roter Rosen, mit der Bitte, ihn an der Gedenkstätte, zu der wir jetzt gehen, niederzulegen. Ein großer aufgeschütteter Hügel, darauf in grau-schwarzer Bronze eine überdimensionale Menschengruppe: eine Familie in angstvoller Abwehr eines nahenden Unheils. Zu ihren Füßen frische Blumen, einzelne oder Sträuße, auch ein Blumenkörbchen. Ich lege die roten Rosen nieder.

Eine alte Frau in einem dicken Synthetikmantel und mit Kopftuch erzählt mir, was damals hier geschah. Früher war an dieser Stelle ein großer Teich. Als die deutschen Truppen an jenem »schwarzen Mittwoch« das Dorf vernichteten, trieben sie 800 Frauen, Kinder und Alte in diesen Teich und schossen auf die Schwimmenden. Der Teich war voller Leichen. Ich versuche, mir das vorzustellen: der große Teich, Kinder, Alte, Frauen in das Wasser gejagt, Schüsse auf sie, die Verwundeten schreien, brüllen, ertrinken. Die wenigen, die ans Ufer schwimmen konnten, werden dort mit MG-Salven niedergemacht.

Neben mir auf Latten kleine Lautsprecher. Und aus den Lautsprechern Schumanns »Träumerei« mit Summchor. Wieder wie in Brest als Musik des Gedenkens an die von Deutschen ermordeten Russen die Musik eines Deutschen. Ich frage, warum sie diese Musik von Schumann und nicht die Musik eines ihrer Komponisten ausgewählt haben. Die Antwort eines alten Mannes mit dichtem Schnauzbart, sein Jackett an der Brust voller Orden: »Uns gefällt diese Musik. Und was kann Schumann dafür, daß es später die Faschisten gab?« – Ich stelle mir vor: In Niedersachsen z. B. hätte die Sowjetarmee ein Dorf mitsamt der Bevölkerung vernichtet. Alle Dorfbewohner massakriert. Und zum Gedenken an dieses Verbrechen würde an dieser Stelle die Musik eines russischen Komponisten gespielt werden.

Die beiden Alten erzählen, und Slawa übersetzt: Während hier die 800 Menschen im Teich ertränkt wurden, trieb man die übrige Bevölkerung auf dem Dorfplatz zusammen. Die schulpflichtigen Kinder jagten die Deutschen in die Schule, verriegelten das Gebäude. Andere wurden in die Kirche gesperrt. Wieder andere in verschiedene Scheunen. Wer nicht verbrannt wurde, den holten die Deutschen in Gruppen zu je 50 zum Erschießen heraus. Um Kugeln zu sparen, schlugen die Wehrmachtssoldaten Greisen, kleinen Kindern und Säuglingen mit dem Gewehrkolben die Schädel ein und stießen sie in die Gruben.

Wir gehen zu einer dieser Gruben. Heute ein welliges Rasenfeld. Der Boden sackt nach im Laufe der Jahrzehnte. Ein Gedenkstein. Davor liegen frische Blumen. In dieser Grube liegen 400 bis 500 Menschen begraben. Wir gehen zu der Stelle, wo früher die Kirche stand. Auch hier ein Rasen, mit einem kleinen Zaun umgeben. Ringsum parkähnliche Wege. Hier stand also die kleine Holzkirche. 500 bis 600 Menschen waren darin eingeschlossen, die Fenster vernagelt, die Pforte verrammelt. Benzin außen herum geschüttet, ein paar Heuballen dazu, angesteckt und dann, wenn alles brannte, noch Handgranaten in die Flammen geworfen. Da drinnen sein, bei lebendigem Leib verbrennen, in einem Inferno von schreienden Menschen, halb zerfetzten verbrennenden Menschen. Eine Gnade, wenn man sofort ohnmächtig wird aus Schmerz oder das Herz stillsteht vor Entsetzen. Jetzt ist es ganz still hier.

Wir gehen zu der Stelle, wo früher die Schule stand. Heute ein großes Blumenbeet. Kleine blühenden Blumen. Die meisten Kinder trieben die Deutschen zu Beginn ihrer Vernichtungsaktion in diese Schule. Unter dem Vorwand, daß dieser Mittwoch ein ganz normaler Tag sei und sie eben in die Schule müßten. Dann auch wieder hier Tür und Fenster verriegelt, Benzin über die Holzwände gegossen, Handgranaten durch das brennende Dach geworfen. Und all die Kinder darin. Jetzt liegen sie unter diesen Blumen begraben.

Sechs Massengräber gibt es in Kortelisi. Dies waren bisher vier. Wir gehen auf einen großen, leeren Platz. Nur ein einstöckiges Gebäude steht direkt am Platz. Aus Fertigteilen neu errichtet, erst einmal provisorisch. Es ist das Kulturhaus. Treffpunkt für die gesamte neue Siedlung. Ein anderes Gebäude etwas abseits. Rundherum ein paar neugepflanzte Bäume, ein paar Büsche. Und mitten auf diesem leeren Platz ein verkohlter Baumstumpf. Der Rest einer großen Eiche. Dieser verkohlte Eichenstamm ist das einzige, was von dem niedergebrannten Dorf Kortelisi übriggeblieben ist. Eine ganze Woche lang brannte das Dorf mit seinen 715 Häusern.

Nur wenige Menschen haben dieses Massaker überlebt. Zwei davon stehen vor mir: Maria Kandranowa mit ihrem dicken Mantel. Und der schnauzbärtige, mit Orden geschmückte Fjodor Iwanowitsch Rudinuk. Maria Kandranowa, heute 72 Jahre alt, erzählt: »In der Frühe, wir schliefen noch, sind in unser Haus drei Faschisten eingedrungen. Die sagten, wir sollen unser ganzes Geld mitnehmen, unsere Ausweise und die Stiefel anziehen. Mein Vater hat noch Brot mitgenommen. Wir waren 10 in der Familie. Sie haben meine ganze Familie erschossen. Wir standen also alle auf dem Dorfplatz. Ein Soldat hatte eine Liste und rief uns der Reihe nach auf. Wir mußten uns melden mit ›Hier!‹. Wenn jemand fehlte, fragte er: Wo ist der? Wo ist die? Dann mußten alle Männer von 18 bis 45 Jahren zwei Schritte vortreten. Wir dachten, sie wollten die Männer nach Deutschland deportieren. Sie mußten an verschiedenen Stellen im Dorf eine Grube graben. Zuerst haben sie ihr Geld und ihre Ausweise abgeben müssen. Das Geld haben die Deutschen einkassiert und die Ausweise auf einen Haufen geworfen. Wir haben all unser Geld natürlich mitgenommen. Nicht viel, aber immerhin. Wir dachten ja, wir brauchten das Geld für unterwegs beim Transport, um uns etwas Essen kaufen zu können. Dann mußten sich die Männer, die die Gruben gegraben hatten, ausziehen. Sie wurden erschossen, fielen gleich von selbst in die Gruben. Ihre Kleider wurden mit einem Lkw abtransportiert. Dann kamen die Frauen dran. Ich hatte ja gesehen, wie die anderen Frauen drüben im Teich ertränkt wurden. Ich flehte den deutschen Soldaten an, daß er mich nicht ertränkt, sondern mich lieber erschießt. Da würde ich weniger spüren. Auch wir Frauen mußten uns ausziehen und unsere Kleider sorgfältig zusammenfalten. Wir standen also alle nackt da. Es war früh am Morgen und noch sehr kalt. Vor mir standen noch ein paar Frauen, dann wäre ich drangekommen zum Erschießen. Da winkte mir ein Faschist mit seiner Maschinenpistole zu, ich soll aus der Reihe heraustreten. ›Zieh dich an‹, sagte er zu mir. ›Du kommst mit nach Deutschland.‹ Da war ein großer Transport mit Schweinen, die sie aus unseren Ställen geholt hatten. Die wurden alle nach Deutschland geschafft. Und diese Schweine mußte ich unterwegs füttern. Das war meine Arbeit. Irgendwo in Polen machte der Zug einen längeren Halt. Die Deutschen tranken schrecklich viel Wodka in dieser Eisenbahnstation und waren alle besoffen. Und das habe ich genützt und bin abgehauen, bin zurück, habe mich unterwegs versteckt. Aber ich habe es geschafft zu überleben.«

Fjodor Iwanowitsch Rudinuk, 70 Jahre alt:

»Es war um 4 Uhr in der Frühe. Sie haben mit Lampen in die Fenster geleuchtet. Ich dachte, es brennt. Die Faschisten schlugen mit den Gewehrkolben die Fensterscheiben ein, stießen mit den Stiefeln die Türen auf und standen plötzlich im Zimmer. Ich war halb nackt, trotzdem suchten sie mich nach Waffen ab. Dann haben sie uns alle aus dem Haus gejagt. Meine Schwester wollte noch mal zurück, um etwas Warmes zum Anziehen mitzunehmen. Sie hatte ein kleines Kind bei sich. Das durfte doch nicht frieren. Es

war schon ziemlich kalt, es war Ende September. Auch wir mußten ohne warme Kleider raus auf den Platz. Da haben wir dann gesessen und gewartet, bis alle aus den Häusern getrieben waren. Wir Männer wurden etwas abseits geschafft. Dort mußten wir eine Grube graben. 5 Meter tief, 2 Meter breit und sehr lang. Ich mußte also für mich selbst mein Grab ausheben. Dabei waren von allen Seiten die Maschinenpistolen auf uns gerichtet. Dann, als die ersten Gruppen zu den Gruben gejagt wurden und die Soldaten anfingen, sie zu erschießen, da brach Panik aus, schrien die Menschen, wollten weglaufen. Da schossen die Soldaten gleich mit Maschinenpistolen in die Menge hinein. Und dann während der Erschießungen haben sie die Motoren ihrer Lkws laut aufgedreht und über Lautsprecher Musik gemacht, um das Schreien und die Schüsse zu übertönen. Kleine Kinder haben sie, um Kugeln zu sparen, mit den Bajonetten aufgespießt und dann in die Grube geworfen. Ich habe selbst gesehen, wie die Faschisten einer hochschwangeren Frau mit einem Bajonett den Bauch aufschlitzten und sie in die Grube warfen. Am Abend begann es stark zu regnen. Trotzdem brannte das Dorf weiter. Fast eine Woche lang. Die Gruben wurden nur mit ein bißchen Erde zugedeckt. Durch den Regen quoll das Blut aus der Erde hervor.
Wie durch ein Wunder habe ich überlebt. Als diese Panik ausbrach, bin ich mit anderen einfach weggerannt. Sie haben auf uns geschossen, aber nicht getroffen. Zwei Tage haben wir uns im Wald versteckt. Dann sind wir zurück ins Dorf. Was heißt Dorf – es standen ja nur noch ein paar Mauern, Kamine und überall die Asche. Von anderen, die gleich zurückkehrten, als die Deutschen weg waren, haben wir gehört, daß sich die Erde auf den Gruben noch leicht bewegte. Es waren ja nicht alle sofort tot, als sie in die Gruben fielen. Sie haben die Erde weggeschaufelt. Aber es war zu spät.«
Wir gehen zurück zum Auto. Fjodor Iwanowitsch Rudinuk zeigt mit der Hand über weite Ackerflächen nach Westen und Norden: »Dort hinten lag Borki, da Zablocie, und dort Borysowka. Diese Dörfer sind alle am selben Tag wie Kortelisi niedergebrannt worden.«[22]

Bajki

Nordöstlich von Brest lag bei Ruschani das Dorf Bajki. Herbstsonne am Himmel. Wir fahren an Gärten vorbei, Lattenzäunen. Die Bäume hängen voller Äpfel. Das Laub beginnt sich zu verfärben, wird gelb. Ein Rudel Gänse rennt flatternd vor dem Wagen her. Kinder stehen am Straßenrand, neben den Milchkannen. In einem Gemüsegarten hängt eine junge Frau Wäsche auf. Melonen liegen auf dem flachen Schuppendach.

Wir fahren eine kleine Anhöhe hinauf. Oben ein paar Bäume, ein Gedenkstein, ein großes Grab. Umgeben von einem Lattenzaun, blau und gelb gestrichen. An die beiden weißen Torpfosten aus Beton ist jeweils ein rotes Tuch gebunden. Am Zaun steht eine Gruppe Menschen, Bewohner des nahe liegenden Dorfes. Sie wollen sehen, wie der aussieht, der da aus der Bundesrepublik in ihr Dorf kommt, der diese Stelle da sehen will, dieses Grab.

Wir begrüßen uns. Kolchosbauern, Rentner, Veteranen, der junge Lehrer, die junge Brigadistin aus dem Kolchos. Und um uns herum die Kinder. Neugierde in ihren Augen und Scheu. Dann werde ich einem alten Mann vorgestellt, der etwa 60 Jahre alt ist. Der letzte Überlebende des Massakers von Bajki: Nikolai Stepanowitsch Schabonja.

Am 22. Januar 1944 wurde Bajki beim Rückzug der Deutschen niedergebrannt. Alle 120 Häuser. 1011 Bewohner hatte das Dorf. 987 wurden erschossen[23]. Unter den 24 Menschen, die fliehen konnten, waren der damals 18jährige Nikolai Stepanowitsch Schabonja und sein inzwischen verstorbener Vater. Alle 987 Menschen liegen hier an dieser Stelle begraben. Nikolai Stepanowitsch Schabonja erzählt:

»Ich bin der letzte Augenzeuge der Niederbrennung von Bajki. Da drüben standen die drei Schuppen, in die wir alle hineingepfercht wurden. Das Dorf und alle hier wurden wegen der Unterstützung von Partisanen vernichtet. Schon 1941, als die Faschisten hier beim Einmarsch durchzogen, haben sie schon am 6. Tag nach Kriegsbeginn meinen Bruder erschossen. Und dann, als sie aus dem Land gejagt wurden, haben sie hier am 22. Januar 1944 alles niedergemetzelt.

Die Faschisten kamen in der Nacht. So gegen 4 Uhr. Unter dem Kommando des Feldgendarmeriechefs von Pruschani. Die Feldgendarmerie hat also als

erstes das Dorf umstellt. In drei Ringen. Der äußere Ring mit Hunden. Da konnte keiner raus.
Dann gingen sie zum Bürgermeister und haben ihm befohlen, daß er das ganze Dorf auf den Platz zusammenruft. Wir mußten alle unsere Wertsachen mitbringen. Geld, Schmuck und unsere Ausweise. Wir haben uns zuerst nichts Schlimmes dabei gedacht. Es war ja nicht das erste Mal, daß unsere Ausweise überprüft wurden. Dann haben sie uns alles abgenommen, was wir bei uns hatten, uns in drei Schuppen gejagt, die Tore von außen verriegelt. Da bekamen wir Angst. Sie holten alles Vieh aus den Ställen, durchsuchten unsere Wohnungen und Keller nach Essen und Kleidern. Wir haben das durch die Holzritzen gesehen, wir hörten es und konnten nichts dagegen tun. Dann holten sie die Männer aus der Scheune. Sie mußten eine Grube graben. Dort drüben, wo die beiden Birken stehen.
Die Männer wurden zu viert aus den Schuppen herausgeholt, damit sie nicht über die Faschisten herfallen konnten. Außerdem mußten sie durch ein Spalier von Soldaten hindurch, die mit ihren Bajonetten bereitstanden. Wie durch einen Korridor. Wer zu fliehen versuchte, wurde gleich erstochen. Und mit den Hunden standen sie da. An der Grube mußten sie sich nackt ausziehen – ja, und dann wurden sie einfach erschossen.
Die Frauen wurden in Gruppen von sieben oder acht herausgeführt. Und jede Frau hatte noch fünf, sechs Kinder an der Hand. Die Kinder haben sie meistens lebendig in die Grube gestoßen. Mit dem Gewehrkolben. Es war unmöglich, sich dagegen zu wehren. Vor einem standen die Kolonnen von Soldaten und um das Dorf drei Ringe Bewachung. Man konnte keinen Finger rühren. Alles ging so ruhig, ganz ordnungsgemäß. Es war alles ganz straff organisiert. An der Grube wurden die Männer rechts erschossen und die Frauen und Kinder links. So eine Ordnung! Und wenn ein hübsches Mädchen darunter war, führten sie sie in ein Haus daneben. Dort haben sie sie vergewaltigt und dann im Haus erschossen.
Wie ich entkommen bin? Mein Vater und ich, wir haben uns in der Scheune oben unter dem Dach versteckt. Im Stroh. Ich habe ein Loch in die Bretterritzen gemacht. So konnte ich alles sehen. Wir hatten wahnsinnige Angst. Eigentlich waren wir nur damit beschäftigt stillzuhalten. Als alle erschossen waren, kam ein Soldat in den Schuppen und stach überall mit dem Bajonett ins Heu. Ein paarmal stach er dicht neben mir vorbei. Ich dachte schon, das ist das Ende. Dann kletterte er wieder hinab und zündete unten das Heu an und ging weg. Das Heu fing an zu brennen. Doch wir durften doch nicht raus, weil draußen überall noch die Faschisten standen. Aber dann mußten wir raus. Sonst wären wir erstickt. Wir sind zum Scheunentor. Das war von außen verriegelt. Die Bretter waren schon halb durchgebrannt. Wir traten

mit Gewalt mit den Füßen dagegen. Egal, ob draußen die Faschisten waren. Sollten wir denn verbrennen? Wir hatten schon große Verbrennungen auf der Haut. Wir konnten auch nichts mehr sehen vor Rauch und Qualm. Dann waren wir im Freien. Wir haben nicht geguckt, wir sind einfach gerannt. Ich zog meinen Vater am Arm. Er hinkte stark. Wir sind zum Wald gerannt. Wahrscheinlich hat uns der Rauch verdeckt. Außerdem waren die Soldaten damit beschäftigt, schnell aus dem brennenden Dorf abzuhauen. Sie hatten das ganze Dorf angezündet. Die Dächer waren aus Stroh. Sie haben einfach Fackeln auf die Dächer geworfen. Das brannte alles sehr schnell. Ich war damals 18 Jahre alt.
Ich habe auch gesehen, daß Säuglinge – für Säuglinge wollten sie keine Kugeln verschwenden. Da haben die Deutschen die Säuglinge einfach mit dem Kopf gegen das Schutzblech ihrer Lkws geschleudert. Meine Mutter wurde hier in Bajki erschossen. Auch meine Brüder und meine drei Schwestern. Mein Vater und ich gingen dann zu den Partisanen.
Das neue Bajki steht da unten. In der Mulde. Es wurde erst 1984 wiederaufgebaut. Wenn ich heute durch das Dorf gehe, erinnere ich mich ständig an 1944. Dann liegt mir ein schwerer Stein auf dem Herzen.«
Ich frage nochmals, wo die Scheune stand, in der er sich versteckt hatte, und nach dem Weg der Menschen zur Grube.
»Da«, sagt er, »dort, wo die Birken stehen.« Er zeigt mit der Hand. »Und die Grube, wo sie erschossen wurden, ist hier – hier, wo wir jetzt stehen ...«
Er dreht sich um, geht einige Schritte zum Lattenzaun, stützt sich darauf. Er weint. Er taumelt, greift in die Luft. Wir fangen ihn auf. Es geht ihm nicht gut. Er zeigt auf sein Herz. Wir bringen ihn zum Auto. Wir fahren ihn nach Hause, ein Dorf weiter. Ich sehe ihn auf dem Rücksitz, er atmet schwer. Weint. Wischt sich die Tränen mit seinen dicken Fäusten aus dem Gesicht. Die Haut seiner Hand ist rissig, aufgeplatzt.
Dann geht es ihm besser, wir atmen auf. Wir stehen in seinem Garten. Unter den Birnbäumen, den Apfelbäumen. Seine Frau kommt aus dem Häuschen. Eine Schürze um den dicken Leib. Sie kocht gerade Obst ein.
Nikolai Schabonja: »Als die Rote Armee hierherkam und uns befreite – das kann man gar nicht beschreiben! Was für eine Freude! Aber unser Dorf! Es gab kein Dorf mehr. Es standen nur noch die Kamine. Trotzdem war es eine solche Freude, neu anzufangen. Ganz neu. Mit allem. Es gab hier nichts mehr. Nur Kamine und Asche.«
Er nimmt mich bei der Hand. Er führt mich ums Haus. »Kommen Sie«, sagt er. »Kommen Sie. Hier die Birnen. Nehmen Sie, soviel Sie wollen.«
Er hebt eine große alte Emailschüssel voller Birnen vom Gras hoch und

drückt sie mir in die Hände. Herrliche Birnen. »Ich habe sie heute gepflückt. Und grüßen Sie das deutsche Volk. Und sagen Sie, wir möchten in Frieden miteinander leben.«

Wir stehen unter den Birnbäumen, den Apfelbäumen. Die Äste biegen sich von den hängenden Früchten. Beim Abschied umarmt mich der Alte.

Koldicewo

Donnerstag, den 12.9.1985. – So stellt man sich eigentlich Rußland vor: leicht hügeliges Gelände, Wälder, Birkenwälder, Pilzsucher unterwegs mit großen Körben voll mit Pfifferlingen und Steinpilzen. Vereinzelte Bauernhöfe. Gänse am Straßenrand. Gärten mit übermannshohen Sonnenblumen. Kinder spielen an einem See. Eine Frau treibt eine Herde Kühe nach Hause in den Stall. Wir müssen anhalten. Die Kühe trotten vor uns auf der Straße. Ein Bilderbuch-Rußland.

Wir fahren durch einen Wald, dann eine Lichtung, eine Wiese. Wir halten. Am Rand der Lichtung Holzhäuschen mit bunten Fensterrahmen. Bauern kommen heraus, wollen wissen, zu wem wir wollen. Zwischen den Häuschen Obstbäume, ein Birkenwäldchen, dahinter Tannen. Seitlich auf der Wiese ein Grundstück, eingezäunt mit einem Metallgitter. An den Gittern kreisrunde, gelbe Flächen, darauf der rote Sowjetstern. In der Mitte des Grundstücks in weißem Stein aufrecht eine trauernde Frau. Zu ihren Füßen auf einer weißen Steinplatte eine Inschrift.

Hier im ehemaligen Gut Koldicewo, 18 Kilometer nördlich von Baranowici, an der Chaussee Baranowici–Nowogrudok, wurde im Juni 1942 ein Konzentrationslager für sowjetische Zivilisten geschaffen. »Schutzhaftlager« nannten es die Deutschen, und eingerichtet wurde es auf Befehl von SS-Untersturmführer Waldemar Amelung von der Außenstelle Baranowici des Kommandeurs der Sicherheitspolizei und des SD Weißruthenien in Minsk. Eingeliefert wurden in dieses KZ Partisanenverdächtige und Arbeitsstrafen abbüßende Häftlinge[24]. Bis zu 10000 Gefangene waren hier ständig inhaftiert. Das Lager war mit mehreren Stacheldrahtreihen umgeben, mit Scheinwerfern, mit speziell dressierten Hunden und Schützenlöchern für Scharfschützen. Durch Massenhinrichtungen, Hunger, Erfrieren, Infektionskrankheiten, Erschöpfung durch Zwangsarbeit starben im Lager Koldicewo insgesamt über 22000 sowjetische Zivilisten[25]. Nach der Befreiung entdeckte die Gebietskommission von Baranowici allein auf dem Lagergelände 14 Massengräber. In einem davon wurden Männer-, Frauen- und Kinderleichen gefunden, die auf dem Bauch aufeinanderlagen und deren Hände am Rücken mit Stacheldraht zusammengebunden waren. Die Erwachsenen wiesen Einschüsse im Genick auf. Bei den Kindern waren

keine Einschüsse zu entdecken. Sie waren lebendig in die Grube geworfen worden, erstickten zwischen den Leichen.
Kinder kommen herbeigelaufen, in roten Anoraks und Wollstrümpfen. An einem Gartentor stehen stumm drei alte Männer. Ihre Mützen tief im Gesicht. Wladislawa Illarionowna Korsun, 74 Jahre alt, und Viktor Konstantinowitsch Buslow, 65 Jahre, sind mit dem Auto mit uns hierhergekommen. Sie waren beide Häftlinge in diesem KZ. Wladislawa Illarionowna Korsun spricht hart und schnell: »Warum ich hier reingesteckt wurde? Sie haben mich, meinen Mann und meine Kinder festgenommen. Mein Mann wurde nach Deutschland deportiert. Ich habe nie wieder etwas von ihm gehört. Meine zwei Töchter haben die Faschisten in ein Waisenheim gesteckt. Die eine war drei Jahre, die andere fünf Jahre alt. Und mich brachten sie in das SD-Gefängnis in Baranowici. Ich wurde oft mit dem Gummiknüppel geschlagen. Dann brachten sie mich hierher ins KZ Koldicewo. Wir mußten hier sehr viel und schwer arbeiten. Und bekamen fast nichts zu essen.
An eines erinnere ich mich noch genau: Ein alter Mann – so alt, wie ich jetzt bin – hatte vergessen, vor einem Wachtmeister den Hut abzunehmen. Da hatte er ihm befohlen, daß er 20mal an ihm vorbeigeht und sich dabei jedesmal vor ihm auf die Erde niederkniet. Der Alte war aber schon so schwach, daß er es nicht schaffte. Da hat der Wachtmeister ihn einfach erschossen.
Wer krank war und nicht arbeiten konnte, wurde sofort erschossen. Da war ein Birkenhain. Und wenn die Wachen sagten: ›Morgen kommst du in den Birkenhain‹, da wußte man schon, daß man erschossen wird. Wir waren in Baracken untergebracht. Die waren halb in den Erdboden eingebaut. Die Holzwände hatten große Löcher. Da kam der Regen durch. Es war immer naß und schmutzig. Es gab auch Ratten in den Baracken. Hier standen so an die 20 bis 30 Baracken. Aber es waren so viele Gefangene hier, daß die meisten draußen liegen mußten. Auch nachts. Im Winter 1941/42 bei 20 bis 30 Grad minus! Die meisten sind erfroren. In der Nacht kamen oft die Wachen. Die haben befohlen: ›Aufstehen!‹ Und dann haben sie in der Nacht die Listen geprüft, ob noch alle da sind.
Ich war von Februar bis März 1944 in diesem KZ. Auf einmal wurden wir alle auf Lkws verladen und mit Güterwaggons nach Auschwitz gebracht. Hier, am Unterarm, sehen Sie: meine Auschwitz-Nummer.« – Sie streift den Ärmel ihres Mantels und ihres Pullovers hoch. Ich sehe auf der Innenseite ihres Unterarms bläuliche Zeichen. Die Ziffern in der Haut sind verwachsen, vernarbt, kaum mehr erkennbar. – »Ich stand schon in einer Gruppe vor den Gaskammern. Da stellte sich heraus, daß sie noch Arbeitskräfte brauchten. So war ich gerettet!«
Die drei Kinder turnen an dem Metallgitter der Gedenkstätte. Sie spielen

Überschlag, balancieren auf dem Zaun. Hühner steigen durchs Gras, picken in der Erde. Dann erzählt Viktor Konstantinowitsch Buslow. Er trägt seinen Sonntagsanzug und eine schimmernde, hellblaue Krawatte. Er ist sehr nervös.
»Auch ich war Häftling in diesem KZ. Ich war damals etwas über 20 Jahre alt. Meine Mutter und meine 18jährige Schwester wurden von den Deutschen erschossen. Dann haben sie mich bei einer Razzia eingefangen. So kam ich hierher. Hier im Lager waren viele Jugendliche. Ganz junge Burschen. Die Faschisten haben hier nicht nur gehängt oder erschossen, sie haben auch vielen Häftlingen mit dem Messer auf der Stirn oder auf dem Rükken einen großen Sowjetstern eingeschnitten und manchmal sogar das umrissene Stück Haut abgezogen. Dort drüben standen große Birken. Daran haben sie oft die Häftlinge festgenagelt. Richtig gekreuzigt. Das habe ich selbst gesehen.
Mit den Müttern waren hier auch kleine Kinder gefangen. Die Soldaten spießten diese kleinen Kinder auf ihre Bajonette und trugen sie wie Fahnen. Einmal kam ein Deutscher zu uns und sagte: ›Grabt eine Grube, 36 Meter lang, sechs Meter breit und sechs Meter tief!‹ Als die Grube fertig war, haben sie drei Tage lang Häftlinge erschossen und in diese Grube geworfen. 14 solcher Massengräber gibt es hier herum. In diesem KZ hatten die Deutschen sogar im November 1942 einen Ofen gebaut, um die Leichen zu verbrennen.
Ich weiß nicht, ob das hier ein großes Lager war. Jedenfalls standen hier so etwa 25 Baracken. Die meisten Häftlinge mußten aber im Freien leben. Dort drüben war das Gefängnis des KZ. Und rundherum in dieser Richtung war das Lager. Davon ist heute fast nichts mehr zu sehen. Als die Faschisten fliehen mußten, haben sie alles gesprengt. Vom Gefängnis stehen noch ein paar Mauerreste. Ich hatte das Glück, daß ich noch lebte, als die Rote Armee uns aus diesem Lager befreite. Das werde ich unseren Soldaten nie vergessen.«

Dann führt mich Viktor Konstantinowitsch Buslow ein Stück in den Wald hinein. Bei mehreren Bäumen zeigt er nach oben: Hoch oben sind in den dicken Baumstämmen riesige Eisenhaken und Eisenklammern zu sehen. An ihnen wurden damals KZ-Häftlinge aufgehängt. Nun sind diese Haken und Klammern nach über 40 Jahren mit den Bäumen nach oben gewachsen, ragen immer noch aus den Stämmen heraus, wie ein Fingerzeig: Hier war es.

Baranowici

Baranowitschi (polnisch: **Baranowicze**) (BB 345°)
Geb. Baranowitschi.
26440 Einw. (1937).
(2853 Wohngebäude, 1931).
Gebietshauptstadt, besteht aus Alt- und Neubaranowitschi. Wichtiger Eisenbahnknotenpunkt der Bahnen Brest bzw. Wolkowysk–Minsk und Wilna–Rowno. Hauptstraßenverbindung nach Nowogrudok und Salonim. – Im Weltkrieg heiß umkämpftes Ziel der Brussilow-Offensive (1916).
Wehrwichtige und militärische Anlagen: Mehrere Krankenhäuser, 13 Schulen, El.-W. der Eisenbahn (420 kW), Wasser- und Pumpwerk, 2 Wassertürme, Hauptpost-, Telegraphen- und Fernsprechamt, Feuerwehrzentrale, Hauptbahnhof mit ausgedehnten Gleisanlagen, Güterbahnhof mit ausgedehnten Gleisanlagen u. Schuppen, Rundfunksender (50 kW, 150 m hohe Antenne), Schlachthof, 2 Innenkommissariatsgebäude, Gebiets- und Stadtverwaltung, Bank, großer Kasernenkomplex (Infanterie und Artillerie), neue russische Kaserne, Artillerie- und Infanterie-Unterkunft, 2 Militärdepots, Munitionslager, Luftwaffendepot, Benzin- und Treibstoffdepot für Militär (Behälter und Lager von 5000 Fässern), von den Russen vergrößerter Flugplatz.
Industrie: Webereien, Gerbereien, Decken- und Zementfabrik, Ziegeleien, Fettverarbeitung, Seifen- und Kerzenfabrik, Wein-, Likör- und Käsefabrik, Mühlen[26].

Vor dem Krieg hatte Baranowici 37000 Einwohner[27]. Die Stadt – 210 Kilometer von Brest entfernt – wurde am dritten Tag nach Kriegsbeginn, am 25. Juni 1941, von der deutschen Wehrmacht besetzt[28]. Sie blieb besetzt bis zur Befreiung am 8. Juli 1944. Drei Jahre also dauerte die Okkupation[29]. Nach dem Abzug der Deutschen lebten von den 37000 Einwohnern in Baranowici noch 5400. Insgesamt wurden in Baranowici und Umgebung 128000 Menschen liquidiert[30] und über 7000 Einwohner nach Deutschland zur Zwangsarbeit deportiert[31].
In der Umgebung von Baranowici gab es drei Konzentrationslager: Lesnaja (88407 Ermordete), Koldicewo (22000) und eines bei Baranowici (31000)[32].
In einem kargen Saal im Rathaus von Baranowici sitze ich zwei Frauen und zwei Männern gegenüber. Sie sind etwa 70 Jahre alt. Über zwei Stunden haben sie schon auf uns gewartet. Vor uns auf dem Tisch eine große Schale mit Obst und Gebäck, Flaschen mit Fruchtsäften und Mineralwasser. Tee wird serviert. Irina Iwanowna Krischdakowa:
»Ich bin 1939 nach Baranowici gekommen. 1941 wurde mein Mann getötet.

An der Front. Auch mein erster Bruder ist an der Front gefallen. Die Faschisten haben meine ganze Familie ausgerottet. Aufgehängt. Unsere ganze Familie hat gegen die Faschisten gekämpft. In Baranowici. In einer Untergrundorganisation. Das war für uns selbstverständlich. Wir hatten Angst. Dennoch: Wir haben Minen herangeschafft. Flugblätter gedruckt und verteilt, Eisenbahnlinien gesprengt. Wir haben viele Objekte in die Luft gesprengt. Dann war da ein Verräter. Mein zweiter Bruder und meine Schwester wurden festgenommen. Und noch sechs Mann von unserer Gruppe.«
Sie weint. Sie holt ein Taschentuch aus ihrer Tasche, schneuzt sich. Sieht mich kurz an. Dann greift sie wieder in ihre Tasche und zieht ein Foto heraus. Sie legt es vor mir auf den Tisch, zeigt mit dem Finger darauf. Ich sehe einen Platz, Galgen, junge Menschen baumeln an Stricken.
»Das hier, das war unsere Gruppe. Und hier – das ist mein Bruder und meine Schwester. Alle haben sie gehängt. Sie wurden am 6. März gehängt. 1942. Sehen Sie, da hängt mein Bruder und meine Schwester. Im Zentrum der Stadt haben sie sie aufgehängt. Hier hängt mein Bruder und meine Schwester.«
Sie weint. – »Ich, meine Mutter und meine andere Schwester sind aus Baranowici in unser Dorf geflohen. Zwei Monate darauf kamen die Faschisten in das Dorf...«
Sie weint. – »Haben das Dorf niedergebrannt. Mit meiner Mutter und meiner Schwester.«
Sie weint. – »Ich kann nicht mehr...« Sie sagt noch auf deutsch »Danke«, dafür, daß ich zugehört habe.
Michail Tichonowitsch Romanenko: »In Baranowici gab es eine Reihe von Gestapo- und SS-Gefängnissen. Und innerhalb der Mauern des Hauptgefängnisses war ein großes Kriegsgefangenenlager. Täglich sind dort sowjetische Menschen erschossen worden. Vor dem Krieg lebten in Baranowici 10000 Juden[33]. Als die Deutschen einmarschierten, haben sie zuerst die ganze jüdische Bevölkerung hinter das Eisenbahngelände gejagt und sie dort ein paar Tage lang festgehalten. So lange, bis die Deutschen im Stadtzentrum im Dezember 1941 ein Getto errichtet hatten. Alle Juden wurden da reingesteckt. Auch die Juden aus den umliegenden Dörfern. Insgesamt waren in diesem Getto ca. 15000 Menschen zusammengepfercht[34]. Und im Dezember 1942 wurde dieses Getto dann vernichtet. Sie haben alle Juden in Vororte von Baranowici transportiert und sie dort erschossen[35]. Bei der Stadteinfahrt haben sie dann ein Schild angebracht: ›Baranowici ist judenfrei!‹«
Alevtina Michailowna Burdenko: »Ich war auf Dienstreise. Ich hörte im Radio, daß die Deutschen uns überfallen haben. Ich wollte gleich zurück

nach Baranowici, konnte aber nicht, weil alle Züge bombardiert wurden. Und was noch fuhr, war nur für Militärtransporte. Ich mußte aber zurück. Drei Tage später gab es einen Zug. Plötzlich wurden auch wir bombardiert. Die Lokomotive war getroffen, und ein paar Waggons waren zerstört. Viele Passagiere sind dabei ums Leben gekommen. Wir sind dann zu Fuß nach Baranowici. Ständig beschossen von Tieffliegern. Als ich am Abend in Baranowici ankam: die Stadt voller deutscher Soldaten. Die Stiefel, die Wachen. Überall Kontrollen. Als ich nach Hause kam: Mein Mann war nicht mehr da! Abgeholt! Ich habe ihn nie wiedergesehen.«

Irina Iwanowna Krischdakowa: »Aber dann, als der Krieg zu Ende war – das war eine Freude! Daran erinnere ich mich genau. Es war in der Nacht. Die Nachbarin klopfte. Ich war voller Angst, daß wieder eine Todesnachricht kam. Aber da schrie die Nachbarin: ›Sieg! Der Krieg ist zu Ende!‹ Wir liefen auf die Straße. Da waren schon eine Menge Leute. Alle umarmten sich. Wir haben die Soldaten geküßt! Wir haben gefeiert! Die ganze Nacht! Da wollte keiner schlafen gehen. In Baranowici gab es damals kein Licht. Am Bahnhof stand nur ein Elektrozug, der die Eisenbahn beleuchtete. Aber plötzlich brannten alle Lampen! Ich weiß nicht, woher die auf einmal all das Licht bekommen haben. Das war wie eine Sonne! Den Sieg haben wir wie einen Frühling empfangen. Jeder, der irgendwie krank war, war plötzlich gesund!«

Mit Andrej Fjodorowitsch Koslow fahren wir ein paar Kilometer außerhalb von Baranowici. Nur wenige Meter abseits der Straße steht ein Denkmal. Die »Weinende Mutter«, eine Frau in Stein, aufrecht, den Kopf gesenkt. Daneben auf einer Platte der Text: »Zeitgenossen und kommende Generationen! Verneigt Euch. Hier ruhen im ewigen Schlaf, die sich dem Feind nicht gebeugt haben: 31000 Sowjetbürger, die in dem faschistischen Lager gequält, gefoltert und erschossen wurden in den Jahren 1941–1944.«

Andrej Fjodorowitsch Koslow: »Hier auf diesem Gelände gab es ein KZ. Eine Nebenstelle des Lagers Lesnaja. Ständig waren hier etwa 50000 Menschen inhaftiert. Während der drei Jahre Besetzung wurden in diesem KZ 31000 sowjetische Bürger ermordet[36]. Ich war ein Jahr lang in diesem Lager. Daß ich überlebt habe, ist ein Zufall. Zu essen bekamen wir 125 Gramm Brot pro Tag. Aber kein reines Brot. Es war mit Sägemehl vermischt.« – Als ich wieder zu Hause war in West-Berlin, habe ich einmal 125 Gramm Brot auf meiner Briefwaage abgewogen. Eine daumendicke Scheibe Brot – das sind 125 Gramm. Jedoch echtes Brot, nicht mit Sägemehl vermischt. – »Und einen halben Liter Brei. Keiner konnte sagen, aus was dieser Brei bestand. Arbeiten mußten wir vom Hellwerden, bis es dunkel wurde. Es gab keine medizinische Versorgung. Keinen Arzt. Kranke haben überhaupt kein Brot

mehr bekommen. Man hat sie gleich in Gruben geworfen und darin erschossen. Hier von diesem Denkmal bis dort hinten zu dieser Mauer fand man 21 Gruben. Dieses Lager wurde im Herbst 1941 errichtet.
Fast alle Gefangenen lebten unter freiem Himmel. Ich auch. Man hat uns nicht erlaubt, Feuer zu machen. Wenn doch jemand Feuer machte, um sich und andere zu wärmen, wurde er sofort erschossen. Als die harten Fröste kamen, mußten wir Holzbaracken bauen. Aber in diesen Baracken waren keine Öfen. Nichts. Nicht einmal Stroh war darin. Die Baracken schützten nur gegen Schnee und Wind.
Und in der Frühe wurden wir hinausgetrieben zum Schuften. Viele sind nicht mehr zurückgekommen am Abend. Sind bei der Arbeit an Erschöpfung tot zusammengebrochen. Oft brachen neben mir die Genossen tot zusammen. Aus diesem Lager wurden im September 1942 800 Kinder erschossen. Während der ganzen Okkupationszeit haben die Deutschen in Baranowici und Umgebung außerdem 5200 Kinder getötet. Meist warfen sie sie lebendig in die Gruben, um Kugeln zu sparen. Die Kinder sind dann erstickt[37]. Die Faschisten wollten uns auslöschen. Uns vernichten. Sie haben es aber nicht geschafft.
Wenn Sie nun in die Bundesrepublik zurückfahren, sagen Sie Ihren Leuten, daß wir keine Rachegefühle gegen sie haben. Sagen Sie dem deutschen Volk, daß wir nicht Gleiches mit Gleichem vergelten wollen. Wir wollen als gute Nachbarn nebeneinander leben. Und wir wollen in Frieden leben.«
Der Bürgermeister von Baranowici lädt uns zum Abendessen ein. Uns, das sind Sascha von der Brester Kreiszeitung, der Chauffeur, mein Dolmetscher Borislaw und ich. So sitzen wir also mit dem Bürgermeister an einem sehr großen Tisch in einem Extraraum in einem Baranowicer Restaurant. Auf dem Tisch stehen zwei große Blumensträuße, durch die wir, wenn wir mit unserem Gegenüber sprechen, hindurchspähen, dazu Schalen mit Pfirsichen, Trauben, Äpfeln, Bananen. Teller mit Brot, Käse, Quark, Melonen, Schinken, Pasteten, Oliven, Tomaten. Flaschen und Gläser mit Moosbeerensaft, Kefir, Stutenmilch, Mineralwasser, Wodka. Der Bürgermeister hat »in Anbetracht eines so seltenen Gastes aus Deutschland« einmal bürgermeisterlich für zwei Stunden die Alkoholeinschränkung aufgehoben und Wodka servieren lassen. Außerdem ist es sowieso schon nach 19 Uhr und damit eigentlich ganz legal, Alkohol zu trinken.
Ich komme von Massengräbern, höre seit Tagen nur noch von Erschießungen, verbrannten Dörfern, Zerfleischung von Menschen, Vernichtung, KZs, und nun wird zu Beginn des Abendessens erst einmal ein »Salat« serviert, der eigentlich kein Salat ist, sondern Fisch, Fleischröllchen oder Wurst. Dann anschließend die Suppe. Ich bestelle Soljanka-Pilzsuppe (das war noch

vor Tschernobyl) mit einem Löffel saurer Sahne darauf. Dann wird mir als Hauptspeise ein Huhn, geschmort auf belorussische Art, vorgeschlagen; dazwischen werden Quarkpfannkuchen mit Schinken aufgetischt, zum Dessert heiße gefüllte Apfeltaschen, mit Puderzucker bestreut, dazu Gebäck, Mokka und noch ein Glas (100 Gramm) Cognac.
Alles das kommt mir unwirklich vor. Doch die vier ermuntern mich, kräftig zu essen, meine Arbeit sei anstrengend, man könne nicht immer nur an die Verbrechen der Faschisten denken. Man müsse auch in dieses schöne mit Mandelbrei gefüllte Biskuitgebäck beißen. Morgen werden wir zum KZ Lesnaja fahren und nach Sluzk. Und noch ein Cognac, und noch ein Wodka. Der Bürgermeister von Baranowici lacht gern und laut. Und dazu tönt aus den übergroßen Boxen auf dem Parkettboden Mireille Mathieu: »Paris! Paris!«

Lesnaja

Am nächsten Tag fahren wir 22 Kilometer zurück zu der kleinen Siedlung Beresowka in der Nähe der Eisenbahnstation Lesnaja, westlich von Baranowici. Mitten im Birkenwald stoßen wir auf eine Lichtung, eine große Fläche voll mit Gräbern. An der Stirnseite eine Mauer mit Namen, in der Mitte ein Gedenkstein mit der Inschrift: »Auf dem Territorium der Siedlung Lesnaja wurden in dem Stammlager 337 während des Krieges durch die deutschfaschistischen Eroberer 88407 Kriegsgefangene, Partisanen und Zivilisten auf bestialische Weise ermordet und manche lebendig begraben.«

Diese 88407 Menschen liegen hier begraben. Eine junge Lehrerin, die wir in Beresowka abholten und mit der wir hierher fuhren, geht mit mir an den Grabreihen entlang. Sie erzählt:

»Dieses Stalag 337 ist im September 1941 geschaffen worden. Im Durchschnitt waren hier ständig ca. 55000 Häftlinge gefangengehalten[38]. Die Kriegsgefangenen kamen in Eisenbahnwaggons an. Für die, die schon zu schwach waren für den Fußmarsch vom Bahnhof hierher, hielten die Deutschen in der Nähe des Bahnhofs ausgehobene Gruben bereit. Sie wurden gleich in diesen Gruben erschossen[39]. Die anderen marschierten hierher. Das Lager bestand aus 16 Baracken und Scheunen. Die Gefangenen haben darin in drei Reihen übereinander geschlafen. Es waren Sommerbaracken mit Löchern in den Bretterwänden, so groß, daß im Winter der Schnee hereinwehte. Im Winter war innen alles voller Schnee. Die Baracken konnten nicht einmal die Hälfte der Gefangenen aufnehmen. Über die Hälfte der Menschen lag also draußen im Freien. Im Winter. Im Schnee. Und 1941/42 war ein sehr kalter Winter. Die meisten sind erfroren. Es gab auch feste Steinbauten. Doch nur für das Wachpersonal. Die waren natürlich beheizt. Die Baracken nicht.

Die Gefangenen mußten auch Wald roden. Und da man keine Pferde hatte, mußten je 15 bis 20 Männer einen Baumstamm im Frost durch den Schnee ziehen. Auch hier gab es nur 125 Gramm Brot pro Tag und eine Brühe. Brot ist schon zuviel gesagt: Es war mit Sägemehl und Gras vermischt.

Und es haben hier täglich Appelle stattgefunden. Man prüfte die Listen der Gefangenen. Diese Appelle dauerten 2 bis 3 Stunden. Und jedesmal starben dabei auf diesem Platz 25 bis 30 Menschen. Sie fielen einfach um.

In den Baracken gab es keinen Holzboden, keinen Ofen, kein Stroh. Draußen herrschten 30 Grad Kälte. So kalt war es auch in den Baracken. Wer überleben wollte, mußte sich die ganze Nacht hindurch bewegen, um sich zu erwärmen. Sie mußten die ganze Nacht laufen, wurden immer schwächer. Und dies alles bei einem Essen, das man nicht Essen nennen kann. Schließlich legten sich nachts viele nieder, mit dem Wunsch, nicht mehr aufzuwachen. Besonders brutal gingen die Deutschen gegen die russischen Offiziere vor. Sie waren in verschiedenen Kammern untergebracht. Die Kammern wurden innen mit Wasser begossen, sie waren also völlig vereist.
Und was das Essen betrifft: Sie bekamen Fleisch zu essen, das längst verfault war. Darin war ein Gift. Und schon am nächsten Tag hatten die Gefangenen die Cholera. Es kamen spezielle Ärzte aus dem Reich, die sich mit Cholera befaßten. Und die haben dann diese sterbenden Häftlinge beobachtet. Zum Studium. Als Test. Alles war völlig verdreckt. Da sind natürlich viele außerdem an Infektionskrankheiten gestorben.
Im Jahr 1942 und 43 hatten die Deutschen den sowjetischen Kriegsgefangenen vorgeschlagen, gegen die eigenen Leute zu kämpfen. Das haben sie natürlich abgelehnt. Dafür kamen sie dann in Gaswagen. Und in diesen Gaswagen wurden hier täglich 600 bis 700 Menschen getötet. Einmal haben sie im August 1942 hier ca. 700 Offiziere vergast[40]. In diese Gaswagen packten sie 70 bis 80 Menschen, die Wagen fuhren einmal nach Baranowici und zurück oder ein paarmal um das Lager herum. Die Motorabgase wurden direkt in den Kasten geleitet, in denen die Gefangenen dicht aneinandergepreßt standen. Dann nach ein paar Runden, wenn man die Tür öffnete, fielen sie schon heraus. – Insgesamt sind auf diesem Gelände 88 407 Menschen ermordet worden. Als die Rote Armee näher rückte, haben die Faschisten alle Baracken abgerissen, alles eingeebnet, um die Spuren zu verwischen[41].
Sehen Sie, ich habe ein Foto mitgebracht. Das ist Maria Kolischowa. Sie war hier KZ-Häftling. Sie war im September 1984 hier. Jetzt lebt sie irgendwo am Don. Sie hat mir dieses Foto geschenkt, das hier im KZ von deutschen Ärzten gemacht wurde. Sie sehen Maria Kolischowa, und auf dem Arm hält sie ein totes Mädchen, ihre 8 Monate alte Tochter. Und daneben die deutsche Ärztin. Sie hat dem Kind gerade eine Spritze gegeben. Der Säugling stirbt in den Armen seiner Mutter. Und die Ärzte beobachten, wie diese Spritze wirkt.«
Dann nimmt die Lehrerin ein großes Paket aus ihrer Tasche, packt es aus und überreicht mir einen holzgeschnitzten Hirsch. »In unserer Klasse haben wir überlegt, was wir unserem Gast aus der Bundesrepublik schenken können. Da haben die Kinder Ihnen diesen Hirsch geschnitzt. Zur Erinnerung und als Gruß von uns allen.«
Wir fahren mit dem Wagen ein paar hundert Meter weiter, halten an, steigen

aus. Die Lehrerin will mir noch etwas zeigen. Wir stehen mitten in dem Fichtenwald, auf einem pistenähnlichen hügeligen Waldweg. Links und rechts große Kuhlen, tiefe Senken im Wald. Mulden. Überwuchert mit Gebüsch.
»Hier wurden die Häftlinge erschossen. Und in Gruben geworfen. Das Erdreich sackt nach mit der Zeit. Das hier gehörte alles noch zum Lager. Hier, wo jetzt dieser Wald nachgewachsen ist, war damals freies Gelände, war das Lager.«
Da stehe ich also auf dem Waldboden, womöglich auf einem Massengrab. Womöglich hat einer meiner Onkel bei seinem »Rußlandfeldzug« dieses KZ bewacht, hier nur mal so nebenbei ein paar Russen liquidiert, mitgeholfen, diese Massengräber zuzuschaufeln. Da steh' ich also mit dem Holzhirsch unterm Arm, den russische Kinder für mich geschnitzt haben, als Geschenk und zur Erinnerung. Die Sonne scheint durch die Fichten. Die sich bewegenden Äste lassen die Strahlen auf dem Moosboden tanzen. Es ist warm.
Der Fahrer drängt – wir müssen weiter. Wir müssen nach Sluzk. Unterwegs nach Sluzk, ein kleines Dorf, ein Denkmal in schwarzer Bronze: Vier junge Rotarmisten ziehen mit wehenden Mänteln an die Front. Der letzte, der jüngste, dreht sich noch einmal um, sieht zurück zu seiner Mutter. Die Mutter steht da mit leicht gehobenen Armen. Ein Taxi fährt vor. Auf dem Dach zwei große ineinander verschlungene Eheringe montiert. Und in den Ringen baumelt und bimmelt je ein Glöckchen. Ein Brautpaar steigt aus: Er ganz jung im schwarzen Frack, silberne Krawatte, die junge Braut in Weiß: weißes Spitzenkleid, es reicht bis zur Erde, sie rafft es mit ihren weißen Handschuhen hoch, trägt eine große weiße Spitzenhaube. Wir halten an. Das Brautpaar, sie bei ihm leicht eingehängt, geht zu dem Denkmal. Sie legen einen großen Strauß Blumen nieder. Verharren für eine Minute schweigend, dann kehren sie zum Taxi zurück. Wir gehen zu ihnen, fragen sie nach diesem Brauch, am Hochzeitstag hier Blumen niederzulegen. Die Braut:
»Das ist eine Tradition bei uns. Wir legen Blumen nieder zur Erinnerung an die gefallenen sowjetischen Soldaten, um ihnen die Ehre zu erweisen. Wir ehren die gefallenen Soldaten, damit alles gut geht in der Zukunft. Wir sind ihnen dankbar, daß sie uns damals verteidigt haben. Sonst könnten wir heute vielleicht nicht Hochzeit machen, wären vielleicht nicht am Leben.«
Und der Bräutigam: »Ja, das ist eine gute Tradition, die wir einhalten. Sie haben ihr Leben dafür gegeben, daß wir heute leben können. Wir kommen gerne hierher, an so einem Tag wie heute, wenn man heiratet, da sollen wir auch daran denken, daß so etwas nie wieder geschehen darf. Wir sind unseren Soldaten dankbar dafür, daß sie uns verteidigt haben. Und auch wir

würden uns ebenso verteidigen. Hoffentlich wird das nicht nötig werden. Aber jetzt feiern wir erst einmal Hochzeit.«
Als wir wegfahren, kommt schon das nächste Taxi mit aufmontierten Eheringen und Glöckchen vorgefahren. Wieder steigt ein Brautpaar aus, auch sie ganz in Weiß. Sie legen Blumen nieder, bleiben schweigend stehen, fahren zum Hochzeitsschmaus.
»Ja, ja«, sagt unser Chauffeur, »es ist Freitag heute. Da wird geheiratet. Die kommen jetzt vom Standesamt, dann geht's zum Denkmal und dann nach Hause. Freitags und samstags ist immer Hochzeit. Bis zum Sonntag.«

Groß Prussy

Auf dem Weg nach Sluzk halten wir in einem kleinen Dorf. Nein, ein Dorf ist es eigentlich nicht. Es ist eine Siedlung, die auf deutsch »Groß Preußen« heißt. 10 bis 15 Häuschen aus Fertigbauteilen. Dazwischen Pappeln, Birken, Linden. Wir sind angemeldet. Ganz kurz nur soll das Gespräch hier sein, eine halbe Stunde. Schon jetzt müßten wir in Sluzk sein.
Vor einem Holzhaus eine Gruppe alter Frauen und Männer, eingepackt in dicken Mänteln, Strickjacken, Kunstlederjacken. Die Frauen dazu mit Kopftüchern. Es regnet, ist stürmisch. Schon seit einer Stunde warten sie auf uns.
Eine der Frauen stellt sich als Leiterin dieses »Friedensmuseums« vor, sie ist 70 Jahre und gründete dieses Museum vor 8 Jahren. »Damit ich wenigstens etwas Bleibendes in meinem Leben geschaffen habe.« Wir treten ein. Sie hat alles gesammelt, was sie aus dem Krieg und aus der Nachkriegszeit an Erinnerungswertem auftreiben konnte: Fotos von Gefallenen, verrostete Waffen, eine durchschossene Kindermütze.
Wir setzen uns in den kalten Raum, die anderen rundherum, sie erzählt: »Ich stamme aus dem Dorf Groß Prussy. Am 26. September 1942 haben die Deutschen unser Dorf niedergebrannt. Ich war Lehrerin, mein Mann an der Front, und auch meine beiden Brüder. Am 26. September in der Frühe gegen 6 Uhr hörten wir Motorräder. Es war sehr nebelig. Wir konnten nichts sehen. Aber wir hörten die Motorräder immer näher kommen. Fliehen konnten wir nicht mehr. Die Deutschen hatten schon rundherum alles abgesperrt. Mit Hundeführern. Wir hockten also in unserem Häuschen, meine Mutter, meine beiden Schwestern und mein kleiner Bruder. Ich war damals 27. Mein Vater war schon im Finnischen Krieg gefallen. Da wurde die Tür aufgestoßen, mit dem Stiefel. Fünf Faschisten kamen herein. Einer hat sogar Gitarre gespielt. Sie traten in den Raum und sagten: ›Ausweise und Geld her!‹ Dann befahl uns der, der Gitarre spielte, uns auf den Boden zu legen. Ein anderer stand neben ihm und schoß plötzlich mit seiner Maschinenpistole auf uns. Es war ein entsetzliches Geschrei. Dann sind die Deutschen weg. Ich lag eine Weile da. Ich wußte wirklich nicht, ob ich noch lebte oder tot war. Ich fühlte überhaupt nichts mehr. Meiner Mutter neben mir waren beide Beine zerschossen. Sie wollte aufstehen, konnte aber nicht. Und neben

ihr lagen meine beiden Schwestern und mein kleiner Bruder. Ihre Köpfe ganz zertrümmert. Ich konnte sie gar nicht wiedererkennen. Ich wollte raus. Doch meine Mutter sagte: ›Leg dich hin, wo du gelegen hast. Vielleicht ist das eine Glücksstelle. Warten wir noch.‹
Und tatsächlich kamen die Faschisten zurück. Sie schauten durch das zerschlagene Fenster herein und warfen Fackeln in die Stube. Unser Häuschen aber brannte nicht richtig. Es war aus Lehm. Dann haben sie außen Heu und Stroh herumgelegt und angezündet. Das brannte dann schon besser. Wir lagen immer noch innen auf dem Boden. Dann aber mußten wir raus. Sonst wären wir erstickt. Die Faschisten waren schon weg. Ich habe meine Mutter aus dem brennenden Haus geschleift und irrte durch das Dorf. Alles war voll Rauch und Qualm von den anderen brennenden Häusern. Da sah ich kleine Kinder auf der Straße liegen: mit zerschlagenen Schädeln. Die Faschisten hatten die Kleinen mit den Köpfen gegen die Hausecken geschleudert. Das war hier fast um die Ecke, wo wir jetzt sitzen. Und eine Scheune, die etwas außerhalb des Dorfes stand, die brannte auch noch. Ich bin nicht hingegangen. Aus Angst rannte ich in den Wald. – Später habe ich erfahren, daß die Deutschen 28 Dorfbewohner in diese Scheune getrieben hatten, das Tor verriegelt und sie dann mitsamt den Menschen darin niederbrannten. Nun frage ich Sie: Warum haben die Deutschen das getan? Wir hatten doch einen Nichtangriffspakt mit ihnen. Warum haben sie uns überfallen?«
Sie sagt es bitter, traurig. Doch ohne Zorn, ohne die Spur eines Vorwurfs mir gegenüber. Sie hätte mir ins Gesicht schlagen können, mir ins Gesicht spucken können, voller Wut und Haß. Doch sie fragte nur: »Warum haben die das getan?« Und sie bedankte sich dafür, daß ich nach Groß Prussy gekommen bin und daß ich ihr zugehört habe.
Wieder drängt die Zeit. Die anderen kommen überhaupt nicht zu Wort. Eine Stunde haben sie auf uns gewartet, und nun können sie nur ein paar Sätze sagen. Sie spüren, daß mir das sehr unangenehm ist; sagen ganz selbstverständlich, daß ich eben nochmals kommen muß.
In der Gruppe der 71jährige Sak Heimowitsch Sadowskij. Er will uns noch zwei, drei Kilometer von hier entfernt etwas zeigen. Ich trete hinaus, draußen auf der anderen Straßenseite steht das halbe Dorf versammelt, Alte, Kinder, Bauern. Sie wollen den Mann aus der BRD sehen. Sie haben noch nie einen Westdeutschen gesehen. Ich bin der erste Bundesbürger, der hier in diese Gegend kommt. Die Alte drückt mir ein Körbchen mit Blumen in die Hand. Ich soll es nebenan an der Gedenkstätte niederlegen, wo die Dorfbewohner begraben sind. – Ich stehe vor der weißen Marmortafel, in die die Namen eingemeißelt sind und ihr Alter. Ganze Familien mit ihren

Kindern, zwei Jahre, vier Jahre, drei Jahre, zwölf Jahre. Hinter mir die Bewohner des jetzigen Groß Prussy. Die Kinder tuscheln und kichern.
Dann zwei, drei Kilometer weiter, auf einer Wiesen- und Ackerfläche, die bis zum Horizont reicht, eine Baumgruppe. Wir stehen am Eisengitterzaun, der dieses kleine Wäldchen umfaßt. Sak Heimowitsch Sadowskij schließt das frisch gestrichene Gittertor auf. Hohes Gras, welliger Boden, drei Grabsteine. Drei Massengräber zu unseren Füßen. In jeder Grube 300 Menschen. Insgesamt liegen unter uns 900 Menschen begraben. Das Erdreich über den Gruben sackt nach. Es bilden sich neue Gruben, erschreckend tief, aus denen Bäume wachsen.
Sak Heimowitsch Sadowskij nimmt seine Mütze vom Kopf, er erzählt: »Ich wohnte in Timkovici. Das Dorf war früher da drüben hinter der Eisenbahn. Die Eisenbahnlinie gab es damals noch nicht. Ich bin in Timkovici geboren. Am 25. Juni 1942 haben uns die Faschisten auf dem Dorfplatz zusammengetrieben. Die Familien wurden voneinander getrennt. Die Männer hierhin, die Frauen, Alten und Kinder dorthin. Die Kinder und die Alten haben sie auf dem Platz sofort erschossen. Die anderen 900 jagten sie weit außerhalb des Dorfes, nämlich hierher. Die Männer mußten drei Gruben graben. Ich war auch darunter. Dann mußten wir uns bis auf die Unterhose ausziehen, uns an den Grubenrand stellen; sie wurden mit Genickschuß getötet und fielen von selbst in die Gruben. Dann kam unsere Gruppe an die Reihe. Wir waren 15 Mann. Alle nackt, nur die Unterhose an. Dann sind wir plötzlich losgerannt, einfach losgerannt, quer übers Feld. 13 wurden dabei von den Faschisten erschossen. Nur zwei konnten entkommen. Ich bin einer davon.«
Während er erzählt, stockt seine Stimme. Er muß schlucken. Er hat Tränen in den Augen. Er wendet sich ab, geht zu einem der Grabsteine, stützt sich darauf, wischt sich die Tränen aus dem Gesicht. Nach einer Weile kommt er zurück. Er entschuldigt sich bei uns.

Sluzk

Einwohnerzahl vor dem Krieg: 22 000.
Einwohnerzahl nach dem Krieg: 7000.
Besetzt am 26. Juni 1941[42].
Befreit am 30. Juni 1944.
Okkupationszeit: 3 Jahre.
In dieser Zeit wurden in der Stadt Sluzk ermordet: 11 000 Menschen.
Nach Deutschland als Zwangsarbeiter deportiert: 3000 Menschen.
Zerstört wurden: 80 % der Gebäude.
Laut »Generalplan Ost« sollten im Rayon Sluzk 95 arische Gutsbesitzer angesiedelt werden.
Ermordet wurden im Rayon Sluzk: 50 000 Menschen. Von den niedergebrannten Dörfern sind bisher noch nicht wiederaufgebaut: Perechody, Kruschnik, Beresinaz, Sadowe, Padeivaka...
Allein im Rayon Sluzk kämpften 4 Partisanenbrigaden mit insgesamt 4700 Partisanen.
In der Stadt gab es 53 Untergrundorganisationen. Sie brachten während der Besetzung illegal eine eigene Zeitung heraus.
Heute steht in Sluzk ein großes Zuckerkombinat. Es wurde mit aufgebaut von Firmen aus der Bundesrepublik[43].

Sonja Davjidowna Burgowno: »Hier in Sluzk war das Gebietskommissariat, die Feldkommandantur, die Landwirtschaftliche Kommandantur und die Gendarmerie. Gleich am ersten Tag, als sie einmarschierten, am 26. Juni 1941, führten sie sehr strenge Gesetze ein: Alle Kommunisten und Komsomolzen sollten sich unbedingt melden, um registriert zu werden. Wer hinging, hatte natürlich dem Leben Adieu gesagt. Wenn jemand einen sowjetischen Soldaten oder einen Partisanen mit Lebensmitteln versorgte, wurde er sofort erschossen. Sie führten eine Sperrstunde ein. Wer ab 18 Uhr ohne Ausweis auf der Straße angetroffen wurde, wurde sofort erschossen. Dann war da das Sluzker Gefängnis. Es war groß. Alle drei Tage wurde es neu gefüllt. Das heißt, jeder Häftling wurde nach drei Tagen zum Erschießen oder in ein KZ gebracht. In dieses Gefängnis wurden nicht nur die Einwohner von Sluzk gebracht, sondern auch Verdächtige aus dem gesamten Kreis.«
Stepanida Antonowna Kulikowic: »Ich war in dem Gefängnis von Sluzk. Von April bis zum 11. Mai 1943. Vier Wochen lang. Ich bin 1919 geboren. Bei Kriegsanfang war ich 22 Jahre alt. Mit 24 saß ich also in diesem Gefängnis. Ich wurde so geschlagen, daß ich oft bewußtlos war. Dann haben sie

mich in eine Zelle geworfen, in der vier gefolterte Frauen lagen. Eine dieser Frauen kam auf mich zu und gab mir ein Schlückchen Wasser. Am nächsten Tag wurde ich wieder zum Verhör gebracht. Einer der Gestapo-Männer schob mir das Protokoll des Verhörs zum Unterschreiben hin. Es war auf deutsch. Das konnte ich natürlich nicht verstehen. Ich sollte trotzdem unterschreiben. Ich habe auch gar nicht gebeten, daß sie es mir übersetzen. Ich unterschrieb es einfach. Ich dachte: Darauf kommt es jetzt auch nicht mehr an. Es wird sowieso bald zu Ende sein mit mir. Dann am 11. Mai 1943 wurden wir mit mehreren zusammen in einen Lkw gepackt, zum Bahnhof gefahren, in offene Eisenbahnwaggons gesteckt. Wir wurden so eng zusammengepreßt, daß wir keinen Platz zum Sitzen hatten. Wir konnten nur stehen. Die ganze Zeit. Man gab uns auch nichts zu essen, keinen Schluck Wasser. So schafften sie uns nach Auschwitz. Die Fahrt dauerte ungefähr eine Woche. Ich hatte zuerst geglaubt, sie bringen uns nach Deutschland, zum Arbeiten. Aber es ging nach Auschwitz. In Auschwitz war ich ungefähr 1½ Jahre. Dann wurden wir dort von der Roten Armee befreit. Vor dem Krieg arbeitete ich als Krankenschwester. Auch jetzt arbeite ich wieder als Krankenschwester.«

Georgij Kondratschewitsch Karpenko: »In Sluzk lebten etwa 10000 Juden. Gleich nach dem Einmarsch haben die deutschen Truppen in der Stadt ein jüdisches Getto errichtet. Das Viertel einfach mit Stacheldraht umzäunt. Mehrere Stacheldrahtrollen. Wo jetzt die Uritzkistraße ist. In alle Häuser waren die Juden hineingestopft. Alle 10000. Dann fingen sie an, sie allmählich zu liquidieren. Aber vorher haben sie ihnen alle Wertsachen, Geld usw. weggenommen. Und Ende Oktober 1941 kam das 11. Polizei-Bataillon hierher und hat ein schreckliches Massaker angerichtet. Zwei Tage lang haben sie jeden erschossen, von dem sie glaubten, er sei ein Jude. Die deutschen Polizisten haben sich hier wie Raubtiere aufgeführt. Sie haben wie in einem Blutrausch gemordet, geplündert, die Häuser angezündet. Am Abend des zweiten Tages sahen die Straßen von Sluzk aus wie eine Schlachtbank[44].

Die letzte Aktion in diesem Getto habe ich selbst gesehen. Das war Anfang Februar 1943. Das Getto brannte, und wir hörten die Schüsse. Wir sind so nah wie möglich hingegangen und sahen, wie die Faschisten die Häuser in Brand steckten und die Juden, die aus den brennenden Häusern liefen, samt ihren Kindern niederschossen. Sie lösten das Getto auf und haben an einem Tag 1700 Juden umgebracht. Sie nannten das Abschlachten der Juden ›Umsiedlung‹. An den Gruben außerhalb der Stadt haben sie nach einem genauen Stundenplan erschossen. Alle zwei Stunden war Schichtwechsel für die Schützen. So ging das den ganzen Tag lang von der Früh bis abends, bis ›Dienstschluß‹.«[45]

Victor Bogdan, 76 Jahre alt: »Ich fuhr einmal mit dem Pferdefuhrwerk nach Sluzk. Da war in der Nähe ein Kriegsgefangenenlager. Ich fuhr hinter einer Kolonne von etwa 3000 sowjetischen Gefangenen aus dem Lager her. Sie waren wie Schatten. Wenn sie nicht schnell genug gingen, wurden sie von den Deutschen geschlagen. Da fielen sie nur um und blieben liegen. All die Zeit vorher schon, als ich da fuhr, war der Straßenrand mit Leichen gesät. Allein die 13 km, die ich hinter der Kolonne herfuhr, auf der Strecke zählte ich 729 Leichen. Bis Sluzk hatte es fast keiner geschafft.«

Alexander Dimitrewitsch Famin, 74 Jahre: »Ich war Leiter einer illegalen Untergrundorganisation. Als erstes haben wir uns zum Ziel gesetzt, gegen die faschistische Propaganda anzukämpfen. Wir wollten unseren Leuten die Wahrheit sagen. Die Faschisten verbreiteten schon im August 1941, daß die Rote Armee vernichtet sei. Daß die Deutschen Moskau und Leningrad besetzt hätten. Wir besaßen ein Rundfunkgerät. Darauf stand die Todesstrafe, wenn man so etwas besaß. Wir hörten also die wahren Informationen und haben damit Flugblätter gemacht und in der Bevölkerung verbreitet. Das war am Anfang des Krieges.

Die zweite Aufgabe war: Diversionstätigkeit, das heißt: Eisenbahnbrücken sprengen, um den deutschen Nachschub zu behindern. Fabriken sprengen, in denen die Deutschen für den eigenen Bedarf produzierten. Wir haben mit ganz einfachen Mitteln gesprengt. Wir haben Benzin in Flaschen gefüllt, dann Stickstoffsäure und Schwefelsäure eingegossen. Mit einem Korken verschlossen, die Köpfe von Zündhölzern reingesteckt, alles mit Papier umwickelt und die Flasche umgedreht deponiert. Der Flaschenboden mußte oben sein, die Öffnung unten. Wenn die Flasche also so verkehrt stand, vermischte sich nach zwei Stunden das Benzin mit der Säure – und explodierte. Wir haben in Sluzk eine Möbelfabrik in die Luft gesprengt. Darin haben die Deutschen Bretter für die KZ-Baracken geschnitten. Wir haben die Post hier gesprengt. Damit waren für lange Zeit die Telefonverbindungen der Wehrmacht unterbrochen. Kabel haben wir sowieso durchgeschnitten. Die Arbeit dieser illegalen Gruppen war nur ein Teil neben dem Kampf der Partisanen und der Roten Armee.«

Elena Iwanowna Scheptunowa: »Pascha Serewina war eine der aktiven Mitglieder im Untergrund in Sluzk. 1944 wurde sie gefangengenommen. Kurz vor dem Ende des Krieges. Im Sluzker Gefängnis wurde sie gefoltert. Zwei Wochen lang. Man hat sie mit langen heißen Metallstäben gefoltert. Verlangte von ihr Angaben über andere Mitglieder, die im Untergrund arbeiteten. Aber sie hat geschwiegen. Da haben die Deutschen sie lebendig ins Feuer geworfen. Hier in Sluzk wurden nämlich kurz vor Kriegsende Leichen verbrannt. Sie haben Eisenbahnschwellen übereinandergelegt, darauf die

Leichen, das Ganze mit Benzin übergossen und angesteckt. Und in dieses Feuer haben sie Pascha Serewina lebendig hineingeworfen. So war das.«
Sergej Dumonik, 61 Jahre: »Ich habe mitgeholfen, mein eigenes Dorf zu befreien. Als Rotarmist. Mein Dorf heißt Sunai. Etwa 30 km von Sluzk entfernt. Als ich mit den anderen Rotarmisten in das Dorf einzog, stand meine Mutter an der Haustür. Ich war so glücklich, daß sie noch lebte. Mein drei Jahre jüngerer Bruder lebte auch noch. Meine beiden Schwestern hatten die Faschisten nach Deutschland deportiert. Meine Mutter konnte es gar nicht fassen, daß ich so plötzlich lebend vor ihr stand. Das war so: Während des Krieges nahm mich mein Vater mit in die Wälder zu den Partisanen. Danach traten wir in die Rote Armee ein, mein Vater und ich. Meine Mutter konnte davon natürlich nichts wissen. Sie trat vors Haus, um die einrückenden Rotarmisten zu begrüßen, die das Dorf freigekämpft hatten. Und plötzlich stand ich vor ihr. Sie wollte auf keinen Fall, daß ich weiterziehe mit der Armee. Sie wollte natürlich, daß ich hierbleibe. Aber das ging doch nicht. Und außerdem sah ich es als meine Pflicht an, weiter nach Westen zu ziehen und die anderen Städte und Dörfer von den Faschisten zu befreien, die Faschisten zu verjagen. Ich hatte das Gefühl, daß ich, als wir weiterzogen, überleben muß. Ich mußte am Leben bleiben, weil mich wieder bei meiner Rückkehr in mein Dorf Sunai meine Mutter an der Haustür erwartet. Ich war überzeugt davon, daß ich überleben würde. Und ich habe überlebt.«
Andrej Filippowitsch Schuljarenko: »Wir haben ein großes neues Zuckerkombinat. Wir haben es mit Hilfe der Bundesrepublik aufgebaut. Westdeutsche Firmen haben die Ausrüstung geliefert, die Kontroll- und Meßgeräte. Mit Hilfe der BRD-Techniker konnten wir unser Kombinat erst aufbauen. Sie haben uns geholfen, viele Dinge richtig zu machen. Wir danken ihnen.«
Am Abend fahren wir mit dem Auto zurück nach Baranowici. Von dort wollen wir mit dem Zug nach Minsk. Der Fahrer und Sascha kehren dann nach Brest zurück. Wir sind pünktlich am Bahnhof von Baranowici. Dann eine Lautsprecherdurchsage: Der Zug für 20.15 Uhr nach Minsk hat voraussichtlich drei Stunden Verspätung.
Warten in dem kleinen Bahnhof von Baranowici. Der Fahrer und Sascha wollen bleiben, bis der Zug eintrifft. Wir sagen, sie sollen doch jetzt schon zurückfahren. Wie viele Stunden Autofahrt sind das noch bis zurück nach Brest! Nein, sie wollen bleiben, bis der Zug kommt.
Drei Stunden warten. Der Fahrer spielt mit Sascha Schach. Slawa liest in seinen Büchern, die er in den Buchhandlungen in Baranowici und Sluzk gekauft hat. Sartre, »Geschlossene Gesellschaft«, ein Buch über die westdeutschen Grünen, die Geschichte von Byzanz.

Ich gehe hinaus. Es ist Nacht. Wind, Regenschauer. Züge werden rangiert. Ein weitflächiges Rangiergelände. Und dahinter die Stadt. Die elektrischen Lampen, der Dampf der Lokomotiven unter den Lichtkegeln, die Pfiffe der Rangierer auf ihren Metallpfeifen. Dieses Geräusch, wenn Waggons auf den Bremsschuh auffahren, wenn sie gegen den stehenden Zug scheppern, wie die Waggons einander anstoßen. Weit entfernt Pfiffe, Quietschen von Eisenteilen, dann ganz nah das Aufeinanderprallen von Puffern. Und über alldem Nacht, nur vereinzelt dämmrige Lampen.
Diese Geräusche der rangierenden Waggons in der Nacht. Eisen auf Eisen. Diese hohen Töne, wenn Eisen gegen Eisen reibt. Wie spitze, durchdringende Schreie. In zwei Stunden kommt der Zug nach Minsk. Auf dem Parkplatz schläft der Fahrer in seinem Wagen. Sascha unterhält sich mit Slawa über ein neu erschienenes Buch über Stalin. Es ist bereits vergriffen.
Ich sehe Züge mit vernagelten Güterwaggons. Zwischen herausgebrochenen Brettern greifen Hände heraus. Ich sehe auch Flüchtlingszüge nach Osten, auf der Flucht vor den deutschen Truppen. Auf den Trittbrettern und auf den Dächern hocken Menschentrauben. Nach Osten fahren auch Güterzüge, die mit hastig demontierten Fabrikanlagen vollgepackt sind. Sie fahren bis hinter den Ural, wo sie wiederaufgebaut werden. Und aus dem Osten kommt Nachschub für die immer näherrückende Front: neues Kriegsgerät, neue Panzer, Rotarmisten, erschöpft vom langen Transport aus Georgien, Kasachstan, Kirgisien.
Und ihnen wieder entgegen kommen Verwundetentransporte. Viele sterben noch in den Waggons. Und inmitten all dem Chaos: der Flügel von Tschaikowski, der von Klin bei Moskau in den Ural geschafft wird; die Bibliothek von Tolstoj aus Jasnaja Poljana südlich von Moskau – irgendwohin in Sicherheit.
Eine Lautsprecherdurchsage: Unser Zug nach Minsk fährt ein. Bewegung auf dem Bahnsteig. Reisende mit Gepäck strömen plötzlich aus den Wartesälen. Wir wecken den Fahrer. Verabschieden uns von ihm, von Sascha. Es ist zwischen 11 und 12 Uhr nachts. Sie müssen nun den Weg zurück nach Brest. Wir wünschen uns gegenseitig gute Fahrt. Sascha schenkt mir zum Andenken ein kleines Bild von Brest, wie es heute ist. Auch ich möchte ihm und seinem Chauffeur etwas schenken. Aber ich habe nichts. Doch – ich habe leere Kassetten in der Tasche, Sony Chromdioxyd. Ob er einen Recorder hat, frage ich. Slawa drängt, wir müssen einsteigen. Er wuchtet die Koffer in den Waggon, die Schaffnerin schiebt uns auf die Eisentreppen. – »Ja, Recorder schon«, sagt Sascha, »aber es ist so schwer, an Kassetten heranzukommen, die etwas taugen.« Ich drücke ihm meine in die

Oben: Die zerstörte Stadt Minsk nach dem Abzug der deutschen Truppen.
Unten: Ein altes Ehepaar vor den Trümmern seines Hauses.

Hand. Er freut sich darüber wie ein Kind. Die Eisentür wird von außen zugeschlagen. Wir fahren ab. Die beiden draußen winken, Sascha mit den Kassetten in den Händen.
Der Waggon ist überfüllt. Wir suchen unsere Plätze. Im Abteil sind schon die Betten gemacht. Für knapp zwei Stunden Fahrt Betten? »Ob für zwei Stunden oder zehn. Nacht ist Nacht«, sagt Slawa. Vier Betten im Abteil. Mir gegenüber sitzt ein etwa 40jähriger Mann mit einer Flasche in der einen und einem Flaschenöffner in der anderen Hand. Er prostet mir zu, greift unter seine Sitzbank in einen Kasten Bier, holt zwei Flaschen heraus, bietet sie uns an. Er kommt aus Brest und bedauert, daß sein Kasten schon halb leer ist. Er fährt in den Ural zum Angeln. Er hat Urlaub, drei Wochen lang. Das ganze Jahr hat er dafür gespart, und nun geht's los. Ob wir wüßten, wo er unterwegs noch ein paar Kästen Bier auftreiben könnte. »Kommt mit in den Ural«, sagt er. »Kommt doch einfach mit.« Er packt seine Angel aus, setzt sie zusammen, muß die Tür zum Gang öffnen, damit die lange Rute Platz hat. Da sitzen wir nun, wir kommen von unseren Massengräbern, er freut sich auf seine großen Fische, zeigt, wie die Rollen geräuschlos laufen, ist ganz beglückt von dem Mechanismus und von seinen künftigen Fischen. »Ich lad' euch ein. Es kostet euch nichts. Ihr müßt nur meine Freunde sein. Na sdorowje!« Wir stoßen an. Daß wir schon in Minsk aussteigen müssen, kann er nicht fassen.
»Bis zum Ural, da ist es noch weit«, sagt er und öffnet eine neue Flasche. – »Na sdorowje!«

Minsk

Minsk (BB N 35 XI O)
238770 Einw. (1939).
Hauptstadt der weißrussischen SSR und des gleichnamigen Gebietes, am Sswisslotsch, nahe der ehemaligen russisch-polnischen Grenze. Wichtiger Bahnknotenpunkt, Kreuzung der Bahnen Moskau–Orscha–Brest und der Bahn Wilna–Gomelj. – Bedeutende Handelsstadt. Vertrieb industrieller und landwirtschaftlicher Erzeugnisse. Straßenknotenpunkt. – Verwaltungsmittelpunkt; Sitz der obersten Behörden der Bundesrepublik und des Rates der Volkskommissare, kulturelles Zentrum Weißrußlands, Universität, Bibliothek, Museen, Theater, Kirchen (jetzt Museen). – Einwohner vorwiegend Juden, außerdem Weißrussen, Großrussen, Ukrainer, Polen und andere Nationalitäten. – **Militärische und wehrwichtige Anlagen**: Flugplatz, unterirdische Befestigungen bei Minsk in der Nähe der 18 km entfernten Bahnstation Kolodischtsche, dort die große Sendestation mit bis zu 200 m hohen Funkmasten. Rundfunksender, Munitionslager (unterirdisch), 2 Proviantlager, Öllager. Großer Kasernenkomplex, Kasernen für zwei Schützen-Divisionen, Kavalleriekasernen, Flak-Kaserne, Infanterieschule, Personen- und Güterbahnhof; große besondere Gleisanlagen für Fabriken, Lagerhäuser, neues und altes Kraftwerk, Post- und Telegraphenamt, Hotels, Apotheke, Druckereien (für Zeitungen). **Rüstungsindustrie:** Flugzeugfabrik, chemische Werke. – **Sonstige Industrie:** Fabrik für Metallverarbeitung, Fabrik für landwirtschaftliche Maschinen, Eisengießerei und Maschinenfabrik »Molotow«, Fabrik »Kirow« für Rohrgewindeschneidemaschinen, Metallsägen, Drehbänke, Werkzeugmaschinenfabrik »Woroschilow«, Waggonwerkstätten, Leder- und Tuchindustrie, Uniformfabrik, Schuhfabrik, Holzverarbeitungsindustrie (Möbelherstellung), Sägewerke, Getreidemühlen, Konservenfabrik, Spiritus- und Schnapsbrennereien[46].
»Die Dienststellen der Wehrmacht, jede kleine Etappeneinheit, ja jeder kleine Soldat bildete sich ein, daß sie dieses Gebiet ›erobert‹ hätten und demzufolge darin machen könnten, was sie wollten.« *Wilhelm Janetzke, Bürgermeister von Minsk während der Okkupationszeit (ZSt 319 AR 985/73, Beiheft 2, Bl. 785)*

Ein Uhr nachts kommen wir in Minsk an. Es regnet immer noch. Eine Großstadt mit ihren reflektierenden Lichtern auf dem Asphalt. Wir reihen uns auf dem Bahnhofsplatz in die Schlange der Wartenden für ein Taxi ein. Erstaunlich schnell fahren die Wagen davon, wir rücken auf, können einsteigen. Slawa kennt Minsk. Wir fahren zum Hotel »Planeta«. Den breiten Lenin-Prospekt entlang, dann nach links über den Mascherowa-Prospekt. Hotels, Theater, Denkmäler, Wohnblocks, Hochhäuser, fast alles Neubauten, breit angelegt, noch um ein Uhr nachts hell beleuchtet.

Die Hauptstadt Belorußlands zählt heute 1,5 Millionen Einwohner. 900 Jahre ist Minsk alt, und doch besteht dieses Minsk erst über 40 Jahre. 1944 gab es hier nur Ruinen. Die Stadt war nach dem Abzug der Deutschen zu 80 Prozent zerstört[47]. Am 28. Juni 1941 wurde Minsk besetzt[48]. In sechs Tagen war die deutsche Wehrmacht bis Minsk vorgestoßen. Damals hatte die Stadt 245000 Einwohner[49]. Nach drei Jahren Okkupation durch die Deutschen, bei der Befreiung der Stadt durch die Rote Armee am 3. Juli 1944[50], lebten in Minsk nur noch 40000 Menschen[51].

Während der drei Jahre Besatzung wurden in Minsk und Umgebung 700000 Menschen ermordet, in der Stadt selbst 150000 Menschen umgebracht, 70000 deportiert[52], auch ins Reich, wo sie als Zwangsarbeiter bei Krupp, Daimler-Benz, bei Volkswagen, Mannesmann, Rheinmetall, Thyssen, IG Farben, beim Flick-Konzern schuften mußten für die deutsche Rüstung bis zum Umfallen.

Der Taxifahrer hört, wie ich mit Slawa spreche. Er blickt mich durch den Rückspiegel an: »Deutsch?« – »Ja.« – »DDR oder FRG?« – FRG ist Bundesrepublik. »FRG«, sage ich. Er: »Willkommen in Minsk.«

In und um Minsk gab es während der deutschen Besatzung zehn große Lager: in der Stadt die Lager an der Daumannstraße, an der Schirokaja-Straße, auf dem Gelände der Puschkin-Kaserne, am nördlichen Stadtrand auf dem Ausstellungsgelände an der Kolasstraße und an der Logoisker Straße; im Nordwesten von Minsk bei Drosdy und das Stalag (Stammlager) 352, am südlichen Stadtrand auf dem Gelände des Güterbahnhofs und des Flughafens, und dann das große Vernichtungslager Trostenez, zwölf Kilometer südöstlich von Minsk[53]. Ja, und dann gab es noch das Getto in Minsk.

Wir sind am Rand der Stadt auf einer freien Fläche angekommen. Nur links ein großer Hotelkasten, im Restaurant ist noch lebhafter Betrieb. »Jubilejnaja« leuchtet in Neonschrift. Etwas weiter ein Betonkegel mit Schießscharten aus der Okkupationszeit. Schräg dahinter ein zweiter Hotelkasten: das »Planeta«, ein Gebäudekomplex, der bei uns in so mancher Großstadt wie ein Klotz dastehen würde. Wir fahren die breite Auffahrt hoch. Es ist halb zwei nachts. Auch hier noch Betrieb im Restaurant, doch der Hoteleingang daneben ist bereits dunkel. Wir sind die einzigen in der riesigen Halle.

Unter einer trüben Lampe blättert eine müde Frau in der Zimmerliste. Unsere Ausweise, mein Visum, Bezahlung, Quittung, Karte mit der Zimmernummer, Schlüssel mit dem schweren Knauf an dem Kettchen. Irgendwo im 7. Stock suchen wir unsere Zimmer, müssen die Etagenfrau wecken, die an ihrem Schreibtisch eingenickt ist. Torkelnd vor Müdigkeit, fallen wir in unsere Betten. Heute früh müssen wir um sieben Uhr aufstehen.

Am nächsten Morgen um neun Uhr im Büro der Presseagentur APN/No-

wosti am Lenin-Prospekt. Swetljana hat eine extra Filmvorführung für mich arrangiert: Elem Klimovs Film »Komm und sieh« soll ich mir ansehen. Jahrelang ist er in der Sowjetunion verboten gewesen. Wegen der Brutalität, wie es hieß. Klimov schildert in seinem Film, wie die deutsche Wehrmacht ein belorussisches Dorf niederbrennt, mitsamt der Bevölkerung. Danach ein Gespräch mit Ales Adamowitsch, dem Drehbuchautor dieses Films. Mir fällt es schwer zu sprechen. Nach diesen Bildern, diesen alptraumhaften Szenen, kann ich keine Fragen stellen. Mir fällt nichts ein. Ich bin völlig betäubt. Was soll ich da noch fragen? Die Bilder der verbrennenden Menschen, des rauschhaften Massakers haben mich erschlagen. Ich habe in diesen zwei Wochen schon so viel gehört, doch gesehen habe ich es jetzt. Ich habe auch viele Fotos gesehen, doch durch diesen Film habe ich die Geschichte von Menschen erlebt. Ales Adamowitsch und ich sprechen über ein paar Szenen, über sein Buch »Stätten des Schweigens«, auf dem dieser Film beruht, über die Gründe, weshalb dieser Film in der UdSSR so lange verboten war. Und erst im Lauf des Gesprächs wird mir deutlich, was der Film nicht gezeigt hat, etwas Wesentliches: die Ordnung der Vernichtung. Im Film wird eine Kompanie dargestellt, die das Dorf Perechody bei Sluzk im Februar 1943 mitsamt den 116 Einwohnern niederbrennt. Die Kompanie im Film ist ein wilder Haufen besoffener, geiler, grölender und kotzender Soldaten. Sie brennen das ganze Dorf mit allen seinen in eine Holzkirche eingesperrten Einwohnern in einem Blutrausch nieder, in einer Abschlachtorgie. Sie sind im Film auch besoffen vom Vernichtungswahn. Natürlich, so waren sie auch, und so haben sie es auch getan, in einzelnen Fällen. Doch das waren die Ausnahmen. Die Regel war eine wohl organisierte und bürokratisch pedantisch durchgeführte Aktion.
»Die Durchführung der Aktion verlief planmäßig ... Die Exekution begann um 9 Uhr und hatte um 18 Uhr ihren Abschluß gefunden ... Die Exekution verlief reibungslos. Das Verfahren erwies sich als durchaus zweckmäßig ... Die Exekution verlief planmäßig und ohne besondere Zwischenfälle ...« So heißt es in den Berichten über die Vernichtung der Dörfer Borki und Zablocie mitsamt ihrer Bevölkerung.
»Der Dienst war für diesen Tag beendet«, sagt ein Angehöriger des 307. Polizeibataillons, als er und seine Kumpanen 10000 Juden des Brester Gettos erschossen hatten[54]. »Dienststelle« hieß auch das Quartier des Kommandeurs der Sicherheitspolizei und des SD in den besetzten Städten, wo die Massenmorde geplant und von wo aus sie befohlen wurden. Und »Dienststellen-Angehörige« hießen jene Beamten der deutschen Polizei, die diese Morde ausführten. Sie achteten sehr genau darauf, ob die zur Exekution bestimmten Menschen beim Entkleiden vor der Grube ihre Kleidungsstücke

exakt sortierten: Schuhe zu Schuhen, Hosen zu Hosen, Röcke zu Röcken, Hemden zu Hemden. Und sie setzten ihren Pistolenlauf akkurat im richtigen Winkel an den Hinterkopf. Nein, da war kein Gejohle und Gegröle. Die Soldaten waren beim Niedermetzeln auch nicht besoffen. Sie waren ganz nüchtern und normal. Das Niederbrennen von Dörfern mitsamt den Menschen mußte ordnungsgemäß vonstatten gehen, die Massenexekutionen mußten präzise wie ein Uhrwerk ablaufen. Unordnung, gar Anarchie hätten die großen Vernichtungsaktionen scheitern lassen. Um zu erreichen, daß der Soldat in einer derartigen Massakermechanik funktioniert, mußte eine alles überstülpende »Normalität« aufgebaut werden. Es war notwendig, daß »der deutsche Soldat« pünktlich war beim Einsatz zum Massaker, daß er diszipliniert das Getto abriegelte, daß er gewissenhaft war beim exakten Genickschuß, genau bei der Zählung von Munitionsverbrauch und Feindtoten, ordentlich bei der brutalen Lagerordnung. Man hat es von ihm verlangt, und so war er auch: pflichtbewußt im Abschlachten von über 28 Millionen Russen und pedantisch in der buchhalterischen Bilanzierung der Liquidierten (siehe Ereignismeldungen UdSSR vom RSHA).
Der Tod als ordentlicher Buchhalter. Soll und Haben. Wie viele Russen haben wir schon, wie viele sollen wir noch »sonderbehandeln«? Und zwischendurch immer wieder Heimaturlaub, am liebsten zu Weihnachten, um mit der Familie in der Heimat Weihnachtslieder zu singen, sich zu verheiraten, zumindest zu verloben. Bezeichnend für dieses »ordnungsgemäße« Abschlachten ist eine Passage aus einem Bericht des Führers des Einsatzkommandos 3 in Litauen, Karl Jäger, vom 1. Dezember 1941. Nachdem er genaue Listen über die getöteten Juden, Kommunisten, Zigeuner usw. aufgestellt hatte, schrieb er: »Die Durchführung solcher (Vernichtungs-) Aktionen ist in erster Linie eine Organisationsfrage. Der Entschluß, jeden Kreis systematisch judenfrei zu machen, erforderte eine gründliche Vorbereitung jeder einzelnen Aktion und Erkundung der herrschenden Verhältnisse in dem betreffenden Kreis.«[55] – Der Massenmord also »in erster Linie eine Organisationsfrage«. Diese »Normalität« ist das Entsetzliche. So einen Film wünsche ich mir.
Wir treten hinaus auf den Lenin-Prospekt. Es scheint die Sonne, Menschen gehen vorbei und lachen, Mütter warten geduldig auf ihre trödelnden Kinder, Studenten, Angestellte eilen zur Metro, Hausfrauen in Schürzen und Kopftüchern kommen vom gegenüberliegenden Supermarkt, schleppen vollgestopfte Plastiktüten – Minsk, 41 Jahre nach Kriegsende. Und ich habe immer noch die Bilder von den verbrennenden Bauern im Kopf, ihre Schreie, das Schlagen der Fäuste gegen die dicken Holzwände rings um sie.
Eine halbe Stunde später sitzt mir im Büro von APN / Nowosti der Historiker

W. F. Romanowskij gegenüber. Er ist Mitautor der umfassenden Dokumentation »Die nazistische Politik des Völkermords und der verbrannten Erde in Belorußland 1941–1944«, erschienen 1984 in Minsk. Er erzählt, wie er den Überfall hier in der Stadt erlebte und wie der Okkupationsalltag aussah.
W. F. Romanowskij:
»Am Morgen des 24. Juni 1941, einem Dienstag, ich habe es selbst gesehen, kam ein Geschwader von 96 Flugzeugen über Minsk. Den ganzen Tag bombardierten sie die Stadt. Das ganze Zentrum war zerstört[56]. Ein paar große Bauten standen da noch. Alles andere im Zentrum nur Ruinen. Als diese Bombardierung am Morgen begann, war ich gerade im Pädagogischen Institut. Wir hatten Dienst. Während der Bombardierung hatten wir uns im Keller verkrochen. Und dann, als wir herauskamen, was haben wir da gesehen! Brennende Häuser, Schutt, Ruinen. Und überall die Leichen auf den Straßen. Die Menschen wollten während der Bombardierung aus der Stadt fliehen. Sie konnten aber nicht schnell genug heraus, weil die Straßen verstopft waren. Und die, die draußen waren, haben die deutschen Tiefflieger niedergemäht.«
W. F. Romanowskij holt aus seiner Mappe ein zusammengefaltetes Plakat. Das dicke Papier ist vergilbt und brüchig. Eine Bekanntmachung der deutschen Wehrmacht. Ich lese:

»Bekanntmachung des Oberbefehlshabers der deutschen Truppen

1. Nach dem Einmarsch deutscher Truppen ist die vollziehende Gewalt in die Hände der deutschen Wehrmacht übergegangen.
2. Alle Schuß-, Hieb- und Stichwaffen und Rundfunk-Empfangsgeräte sind sofort bei der Ortskommandantur abzugeben. Personen, die am Tage nach Erscheinen dieser Bekanntmachung noch im Besitz von Waffen angetroffen werden, werden erschossen.
3. Es ist der Bevölkerung verboten, sich außerhalb ihres Wohnbereiches ohne schriftliche Erlaubnis einer deutschen Dienststelle zu bewegen.
4. In der Zeit von 18 Uhr bis 6 Uhr morgens – deutscher Sommerzeit – ist der Bevölkerung der Aufenthalt im Freien in Stadt und Land außerhalb der Wohnung verboten. (Bei Fliegerangriffen ist das Aufsuchen von Luftschutzvorrichtungen und Deckungen auch während der Sperrzeit gestattet.)
5. Alle Ortsansässigen sind listenmäßig zu erfassen. Die Einwohnerliste ist dem zuständigen Ortskommandanten bzw. den eingesetzten Überwachungsorganen vorzulegen.
6. Jede Plünderung von Wohnhäusern, Magazinen, Staatsbetrieben, Kolchosen, Sowchosen usw. ist verboten. Plünderer werden erschossen.
7. Die Zerstörung von Betriebsmitteln, Nachrichtenleitungen, Verkehrsmitteln, Fabrik- und landwirtschaftlichen Maschinen, Geräten und Gebäuden und das Entwenden oder Beschädigen von Teilen derselben wird als Sabotage mit dem sofortigen Tode bestraft.
8. Das Beherbergen ortsfremder Personen ist verboten.
9. Alle Angehörigen der Roten Armee haben sich sofort bei der nächsten Dienststelle der deutschen Wehrmacht zu melden. Wer solchen Personen Unterschlupf gewährt, wird bestraft.

10. Politische Kommissare und Saboteure sind festzunehmen und der deutschen Wehrmacht zu übergeben.
11. Das Betreten des Bahnkörpers und eines Streifens von 100 Metern beiderseits der Bahnstrecke, einschl. der Benutzung der Wege innerhalb dieser Sperrzone ist verboten. Bei Zuwiderhandlung wird ohne Anruf geschossen.
12. Als Zahlungsmittel gilt neben der bisherigen Währung die deutsche Reichsmark. Alle Personen sind verpflichtet, deutsche Zahlungsmittel als Entgelt anzunehmen. Als Kurs wird festgesetzt: 1 Reichsmark = 10 Rubel.
13. Die Anordnungen und Befehle der deutschen Wehrmacht sind genauestens zu befolgen.
Der Oberbefehlshaber der deutschen Truppen, 1941«

»So was hing hier an jeder Straßenecke. Daneben die russische Übersetzung. Den Text kannten wir schon auswendig«, sagt W. F. Romanowskij. »Wie war das nun in der Stadt während der Okkupation? Tag und Nacht Patrouillen von SS und Polizei auf den Straßen. Plötzlich Hausdurchsuchungen. Beim geringsten Anlaß werden Menschen verhaftet, verschwinden in den Gestapokellern, werden zum Erschießen fortgeschafft. Ein dauernder Zustand von Angst herrschte in der Stadt.
Nach und nach gab es kein Wasser mehr. Keine Heizung. Nur die beschlagnahmten Gebäude der Besatzer sind mit Strom versorgt. Im Winter 1941/42, als die Einwohner von Minsk und zum Teil auch die deutschen Truppen in den Kasernen bei −25 bis −30 Grad ohne Heizung sind, werden die Bäume in den Parks abgesägt. Alles, was aus Holz ist, alles, was brennt: Parkbänke, Zäune, Geräteschuppen, Fuhrwerke – alles wird verfeuert. Wobei den Zivilisten auch hier wieder die Todesstrafe droht. Denn das Verfeuern von Geräteschuppen und Holzfuhrwerken fällt unter ›Zerstörung von Betriebsmitteln, Verkehrsmitteln, Geräten und Gebäuden‹ und wird als Sabotage mit dem sofortigen Tode bestraft.
Wie sieht es mit der Ernährung aus? Es gibt keine Nahrungsmittel in der Stadt. Die Wehrmacht hat alles zerstört oder requiriert. Auf dem Markt kann man anfangs noch Kleidung gegen Lebensmittel tauschen. Wenig später ist alles aufgebraucht. Wenn man aus der Stadt heraus und in die umliegenden Dörfer gehen will, um dort vielleicht Kleider gegen Essen einzutauschen, benötigt man erst eine Erlaubnis, die Stadt verlassen zu dürfen. Es gab nichts mehr zu essen, nichts mehr. Gras haben wir gekocht und Blätter. Minsk hatte im Februar 1942 120000 Einwohner. Zugeteilt wurden uns pro Person täglich 15 Gramm Butter, 10 Gramm Fett, 30 Gramm Hefe und Sirup. Die 35000 Arbeiter erhalten dazu noch eine kärgliche Zuteilung von etwas Brot.
Eine Einführung von Märkten war nicht möglich, da es in Minsk überhaupt keine Lebensmittel gab. Und vom Lande konnte auch nichts herangeschafft

werden, da dort der gleiche Mangel herrschte. Dennoch war unter diesen Bedingungen jeder arbeitsfähige Minsker gezwungen, für die deutschen Besatzer zu arbeiten: 14 bis 18 Stunden pro Tag bei einem Stundenlohn von 15 Pfennigen. Und wer zu schwach zum Arbeiten war und zusammenbrach, der konnte schnell wegen Arbeitsverweigerung festgenommen und in das SS-Arbeitslager gesteckt werden[57].

Wenn auf der Straße ein Pferd tot zusammenbrach, haben wir uns darauf gestürzt, schnitten mit Messern das Fleisch heraus. Wir haben tote Hunde und Ratten gegessen. Auch wenn wir uns danach erbrachen. Viele sind nachts, an den Wachen vorbei, nach draußen auf die Felder gegangen, um Korn auszureißen, um wenigstens ein paar Körner zu kauen. Darauf stand die Todesstrafe. Wie viele von uns sind dabei erschossen worden!

Allmählich gab es keine Pferde mehr. Sie waren entweder von der Wehrmacht requiriert oder sind wie die Menschen im Kugelhagel umgekommen oder aus Erschöpfung tot zusammengebrochen. Da mußten die Bauern selbst den Pflug ziehen, die Wagen ziehen. Aneinandergeknüpfte Strickreste um die Schulter gelegt und dann gezogen.

Wer nicht oder verspätet zur Arbeit kommt, wird – wenn nicht sofort ins SS-Arbeitslager überwiesen – öffentlich ausgepeitscht, im wiederholten Fall gehängt. Um Unruhen im Keim zu ersticken oder um neue Arbeitskräfte aufzutreiben, die sich versteckt halten könnten, unternehmen die Besatzer Großrazzien. Da wird die Stadt in sechs Abschnitte aufgeteilt, rundherum abgeriegelt, rein darf jeder, aber raus keiner mehr, Polizei- und Wehrmachtsregimenter durchkämmen dann systematisch alle Viertel. Sie kontrollieren die Ausweise, verhaften die Menschen, ein Teil von ihnen wird als Zwangsarbeiter deportiert, der andere Teil erschossen. Sie nehmen alles mit, was sie brauchen können: Fotoapparate, Verbandszeug, Drähte, Medikamente. Das gilt dann als ›Feindmaterial‹, und die ganze Aktion heißt ›Sicherheitspolizeiliche Überprüfung‹. Eine solche Großrazzia fand hier Ende April 1943 statt. Sechs Tage lang[58]!

Auch sonst haben sie alles aus Minsk geplündert: Von unseren Bibliotheken haben sie 300000 Bände geraubt. Aus dem Theater haben sie die Kronleuchter abmontiert, das Gestühl, die Möbel, die Spiegel, die Teppiche – alles geraubt und nach Deutschland geschafft. Sie haben alle unsere Museen ausgeplündert. Was wollten sie denn mit unseren Gemälden? Die Wehrmacht hat auch unsere Minsker Oper ausgeplündert.«[59]

Das Getto von Minsk

W. F. Romanowskij will mir etwas über das Getto von Minsk erzählen.
»Das Getto von Minsk? Ich kenne das Getto von Warschau. Vom Minsker Getto habe ich noch nie etwas gehört.«
»Typisch«, sagt Slawa. »Bei euch hört die Geschichte des Zweiten Weltkriegs in Polen auf.«
»Wo befand sich das Getto von Minsk?«
»Im Westen der Stadt.«
»Wo genau?«
»Hinter dem Hotel ›Jubilejnaja‹.«
»Da will ich hin.«
»Sie sehen dort nichts mehr.«
»Trotzdem, ich will dort hin.«
Die folgenden Informationen über das Getto von Minsk stammen unter anderem von W. F. Romanowskij, aus dem Bericht von Karl Loewenstein »Minsk – Im Lager der deutschen Juden«, aus dem Buch »Jahre des Schrekkens« von Heinz Rosenberg, aus den Akten der Zentralen Stelle in Ludwigsburg und aus den Protokollen des Minsker Prozesses 1945/46[60].
Unmittelbar nach der Besetzung der Stadt erfaßte die deutsche Wehrmacht alle 85000 Juden durch Registrierung und Kennzeichnung mit einem gelben Judenfleck und quartierte sie in ein Getto ein. Dieses Minsker Getto errichtete die Wehrmacht am 19. Juli 1941[61] in einem Viertel im Westen der Stadt, wo bereits vor dem Einmarsch vor allem Juden wohnten. Es war ein zwei Quadratkilometer großes Gebiet mit meist zweistöckigen Steinhäusern oder hölzernen Blockhäusern. Dieser Bezirk lag zwischen der heutigen Drosdystraße im Norden, der Timirjasewa- und Republikstraße im Westen, der Nemigastraße im Süden und dem Mascherowa-Prospekt im Osten. Das Viertel umfaßte 40 Straßen, war mit drei Stacheldrahtreihen abgeriegelt, und an den Zugängen kontrollierten Polizeiwachen[62].
Ab November 1941 trafen in Minsk auch Züge mit Juden aus dem Reich ein: Züge aus Hamburg, Düsseldorf, Frankfurt am Main, Berlin, Brünn, Bremen, Wien[63]. Um für diese 7000 deutschen Juden im Getto überhaupt Platz zu schaffen, wurden vom 7. bis 11. November 1941 6000 bis 10000 russische Juden liquidiert[64].
Durch Stacheldraht trennte man das Getto in zwei Abteilungen: in einen russischen Teil und in einen deutschen Teil, auch »Sondergetto« genannt. Dieses wiederum gliederte sich, je nach Herkunft der dort Eingewiesenen, in ein Berliner Viertel, ein Hamburger, ein Rheinländisches, ein Frankfurter, ein Wiener Viertel usw. Die deutschen Juden mußten auf Brust und Rücken

den gelben Stern tragen, die russischen Juden den Judenfleck. Wer diese Kennzeichnung nicht trug oder sie durch ein Schultertuch verdeckte, wurde von den Patrouillen sofort erschossen[65].

Anfang 1942 war das Getto mit etwa 25000 Menschen belegt. Davon waren 18000 russische[66] und etwa 7000 deutsche Juden, eben jene, die mit den sieben Transporten in November 1941 aus dem Reich nach Minsk kamen. Das heißt, bis Anfang 1942 hatte es noch keine Massenexekutionen an deutschen Juden aus diesem Getto gegeben. Diese begannen erst Mitte 1942. Auch im Laufe des Jahres 1942 kamen weitere Züge mit Juden aus dem Reich in Minsk an, aus Wien, Königsberg, Theresienstadt, Köln, wobei man ab August 1942 die Züge nicht mehr über den Umweg über das Getto oder den Güterbahnhof leitete, sondern direkt zum Vernichtungsort Trostenez rangierte[67]. Insgesamt wurden 1941 und 1942 durch diese Transporte 22000 Juden aus dem Reich in das Minsker Getto »umgesiedelt«.

Vom ersten Tag seines Bestehens bis zu seiner Auflösung im Oktober 1943 wurde das Getto »durchkämmt«, »gesäubert«, »geleert«, »befriedet«. Razzien waren an der Tagesordnung. Es können hier nicht alle »Aktionen« aufgezählt werden. Nur einige Massenvernichtungen seien festgehalten, wobei die genannten Zahlen der Opfer nur eine ungefähre Größenordnung angeben. Die Todeszahlen sind in den verschiedenen Quellen sehr widersprüchlich und nach so langer Zeit nicht mehr exakt bestimmbar. Doch auch ohne sich auf eindeutig verifizierbare Zahlen stützen zu können, bleiben die Massaker monströs.

Hier eine kurze Chronik der Vernichtungen im Minsker Getto: Bei einer »Großaktion« im September 1941 erschoß die Einsatzgruppe B über 2000 Juden[68]. Vom 7. bis 11. November 1941 wurden zwischen 6000 und 12000 russische Juden liquidiert, um für die neu ankommenden deutschen Juden Platz zu schaffen[69]. Am 20. November 1941: unbekannte Anzahl von Juden[70]. Am 10. und 11. Dezember 1941: 2000 Juden durch das Sonderkommando 8[71]. Im kalten Winter 1941/42 mußten die Deutschen langsamer morden. »Wegen der Kälte und des Frostes hat sich die Liquidierung der Juden verlangsamt. Da die Erde gefroren ist, können viele Leichen zur Zeit nicht begraben werden. Auch ist eine Gesamtvernichtung nicht möglich, da viele von ihnen als Arbeitskräfte benötigt werden« (Zitat aus einer Akte in der Zentralen Stelle Ludwigsburg vom 29. Januar 1942)[72]. Im Frühjahr, als die Erde wieder auftaute, ging das Morden weiter: Am 2. und 3. März 1942 erschoß die Einsatzgruppe B über 3000 Menschen[73]. Vom 28. bis 30. Juli 1942 wurde drei Tage lang erschossen und durch Gaswagen vergast. Dabei wurden auch die Juden aus Berlin, Bremen, Brünn, Wien und ein Teil der rheinländischen Juden liquidiert. Die Anzahl der »sonderbehandelten«

Opfer schwankt hier zwischen 10000 und 18000[74], überwiegend alte Männer, Frauen und Kinder. Erschossen wurde vor allem jeder, der nicht arbeitsfähig war. Die Aktion begann am Morgen des 28. Juli 1942, als die meisten Arbeitskommandos bereits ausgerückt waren. Mit Personalunterstützung von der Reichsbahn, der Organisation Todt und der Gendarmerie wurde das ganze Getto abgeriegelt. Räumkommandos durchsuchten dann das Getto und holten die Menschen aus den Häusern. Sie wurden zum Gettoausgang getrieben und von dort mit Lkws nach Trostenez gebracht. Da die Fahrzeuge der KdS-Dienststelle für eine so große Aktion nicht ausreichten, mußte man zusätzliche Lkws von der Reichsbahn und von der Wehrmacht anfordern. Außerdem wurden die drei Gaswagen des KdS Minsk und noch mehrere Gaswagen anderer Einheiten für Transportzwecke verwendet. Viele Frauen und Kinder erschoß man bei dieser Aktion direkt im Getto, einen Großteil der Männer brachte man zum Vorwerk Petraschkiewic, etwas außerhalb von Minsk[75]. Dort mußten sie Gruben ausgraben, ihre Ausweise, ihr Geld abgeben, sich nackt ausziehen, die Kleider sorgfältig zusammenfalten, sich an den Grubenrand stellen. Dann wurden sie per Genickschuß oder mit Gewehrsalven liquidiert. Sie fielen von selbst in die Gruben. Waren sie bei Gewehrschüssen nicht sofort tot, nur verletzt, so warfen die Soldaten am Schluß jeder Exekution Handgranaten in die Gruben. Dann schüttete man Erde darüber und planierte die Oberfläche mit Panzern. Nach diesem großen Massaker in den letzten Juli-Tagen 1942 sind im Minsker Getto noch 2600 deutsche und 6000 russische Juden übriggeblieben[76].

Am 8. Mai 1943 wurden die Hamburger und der Hauptteil der rheinländischen Juden vernichtet. Und Ende August, wenige Wochen vor der Räumung des Gettos, transportierte man die restlichen ca. 2000 deutschen Juden in eines der Vernichtungslager nach Polen. Sie wurden auf dem Minsker Güterbahnhof so eng in die Eisenbahnwaggons zusammengepfercht, daß sie sich weder hinsetzen noch hinlegen konnten. Ihre Notdurft konnten sie nur dicht aneinandergepreßt im Stehen verrichten. Und dies alles während ihrer langen Reise nach Polen.

In Minsk blieben nur 300 bis 400 deutsche Juden zurück, die als Arbeitskommandos bei der Luftwaffe und bei den Dienststellen der Sicherheitspolizei und des SD arbeiteten und die man Ende Juni 1944 in Trostenez erschoß[77]. Im August 1943 erschossen KdS-Angehörige die 200 bis 300 Kranken in den Getto-Krankenhäusern »Weißes Haus« und »Rotes Haus« in ihren Betten und etwa 200 Kinder im Waisenhaus des Gettos[78].

Ende August 1943 war also der deutsche Teil des Minsker Gettos »geleert«. Im Getto wurde aber nicht nur erschossen, es wurde auch gefoltert. Die

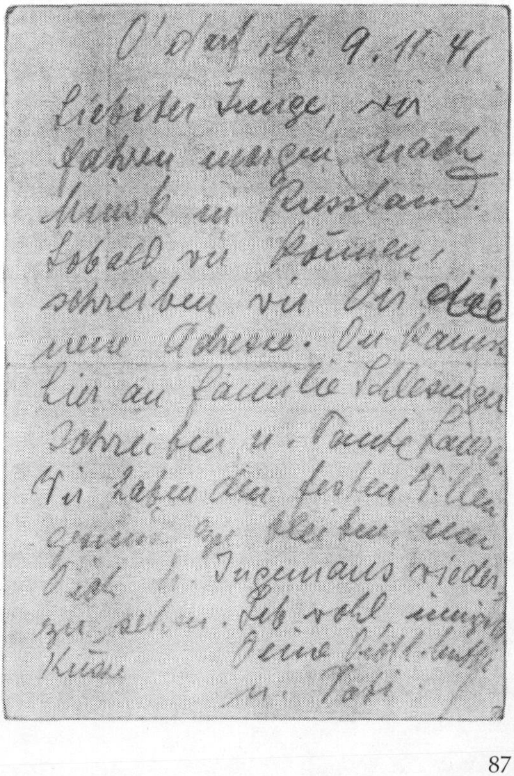

Postkarte des Ehepaares Jacoby aus Düsseldorf, in der es am 9. 11. 1941 an ihren Sohn nach New Orleans schreibt: »Liebster Junge, wir fahren morgen nach Minsk in Russland ...« – Am 10. 11. 1941 wurden 993 Juden aus Düsseldorf in das Minsker Getto deportiert.

Deutschen durchstachen Frauen, alte Menschen, Kinder mit Bajonetten, übergossen sie mit Benzin und zündeten sie an.
Im Oktober 1943 wurde das Minsker Getto aufgelöst und dabei 4000 russische Juden zuerst in das SS-Arbeitslager in der Schirokaja-Straße, dann in Lkws in das Wäldchen von Blagowschtschina bei Trostenez gebracht. Dort wurden sie unter dem Kommando von Heuser von Angehörigen der KdS-Dienststelle erschossen[79].
Bis zu seiner Auflösung vegetierten in diesem Getto bei maximaler Belegung bis zu 100000 Juden. Davon überlebten insgesamt 3000 bis 4000[80]. Von allen deutschen Juden im Getto überlebten nach Angaben von Karl Loewenstein nur neun, darunter er selbst als einziger Berliner Jude; und dies auch nur, weil er weitläufig mit dem Generalkommissar von Weißrußland, Wilhelm Kube, verwandt war und dieser sich persönlich bei Hitler für die Freilassung von Loewenstein eingesetzt hatte[81]. Nach Informationen der Zentralen Stelle in Ludwigsburg haben höchstens 30 deutsche Juden das Getto überlebt – von knapp 22000 nach Minsk Deportierten[82].
Die Bewachung und die Erschießungen führten Wehrmachtssoldaten durch, Einheiten der deutschen Polizei, SS-Mannschaften, aber auch Weißrussen, Russen, Letten, Litauer, Ukrainer – eben faschistische Kollaborateure, die auch den »Ordnungsdienst« stellten[83]. Ab Ende März/Anfang April 1943 hatte SS-Hauptscharführer Adolf Rübe die Getto-Aufsicht. Er teilte die Arbeitskommandos ein und leitete wie seine Vorgänger alle Exekutionen oder wirkte zumindest dabei mit. Rübe war ebenfalls Aufseher des Minsker SS-Arbeitslagers. Für die Ordnung im Getto war die Schutzpolizei zuständig[84].
Ich gehe zu dem Gelände, wo sich damals das Getto befand. Ich gehe allein. Slawa kann es nicht ertragen, sich den ganzen Tag mit diesen Massenmorden in seinem Land zu beschäftigen. Er will »zum Leben zurückkehren«, wie er sagt, sich in einem Park auf die Bank setzen und Zeitung lesen, z. B. die neuesten Meldungen über den demnächst stattfindenden Kongreß der Volksdeputierten. Und dann will er in einem Kaufhaus sehen, was es hier an Radiorecordern gibt. In Moskau konnte er noch nicht finden, was er sucht.
Mir ist es sehr recht, einmal allein zu sein. Ich gehe also an diesem Betonkegel mit den Schießscharten vorbei, der zwischen den Hotels »Planeta« und »Jubilejnaja« steht. Hier hörte damals 1941 die Stadt auf. Drüben, am anderen Ufer des Swislotsch war das freie Feld, der Wald. Von dort kamen nachts und auch am Tag die Partisanen und versuchten, in die Stadt einzudringen. In diesem spitzen Betonkegel, der kein Türchen hat, in den man auf der der Stadt zugewandten Seite durch einen schmalen Schlitz hineinklettern

mußte, darin also hockten die deutschen Wachen und hielten Ausschau. Solche Kegel als Wachtposten gab es in einem Kreis um die ganze Stadt herum. Zwischen diesen beiden Hotels, aber etwas zurückgelegen, befindet sich eine große trichterförmige Grube. Am Rand ein Kranz von Bäumen, direkt dahinter Neubauwohnungen. Treppen führen in die Grube hinunter – da steht ein schwarzer Obelisk. Und in den Marmor eingeprägt in russischer, darunter Jiddisch in hebräischer Schrift: »Leuchtendes Andenken für alle Zeiten den 5000 Juden, die am 14. Adar 1942 durch die Hände der blutigen deutsch-faschistischen Henker und Feinde der Menschheit ermordet wurden.«[85]

Vor dem Gedenkstein frische Nelken, Rosen, ein rotes Pionierhalstuch. Ich gehe weiter, eine kleine Anhöhe hinauf, eine Piste, die als Straße dient, gehe kreuz und quer durch das Gelände. Ich biege Sträucher beiseite, folge einem verwachsenen Pfad. Unter den Büschen sehe ich eine Steintreppe, die einmal in ein Haus führte. Dahinter nur hohes Gras, Sträucher, Bäume, noch ein paar Mauerreste. Ich gehe auf kleinen Wegen Hügel hinauf, hinab. Hier, mitten in der Stadt ein ganzes Viertel, ein der Natur überlassenes Gelände. Überall wilde Obstbäume, wuchernde Beerensträucher, wie ein lange vergessener Garten. Und dazwischen stehen Baukräne, sind große Baustellen angelegt. Man errichtet neue Wohnblöcke. In einer Mulde ein Autoschrottplatz mit einer Reparaturwerkstatt.

Und plötzlich bin ich auf einer befahrenen Asphaltstraße. Längs stehen ältere Wohnhäuser. An der Ostrowskij-Straße (frühere Rakowskaja-Straße) stoße ich auf ein niedriges Steinhaus aus roten Ziegeln. Hier war der Smolensker Sicherheitsdienst untergebracht mit seinem berüchtigten Gefängnis und den Folterzellen. Als die Deutschen Ende September 1943 Smolensk räumen mußten, nahm die Smolensker Dienststelle hier Quartier und betrieb in diesem roten Ziegelhaus ihre Mordaktionen weiter.

So wie diesen Bau gibt es noch ein paar andere aus jener Zeit: verwinkelte Holzhäuser, bei denen außen die Holztreppen hochführen, heute noch oder wieder bewohnt. Und feste Steinbauten mit dicken Mauern, ein, zwei Stockwerke hoch, die Fassaden mit Steinmetzarbeiten verziert. – Wo war hier die Minsker Tapetenfabrik, in der die Gettobewohner arbeiten mußten, um Tapeten mit fröhlichen Mustern für das Reich herzustellen? Am 25. Februar 1942 brannte die Tapetenfabrik ab. Sie war von Partisanen in Brand gesteckt worden. Die Deutschen nahmen dies als willkommenen Anlaß für eine neue Vernichtungsaktion: Sie ließen die Menschen der umliegenden Häuser in Räume versammeln und warfen Handgranaten hinein. – Wo war hier das »Rote Haus« und das »Weiße Haus«[86]? Jene Bauten, die als Krankenhäuser bezeichnet wurden, in denen jedoch die Pflegebedürftigen mit faulenden

Wunden dahinsiechten und wo von Zeit zu Zeit durch Genickschüsse Betten freigemacht wurden und wo der Gettoaufseher, SS-Hauptscharführer Rübe, vor der Gettoräumung alle Kranken erschoß. – Wo war hier das russische Waisenhaus, das bei einer großen Massenexekution geräumt wurde und wobei alle wenige Monate bis zu zehn Jahre alten Kinder erschossen wurden?
Ich stehe vor einem alten Steinhaus, von dem nur noch die Fassade übriggeblieben ist. Hinter der Fensteröffnung sieht man Bäume, Himmel und neuerrichtete moderne Wohnblöcke. Ich fotografiere diese zerfallene Steinfassade. Ein alter Mann bleibt auf der anderen Straßenseite stehen, beobachtet mich. Ich sehe ihm an, es gefällt ihm nicht, daß ich diese Ruine fotografiere. Er kommt zu mir herüber und bittet mich, etwas anderes aufzunehmen. Minsk habe so viele neue Bauten! Das gäbe schöne Bilder! Aber nicht dieses zerfallene Gebäude. Ich erkläre ihm, warum ich gerade dieses Bild mitnehmen möchte. Auf diesem Gelände des Minsker Gettos ist nahezu alles abgerissen worden, und niemand hat es dokumentiert. Es ist schade, daß wir dadurch keine Bilder mehr haben, um uns eine Vorstellung zu machen, wie es damals hier aussah. Da umarmt mich der Alte und bittet mich, alles, aber auch alles zu fotografieren, was ich hier noch an alten Resten finde. »So was muß im Gedächtnis bleiben. Wir dürfen das nie vergessen.« Und während er das sagt, sehe ich das Gras, die Büsche, die Sträucher, die Bäume, die über dieses Gelände wuchern, und wie man nun nach über 40 Jahren beginnt, neue gigantische Wohnblöcke auf diese Stätte zu setzen.

Die Lager und Gefängnisse in Minsk

Um Mißverständnisse zu vermeiden, ist es bei diesem Kapitel wichtig zu erwähnen, daß in der Sowjetunion Lager und Gefängnisse meistens mit »KZ« bezeichnet werden. Dies hat seine Berechtigung. Denn grundsätzlich waren während der Okkupation auch Lager und Gefängnisse Stätten der Vernichtung der sowjetischen Kriegsgefangenen und der Zivilbevölkerung. Lager und Gefängnisse dienten meistens nur als Durchgangsstationen, Durchgangslager (Dulag) zur endgültigen Vernichtungsstätte. Wie etwa im Minsker, sogar im belorussischen Gebiet der endgültige Liquidationsort Trostenez war. Wie in einem Trichter führten (fast) alle Wege der Vernichtung nach Trostenez.
Bei meinen mehrfachen Besuchen in Minsk und in den Archiven der Bundesrepublik habe ich immer neue Informationen erhalten. Um über die Funktion der Lager und Gefängnisse von Minsk einen in großen Linien nachvollziehbaren Überblick zu gewinnen, habe ich meine Informationen

chronologisch und dazu in der Weise geordnet, welchen Weg der Vernichtung im allgemeinen die sowjetischen Kriegsgefangenen und Zivilisten zurücklegen mußten. Die Stationen waren meistens: für Zivilisten das Lager an der Daumannstraße, für die Kriegsgefangenen der Güterbahnhof, dann Puschkin-Kaserne, dann beide nach Drosdy. In Drosdy wurden Kriegsgefangene und Zivilisten getrennt. Die Kriegsgefangenen wurden zum großen Stammlager (Stalag) 352 beim Dorf Masjukowschtschina (»Waldlager«) gebracht und gingen dort zugrunde. Die Zivilisten wurden (auch aus dem Minsker Stadtgefängnis) zum Lager an der Schirokaja-Straße geschafft und von dort nach Trostenez. Im einzelnen sah das so aus:

Daumannstraße

Alexander Tolstik wurde 1910 geboren. Bei Kriegsbeginn war er 31 Jahre alt, Bauingenieur, verheiratet, und hatte vier Kinder. Alexander Tolstik begleitet uns zur Daumannstraße, Ecke Storoschewskaja-Straße. Ganz in der Nähe ist das neue Gewerkschaftshotel »Belarus«. Hier in einer Parkanlage, auf einem Hügel hatte Alexander Tolstik die erste Bekanntschaft mit den deutschen Truppen gemacht. Er erzählt:
»Die Deutschen kamen am 28. Juni 1941 nach Minsk[87]. Am 1. Juli war hier überall eine Bekanntmachung angeschlagen: Alle Männer von 16 bis 50 Jahren sollten zu einem bestimmten Platz kommen. Heute ist da die Daumannstraße. Wer nicht kommt, wird sofort erschossen. Wir haben geglaubt, vielleicht braucht man Arbeitskräfte. Für Extraarbeit. Gleich am ersten Tag danach haben Soldaten die Wohnungen durchsucht, ob sich welche versteckt haben. Wir nahmen also Spaten und Äxte mit, für die Arbeit. Ich bin auch hin, denn alle, die man nachher gefunden hat – von denen hat man keinen wiedergesehen.
Als ich ankam, waren da schon 140000 Männer[88]. Das Lager war von der Wehrmacht eingerichtet[89] und mit Stacheldraht abgesperrt. 15 Rollen übereinander. Wir wurden alle durchsucht. Man nahm uns das Geld ab, die Ausweise und all unser Arbeitszeug. Alles, was wir hatten. Wir standen ganz eng auf dem Platz. 140000 Mann. Auf einem Quadratmeter fünf, sechs Mann. In der Nacht mußten wir uns auf den Boden legen. Wer stand, wurde erschossen. Zuerst hat man so über die Köpfe hinweggeschossen. Dann schon niedriger. Es war heiß. 35 Grad. Im Juli. Es gab kein Essen, kein Wasser, keine Toiletten, keine medizinische Betreuung. Nichts. Die Faschisten sagten: Die besten Bedingungen für uns Gefangene sind MPs. Sieben Tage war ich da. In dieser Zeit sind 3000 Mann ums Leben gekommen. Bis September 1941 wurden Tausende von Menschen zum Erschießen herausgeholt.«[90]

Güterbahnhof und Puschkin-Kaserne

Am südlichen Stadtrand von Minsk lag (und befindet sich heute noch) der Güterbahnhof. Hier kamen die sowjetischen Kriegsgefangenen in den Waggons an, wurden entweder umrangiert, um in andere Städte und Lager transportiert, oder sie wurden hier ausgeladen, um auf die einzelnen Lager in und um Minsk verteilt zu werden. Sie mußten dann zu Fuß in das Lager in den Puschkin-Kasernen im Norden der Stadt gehen. Das heißt, sie mußten über die damalige Sowjetskaja-Straße (unter der deutschen Besatzung: Hauptstraße), den heutigen Lenin-Prospekt, die Stadt durchqueren.

Meist wurden die Kriegsgefangenen in sogenannten »O-Wagen« transportiert, offenen Güterwagen, in denen sie der Kälte, dem Schnee und dem Regen ausgesetzt waren. Dabei starben im Winter durchschnittlich 20 Prozent der Menschen, wie zum Beispiel bei einem Transport am 20./21. November 1941, bei dem auf dem Wege von 200 Kilometern von Bobruisk nach Minsk von 5000 Kriegsgefangenen 1000 erfroren[91].

Auf dem Gelände dieses Güterbahnhofs wurde für die ankommenden Kriegsgefangenen ein Lager eingerichtet, in dem, bevor sie weiterverteilt wurden, erst einmal »aussortiert« wurde: in Arbeitsfähige und – weil zu erschöpft – Nichtarbeitsfähige und in »nicht zum Verbleib geeignete Elemente«. Die Erschöpften und Verdächtigen erschoß man gleich auf dem Lagergelände. Viele kranke und dem Tode nahe Gefangene hofften, den Weg zur Puschkin-Kaserne durchstehen zu können. Wie viele dennoch dabei zusammenbrachen, läßt sich daraus ersehen, welche nicht vorstellbaren Mengen erschöpfter Gefangener auf diesem Weg von der Wehrmacht per Genickschuß getötet wurden. Auf den Straßen vom Güterbahnhof zur Puschkin-Kaserne wurden erschossen:

Durch das 332. Landesschützenbataillon (ohne Datum): 1000 Kriegsgefangene[92].

Im Herbst 1941 auf dem Weg zur Puschkin-Kaserne durch das 332. Landesschützenbataillon: 20000 Kriegsgefangene.

Oktober bis Dezember 1941 auf dem Gelände des Güterbahnhofs durch die 1., 2., 3. und 4. Kompanie des 332. Landesschützenbataillons: 20000 Kriegsgefangene.

November 1941 auf dem Weg zur Puschkin-Kaserne: 200.

Am 15. und 16. Dezember 1941 auf diesem Weg: 2000.

Ende Januar 1942 in der Sowjetskaja-Straße eine »große Zahl« von Gefangenen. Die Leichen lagen im Abstand von drei bis fünf Metern auf der Straße[93].

Frühjahr 1942 in Minsk auf der Straße nach Smolensk durch das 332. Landesschützenbataillon: 15000 bis 20000[94].

Oktober/November 1942 auf dem Weg zur Puschkin-Kaserne: 20000 bis 25000[95]. Dezember 1942 durch die 2., 3. und 4. Kompanie des 332. Landesschützenbataillons: eine unbekannte Anzahl.
Vom 28. bis 30. Januar 1943 in der Nähe des Güterbahnhofs durch das 1. Bataillon der 327. Infanteriedivision: 10000 Kriegsgefangene und Zivilisten[96].
Auch im Minsker Kulturpark wurden von 1941 bis 1943 25000 Kriegsgefangene und Zivilisten erschossen[97].

Das Stadtgefängnis

Wenn man heute beim Leninplatz vom Lenin-Prospekt an der ehemaligen Roten Kirche (heute ein Filmmuseum) links in die Wolodarskijstraße einbiegt, kommt man zum damaligen und heutigen Stadtgefängnis: ein weißer, burgenartiger Bau mit zwei mächtigen, zinnenbekränzten Rundtürmen. Ich halte die Fotos in der Hand, die der damalige Gefängnisleiter Arthur Guenther[98] 1943 aufgenommen hatte, und vergleiche. Der Bau ist, von außen gesehen, unverändert. Dies also war das sogenannte »Justizgefängnis von Weißruthenien«, in dem jedoch zum großen Teil das berüchtigte SD-Gefängnis mit seinen Folterzellen seinen Sitz hatte. Eingeliefert wurden in das SD-Gefängnis alle, die auch nur im Verdacht standen, Kommunisten zu sein, Saboteure, Agenten oder irgendwie mit Partisanen oder Untergrundgruppen in Verbindung zu stehen[99].
Ich stehe also vor dem Eisentor, die Fotografie von 1943 in der Hand, und stelle mir vor, wie das damals war, als hier am Tor die deutschen Wachen standen, stets befehlsempfangsbereit, wie Kommandos gebrüllt wurden, wie dieses Tor geöffnet wurde, der Gaswagen hineinfuhr, das Tor sich schließt, im Hof Kommandos hallen, wie das Tor aufgedrückt und der Gaswagen schwerbeladen herausfährt: in seinem mit Zinn ausgeschlagenen Kastenaufbau 80 bis 90 Menschen Leib an Leib zusammengepfercht. – Die Wände dieses Gefängnisses sind heute weiß, wie damals.
Dieses »Justizgericht Weißruthenien« war zuständig für Delikte, die Reichsdeutsche in den besetzten Gebieten begangen hatten, und für Straftaten der einheimischen Bevölkerung, sei es gegenüber den deutschen Besatzern oder untereinander. Durchschnittlich 200 Gefangene saßen in diesem Gerichtsgefängnis. Sie unterstanden der Justizverwaltung.
Den größten Teil dieses Gefängnisses benützte jedoch die Sicherheitspolizei für ihre Zwecke. Sie hatte in diesem Bau 800 bis 1000 Häftlinge einsitzen, über die auch sie allein bestimmte. Eingewiesen wurde hier, wer in seiner Akte ein kleines »l« stehen hatte, was »liquidieren« hieß. Es waren dies Inhaftierte, die im Verdacht standen, mit Partisanen Kontakt zu haben, die

in irgendeiner Form gegen die deutschen Besatzungstruppen Widerstand leisteten. Gründe, Menschen zu verhaften, gab es für die Sipo immer.

Zudem befand sich im Keller ein Extragefängnis mit vier Zellen, in denen ständig Juden untergebracht waren: durchschnittlich 170 bis 200. Sobald diese Maximalbelegung erreicht war, ließ die Sipo Lastwagen, später Gaswagen vorfahren, um diese vier Zellen zu leeren. Begleitet wurde diese Leerung stets von den KdS/BdS-Angehörigen Rübe und Exner. Unter den Opfern befanden sich auch Kleinkinder. Diese Juden wurden vom Getto oder von den jeweiligen Arbeitsstellen, wo sie eben beschäftigt waren, in diese Zellen eingeliefert und blieben hier ein bis zwei Tage, bis man sie zur Exekution abholte.

Der Grund, weshalb man diese Juden vor ihrer Vernichtung erst in dieses Gefängnis brachte, liegt wohl darin, daß man ihre Tötung verschleiern wollte. Denn wäre man regelmäßig mit den Lkws oder gar mit den Gaswagen in das Getto gefahren, so hätte man mit Unruhen, mit einem Aufstand rechnen müssen.

Und dann gab es noch das Hausgefängnis des SD. Es befand sich außerhalb des Gebäudekomplexes an der Mauer und war mit diesem nicht verbunden. Dieses Hausgefängnis des SD verfügte über 11 Zellen, jede 1,20 Meter im Quadrat und zwei Meter hoch. Durchschnittlich wurden hier in jeder dieser winzigen Zellen vier bis fünf Menschen zusammengedrückt. Die Eingesperrten konnten weder sitzen noch liegen, nur mit Mühe stehen. Die Zellen hatten keine Fenster. Etwas Luft kam in die Zellen nur, weil die Wände nicht ganz bis zur Decke reichten. Auch war es in diesen Zellen ständig dunkel. Licht wurde nur gemacht, wenn man jemand herausholte oder zurückbrachte oder beim Essen. In dieses SD-Hausgefängnis lieferte man nur Personen ein, in deren Akte dies besonders vermerkt war. Die Aufseher der Sicherheitspolizei waren die Minsker KdS/BdS-Angehörigen Dick und Kosnopfel[100].

Der eigentliche Hausherr dieses Gefängnisses war also der Chef der Sicherheitspolizei und des SD. Er wies seine Einsatz- und Sonderkommandos an, die Zellen in regelmäßigen Abständen zu leeren. So kam zu Beginn der Okkupationszeit der Gaswagen der Dienststelle jede Woche, später alle zwei Wochen, durchgehend aber immer gegen Ende eines Monats und holte die Gefangenen ab, um sie 12 Kilometer südöstlich von Minsk in Trostenez als Leichen zu entladen[101]. Der Verantwortliche für diese Leerungsaktionen: Obersturmführer Otto Müller von der Abteilung IV des Minsker KdS/BdS. Kleinere Gruppen erschoß und begrub man nach dem Verhör auf dem Gettofriedhof[102].

Und dann fanden immer wieder Extraaktionen statt. Zum Beispiel holte am 8. und 9. Dezember 1941 das Sonderkommando 8 etwa 250 Gefangene zum

Erschießen ab. Auch sie wurden zur Exekutionsstelle Blagowschtschina bei Trostenez gebracht[103].
Ab 13. April 1943 brach man den zur Erschießung bestimmten Menschen ein bis zwei Stunden vor ihrer Exekution die Goldbrücken, Kronen und Plomben aus den Zähnen. Dafür hatte man extra ein jüdisches Zahnarztehepaar ins Gefängnis beordert. Auch hier bei diesen »Aktionen« war wieder Adolf Rübe von der Abteilung IV des Minsker SD anwesend[104]. Er nahm die Goldsachen mit für seine SD-Dienststelle. Rübe hatte die Aufsicht im Minsker Getto, teilte dort die Arbeitskommandos ein und leitete ab Herbst 1943 die Arbeitskräfte bei den Leichenverbrennungen des Sonderkommandos 1005-Mitte bei Trostenez.

Schirokaja-Straße

Das Lager an der Schirokaja-Straße (Breite Straße) war die Sammelstelle für alle jene, die aus anderen Gefängnissen kamen (auch aus dem weiten Umkreis von Minsk) und meist in Trostenez liquidiert werden sollten. War man in der Daumannstraße oder in Drosdy gefangen oder in irgendeiner Gefängniszelle des SD, so konnte man noch wenigstens hoffen, irgendwie lebendig herauszukommen. Eine Einlieferung in die Schirokaja-Straße dagegen bedeutete den sicheren Tod. 20000 Menschen sind von hier in den Tod gekarrt worden[105].
Dieses KZ befand sich an der Stelle, wo sich heute die Warwarschenij- (Warschauer Straße) und die Kuibischewa-Straße (früher Schirokaja-Straße) treffen, und reichte bis zur heutigen Gorkistraße. Vor dem Überfall befand sich auf diesem Gelände eine Kavalleriekaserne. Es konnte auch passieren, daß man ganz zufällig in dieses gefürchtete Lager eingeliefert wurde. Etwa durch eine der vielen Razzien.
Ein Beispiel: Am 8. September 1943 verübten Minsker Untergrundkämpfer ein Attentat auf die Kantine des Minsker SD. Die Sicherheitspolizei und der SD hatten ihr Quartier im nicht zerstörten Universitätsgebäude[106]. Im Ofen des Speisesaals der Mannschaften explodierte mittags eine Haftmine, mehrere Angehörige der KdS-Dienststelle wurden getötet, und eine Vielzahl verletzt. Über 30 Personen wurden als direkte Täter Anfang November bei Trostenez hingerichtet[107]. Als Racheaktion und zur Abschreckung jedoch nahmen die Deutschen 3000 bis 5000 Minsker Bewohner fest, besonders aus der Umgebung der Artitschewskaja- und Belomorskaja-Straße, wo Einheiten der Wehrmacht und der Polizei die Straßen absperrten und die Menschen aus den Wohnungen holten. Dieses Kamarowka-Viertel galt stets als Unterschlupf für Widerstandskämpfer. Alle 3000 bis 5000 Minsker Bewohner wurden auf Lkws in das Lager der Schirokaja-Straße transportiert[108].

Diese Menschen wußten, was ihnen bevorstand. Sie flehten die Deutschen an, sie mögen doch wenigstens ihre Kinder verschonen, und versuchten, sie Fremden in die Arme zu drücken, oder warfen sie einfach aus den Lkws auf die Straße, damit sie vielleicht doch gerettet werden könnten. Die Soldaten warfen die Kinder auf die Lkws zurück. Alle Festgenommenen wurden im Wäldchen von Blagowschtschina, drei bis vier Kilometer vom KZ Trostenez entfernt, erschossen und in Gruben begraben.

Und nach dem Attentat auf den Generalkommissar Wilhelm Kube am 22. September 1943, bei dem Kube durch eine Haftmine in seinem Bett zerrissen wurde[109], schafften Polizei- und Wehrmachtseinheiten zur späteren Liquidierung so viele Minsker Bewohner in die Schirokaja-Straße, daß die Zahlenangaben hierüber erheblich differieren. Zeitgenossen sprechen von mehreren tausend, andere von mehreren zehntausend Opfern. Die Verhaftungswelle war jedenfalls so groß, daß die Lkws mehrere Tage lang die Menschentransporte fahren mußten.

Bereits seit Dezember 1941 hatte der Sicherheitsdienst in Polen und in der Sowjetunion Gaswagen eingesetzt und dabei in den ersten Monaten durch die Einsatzgruppen bereits »97000 verarbeitet«, wie es in einem Bericht an SS-Obersturmbannführer Walter Rauff hieß[110]. Rauff leitete seit Sommer 1941 die Gruppe II D (Technische Angelegenheiten), die den Gaswagen entwickelte. Doch ab Anfang 1942 sorgten diese Gaswagen – nach verschiedenen »technischen Verbesserungen« – auch regelmäßig für die »Leerungen« des Lagers in der Schirokaja-Straße[111].

»S-Wagen« nannte man sie im Wehrmachtsdeutsch: »Spezialwagen«. Die Russen nannten sie »Duschegubka«: »Menschenquäler«, »Seelentöter« oder »Schwarze Raben«. Es waren mittelgroße Lkws mit einem kastenförmigen Aufbau. Dieser Kasten, innen mit Zinkblech ausgeschlagen, wurde mit einer Hecktür luftdicht verriegelt. Durch einen Schlauch strömten die Auspuffgase des Motors in das Innere dieses Kastens. Holzgitter verdeckten die Rohre und ihre Öffnungen, durch die das Kohlenmonoxyd eindrang[112]. Die Menschen in dem Kasten starben qualvoll an Vergiftung, oder sie erstickten. Der Todeskampf dauerte oft eine Viertelstunde lang.

Es gab zwei Ausführungen dieser Gaswagen: den kleinen Diamond- und den großen Saurer-Wagen, in denen 50 bzw. 90 Menschen zusammengepfercht werden konnten. Das heißt: neun Menschen auf einen Quadratmeter. Eine besondere Ausbildung der Fahrer erfolgte in Berlin[113]. Unter dem Vorwand, sie zu einer Arbeitsstelle, zum Duschen oder Entlausen zu fahren, lud man die Menschen in diese Wagen und verriegelte dann die Tür luftdicht.

Anfangs gab man sich noch die Mühe, diese Wagen zu tarnen: entsprechend bemalt als Rot-Kreuz-Wagen, kaschiert als Bau- oder als Wohnwagen mit aufgemalten Fenstern mit Läden und gemalten Geranien davor und einer Kaminattrappe auf dem Dach[114]. Doch später, als man die Massaker ungenierter durchführte, ließ man sie einfach als graue Kastenwagen am hellichten Tag herumfahren. Meistens wurde der Schlauch mit dem einströmenden Kohlenmonoxyd vom Beifahrer erst an den vorbereiteten Gruben angeschlossen. In ihrem Todeskampf hörte man die Menschen in den Kästen schreien. Sie schlugen gegen die Wände, traten dagegen, daß die Wagen schwankten. Als es nach 10 Minuten oder einer Viertelstunde still wurde, öffneten russische Arbeitskommandos (Gefangene aus den Minsker Lagern und Gefängnissen) die Türen und warfen die Leichen in die Gruben.

Einmal ist es geschehen, daß beim Öffnen eine Frau noch nicht tot war. Sie sprang heraus, lief auf einen SD-Beamten zu und schlug ihm ins Gesicht. Sie wurde in die Grube gestoßen und darin so lange mit Steinen beworfen, bis sie verstarb[115].

Das Wageninnere war durch den Todeskampf der Menschen voller Blut, Urin, Kot und Erbrochenem. Und darin lagen Gebisse, Brillen, Büschel von ausgerissenen Haaren, Hautfetzen. Ebenfalls russische Arbeiter mußten nun diese Wagen für den nächsten Einsatz am Teich des Gutes Trostenez reinigen, und dies mit so scharfen Säuren, daß sie ihnen Hände, Arme, Beine und Füße bis auf die Knochen zerfraßen. Schonung konnten diese Arbeitskommandos von den Deutschen nicht erwarten. Sie wurden ohnehin von Zeit zu Zeit selbst in diese Zinkkästen getrieben, vergast und dann von wiederum anderen russischen Arbeitern herausgeholt. Und diesen ging es wieder so.

Diese Gaswagen fuhren regelmäßig von der Schirokaja-Straße zur Vernichtungsstätte Trostenez. Besonders in den letzten zwei Wochen vor der Räumung von Minsk, vom 15. Juni bis 1. Juli 1944, waren sie pausenlos im Einsatz.

Der Mann, der im Berliner RSHA für die technische Vervollkommnung des Gaswagens sorgte, SS-Sturmbannführer Walter Rauff, leitete gegen Kriegsende eine Einsatzgruppe in Tunis und wurde Kommandeur der Sicherheitspolizei in Mailand. Sein inzwischen erreichter Rang: SS-Standartenführer. In Italien nahmen ihn die Amerikaner gefangen und internierten ihn in dem Lager von Rimini. Doch nach 10 Monaten, im Dezember 1946, als die Nürnberger Prozesse begannen, war Rauff aus diesem Lager unter mysteriösen Umständen verschwunden. Mit Hilfe der Amerikaner und des Vatikans konnte er – wie viele andere SS-Leute auch – dieser Gefangenschaft entkommen. Er konnte sich, wie Rauff selbst sagte, »in den Klöstern des Heiligen Stuhls« verstecken, sich dann ein Jahr lang in Rom aufhalten und schließlich mit falschen Pässen, die ihm der Vatikan ausstellte, nach Syrien, Ekuador,

Bolivien und nach Chile reisen. Dort ließ er sich in Punta Arenas als Mitbesitzer einer Importfirma nieder. Zum ersten Mal wurden die westdeutschen Behörden auf Walter Rauff aufmerksam, als dieser sich 1955 aus Chile bei der Oberfinanzdirektion Düsseldorf meldete und einen Pensionsanspruch als Korvettenkapitän a. D. einforderte. (Vor seiner Tätigkeit im RSHA war Rauff kurze Zeit Korvettenkapitän gewesen.) Man fand heraus, daß dieser Rentenantragsteller Rauff identisch war mit jenem Gaswagenperfektionierer. Doch erst sieben Jahre später entschloß sich die westdeutsche Justiz, gegen Rauff einen Auslieferungsantrag in Chile zu stellen. Zu spät. Denn nach chilenischem Recht waren dort seine Verbrechen bereits verjährt. Ein Zufall? Dem westdeutschen Auslieferungsersuchen entgegnete Rauff mit der Antwort, die gegen ihn erhobenen Beschuldigungen, seine Gaswagenvervollkommnung betreffend, seien »komisch und seltsam«.
Das war 1962, als die Mitte-Rechts-Regierung des Präsidenten Alessandri in Chile herrschte. Elf Jahre später, 1973, als eine neue alte Militärjunta unter Pinochet den Hoffnungsschimmer Allende niedergeschossen hatte, kam Walter Rauff in Chile wieder zu Ehren: Er wurde von der Pinochet-Junta zum Hauptrat gegen »kommunistische Umtriebe« ernannt. Seine neue Aufgabe bestand darin, Kommunisten oder des Kommunismus Verdächtige zu verhören, zu foltern und ermorden zu lassen. Erfahrungen dazu hatte er ja genügend im RSHA Berlin in der Prinz-Albrecht-Straße sammeln können. Außer der Stadtwohnung in Santiago de Chile erhielt Rauff auch eine Villa in Trechas Verdes, 120 Kilometer von Santiago entfernt, zur Verfügung gestellt. Walter Rauff starb in Santiago de Chile am 14. Mai 1984 an Lungenkrebs im Alter von 77 Jahren. Ohne daß ihn ein westdeutsches Gericht für seine Verbrechen zur Rechenschaft gezogen hätte[116].

Auf dem Gelände dieses Schirokaja-Lagers befand sich auch ein SS-Arbeitslager, unter dem Kommando von SS-Scharführer Wachs und unter der Aufsicht von SS-Hauptscharführer Adolf Rübe[117]. Es wurde 1943 errichtet und unterstand dem KdS/BdS Minsk. Eingeliefert wurde hier meistens einheimische Bevölkerung, der man geringe Straftaten oder Arbeitsunwilligkeit vorwarf. Und eingeliefert wurden hier alle, die durch die Aktionen Sauckel, das heißt durch die Razzien, auf den Straßen festgenommen wurden, wenn man neue Arbeitskräfte benötigte. So diente das Lager als Reservoir, dessen man sich bediente. Die Organisation Todt holte sich hier ihre Leute für ihre Bauarbeiten, und von hier wurde nach Bedarf zur Zwangsarbeit ins Reich deportiert[118].

Drosdy

Alexander Jakowlewitsch Tolstik ist mit uns nach Drosdy gefahren, sieben Kilometer nordwestlich von Minsk. Nun stehen wir hier auf einer großen Wiese, vor uns das Flüßchen Swislotsch, das Minsk durchfließt, und Alexander Tolstik zeigt mit einer großen Armbewegung, wo sich damals das Dulag 127 (Durchgangslager) Drosdy befand, in das man auch ihn gesteckt hatte. Auf einem Teil des früheren Lagergeländes stehen heute Ställe für Batterielegehennen in Käfigen. Von der Daumannstraße wurden also die Zivilisten und vom Güterbahnhof oder den Puschkin-Kasernen die Kriegsgefangenen nach Drosdy gebracht. Alexander Tolstik erzählt:
»Dieses Lager wurde am 30. Juni 1941 durch die Wehrmacht auf Befehl des Generalfeldmarschall von Kluge errichtet[119]. Es war ein großes Feld, umgeben von Stacheldraht und Wachtürmen. Im Stacheldraht waren Selbstschußanlagen eingebaut. Bewacht wurde dieses Lager von der Wehrmacht.
Als ich hierhergeschafft wurde, waren in diesem Lager etwa 100000 Kriegsgefangene und Zivilisten. Die Zivilisten im Alter von 15–50 Jahren, auch alle aus Minsk und Umgebung. Beim Eintritt in das Lager nahmen uns die Wachen alles ab: Ausweise, Wertgegenstände, z. B. die Uhr, den Ring, das Geld. Alles. Die ersten Tage bekamen wir überhaupt nichts zu essen. Trinken konnten wir immerhin aus dem kleinen Fluß, der seitlich am Lager entlangfloß.
Am 2. Tag fing man an, die Zivilbevölkerung von den Kriegsgefangenen zu trennen. Dann die Offiziere von den Soldaten. Darauf haben sie die Unteroffiziere ausgesondert. – Von den Zivilisten holten sie zuerst die Juden heraus. Und darunter wiederum die Wissenschaftler, die Intellektuellen.
Zwischen diesen einzelnen Gruppen spannten sie mit Stacheldraht Schneisen von 10–12 Meter Breite. Und überall die Wachen. Wer nur einen Schritt zur anderen Gruppe machte, wurde sofort erschossen. Sogar, wenn jemand nur den Anschein dazu gab. Und am nächsten Tag fing man mit den regulären Erschießungen an. Als erste kamen die jüdischen Wissenschaftler dran. Dann die sowjetischen Offiziere, und so weiter. Auf Lkws transportierten sie die Menschen je 100 Mann hinter ein paar nahe gelegene Hügel. Wir haben die Schüsse gehört. So haben sie in den ersten 8 Tagen 10000 Menschen erledigt[120]. Wenn jemand im Lager Unzufriedenheit zeigte, der wurde sofort abgeknallt. Also schwiegen wir alle. Zuerst erschossen die Faschisten nur in der Nacht und am Abend. Später dann auch am Tag. Ganz ungeniert. Ich war in der letzten Gruppe: die einfachen Menschen, die Handwerker. Wir wußten, daß es hier keinen Ausweg mehr gab. Und trotz-

dem hatten wir eine gewisse Hoffnung. Vielleicht kommt doch etwas. Und es kam etwas.
Als die Faschisten sahen, daß sie auf diese Weise alle Männer umbringen – sie brauchten doch jemand für die Arbeiten –, entschieden sie: Wer in Minsk angemeldet ist, wird freigelassen zur Arbeit. Drei Tage lang überprüften sie den Haufen Ausweise. Nun, ich war ja aus Minsk. So kam ich frei. Von denen, die in diesen drei Tagen nicht entlassen wurden – keiner kam zurück. Alle erschossen. Ich ging dann gleich in eine Minsker Untergrundorganisation. Und später zu den Partisanen.«

Stalag 352

Von Drosdy fahren wir mit Alexander Jakowlewitsch Tolstik über die Saslawler Chaussee in Richtung Saslawl. An dieser Chaussee und an der Eisenbahnlinie Minsk–Molodetschno befand sich auf dem Gelände eines ehemaligen sowjetischen Militärlagers (Artillerieschießplatz) beim Dorf Masjukowschtschina, sieben Kilometer nordwestlich von Minsk, das Stammlager 352, auch »Waldlager« genannt, für sowjetische Kriegsgefangene[121].
Ich möchte auch hier konkret den Ort sehen, wo dieses Lager damals stand. Aber auf dem Terrain sind heute (wieder) militärische Anlagen. Ich frage: »Was für militärische Anlagen?« – Die Antwort: Achselzucken. Der ganze Bereich ist Sperrgebiet. So können wir nur langsam die Saslawler Chaussee hin und her fahren. Doch ich sehe nichts. Bäume versperren den Blick. Ich will aussteigen, ein wenig durch die Bäume schauen, um vielleicht doch etwas zu sehen. Aber Slawa wehrt ab: »Um Gottes willen, bring uns nicht in Schwierigkeiten!« Kein Blick also auf das Gelände; kein Bild von dem, was von damals übrigblieb.
Wir fahren ein paar hundert Meter zurück zum Friedhof des Stalag 352 in der Nähe der Siedlung Glinischtscha[122]. Er liegt direkt an der Saslawler Chaussee in einem Kiefernwald. Hier sind in 60 Massengräbern 86000 Kriegsgefangene begraben. Es war dies eine der Hinrichtungsstätten des Lagers, und es war der Friedhof der im Lager verstorbenen und erschossenen Menschen. Die auf diesen Friedhof gebrachten Leichen konnten oft von den Beerdigungskommandos nicht so schnell begraben werden, und so lagen sie dort in riesigen Stapeln oft mehrere Tage lang, manchmal ganze Monate.
Nach 1944 wurden auch hier jene Toten begraben, die man verstreut in anderen Gruben fand. Die Gräber in diesem sonnendurchschienenen Kiefernwald sind regelmäßig angelegt, ihre niedrigen einrahmenden Betonränder weiß angestrichen. Dazwischen die Kieswege. Wir sitzen auf einer Bank.

Uns gegenüber eine junge Mutter mit ihrem kleinen Kind. Es kann gerade stehen, klammert sich an seinen Wagen, die Mutter strickt. Etwas entfernt auf einer Bank ein Mann, liest ein Buch. Ein junges Paar kommt vorbei, sie diskutieren. Vereinzelt Plastikkörbe für Abfälle.
Alexander Tolstik erzählt: »Ich selbst war nicht in diesem Lager. Ich konnte ja schon aus Drosdy herauskommen. Was ich über dieses Stalag 352 weiß, habe ich von anderen erfahren, die in diesem Lager waren. Auch wurde vieles nach 1944 durch die Staatliche Untersuchungskommission bekannt, als sie ihre Berichte veröffentlichte, und durch die Kriegsverbrecherprozesse, die hier nach 1944 stattfanden.
Dieses Stalag 352 wurde im Sommer 1941 errichtet. Es gab hier zehn Baracken und zehn Ställe. Die waren für sich wieder je mit Stacheldraht umgeben. In der Mitte des Lagers führte eine Straße hindurch, und rechts und links davon waren die 20 Schuppen oder Baracken. Dann gab es da noch zwei oder drei gemauerte Gebäude für die Wachen und den Kommandanten.
Es war das Stammlager für 60 andere Lager im Umkreis und das größte Kriegsgefangenenlager in Belorußland[123]. Hier hausten 80000 bis 100000 Gefangene[124]. Die 20 Baracken konnten natürlich nicht all diese Menschen aufnehmen. So vegetierten die meisten im Freien. Auch im Winter bei −30 Grad Kälte. 86000 Gefangene sind hier erfroren, verhungert, durch die Arbeitsstrapazen umgekommen, durch Folter, vergiftetes Essen oder sind einfach erschossen worden, weil sie krank waren und nicht mehr arbeiten konnten.
Das Lager war umgeben von zwei Stacheldrahtzäunen, jeder zwei Meter hoch und drei Meter breit[125]. An den vier Ecken standen wie üblich Wachtürme mit Scheinwerfern. Auf jeden Zivilisten, der sich dem Lager auf hundert Meter näherte, wurde scharf geschossen.
Wenn ich sagte, hier waren ca. 80000 Kriegsgefangene inhaftiert, so ist das nicht ganz richtig. Es waren darunter sehr, sehr viele Zivilisten, die die Deutschen einfach als Kriegsgefangene deklarierten. So gab es zum Beispiel den Befehl des Kommandeurs der 52. Division vom 29. September 1941, daß alle Einwohner bestimmter Dörfer, die für den Arbeitseinsatz untauglich sind, als Kriegsgefangene gelten[126]. Oder es gab den Befehl des SS-Obergruppenführers von dem Bach-Zelewski vom 1. September 1943. Danach wurden alle Zivilisten, die im Kampfgebiet lebten, und alle arbeitsfähigen Männer zu Kriegsgefangenen erklärt[127]. So konnten sie also an der ganzen Front entlang Zivilisten als Kriegsgefangene festnehmen. Die Anzahl der registrierten ›Kriegsgefangenen‹ erhöhte sich dadurch gewaltig. Man konnte den Hauptquartieren phantastische Ziffern melden und so tun, als löse sich die Rote Armee immer mehr auf und die Einnahme von Moskau

stehe kurz bevor. Und diese als Kriegsgefangene deklarierten Zivilisten aus der Umgebung von Minsk wurden zum Teil in diesem Stalag 352 interniert.
Wie sah hier nun das Essen aus, wenn es überhaupt eines gab? Pro Tag 80–100 Gramm Brot und 2 Becher Graupensuppe, vermischt mit verfaulten und gefrorenen Kartoffeln und Stroh zum Kauen. Die Suppe entweder in rostige Konservendosen oder direkt in die Handkuhle gegossen: vier bis fünf Löffel.
80 % der Gefangenen mußten auch im Winter bis –30 Grad Frost im Freien übernachten. Um nicht zu erfrieren, liefen sie nachts auf der Stelle, um sich irgendwie warm zu halten. Viele wurden in dieser Kälte nackt in offene Güterwagen gepfercht: 20 km hingefahren, 20 km zurück, bis sie erfroren waren. Mit Schaufeln mußte man dann die zusammengeklumpten, vereisten Leichen entladen.
In diesem Lager gab es zwei dunkle, halb zerstörte Scheunen oder Ställe: die »Baracken« Nr. 21 und Nr. 22. Allein in Nr. 21 waren 6000 Gefangene untergebracht. Durch die kaputten Wände wehte der Schnee. Kein Licht, keine Heizung, kein Wasser. Um den schlimmsten Durst zu löschen, aßen sie den zertretenen schmutzigen Schnee. Als Boden die gestampfte Erde. Überall unvorstellbarer Dreck und Läuse. Um sich wenigstens durch ihre Körpernähe gegenseitig zu wärmen, drückten sich die Gefangenen eng aneinander. In drei Schichten lagen sie auf Holzpritschen übereinander. Dennoch drohten sie alle zu erfrieren. Da legten sich alle aus der Baracke 22 in die Baracke 21, in der sich schon in drei Pritschenlagen 6000 Menschen zusammenkauerten. Durch dieses engste Zusammenlegen wollten sie sich wenigstens durch ihre Atemluft gegenseitig wärmen.
Die Arbeitszeit der Gefangenen betrug 14 bis 16 Stunden pro Tag. Wer zusammenbrach, den prügelte der Lageroffizier, Hauptmann Lipp, oft so lange, bis er starb. Wenn Gefangene im Lager etwas beschädigten, etwa ein Brett aus der Baracke brachen, um damit Feuer zu machen, um sich zu wärmen – was ohnehin verboten war –, so ließ Lipp die Gefangenen im Winter barfuß und kaum bekleidet sieben Stunden lang im Frost stehen. Dabei erfroren jedesmal ca. 200 Menschen. »Normalerweise« holte man jeden Morgen 100 bis 150 Leichen aus dem Lager. Allein von November bis Dezember 1941 erfroren, verhungerten oder starben an Krankheiten 25000 Kriegsgefangene. Und von Dezember 1941 bis April 1942 30000. Im Januar 1942 waren es sogar 500 jeden Tag! In der Nacht liefen sie auf der Stelle, um ja nicht zu erfrieren, und am Tag mußten sie bei fast keiner Ernährung bis zum Umfallen schuften.
Dazu gab es ständig Massenerschießungen im Lager[128]. So haben die Deut-

schen im Oktober 1941 das Gerücht in Umlauf gebracht, alle, die Zivilkleidung tragen, würden nach Hause entlassen werden. Die Kriegsgefangenen versuchten also auf jede mögliche Weise, sich Zivilkleidung zu beschaffen. Dann erklärten die Deutschen, alle, die nun Zivilkleidung tragen, seien Kommissare und politische Leiter, und man holte sie in großen Gruppen aus dem Lager und erschoß sie. So wurden im Oktober 1941 drei Tage lang über 8000 sowjetische Kriegsgefangene exekutiert[129].

Für die meisten war hier das Leben zu Ende. Viele der Gefangenen legten sich nachts mit dem Wunsch nieder, nicht wieder zu erwachen. Wenn sie in den Baracken oder im Freien Feuer machten, um sich bei −30 Grad ein wenig zu wärmen, schossen die Wachen in die Menge.

Die »Lagerordnung« umfaßte 50 Punkte. So wurde mit dem sofortigen Tod bestraft, wer Gegenstände des Lagers beschädigte oder zerstörte. Wer bei den Appellen nicht genau Schritt hielt. Ausgepeitscht wurde, wer das Wort ›Genosse‹ aussprach. Die Bewacher gingen mit Hunden durch das Lager, die darauf dressiert waren, Menschen anzufallen.

Es gab auch einen Kerker in diesem Lager: einen Käfig, eng, aus Stacheldraht, 1,5 Meter mal zwei Meter mal 1,30 Meter hoch. Zementboden, oben in der Decke Öffnungen, so daß Regen und Schnee hereinfielen. In diesem Käfig konnte man nur hocken. Die Arrestdauer: drei bis vier Tage. Aus diesem Käfig hat man nur Leichen herausgeholt. Keiner hat darin überlebt.

Viele Gefangene sind wahnsinnig geworden vor Hunger. Sie fielen sich manchmal gegenseitig an, wollten sich zerfleischen. Die deutschen Soldaten schnitten von toten Häftlingen Fleischteile heraus und warfen sie in die vor Hunger irrsinnig gewordene Menge. Die Gefangenen stürzten sich darauf, erschlugen sich manchmal sogar gegenseitig, um dieses Stück Menschenfleisch verschlingen zu können. Die Faschisten haben solche Szenen dann fotografiert, um damit im Reich zu beweisen, was für Untermenschen, was für Kannibalen diese Russen sind.

Die Kommandanten dieses Stalag 352 waren Grün, Gerald Jouin, Hans Lindsbauer, Hans Menz, Gustav Oesterreich, Maximilian Ossfeld, Maximilian Pönicke, Sibrand Siegert. Die stellvertretenden Kommandanten: Heinrich Lipp, Rudolf Klaeber, Kurt Uecker. Bewacht wurde das Stalag 352 durch das 332. Landesschützenbataillon und durch das 473. und 613. Wachbataillon[130]. Das 332. Landesschützenbataillon führte auch die Massenerschießungen durch[131].

Hier, wo wir jetzt sitzen, in diesem parkähnlich angelegten Friedhof bei Glinischtscha, in diesem Kiefernwald, hier wurden nach Kriegsende von der Außerordentlichen Staatlichen Untersuchungskommission fast 200 Gräber

entdeckt, mit 45000 Leichen. Später hat man sie in 60 Gräber umgebettet und andere aus verstreuten Gräbern hinzugelegt, so daß hier nun 86000 Menschen begraben liegen. Im gesamten Umkreis fand die Kommission immer neue Massengräber.«[132]
Wir fahren zurück in die Stadt. Es ist Samstag abend. Die Minsker gehen aus. Schlangen vor den Kinos. Pärchen sitzen auf den Bänken. Die Restaurants, die Tanzcafés voller Menschen; Familien, Gruppen von Jugendlichen bummeln über den Boulevard, lutschen Eiscreme. Ich gehe ein Stück zu Fuß, komme an dem Betonkegel mit den Schießscharten vorbei, sehe dahinter das Gelände, wo sich das Getto befand, gehe ins Hotel »Planeta«. Auf einer Etage werden in vier Sälen vier Hochzeiten gefeiert. Vier Kapellen, vier Tanzflächen, dicht gedrängt mit Tanzenden, vier Gesellschaften, jede so groß wie ein ganzes Dorf. Ich gehe die Tischreihen entlang, auf den Tischen Reste von Braten, angeschnittene Torten, Sekt, halb zerflossenes Eis, Trauben, Pfirsiche. Die nicht mehr ganz so junge Braut im weißen Kleid und mit einer weißen Spitzenhaube dreht sich mit einem Kind im Kreis. Am Rand der Tanzfläche stehen Tanten und Onkel, klatschen den Takt dazu. Daneben der Bräutigam. Er schwitzt, redet auf die laute Kapelle ein. Die Kapelle, 5, 6 Mann in silbern und golden glitzernden Jacketts, pomadisierte Frisuren. Und ebenso glitzernd in Violett und Orange das Schlagzeug, die Gitarren, das Keyboard, das Saxophon. Der Sänger in einem Pfauenkostüm hat das Mikrophon fast im Mund, beißt bei seinem Schnulzensong fast darauf herum. Und Musiker und Tänzer schwitzen, hüpfen, schütteln ihre erhitzten Körper. An den Tischen Gruppen von Hochzeitsgästen, diskutieren, rauchen, lachen. Die Kellner kommen mit Mokka. Und all das in einem ständigen Kommen und Gehen von einem Saal in den anderen. Eben ist in dem einen Saal Stevie Wonders »I just called to say I love you« in englisch zu Ende gegangen, beginnt im anderen ein bayerischer Schuhplattler, dann im dritten Saal gerade eine Samba, im vierten »Und der Haifisch, der hat Zähne«, und wieder »I just called to say I love you«, und wieder im ersten Saal ein Wiener Walzer.

Trostenez – das Auschwitz von Belorußland

Sonntag, den 15. September 1985. Im Minsker Museum des Großen Vaterländischen Krieges. Frau Tschernoglasowa führt uns durch den Trostenez-Saal. Ich sehe Reste aus dem Vernichtungslager. In Vitrinen ein verschmortes Brillengestell, eine zerbrochene Schere, verbogene Löffel, ein Teil eines Kammes, Lederstücke, die einmal Schuhe gewesen waren, ein Galgen aus Balken, in einer schwarzer Kiste die Asche von verbrannten Menschen, dazwischen Knochenteile, Schädelstücke – ein Schild, aus drei Brettern zusammengenagelt: »Zutritt zum Lager verboten! Es wird ohne Anruf geschossen!« Darunter der Text in russisch. Unter den vielen Fotos auch die Fotografie eines zerdrückten Koffers. Auf dem Koffer in weißer Schrift geschrieben: »Richard Hirsch.« – Wer war Richard Hirsch? Reste aus Trostenez, der größten Vernichtungsstätte in den von der deutschen Wehrmacht besetzten Gebieten der Sowjetunion. Hier wurden in knapp drei Jahren 206 500 Menschen erschossen, gehängt, vergast, verbrannt[133].

Wir fahren nach Trostenez. Es ist Sonntagvormittag. Mit uns fährt Georgij Sacharowitsch Begun. Er wurde am 28. Juni 1944, fünf Tage vor der Befreiung der Gefangenen durch die Rote Armee, eingeliefert, um dort liquidiert zu werden, konnte jedoch fliehen.

Trostenez liegt 12 km südöstlich von Minsk. Wir durchqueren die Vororte, vorbei an Fabriken, an einem großen Motorenwerk vorbei. Sonntagsruhe. Die Tore geschlossen. Die Pförtner sitzen vor ihren Häuschen, lesen Zeitung, dösen in der Sonne. Die Stadt läuft aus, das Land macht sich breit. Wir fahren auf der Straße, die von Minsk nach Mogilov führt.

»Einen Teil dieser Straße hatten damals die KZ-Häftlinge von Trostenez bauen müssen«, sagt Georgij Sacharowitsch Begun.

Dann ein Schild »Maly Trostenez«, rechts abbiegen. Klein Trostenez ist das Dorf neben dem KZ. Wir biegen rechts ab, holpern mit dem Taxi über eine schmale Pappelallee. »Auch diese Straße haben die Gefangenen damals gebaut und diese Pappeln gepflanzt«, bemerkt Georgij Begun. Dann stehen wir auf einem freien Feld. Links ein kleiner Fluß, die Trostianka. Dahinter geduckt das Dorf Maly Trostenez mit seinen niedrigen Holzhäuschen. Oder andersherum gesehen: das Dorf mit den Menschen, die dort lebten, und auf der anderen Seite des Flüßchens das Vernichtungslager.

Oben: Eingangstor des KZ Trostenez bei Minsk.
Unten: Russische Zivilisten werden erhängt, weil sie im Verdacht standen, mit Partisanen Kontakt zu haben.

Vor uns am Straßenrand eine kleine eingezäunte Parzelle mit einem obeliskartigen Gedenkstein. Hier stand Ende Juni 1944 die Scheune, in der kurz vor ihrem Rückzug die Deutschen 6500 Gefangene aus den Minsker Lagern und Gefängnissen erschossen und verbrannten. Rechts zwischen ein paar Bäumen Betontrümmer: ein zusammengesackter Bunker. Hier war Georgij Sacharowitsch Begun zusammen mit ein paar hundert zur Liquidation bestimmten Menschen eingesperrt. Etwas weiter entfernt die zerfallenen Wände eines niedrigen Hauses, ohne Dach: Das war das Wachhaus des Lagers und hier eines der Lagertore. Nun wachsen Gebüsch und Bäume innerhalb der vier Wände. (Als ich zwei Jahre später wieder das Gelände besuchte, hatte man diese letzten Reste des KZs abgerissen.) Etwas weiter ein höhlenartiger Eingang in ein unterirdisches Verlies.
Wir fahren zurück zur Straße Minsk–Mogilov und biegen nach ein paar Kilometern links in einen Feldweg ein, wollen in den Kiefernwald von Blagowschtschina. Dort war ab Herbst 1941 die eigentliche Exekutionsstätte, bis Herbst 1943. Ich möchte sehen, was von den 34 Gruben, die man nach 1944 hier entdeckte, heute noch erkennbar ist. Aber wir kommen nicht weit. Das Gebiet ist heute militärischer Sperrbereich. Vor uns ein Schild mit der Aufschrift: »Nicht weitergehen! Es wird scharf geschossen!«
Also zurück, in Richtung Dorf Maly Trostenez, am früheren Lagergelände entlang, zum Wäldchen von Schaschkowka. 500 Meter vom Lager entfernt steht am Rand dieses Wäldchens ein zweiter Gedenkstein, ebenfalls mit einem Eisengitter umgeben. Links davon befand sich im Wald der Ofen von Schaschkowka, in dem ab Herbst 1943 bis Ende Juni 1944 die Leichen aus den Gaswagen und der hier Erschossenen verbrannt wurden. Die riesige Grube des Ofens ist unter dem Gestrüpp nur zu erahnen.
Das ist alles, was vom Vernichtungslager Trostenez übrigblieb, in dem 206 500 Menschen vergast, erschossen, in Gruben geworfen, wieder ausgegraben und verbrannt wurden. Jetzt sehe ich nur Wiesen, ein paar Feldwege, vereinzelt Baumgruppen, das Flüßchen Trostianka und den kleinen Teich, an dem damals die Gaswagen ausgewaschen wurden. Gewiß, direkt an der anderen Seite der Hauptstraße steht beim Dorf Bolschoi Trostenez ein großer Obelisk, zu dem Treppen hinaufführen, ein Memorialkomplex. Doch damit hat man keine Vorstellung von dem, was hier geschah.
Das Lager Trostenez und die Vernichtungsstätten Blagowschtschina (November 1941 bis Oktober 1943) und Schaschkowka (Oktober 1943 bis Ende Juni 1944) waren Einrichtungen der Dienststelle des Minsker Kommandeurs der Sicherheitspolizei und des SD (KdS), der ab Mitte Oktober 1943 Befehlshaber der Sicherheitspolizei und des SD (BdS) hieß. Diese Dienststelle in Minsk war die stationäre Verwaltung der mobilen Einsatz- und Sonderkom-

mandos der Einsatzgruppen A und B und hatte ihr Quartier im Minsker Universitätsgebäude direkt beim Bahnhof, wo sich auch heute wieder die Universität befindet.
Das Personal dieses Kommandos setzte sich zusammen aus Angehörigen des SD, Beamten der Kriminalpolizei und der Geheimen Staatspolizei, Mitgliedern der allgemeinen SS und der Waffen-SS sowie aus Einheiten der Ordnungspolizei, das heißt der Schutzpolizei und Gendarmerie. Leiter der Minsker Dienststelle und KdS Weißruthenien waren: der Chef des Sonderkommandos 1b SS-Obersturmbannführer Erich Ehrlinger (November bis Dezember 1941), SS-Sturmbannführer und Regierungsrat Walter Hofmann (Januar bis März 1942), SS-Obersturmbannführer Eduard Strauch (März 1942 bis Juni 1943), SS-Obersturmbannführer und Oberregierungsrat Erich Isselhorst (Juli bis Oktober 1943), SS-Standartenführer Erich Ehrlinger (Oktober 1943 bis April 1944) und SS-Standartenführer Heinz Seetzen (April bis Rückzug aus Minsk Ende Juni 1944).

Blagowschtschina

Die Geschichte dieses Waldes begann damit, daß der Chef des Sonderkommandos 1b und der Leiter der neu errichteten Minsker »Dienststelle des Kommandeurs der Sicherheitspolizei und des SD-Weißruthenien«, SS-Obersturmbannführer Erich Ehrlinger, im November 1941 eine zentrale Exekutionsstätte suchte. Man wählte ein Gelände in einem abgelegenen Kiefernwald hinter dem Dorf Bolschoi Trostenez aus, bei Kilometer 13 an der Straße Minsk–Mogilov, auf der linken Seite. Nur auf einem unscheinbaren Feldweg gelangte man zu dieser Stätte.
Die Gegend wurde abgesperrt; Wachtürme errichtet, Polizeiposten aufgestellt, Schilder in die Erde gerammt: »Zutritt verboten! Es wird ohne Anruf geschossen!«
Vier Kilometer entfernt befand sich damals auf der anderen Straßenseite beim Dorf Maly Trostenez ein Gut: »Karl-Marx«-Kolchose. Gleich beim Einmarsch hatten die Deutschen diesen 200 Hektar großen Landwirtschaftsbetrieb okkupiert, um die Produkte nach Minsk in die Wehrmachtskantinen und SD-Kasinos zu liefern[134]. Noch bestand kein Zusammenhang zwischen diesem Gut und Blagowschtschina.
Als man ab Herbst 1941 die Menschen aus den Minsker Lagern und Gefängnissen auf Lkws mit Anhängern in diesen Wald schaffte, wurden sie zwei Kilometer vorher auf einem Sammelplatz von den Wagen gejagt. Hier mußten sie alle Wertgegenstände abgeben und sich bis auf die Unterwäsche aus-

ziehen. Dann ging es weiter auf den Lkws zu den stets vorbereiteten Gruben. Diese waren etwa 60 Meter lang und drei Meter tief. Ein spezielles Kommando aus russischen Arbeitern – meist aus den Minsker Gefängnissen – schaufelte unter der Leitung von KdS-Angehörigen ständig diese Gruben[135], schüttete sie nach den Liquidationen zu und planierte sie mit Raupenfahrzeugen. War der Boden gefroren, so sprengten Pioniere diese Gruben.

Ab Mai 1942 fanden alle Exekutionen in Blagowschtschina statt[136]. Je nach Länge der Gruben waren etwa 20 Schützen aufgestellt. Benutzt wurden immer Pistolen, getötet wurde durch Genickschuß. Bestand der Verdacht, daß Opfer noch lebten, feuerten die Schützen einfach mit Maschinenpistolen in die Grube, bis alles reglos blieb.

Im Sommer 1942 richtete man an einem toten Gleis (die Eisenbahnstrecke führte zuvor nach Michanowice) in der Nähe des Sammelplatzes auf der Straßenseite des Lagers einen Bahnhof ein. Die Züge mit den Juden aus dem Reich, die sonst im Minsker Güterbahnhof endeten, wurden nun direkt hierher nach Trostenez geleitet[137]. Zweimal wöchentlich trafen die Züge aus dem Reich ein, aus Polen, der Tschechoslowakei, Österreich, Frankreich: dienstags und freitags, und zwar – um kein Aufsehen zu erregen – stets in der Früh zwischen vier und fünf Uhr. Auch aus dem KZ Dachau traf im Juni 1942 ein Zug ein.

Die Ankommenden wurden zweihundert Meter weiter zum Sammelplatz geführt und dort freundlich empfangen. Schließlich hatte man ihnen bei der Verhaftung und Abfahrt etwas von »Umsiedlung« erzählt, und man mußte unbedingt Panik vermeiden. Die Arbeit mußte, um einen ruhigen Ablauf zu garantieren, ordnungsgemäß und reibungslos vonstatten gehen. Man nahm ihnen ihre Ausweise, Dokumente, Geld und Schmuck ab, und jene 50 Kilogramm Gepäck, die sie zur »Umsiedlung« mitnehmen durften: Koffer, Taschen, Decken, Kochgeschirr, Mäntel, Spielzeug der Kinder. Man nahm ihnen das alles ab unter dem Vorwand, sie würden nun neue Papiere erhalten und das Gepäck würde ihnen – der Bequemlichkeit halber – nachgeschickt. Bei der Ablieferung erhielten sie von den Deutschen sogar Quittungen, so daß viele bis zum letzten Moment tatsächlich noch an Umsiedlung glaubten. Dann wurde aussortiert: in Arbeitsfähige und Nichtarbeitsfähige. Die erste Gruppe wurde in sich wieder in einzelne Berufssparten aufgeteilt: Elektriker, Schlosser, Schreiner, Schneider usw. Für die Nichtarbeitsfähigen, die Frauen, Kinder, Alten, Kranken standen etwas entfernt die Gaswagen bereit, kaschiert als Wohnwagen mit angebrachten Fenstern und aufgesetzten Kaminattrappen[138]. Die Arbeitsfähigen mußten in den einzelnen Betrieben so lange schuften, bis auch sie nicht mehr arbeitsfähig waren.

Nachdem ab August 1942 eine Reihe von Transporten mit Juden aus dem Reich direkt nach Trostenez geleitet wurden, kamen in Begleitung des KdS-Chefs Strauch drei sehr gut gekleidete Juden im Pkw zur Exekutionsstelle. Es war eine jüdische Kommission aus dem Reich, die den Auftrag hatte, sich nach dem Schicksal der nach Weißrußland deportierten Juden zu erkundigen. Bei der Ankunft dieser jüdischen Kommission wurden die Erschießungen für kurze Zeit eingestellt. Man hatte ihnen versprochen, sie über das Schicksal der Deportierten voll zu informieren. Man führte sie also an eine der halbgefüllten Gruben und ließ sie etwa eine Minute hineinsehen. Dann erschossen Strauch und zwei andere SS-Führer diese drei Herren der Untersuchungskommission am Grubenrand, so daß sie von selbst hineinfielen[139].

Bei all den Vernichtungsaktionen, die die Sicherheitspolizei und der SD im Wald von Blagowschtschina und später in Schaschkowka durchführten, ergab sich zwangsläufig, daß nahezu alle Angehörigen der KdS/BdS-Dienststelle in Minsk bei den Erschießungen oder Vergasungen mitwirkten, sei es beim Aussortieren der Opfer, beim Transport, bei der Bewachung, Absperrung oder bei der Erschießung selbst. Generell mußten bei den Exekutionen 80 bis 100 Mann eingesetzt werden. Der Personalstand der Dienststelle betrug im allgemeinen 150 Mann. Davon befanden sich stets einige auf Urlaub, auf Dienstreisen oder Erkundungseinsätzen. Bei größeren Aktionen blieben nur die Wachen und die Besetzung für den inneren Betrieb (Fernschreiber, Telefon etc.) zurück. Reichte die Mannschaft des KdS/BdS bei größeren Aktionen nicht aus, forderte man zusätzlich Reichsbahn- und OT-Leute und Einheiten der Ordnungspolizei an.

Im Sommer 1942 wurden (bei den Massenerschießungen von Juden aus dem Minsker Getto vom 28. bis 30. Juli 1942) in Blagowschtschina so viele Menschen vernichtet, daß die KdS-Dienststelle zusätzlich von der Wehrmacht und der Reichsbahn Lkws ausleihen mußte, um all die Opfer heranzuschaffen. Außerdem wurden auch Gaswagen nur zu Transportzwecken eingesetzt. Um die psychische Belastung der Schützen an den Gruben nicht zu überstrapazieren, konkret: um zu vermeiden, daß Schützen die Nerven verloren, durchdrehten und dadurch der reibungslose Ablauf der Vernichtungen gestört wurde, wurden sie oft durch Wachmannschaften abgelöst[140].

Das Lager

Auf dem Gut beim Nachbardorf Maly Trostenez, der früheren »Karl-Marx«-Kolchose, gab es außer dem 200 Hektar großen Landwirtschaftsbetrieb auch eine Mühle, ein Asphaltwerk, eine Schusterei, Schreinerei, Schlosserei, ein Sägewerk und Schneidereien, in denen die Kleidungsstücke der Erschossenen verarbeitet wurden[141]. Alles unter der Leitung eines ukrainischen Schutzmannschafts-Bataillons, das dem SS-Führer Regitschnig unterstand, dessen Chef wiederum der Kommandeur der Ordnungspolizei von Minsk war[142].
Zuerst waren für das Gut nur ein paar Dutzend jüdischer Arbeiter eingesetzt, dann bald 500. Und als im März 1942 die Dienststelle des KdS in Minsk mit ihrem neuen Kommandeur Eduard Strauch neu organisiert wurde und der KdS die Leitung des Gutes für die Verpflegung der Minsker Sipo und des SD übernahm[143], da wurde dieses Gut endgültig zum Lager ausgebaut: dreifacher Stacheldrahtzaun, der mittlere elektrisch; Baracken und Galgen auf dem Gelände.
Auf dem Gut stationierte man neben den deutschen Einheiten der Schutzpolizei und Gendarmerie auch Einheiten sowjetischer Kollaborateure: So lagen in Trostenez ein lettisches, ein weißrussisches und ein ukrainisches Bataillon und eine rumänische (volksdeutsche) Kompanie[144]. Sie führten im Auftrag der Deutschen jene Aufgaben aus, die in diesem Kapital im einzelnen beschrieben werden.
Vor dem Krieg hatten die Kolchosbauern unterirdische Vorratsräume angelegt: Keller zum Frischhalten von Kartoffeln, Gemüse, Fleisch. Diese 20 unterirdischen Bunker waren wie geschaffen für die Folterpraktiken des SD. Mitte März 1942 überfielen Partisanen die Lagerkommandantur und töteten die Wachen. Die Deutschen erhöhten daraufhin das Wachpersonal auf 250 Mann, umzäunten nun jede Baracke einzeln mit Stacheldraht, legten Laufgänge für Hunde an, stellten Posten um die Baracken auf, installierten um das ganze Gelände MG-Nester.
Und es gab einen Bunker, halb in die Erde eingelassen, ebenfalls von Wachtürmen und drei Reihen Stacheldraht umgeben, und mit einem Erdwall, auf dem Panzer standen. Hier waren alle jene untergebracht, die am nächsten Tag liquidiert werden sollten.
Die Kolchose Trostenez, die Nahrung geschaffen hatte für die Menschen, wurde zur Werkstatt des Todes. Ein Landesschützen-Bataillon und die Polizei stellten die Bewachung. Jeder Soldat hatte das Recht, jeden Gefangenen ohne Grund zu verprügeln, zu erschießen oder aufhängen zu lassen – wie es ihm gefiel.

Einen Grund hierzu konnte man immer finden. Auch die »leitenden Herren« waren darin nicht verlegen. So der Chef der Abteilung IV (Gestapo und Exekutive) beim KdS Minsk, Obersturmführer Georg Heuser. Zu seinen Gewohnheiten gehörte es, nach seinem Dienst in Minsk das KZ Trostenez zu besuchen. Und immer brachte er auf einem begleitenden Lkw fünf oder sechs Häftlinge aus dem SD-Gefängnis mit und erschoß sie im Lager persönlich – als Zielübung[145].

Im Mai 1943 waren bereits 5000 Menschen im Lager konzentriert. Für die täglich 500 Liquidierten transportierten der SD und die Polizei täglich 500 »Neuzugänge« heran: politisch Verdächtige, Juden, Kriegsgefangene, Antifaschisten, Partisanenfamilien, Widerstandskämpfer, Kommunisten, Greise, Kinder.

Bei den Säuglingen und Kleinkindern haben sich die Soldaten die Munition gespart: Sie schleuderten sie mit den Köpfen gegen die Lastwagen oder warfen sie lebendig in die Gruben.

Für die Gaswagenfahrer war die Strecke Minsk–Blagowschtschina eine Routinestrecke. Rechnet man bei »Normalbetrieb« bei einem einzigen Gaswagen vier Fahrten pro Tag mit je 75 Menschen, dann heißt das: Es wurden an einem normalen Tag 300 Menschen vergast. Durch einen einzigen Wagen. Täglich. Allgemein waren im Umkreis von Minsk drei bis vier Gaswagen eingesetzt. Allein in den neun Tagen vom 17. bis 25. Februar 1943 fanden 3000 Frauen, Alte und Kinder aus Polozk diesen Tod.

Bei der Ankunft der Gaswagen in Blagowschtschina mußten russische Gefangene die ineinander verkrallten Leichen entladen, in Gruben werfen und das Wageninnere dann am Teich des Lagers für die nächste Tour säubern.

Nach dem Tod Heydrichs Anfang Juni 1942 durch ein Attentat ließ der KdS-Chef und Heydrich-Verehrer Eduard Strauch im Lager einen Gedenkstein für Heydrich aufstellen.

Sonderkommando 1005-Mitte

Im Herbst 1943 rückte die Rote Armee immer näher an Minsk heran. Schon Ende September 1943 mußten die Deutschen Smolensk aufgeben. Der Smolensker SD flüchtete mit seiner ganzen Dienststelle nach Minsk und ließ sich dort in der Rakowskaja-Straße (heute Ostrowskij-Straße) nieder, direkt neben dem Getto, das damals schon sehr geschrumpft war und kurz vor seiner Auflösung stand. Die deutschen Truppen waren sich im klaren darüber, daß sie auch Minsk nicht würden halten können, und ergriffen eine Maßnahme, um die Spuren ihrer Verbrechen vor der Roten Armee zu verwischen: Die

Sipo und der SD ordneten an, alle größeren Massengräber von der Linie Vitebsk, Orscha[146], Gomel an nach Westen hin, stets vor der Roten Armee herziehend, zu öffnen, die zum Teil schon völlig verwesten Leichen herauszuholen und zu verbrennen. »Enterdung« hieß diese Aktion, und ausführen sollte dies das »Sonderkommando 1005« unter der Leitung des SS-Standartenführers Paul Blobel[147]. Bereits Ende März 1942 planten Blobel und Heydrich dieses Unternehmen bei einem Gespräch in Warschau. Die Durchführung begann jedoch ab September 1943 nach dem Erlaß des RSHA mit dem Aktenzeichen 1005. Eingestuft wurde diese »Enterdungs«-Aktion als Geheime Reichssache, und alle Beteiligten mußten sich per Unterschrift zu absoluter Verschwiegenheit verpflichten. Bei Zuwiderhandlung drohte die Todesstrafe. Die einzelnen Sonderkommandos waren zwar ihrem Chef Blobel unterstellt, doch da dieser ständig zu Inspektionen umherreiste, unterstanden sie nach den Richtlinien Blobels konkret dem jeweiligen örtlichen KdS / BdS.

Für das im Raum der Heeresgruppe Mitte eingesetzte SK 1005-Mitte war der Minsker BdS-Chef Erich Ehrlinger zuständig[148]. Das Sonderkommando hatte nun die Aufgabe, im Wald von Blagowschtschina die 34 Massengräber, die je eine Größe von ca. 60 mal 5 Metern und drei Meter Tiefe hatten und in denen ca. 150000 Leichen lagen[149], zu »enthumieren«. Sechs Wochen dauerte diese »Reinigung« der Gruben: vom 27. Oktober bis 15. Dezember 1943. In dieser Zeit führten als Stellvertreter Blobels nacheinander das Kommando: Artur Harder[150], der auch im Auftrag Blobels das SK 1005-Mitte aufgestellt hatte, Friedrich Seekel[151] und Max Krahner[152]. Adolf Rübe[153] beaufsichtigte und leitete die Arbeitskräfte an, wobei er den direkten Kontakt mit diesen etwa fünf Volksdeutschen und einem russisch sprechenden SD-Beamten überließ. Rübe, der zuvor eine Zeitlang die Aufsicht über das Minsker Getto hatte, war ein fleißiger und pedantisch arbeitender Kriminalbeamter, der bei vielen Exekutionen eingesetzt war und selbst immer wieder ohne Befehl tötete. Bezeichnend für ihn ist, daß er sich während seiner Tätigkeit beim Enterdungskommando in Blagowschtschina einmal schriftlich an Himmler wandte, weil die Müllabfuhr die Mülleimer so rücksichtslos behandelte[154].

Otto Goldapp war der Stellvertreter des jeweiligen Kommandeurs, und er war Führer der Wachmannschaften, die sich aus 40 bis 60 Schutzpolizisten und einem 40 Mann starken Zug volksdeutscher Waffen-SS zusammensetzten. Dazu Ungarn, Rumänen, Jugoslawen und russische Hilfswillige.

Und Otto Drews war wiederum der Stellvertreter von Otto Goldapp[155]. Die konkrete Arbeit der Gefangenenkommandos bestand nun darin, die Gräber zu öffnen, die zum Teil verwesten Leichen mit selbstgeschmiedeten Haken aus der Grube zu holen, sie auf selbstgezimmerten Tragbahren zu hohen Scheiterhaufen zu stapeln: eine Lage Baumstämme, eine Lage Leichen, bis sie eine Höhe von drei bis fünf Metern erreicht hatten bei einer Grundfläche von fünf mal sechs Metern. Diese Stapel mit 200 Leichen wurden mit Benzin, später mit Steinkohleteerheizöl und Flammöl übergossen und durch Lappen an langen Stangen angezündet. Oft dauerte es zwei Tage lang, bis ein solcher Leichenberg abgebrannt war. Es kam auch vor, daß Menschen lebendig verbrannt wurden. Wie zum Beispiel jene acht bis zehn Frauen und Männer, die Anfang Novemer 1943 zusammen mit 30 anderen Minsker Bewohnern nach dem Sprengstoffattentat auf das SD-Kasino Anfang September 1943 gefangengenommen wurden. Georg Heuser vom Minsker SD hatte diese Verbrennung bei lebendigem Leib angeordnet, und Harder führte sie aus[156].

Das Arbeitskommando bestand aus 50 bis 100 russischen Gefangenen aus den Minsker Lagern und Gefängnissen. Als grundsätzliche Bedingung galt: Sie mußten gesund und kräftig sein. Anfangs wurden sie unter strenger Bewachung jeden Morgen mit Lkws zu ihrer Arbeitsstelle gefahren und am Abend wieder zurück in ihre Zellen des SD-Gefängnisses. Dann baute man für sie neben den Verbrennungsstätten einen kleinen Erdbunker: Sein Eingang war so schmal, daß nur ein Mann hindurchpaßte. Fenster gab es natürlich nicht, zur Belüftung diente ein enger Luftschacht. Als Wache war vor der Türöffnung ein MG-Schütze abgestellt, und auf dem Dach ein SD-Dolmetscher, der durch den Luftschacht die Gespräche der Arbeiter belauschte. Diese waren mit Ketten an den Füßen so gefesselt, daß sie zwar ihre Arbeit verrichten konnten, an Flucht aber nicht zu denken war.

Die Chefs Harder, Seekel, Krahner, Rübe, Goldapp und Drews wohnten zuerst provisorisch in Wohnwagen auf dem Gelände von Blagowschtschina, dann in Häusern auf dem Gut, neben dem Lager.

Harder, groß und brutal, stieg auf die Leichenhaufen und kommandierte von dort oben. Er trieb die Arbeiter mit Knüppel und Peitsche an[157] und nannte sowohl die Leichen wie auch die Arbeitskräfte »Figuren«. Die Arbeiter nannten sich darauf untereinander selbst »Figuren«. Sie wurden – um keine Augenzeugen überleben zu lassen – in bestimmten Zeitabständen, oft schon nach einem Arbeitstag, erschossen und verbrannt. Und am nächsten Morgen holte man aus den Minsker Gefängnissen wieder neue kräftige Gefangene, die dann ebenfalls nach getaner Arbeit liquidiert wurden.

Da es sich bei diesem Unternehmen um eine Geheime Reichssache handelte, war ein Schriftwechsel über die Arbeiten und Vorkommnisse untersagt. Die Berichte der BdS-Dienststelle in Minsk durften an das RSHA Berlin nur unter dem Code »Wetterbericht« durchgegeben werden: unter dem Tarnna-

men »Wolkenhöhe« die Anzahl der beseitigten Leichen und unter »Regenmenge« die Anzahl der eingesetzten und anschließend liquidierten Arbeitskräfte.
Die Bewachung der russischen Arbeitskommandos und die Absperrung des Enterdungsgeländes besorgten unter der Führung des Oberleutnants Goldapp ein 40 bis 60 Mann starker Zug Schutzpolizisten, 40 Mann volksdeutscher Waffen-SS und anfangs für kurze Zeit weißrussische und ukrainische Hilfswillige in SD-Uniform (wegen ihrer rötlichen Kragenspiegel »Rosa-Russen« genannt). Da man wegen ihrer Zuverlässigkeit jedoch Bedenken gegen sie hatte, wurden sie bald abgelöst.
Das Gelände haben zwei Postenketten abgesichert: Der innere Ring war Tag und Nacht bewacht und verhinderte Fluchtversuche der Arbeitskräfte. Der äußere Ring war nur tagsüber besetzt und hatte den Auftrag, Neugierige aus den Nachbardörfern fernzuhalten.
Die Kommandeure ließen alle Fuhrwerke im Rayon Trostenez beschlagnahmen und zwangen die Bauern, Bäume für die Verbrennungen zu roden. Täglich mußten sie eine bestimmte Kubikmeterzahl an Holz herankarren und die Stämme bei Kilometer 13 abliefern. Dort holten die Arbeitskolonnen das Holz für die abseits gelegenen Feuerstätten ab. Auch während der Verbrennungen wurden in Blagowschtschina Menschen von den BdS-Mannschaften erschossen.
Die nicht verbrannten Knochen zerkleinerte man mit Stampfern und Mühlen und streute sie zusammen mit der Asche als Dünger auf die Felder des Gutes. Sogar die Blumenbeete in der Orangerie und vor den Häusern der Wachmannschaften düngte man damit.
Zuvor aber durchsiebten besonders ausgewählte Leute die Asche nach Edelmetall, Ringen oder Zahngold, wenn man nicht ganz sicher war, ob man den Opfern nicht schon vorher den Schmuck abgenommen und die Goldzähne herausgebrochen hatte. Fand man etwas in der Asche, so überprüften Goldapp und Drews in ihrem Wohnwagen diese Teile mit Schwefelsäure und lieferten sie bei der BdS-Dienststelle in Minsk ab. Oft steckten natürlich die Arbeitskommandos und ihre Chefs gefundenen Schmuck und Zahngold heimlich beiseite und betrieben damit einen ergiebigen Tauschhandel.
Tagsüber bestand während des Dienstes offiziell Alkoholverbot. Um die Arbeitskräfte aber »bei Laune« zu halten, duldete man heimliches Trinken, sofern die Arbeit nicht darunter litt. Am Abend dagegen wurde kräftig ausgeschenkt.
Am 15. Dezember 1943 planierte die vorletzte Schicht des Arbeitskommandos die letzte der 34 Gruben und deckte sie mit Zweigen zu. Dann hielt Goldapp den 45 Arbeitern eine freundliche Ansprache, dankte ihnen für die ge-

leistete Arbeit, zeigte sich zufrieden mit ihnen. Dann mußten sie auf einer Namensliste unterschreiben, über ihre Tätigkeit hier nichts weiterzuerzählen. Er sagte, man werde sie nun nach Minsk zum Baden fahren; jeder von ihnen bekam ein Stück Seife und ein Handtuch, Goldapp verabschiedete sich per Handschlag von ihnen, und dann mußten alle in den bereitstehenden kleinen Gaswagen steigen. Da nicht alle Platz darin hatten, mußten die Schutzpolizisten sie mit Gewalt hineinschieben. Dann wurde die Tür verriegelt und der Motor angelassen. Die Arbeiter schlugen so mit den Fäusten gegen die Wände, daß der Wagen schwankte. Nach einer Viertelstunde wurde es still. Die Polizisten öffneten die Tür, die ersten Leichen fielen heraus: aufgequollene Gesichter, blaurot gefärbt. Eine Leuchtkugel signalisierte einem entfernt stehenden Fahrzeug der BdS-Dienststelle mit sechs bis acht neuen Gefangenen aus Minsk, nun heranzukommen. Diese entluden die vergasten Arbeiter, legten sie auf einen Scheiterhaufen, mußten sich selbst am Ende dazulegen, wurden ihrerseits von Schutzpolizisten erschossen. Diese brannten darauf das Häuflein nieder, und alle Beteiligten fuhren anschließend für zwei Wochen in den Heimaturlaub, um mit ihren Familien Weihnachten zu feiern.
Anfang Januar 1944 trafen sich alle in Trostenez wieder und setzten ihren Dienst an den nächsten Enterdungsorten fort: an den Gruben beim Vorwerk Petraschkiewic in der Nähe des Stalag 352, bei Slonim, bei Pinsk... Dabei behielten sie bis Anfang April 1944 ihren Standort in Trostenez[158]. Dann zogen sie weiter, stets vor der Roten Armee her.
Im Herbst 1944 hatte das SK 1005 fast alle besonders großen Grabstätten beseitigt. Die einzelnen Sonderkommandos trafen sich darauf in Salzburg und schlossen sich unter der Leitung von Paul Blobel zur Einsatzgruppe z. b. V. »Iltis« zusammen. Ihre neue Aufgabe galt nun der Partisanenbekämpfung im österreichisch-jugoslawischen Grenzgebiet[159].

Schaschkowka

Da ab Ende Oktober 1943 im Wald von Blagowschtschina das SK 1005-Mitte die 34 Massengräber reinigte, suchten die Minsker Sicherheitspolizei und der SD einen neuen Exekutionsort. Eine geeignete Stelle fand man nur 500 Meter vom Lager entfernt im Wald von Schaschkowka, zog – um die Einsicht zu versperren – einen drei Meter hohen Holzzaun mit Stacheldraht um das Gelände und stellte Schilder auf: »Zutritt streng verboten! Bei Zuwiderhandlung wird geschossen!« Und da angesichts der immer näherrückenden Roten Armee ab Ende Oktober 1943 nicht mehr begraben, sondern sofort

verbrannt wurde, hob man eine Grube aus; drei mal drei Meter und vier Meter tief, legte kreuzweise Eisenbahnschienen darüber, bedeckte drei Grubenwände mit Metallplatten und ließ die vierte Seite durch eine schräge Rampe offen, auf der Lkws direkt in die Grube hineinfahren konnten: das Ganze ein riesiger Ofen! – Die 30 Arbeitskräfte, die ihn bauten, sind gleich als erste darin verbrannt worden[160].
Hier wiederholte sich nun die Methode der Vernichtung, wie sie überall praktiziert wurde: Die Menschen mußten sich vor dem Erschießen vor der Grube ausziehen, die Erschießungen führte die BdS-Dienststelle durch, und ein Arbeitskommando aus russischen Gefangenen schichtete die Leichen auf den Schienenrost. Die Feuerhitze darunter wurde noch dadurch verstärkt, indem man Harz in die Flammen goß und Phosphorbomben und Handgranaten hineinwarf. Bei einer Verbrennung beseitigten die Kommandos 200 Leichen.
Wieder wurden die nicht verbrannten Knochen zermahlen und mit der Asche als Dünger für das Gemüse auf die Felder gestreut und für die Blumenbeete vor den Häusern der Wachmannschaften und Kommandeure. Und wieder wurden von Zeit zu Zeit die Arbeitskommandos von anderen Arbeitskommandos verbrannt, die dann selbst wiederum erschossen und verbrannt wurden. Bewacht haben diese Stätte von Schaschkowka Einheiten der Schutzpolizei, volksdeutsche SD-Mannschaften und weißrussische Hilfswillige[161].
Wie in Blagowschtschina fand auch hier die Staatliche Untersuchungskommission nach der Befreiung von Minsk in der Ofengrube Hülsen von Brandbomben und Handgranaten und vor dem Ofen leere Harzfässer und Haufen von schwer oder nicht brennbaren Gegenständen, die die Opfer vor ihrer Exekution ablegen mußten. In genau sortierten Stapeln lagen da: Mäntel, Schuhe, Frauenröcke, Hosen, Kämme, Knöpfe, Zahnprothesen, Schlüssel, Taschenmesser, Kochgeschirr, Brillen, Kinderschuhe, Kindersocken, Spielzeug[162].
Hier waren wohl auch in den letzten Juni-Tagen 1944 die restlichen 80 bis 100 Russen und Juden vernichtet worden, die damals noch auf dem Gut gearbeitet haben. Der Rest von ehemals über 500 Arbeitskräften[163]. Bis in die 60er Jahre war dieser Ofen noch zu sehen. Von dem kleinen Gedenkstein, der an die Opfer von Schaschkowka erinnert, gehen wir zurück zu der Stelle des Teiches, wo damals der Kolchosschuppen stand und wo heute ein kleiner Grabstein auf ein anderes Massaker hinweist:
Ende Juni 1944 stand die Rote Armee kurz vor Minsk. Die Deutschen mußten flüchten und hatten nicht mehr viel Zeit. Die Gefangenen in den Minsker Lagern und Gefängnissen hofften, daß ihre Rote Armee schneller sei als

die deutschen Lkws und Gaswagen, die sie abholen sollten. Da entschied sich der Befehlshaber der Sicherheitspolizei und des SD, Heinz Seetzen, am 28. Juni 1944 zu einer endgültigen Vernichtungsaktion: In der Scheune des Gutes am See, in der zuvor alle Habseligkeiten gestapelt waren, die man den Menschen vor ihrer Erschießung abnahm, sollten die Gefangenen vor allem aus dem Minsker Schirokaja-Lager erschossen und mitsamt der Scheune verbrannt werden.

Auf Lkws, oft mit Anhänger, wurden die Menschen nun hastig zu dieser Scheune gebracht, und dann geschah vom 28. bis 30. Juni 1944 folgendes: Die Opfer mußten sich auf eine Schicht Baumstämme stellen, wurden von MPs niedergemäht, auf diese Schicht Leichen wieder eine Schicht Baumstämme, darauf wieder mußten die Neuankommenden steigen, wurden niedergemäht. So ging das weiter, bis die letzten das Dach erreichten. 6500 Leichen waren am Ende in dieser Scheune gestapelt. Neben der Scheune wurden auf diese Weise weitere Scheiterhaufen aufgeschichtet, und dann zündete man diese drei Stapel mitsamt der Scheune an[164]. Drei Tage, bevor die Rote Armee Minsk befreite. Als die sowjetischen Truppen nach Trostenez kamen, brannten noch die Leichenberge.

Nur vier Menschen haben diese letzten Tage überlebt: Frau Stepanida Iwanowna Sawinskaja und N. I. Wolochanowitsch, die bei den Erschießungen zwar sehr schwer verletzt wurden, doch aus dem Leichenhaufen herauskriechen und fliehen konnten; und G. M. Kantor und Georgij Sacharowitsch Begun, die aus dem Lager flüchten konnten. Mit Georgij Begun stehe ich nun nach dem Rundgang über das Gelände wieder vor diesen zusammengesackten Betontrümmern. Das war der Bunker, in dem er zusammen mit mehreren hundert Menschen vor seiner Erschießung eingekerkert war. Als einzigem gelang es Begun, sich daraus in der Nacht zu befreien und unter den Stacheldrahtverhauen hindurchzukriechen. Dabei hat ihm sicher geholfen, daß in diesen letzten Tagen vor der Auflösung des Lagers die Wachmannschaften selbst schon an Flucht dachten. Am Tag darauf wurde dieser Bunker wieder voller Menschen gestopft, die liquidiert werden sollten. Aber dazu fanden die Deutschen keine Zeit mehr. So sprengten sie den Bunker mitsamt den Menschen darin. Und SD-Beamte und Schutzpolizisten erschossen noch die wenigen Überlebenden[165].

So liegen die Trümmer da, von Gestrüpp überwuchert. Ich gehe über die Wiesen. Die Natur hat die Reste dieser Vernichtungsstätte überwachsen. Wenn jemand hierherkäme und nichts wüßte von all dem, was hier geschah – er würde zwischen den Bäumen und Büschen, neben dem Flüßchen Trostianka und an diesem Teich einen hübschen Platz für ein Picknick sehen.

Oben: »Sonderbehandlung« und »Befriedung« nannte man die Massenerschießung von Zivilisten.
Unten: Diesen Koffer von Richard Hirsch fand man in der Nähe der Exekutionsstätte von Trostenez.

Ein Jahr, nachdem ich diesen Text geschrieben habe, ruft mich ein Freund an: »Komm mal zu mir, ich hab' etwas für dich, das wird dich interessieren.« Er hat von einem Wehrmachtssoldaten ein Foto aufgetrieben, das uns beide verblüfft: ein großes Holzschild, darauf gemalt: »Wehrdorf KL. TROSTENIEZE«. Wehrdorf! Klein-Trostenez ein Wehrdorf? – Wehrdörfer waren faschistische Musterdörfer, bewohnt nur von einer ausgewählten faschistischen Musterbevölkerung. Das würde bedeuten: Die Russen, die während des Krieges dort blieben – sie waren nazistische Kollaborateure? – Ich kann es nicht glauben. Und doch, warum sollte das nicht so gewesen sein? Warum wurde Maly Trostenez zum Wehrdorf ausgebaut? Um zu verhindern, daß sich hier Partisanen niederlassen, die wieder einmal, wie schon geschehen, die Wachmannschaften des Lagers überfallen könnten? Dann hätten die Deutschen, wie sie es tausende Male taten, auch dieses Dorf niederbrennen können. Oder trafen sie hier so faschistisch gesinnte Bewohner, daß sie den Okkupanten wertvoll genug schienen, sie zu erhalten? – Fragen über Trostenez.

Dalwa

Montag, später Nachmittag. Wir fahren aus Minsk heraus. Neben mir im APN-Wagen Nikolaj Girilowitsch. Er ist 60 Jahre, arbeitet als Ingenieur in Minsk. Nikolaj Girilowitsch ist heute der einzige Überlebende des niedergebrannten Dorfes Dalwa.
Wir fahren nach Dalwa, ca. 70 km nördlich von Minsk. Nach etwa 60 km kommen wir auf der Straße nach Lepel an die Kreuzung, wo man rechts nach Chatyn abbiegt. Noch ein paar Kilometer weiter, dann rechts einen Waldweg für Forstarbeiter hinein. Dichter Fichtenwald. Plötzlich offene Felder, Wiesen, hügelig. Der Weg ist zu einer Piste verwachsen, Traktorspuren in den Wiesenboden eingefahren. Ein paar hundert Meter, wir halten auf dem Feld.
»Hier ist es«, sagt Nikolaj Girilowitsch. Wir steigen aus. Links eine Wiese, dahinter ein Wald. Und auf dieser Wiese gekreuzte Eisenbalken, in Stein gehauen eine Frau mit einem Kind an ihrer Seite. Die Gedenkstätte. Hier und links davon, wo sich die Wiesen weiter öffnen, befand sich das Dorf Dalwa. Nikolaj Girilowitsch erzählt langsam, mühsam. Das Sprechen fällt ihm schwer.
»Mein Dorf Dalwa wurde am 19. Juni 1944 vernichtet[166]. 10 Tage, bevor die Rote Armee hier ankam. Ich war damals 18 Jahre alt. Es war ein Montag. Meine Mutter hatte mich ganz in der Frühe geweckt. Sie sagte, ich soll meinen Vater ablösen, der im Wald die Pferde hütete. Ich ging also zum Dorf hinaus, in den Wald zu unseren Pferden. Mein Vater wartete schon auf mich. Er war die ganze Nacht draußen gewesen. Er sagte zu mir: ›Bleib nur eine Weile hier. Ich geh' nach Hause, um zu frühstücken. Dann komme ich wieder, und du kannst wieder gehen.‹ – Dann ging er ins Dorf.
Ich erinnere mich noch sehr gut an diesen Morgen. Es war ein heller Himmel über uns. Ich zog meine Jacke aus und legte mich darauf. Tau lag auf der Weide. Und Tau bedeutet schönes Wetter. Eine halbe Stunde später hörte ich eine Explosion. Dann einzelne Schüsse. In Richtung des Dorfes sah ich eine Rauchwolke aufsteigen. Ich wollte gleich mit dem Pferd ins Dorf reiten, band die Beine meines Pferdes frei, aber das Pferd wollte nicht weg. Es wollte weiterfressen. Da hab' ich das Pferd in Ruhe gelassen und bin zu Fuß in das Dorf gerannt. Als ich dort zu diesem Hügel kam, sah ich,

daß ein paar Häuser im Dorf brannten. Ich lief zu unserem Haus. Das brannte nicht. Alle Türen standen offen. Es war leer. Das Essen war auf dem Tisch zubereitet, mit dem Holzlöffel. Meine Mutter und mein Vater waren weg. Da hörte ich wieder ein paar Explosionen. Ich rannte aus dem Haus und sah jetzt noch andere Häuser brennen. Eine Straße weiter stiegen die Faschisten in ihre Lkws und fuhren davon. Ich dachte zuerst, sie hätten meine Eltern in diesen Lkws abtransportiert. Ich bin hinters Haus gelaufen. Da sah ich die Mütze meines Vaters liegen. Und neben unserem Stall lagen zwei verbrannte Leichen. Das war so schrecklich. Ich habe sie nicht erkennen können.
Es gab 12 Häuser in unserem Dorf. Aber nicht alle Häuser sind ganz verbrannt. Die Faschisten haben das Dorf von zwei Seiten her angesteckt. Vier Häuser in der Mitte sind übriggeblieben. Es lebten 45 Menschen in Dalwa. 20 Frauen und zwei Männer. Das war mein Großvater, der war 80, und mein Vater. Alles andere waren Kinder und Jugendliche. Darunter ich. Nach zehn Tagen kam die Rote Armee. Man hat die 44 Leichen hier in dieser Grube beigesetzt. Auch meinen vierjährigen Bruder Valerij. Ich war dabei, wie man die Leichen begrub. Viele Kinder fand man in den Kellern der Häuser. Erstickt. Vom Rauch. Sie wollten sich vor dem Erschießen retten, haben sich in den Kellern versteckt. Und sind dann erstickt, als über ihnen das Haus abbrannte. Auch meinen kleinen Bruder hat man im Keller…«
Dann wendet sich Nikolaj Girilowitsch ab. Er geht ein paar Schritte abseits. Er weint. Mit der Hand wischt er sich die Tränen aus den Augen. Zwei, drei Minuten steht er völlig bewegungslos da, wie erstarrt. Wir haben Angst, er sackt zusammen. Dann kommt wieder Bewegung in seinen Körper. Er hat einen Blumenstrauß mitgebracht, legt ihn an der Gedenkstätte nieder. Die schräg hochstehenden Eisenbalken symbolisieren Dachstuhl, Gebälk, Ruinenskelett. Neben der Frauenstatue eine Tafel mit 44 Namen. Die Namen der Ermordeten und ihr Alter.
»Meine drei Brüder, meine Mutter und mein Vater liegen hier. Wenn ich hier bin, dann steht wieder diese Flamme vor mir. Diesen Tag werde ich nie vergessen. Ich habe Glück gehabt. Eigentlich kann ich mein Leben diesem Pferd verdanken, das nicht weggehen wollte von der Weide. Denn wäre ich den Heimweg geritten, wäre ich früher in das Dorf gekommen, als nämlich die Faschisten gerade alle erschossen. Aber da ich diese drei Kilometer zu Fuß laufen mußte, kam ich etwas später, gerade als sie abfuhren. Ich wäre sicher auch erschossen worden.
Warum sie das Dorf mitsamt den Bewohnern vernichteten, weiß ich nicht. Wir hatten keine Verbindung zu den Partisanen. 13 Kilometer von hier

stand eine deutsche Garnison. Es war ja im Juni 1944. Die Faschisten waren schon auf dem Rückzug. Sie wußten, daß es zu Ende ging mit ihnen. Da haben sie eben alles vernichtet, was ihnen in die Quere kam. Verbrannte Erde. Ja, so haben sie das gemacht.«

Chatyn

Die Straße zurück nach Chatyn. Bis zu der Kreuzung, wo der aschgraue Betonblock steht mit den gewaltigen in Beton gegossenen Buchstaben ein für alle Male: CHATYN. Die abbiegende Straße durch den Wald ist frisch asphaltiert. Täglich fahren hier Dutzende von Bussen, Touristen aus aller Welt. Wer einmal in Minsk ist, fährt auch nach Chatyn. Das ist schon Pflicht.

Chatyn – das ist die Gedenkstätte, das Gedenkdorf, die Gedenklandschaft für die Verbrechen der deutschen Truppen in Belorußland, 60 km nordöstlich von Minsk, eine knappe Stunde Fahrt, Tag und Nacht geöffnet. Besucht von jährlich über eineinhalb Millionen Touristen und seit der Errichtung im Juli 1969 bis zum Frühjahr 1989 bereits von 29 Millionen Menschen. Chatyn – das war ein kleines Dorf mit 26 in die Landschaft verstreuten Häusern und 156 Bewohnern. Eines der Tausende von kleinen belorussischen Dörfern. Es war dieses kleine Dorf bis zum 22. März 1943[167]. Am 22. März 1943 hat Oskar Dirlewanger mit seiner Brigade Chatyn mitsamt seinen Bewohnern niedergebrannt[168]. Nur drei Kinder und ein Mann konnten sich retten.

Chatyn – das ist eines der 628 belorussischen Dörfer, das von den deutschen Truppen mitsamt seinen Bewohnern verbrannt wurde. Wer war Oskar Dirlewanger? – Dr. Oskar Dirlewanger trat 1923 der NSDAP bei, kämpfte bis 1939 in der »Legion Condor« in Spanien gegen die Republikaner, wurde 1940 als Obersturmführer in die Waffen-SS aufgenommen, hatte 1945 den Rang eines Generalmajors der Waffen-SS. Seine Einheit wuchs vom Bataillon zum Regiment, zur Brigade. Im Dezember 1943 umfaßte seine Brigade 3000 Mann[169]. Der Kern bestand aus Berufsverbrechern, Mördern, Wildschützen und sogar aus Antifaschisten, die – aus den Gefängnissen und KZs geholt – sich »an der Front bewähren« sollten[170]. Und dazu kamen ukrainische, belorussische, ungarische, lettische Kollaborateure.

Dirlewanger stand unter dem direkten Befehl des Höheren SS- und Polizeiführers in Minsk, des SS-Brigadeführers Kurt von Gottberg. Seine Einheit wurde bei seinen »Aktionen« unterstützt von Polizeiverbänden, von der Wehrmacht, von der Waffen-SS.

Zu Dirlewangers Spezialität gehörte es, Frauen und Kinder zu zwingen, über Minenfelder zu laufen, die die Partisanenverstecke schützten. Er brannte

Dörfer mitsamt der Bevölkerung nieder, wenn diese Ortschaften nur auch in dem Verdacht standen, Kontakt mit Partisanen zu haben, wenn Dörfer ihr Abgabesoll an landwirtschaftlichen Produkten nicht erfüllten – oder wenn ihm sonst ein Vorwand dafür einfiel. Insgesamt haben Dirlewanger und sein Bataillon in Belorußland auf diese Weise 200 Dörfer vernichtet und über 120000 Menschen ermordet. Rechnet man vom Sommer 1941 bis zum Sommer 1944 seine »Aktionszeit« mit drei Jahren, so ergibt sich eine Zahl von über 120 Morden täglich. Täglich 120 Menschen ermorden, drei Jahre lang – das ist Dr. Oskar Dirlewanger[171].

Hitler verehrte Dirlewanger. Im Dezember 1943 wurde Dirlewanger von Hitler mit dem Deutschen Kreuz in Gold ausgezeichnet. Daß Dirlewanger mit seiner SS-Brigade beim Rückzug auch noch nebenbei mithalf, von Anfang August bis Anfang Oktober 1944 den Aufstand in Warschau niederzuschlagen und dabei 50000 Zivilisten, die Hälfte davon Frauen und Kinder, niedermetzelte, ist nur eine Episode in seinem Leben[172]. Für diese Schlachterei erhielt er von Hitler das Ritterkreuz des Eisernen Kreuzes. Dieser Oskar Dirlewanger hat also mit seinem »Sonderkommando« außer 200 anderen Dörfern auch Chatyn mitsamt seinen Bewohnern niedergebrannt.

Als wir ankommen, ist früher Abend, die Sonne geht gerade unter. Sie steht in dem Spalt zwischen schweren Regenwolken und Horizont und wirft noch für kurze Zeit schräges Licht auf das Gelände. Vom großen Parkplatz für die Busse führt der Weg direkt auf eine mächtige Bronzestatue zu: Ein Mann trägt auf beiden Armen ein totes Kind. Der kantige Mann ist Iossif Iossifowitsch Kaminski, der Dorfschmied. Er war der einzige Mann, der sich retten konnte. Und auf seinen Armen trägt er seinen Sohn Adas. Kaminski starb 1973. Bis dahin hatte er noch selbst die Besucher durch die Gedenkstätte geführt und erzählt, was er damals als 56jähriger erlebte.

Und dann diese Glockenschläge! Alle halbe Minute dieser kurze, harte Ton über das ganze Gelände, zusammengesetzt aus 26 Glocken, die alle zugleich schlagen. Jede halbe Minute. Tag und Nacht. Der Ton kommt aus dem gesamten Gelände. Von allen Seiten. Der Ton kommt aus den in Beton gegossenen Kaminen der 26 vernichteten Häuser. Oben in jedem Kamin hängt eine Glocke, angeschlagen durch eine elektrische Automatik. Wenn man direkt neben dem Kamin steht, kann man ganz kurz vor dem Schlag den automatischen Auslöser und das Knarren des Zugseiles hören.

Und von jedem Haus ist mit Betonbalken schematisch der Grundriß nachgebildet. Und an jedem Kamin eine schwarze Tafel eingelassen: mit den Namen derer, die hier wohnten. So war es Vorschrift unter der deutschen Okkupation: An jedem Bauernhaus eine Liste mit den Namen der Bewohner. Faschistische Ordnung. Um den Überblick zu bewahren.

Neben der Kaminski-Statue ein Betonsockel mit aufgegossenen Zahlen: »In Belorußland zerstörten die Faschisten 209 größere und kleinere Städte und 9200 Dörfer, ermordeten sie 2230000 sowjetische Bürger.« Ab hier spricht kein Besucher mehr laut. Ab hier schweigen sie, oder sprechen nur leise. Menschen aus Spanien, Ungarn, DDR, Amerikaner, Japaner, Sowjetbürger, aus England, auch aus der Bundesrepublik. Ich gehe an den einzelnen Gruppen vorbei, höre die gedämpften Stimmen der Dolmetscherinnen.

Ich stehe vor einer schwarzen, dicken Granitplatte, ein auf den Boden gestürztes Dach, meterdick. Hier stand die Scheune, in der die Chatyner Bewohner – darunter 76 Kinder – von Oskar Dirlewanger und seiner Horde eingesperrt und verbrannt wurden. Nicht weit davon steht auf einem Gebälk aus weißem Marmor geschrieben: »Liebe Mitmenschen, denkt daran: Wir haben das Leben und unsere Heimat und euch geliebt. Wir sind lebendigen Leibes verbrannt worden. Unsere Bitte an alle: Mögen euch eure Trauer und Leid Kraft und Mut geben, damit ihr für immer Frieden auf Erden stiftet. Damit nie und nimmer das Leben im Sturm des Feuers stirbt.«

Und etwas entfernt, wie auf einer Bühne ausgestellt: auf einer schwarzen Marmorplatte drei Birken und eine Flamme. Das heißt als Symbol: In Belorußland kam jeder vierte Mensch ums Leben. Die Marmorplatte ist meterlang mit Blumen bedeckt. Sträuße, einzelne Blumen, Bouquets, Nelken, Rosen, Wiesenblumen. – Rechts davon ein weites Feld mit 186 kleinen Granitwürfeln mit Urnen. Für jedes vernichtete, verbrannte und nicht wiederaufgebaute Dorf in Belorußland dieser kleine Grabstein. Auch Dalwa ist darunter. Nikolaj Girilowitsch, der uns nach Chatyn begleitet, steht stumm vor dem Steinwürfel mit der Aufschrift »Dalwa«. Die Urne ist gefüllt mit Asche seines verbrannten Dorfes. Ein Dörfer-Friedhof. Und wieder Blumen, rot, weiß, gelb, rosa, weiß, gelb. 186 Dörfer in Belorußland, die es sich nicht mehr lohnte aufzubauen, weil fast keiner der Bewohner überlebte. Weil keiner mehr da war, der diese Dörfer bewohnen konnte.

Und links am Hang eine merkwürdige Mauer: oben breit, unten schmal, aufgeteilt in 55 Nischen, dazwischen breitere Nischen: die Mauer der KZs. Jede kleine Nische steht für ein KZ, Kriegsgefangenenlager oder Gefängnis, in dem weniger als 35000 Menschen ermordet wurden. Dazwischen elf große Nischen symbolisch für jedes belorussische KZ, in dem mehr als 35000 Menschen ihr Leben lassen mußten. In den Nischen auch hier frische Nelken, Astern, Rosen. Ich stehe vor der großen Nische, die Trostenez gewidmet ist, und lese die Zahl 206500. In einer kleinen Nische liegen eingewickelte Bonbons, niedergelegt von Kindern. Dahinter der Name Domatschew. Im Kinderheim von Domatschew bei Brest erschossen die Deutschen am 23. September 1942 54 Kinder. Das 55. Kind, die neunjährige Tossja Schemjetowa, konnte vor der Erschießung aus dem Lkw klettern und davonlaufen[173].

Doch hier in Chatyn gedenkt man auch der Lebenden. Hinter dem Friedhof der Dörfer sind in Stein alle jene Namen der Dörfer zu lesen, die nach dem Kriege wiederaufgebaut wurden. Die Gedenktafeln haben die Form von Bäumen, und die Namen der Dörfer wachsen und verzweigen sich wie die Äste, Zweige und Blätter einer Baumkrone.

Über der Landschaft mit ihren Kaminen liegt das schräge Sonnenlicht. Schwärme von Krähen fliegen auf, lassen sich auf den Wipfeln des nahen Waldes nieder. Wir gehen über Holzstege, angelegt, damit die Millionen von Besuchern die Wiesen nicht zertreten. Um uns herum alle 30 Sekunden der Glockenschlag.

Ich setze mich auf einen Betonbalken, der einen Hausgrundriß markiert. Lasse die Menschen an mir vorübergehen, höre, wie eine Mutter ihrem Kind erklärt, was hier geschehen ist, sehe die Japaner fotografieren, etwas entfernt kniet ein alter Mann an einem Betonbalken, sein Gesicht mit den Händen verdeckt. An einem anderen Haus steht eine Gruppe, liest auf der Tafel die Namen der Menschen, die hier gewohnt hatten. Ich stelle mir vor, wie das ist, wenn man nachts um zwei, drei Uhr nach Chatyn kommt. Ganz allein an diesem Ort. Nur die Nacht, die Stille, die Glocken, Wind.

Swetljana setzt sich zu mir. Sie erzählt mir, daß vor ein paar Jahren eine westdeutsche Reisegruppe Chatyn besuchte. Junge Leute, die zum ersten Mal hier waren, und Alte, die damals hier in der Gegend als Soldaten kämpften. Die Alten protzten, wie tapfer sie den Feind geschlagen hatten. Landsergeschichten. Und die Jungen waren erschüttert, empört über diese Verbrechen, von denen sie jetzt erst hier erfahren hatten.

Schon beim Besuch in Chatyn, dann unterwegs im Bus nach Minsk und schließlich im Hotel »Jubilejnaja« kam es zum Streit, zu Beschuldigungen, und schließlich in der Hotelhalle zu einer Schlägerei zwischen den Jungen und Alten. Die Jungen voll Wut und Zorn auf die uneinsichtigen Militärschädel der Alten; und die Alten voll Haß auf die Jungen, weil sie die alten Herren Massenmörder nannten.

Jene, die ein paar Tage zuvor als reisefreudige und freundliche Nachbarn losgefahren waren, prügelten hier aufeinander ein. Auslöser: ein Besuch in Chatyn. Eine wahre Bildungsreise für die Jungen. Und wenn die Alten zurück sind, heimgekehrt nach Köln, Gießen, Bielefeld und Ingolstadt, wenn sie dann wieder in ihrer Fußgängerzone, in den Kneipen die alten Kameraden treffen, die ihrem »Rußlandfeldzug« nachhängen und wie sie's den Russen gegeben haben ... Eine ganze Weile nach dieser Schlägerei war das Hotel für Westdeutsche gesperrt. Man hatte Angst vor neuen Auseinandersetzungen.

Warum finden bei uns, in unseren Fußgängerzonen, in unseren Kneipen nicht Dauerschlägereien statt? Warum ist es hier so ruhig, so unangenehm freundlich? Warum habe ich noch niemanden aus meiner Familie ins Gesicht geschlagen, von dem ich weiß, was er hier in der Sowjetunion während der Besatzung trieb?

Auf dem Rückweg kommen wir an einem Wasserbecken vorbei. Touristen werfen Münzen ins Wasser. Der Boden ist schon reichlich bedeckt mit Kopekenstücken. Wenn eine Münze genau auf eine andere fällt, kehrt man zurück an diesen Ort, so sagt man. Auch ich werfe ein paar Kopeken ins Wasser. Eine davon fällt genau auf eine andere.

Glubokoje

Ich will nicht wieder beschreiben, in wieviel Massengräbern in und um Glubokoje wieviel sowjetische Zivilisten oder Kriegsgefangene begraben liegen. Ich will nicht wieder beschreiben, wieviel Menschen wann und wo erschossen wurden hier in dieser Stadt nördlich von Minsk. Natürlich haben wir auch hier Massengräber besucht. Fünf an der Zahl. Die stellvertretende Bürgermeisterin von Glubokoje stellte fünf Körbchen mit Blumen in das Auto; und damit kannten wir auch hier das ungefähre Ausmaß des Massakers.
Wir sind drei Kilometer aus Glubokoje herausgefahren, halten in Bereswetschenski, an einem See. Hier stand damals das Kriegsgefangenenlager Stalag 351. Der Kommandant dieses Lagers: Josef Franz Jarzebecki[174]. Bewacht wurde dieses Lager ab Oktober 1941 vom 336. Wachbataillon. 27000 sowjetische Kriegsgefangene sind hier einfach erschossen worden, um neuen Kriegsgefangenen Platz zu verschaffen, sind erfroren oder verhungert. Aus Hunger wurden die Gefangenen so in den Wahnsinn getrieben, daß es sogar zu Kannibalismus kam[175].
An den fünf Grabstätten stellen wir je ein Blumenkörbchen nieder. Hier sind auch Italiener begraben. Italienische Antifaschisten, die freiwillig hierherzogen, um ihre belorussischen Genossen zu unterstützen.
Was mir bei diesen fünf Massengräbern auffällt: diesmal kein »Memorialkomplex«, wie es im Russischen heißt. Kein martialisches Denkmal, keine schwarze Riesenstatue aus Bronze, die einen schon beim bloßen Anblick erschlägt und die mehr abstößt als einlädt. Nichts davon. Die fünf Gräber sind hier in einer Art Garten angelegt. Ein kleiner Zaun rundherum, Bäume, Büsche, Blumenbeete, schmale Kieswege dazwischen, teils überwachsen mit Moos und Gras. Keine offizielle Strenge, sondern wie ein privater Garten, in dem man auch die Natur zu ihrem Recht kommen läßt.
Die stellvertretende Bürgermeisterin lädt uns zum Essen ein. Im Restaurant des Gästehauses war bereits ein Tisch bestellt. Nein, kein Tisch: eine Tafel. Schalen mit Trauben, Birnen, Pfirsichen, Äpfeln, Pflaumen, Tuchservietten, zu Spitzhüten gefaltet und auf die Teller gestellt. Große Gläser für Wein, Fruchtsaft und Mineralwasser, kleine für Wodka und Likör. Leicht angeröstete Weißbrotscheiben, mit Butter und heißen Speckwürfelchen. Und zwischen Schüsseln, Tellern, Gläsern, Flaschen, Obstschalen und Servietten,

große Vasen mit frischgeschnittenen Blumen. Wein wird eingeschenkt und Wodka.
»Wir haben zwar Alkoholverbot zur Mittagszeit«, sagt die stellvertretende Bürgermeisterin, »aber zu Ehren unseres Gastes aus West-Berlin wollen wir eine Ausnahme machen.«
Wir stoßen an, durch die Blumen hindurch: Na sdorowje!
Die Vorspeise wird aufgetragen, dann die Suppe, der Hauptgang, das Dessert, Eis, Mokka, Gebäck und noch ein Cognac und noch ein Gebäck und wieder: Na sdorowje!
Seit neun Monaten ist sie im Amt. Der Bürgermeister selbst ist gerade auf Dienstreise, so übernimmt sie alle Verpflichtungen. Es ist heute das erste Mal, daß sie einen ausländischen Gast empfängt, und schon gar das erste Mal einen aus dem westlichen Ausland (sie sagt nicht ›kapitalistisches‹ Ausland). Und es ist das erste Mal seit 1945, daß hier nach Glubokoje ein Bundesbürger kommt, der sich nach den Verbrechen der Faschisten erkundigt.
Am Anfang, als ich ankam, bei unserem ›Gespräch‹, wie man es hier nennt – es war wie so oft kein Gespräch, sondern ein schrecklich ernster Vortrag, den sie über den Wiederaufbau der Stadt hielt, über alle die neu geschaffenen Schulen, Kindergärten, Sportplätze, die neue Schuhfabrik, das neue Textilkombinat, das neue Fleischkombinat, die neue Fachhochschule, alles mit exakten Zahlen, Produktionszahlen, die exakten Prozentangaben über dem Soll, die exakten Zahlen für die Zukunft... Und während sie bei diesem Treffen Zahlen, Fakten, Daten, fast ohne Atem zu holen, aneinanderreiht, habe ich vor mir eine Liste liegen, die ich mitgebracht hatte: einen Auszug aus dem »Zerstörungskalender des Wehrmachts-Befehlhabers Weißruthenien mit den in der Stadt Glubokoje zu vernichtenden Betrieben und Einrichtungen, Frühjahr 1944«[176].
Auf dieser seitenlangen Liste ist penibel unter den Rubriken »Objekt, jetziger Inhaber, Zubehör, Lage, Bauart, Art der Zerstörung, Sprengstoffbedarf, zu zerstören von... Dringlichkeitserfolge« vermerkt, was und wie in Glubokoje von der Wehrmacht zu vernichten ist beim Rückzug im Programm »Verbrannte Erde«. Ich lese: »Bahnhof, Postamt, E-Werk, Molkerei, Wassermühle, Kaufhaus, Apotheken, Bäckereien, Gerbereien, Krankenhaus, Flachssammelstelle, Panjewagen-Fabrik... zu vernichten durch Sprengung, Feuer, Sprengung, Feuer...«.
Der Ernst, mit dem sie über den Neubau des Kindergartens, der Schule, des Kinos, des Krankenhauses, der Schuhfabrik spricht, wird mir nun wieder einmal verständlich. Der Stolz, mit dem sie die Zahlen nennt, ist der Stolz einer Bevölkerung, die vor einem Aschenhaufen stand und ihre Städte selbst und ohne Hilfe aus dem Ausland wiederaufgebaut hat.

Und dies unter welchen Schwierigkeiten! Wieder kommt mir diese Jahreszahl in den Kopf: Erst 1976 hat die Sowjetunion im Durchschnitt in den damals besetzten Gebieten den Stand von 1941 erreicht. Den Vorkriegsstand an Bevölkerung, Wirtschaftskapazität, technischem Stand usw.
Das war unser erstes Treffen. Und nun sitzen wir vor halbleer gegessenen Tellern und können nicht mehr. Und die zuvor so ernsthafte, strenge Bürgermeisterin erzählt nun von den Italienern damals, die sie noch als Kind gesehen hatte. Sie schwärmt von Italien, möchte einmal in ihrem Leben nach Capri. Sie läßt eine Kassette in die Musikanlage des Restaurants einlegen: Adriano Celentano mit seinem rauhen Sprechgesang. Den mag sie am liebsten. Und während sie (zum wievielten Male?) zuhört, knabbert sie an einem Zuckergebäck und wiegt den Kopf im Takt seines Gesangs. Ein paar Strophen Italienisch kann sie auch auswendig, singt sie vor sich hin. Plötzlich sieht die stellvertretende Bürgermeisterin aus wie ein junges Mädchen.
Wir müssen aufbrechen. Doch sie hat noch ein Geschenk für mich: ein Buch über Glubokoje und Umgebung, in schwerem Kunstdruckpapier. Und auf dem Buch mit einem roten Band befestigt: eine rote Rose! Und bevor wir gehen, läßt sie noch alles Obst und den Kuchen zusammenpacken in dickes Einwickelpapier. »Paket, Paket«, sagt sie. Als Proviant für unsere weitere Reise.
Ich seh' sie noch, wie sie uns nachwinkt von den Treppen des Gästehauses, als wir wegfuhren mit dem Wagen. Ich seh' das Obst- und Kuchenpaket, das Buch und die Rose auf den Knien. – Und ich habe nichts über die Räumung des Gettos von Glubokoje durch die Wehrmacht und die Sicherheitspolizei im August 1943 notiert, nichts über die Erschießung von 1000 Zigeunern in den Jahren 1941 und 1942 durch die Polizei und Gendarmerie[177]. Und nichts über die 30 Massengräber im Umkreis von Glubokoje[178].

Nach meiner Rückkehr entdecke ich bei meinen Recherche-Arbeiten in der Zentralen Stelle in Ludwigsburg noch zusätzliche Dokumente über Glubokoje. Im September 1941 ließ Hachmann, der Gebietskommissar für den Kreis Glubokoje, in der Stadt ein Getto errichten. Alle Juden wurden aus ihren Häusern geholt und in das Viertel zwischen der Karl-Marx-, der Engels-, der Krasnoarmeiskaja- und der Krasnych-Partisanow-Straße zusammengetrieben. 8000 Männer, Frauen, Greise und Kinder hausten nun in diesem Getto, umgeben von Stacheldraht und Zäunen und streng bewacht.
Bei den üblichen »Getto-Leerungen« trieben auf Befehl des Gebietskommissars Hachmann die deutsche Polizei und Gendarmerie im Frühjahr 1942 2000 Getto-Bewohner, darunter Frauen und Kinder, auf einem Sportplatz

zusammen – unter dem Vorwand eines Arbeitseinsatzes. Die Polizisten und Gendarme transportierten sie in den Wald von Borok und erschossen dort alle 2000[179].
Im Herbst 1942 wurden wieder auf Befehl des Gebietskommissars Hachmann 1000 Juden aus dem Getto aussortiert und an der gleichen Stelle durch Genickschuß getötet. Im August 1943 schließlich räumten die Deutschen das Getto von Glubokoje. Einheiten der Waffen-SS riegelten das Getto ab, in dem noch ca. 5000 Juden lebten, schleuderten Handgranaten in die Häuser und schossen auf die daraus fliehenden Menschen. Als die Juden sich zur Wehr setzten, steckten Waffen-SS und Gendarmerie die Häuser in Brand. Die meisten Juden wurden im Getto selbst totgeschlagen oder kamen in den Flammen um. Diejenigen, die diesen Überfall überlebten, brachte man in den Wald von Borok zum Erschießen. Dort, eineinhalb Kilometer von Glubokoje entfernt, fand man nach dem Krieg fünf Massengräber[180].

Borisov

Borissow (BB N 35 IX W).
Geb. Minsk.
33400 Einw. (1932).
Rayonszentrum an der Beresina, 80 km nordöstlich von Minsk. Ausgangspunkt für Passagier- und Schleppverkehr auf der Beresina. Durchführende Straße Minsk–Moskau. – Die eigentliche Stadt liegt auf dem linken Ufer der Beresina, auf dem rechten Nowo Borissow, das durch seine Streichholzindustrie bekannt ist. Historischer Ort (Napoleons Übergang über die Beresina). – Bevölkerung: 40% Juden. – Eisenbahnbrücken über die Beresina (aus Eisen) an der Strecke Minsk–Orscha. Straßenbrücke (Holz) über die Beresina. Bahnstation (Entladebahnhof), Hotels, Post- und FT-Station, Militärmagazin, Fliegerschule, 3 Hilfsflugplätze, 12 E-Flughäfen in der Umgebung, Kaserne. – Landwirtschaftliche Erzeugnisse, Torfabbau. – **Industrie:** Metallverarbeitung, Schuh- und Lederwarenindustrie, Glas- und Porzellanindustrie, Herstellung von Furnierholz, Möbelfabrik, Streichholzindustrie (Fabrik »Krassnaja Beresina«), chemische Holzverwertung, Sägewerke, Papierfabrik, Ziegelei, Teigwarenherstellung [181].

Dienstag, 17. 9. 1985. Olga Karnuschka war in Borisov in einer Untergrundgruppe tätig. Im Herbst 1942 wurde sie verraten, verhaftet und erschossen. Mir gegenüber sitzt Frau Pawlowna Kusnetzowa, die Tochter der Widerstandskämpferin Olga Karnuschka. Wir sitzen in einem halligen Raum des Rathauses von Borisov. Frau Pawlowna Kusnetzowa ist heute 56 Jahre alt und Zahnärztin. Sie erzählt:
»Als Borisov besetzt wurde, hat meine Mutter den Auftrag bekommen, in der Ortskommandantur als Dolmetscherin und Sekretärin zu arbeiten. Außerdem hatte sie die Aufgabe, Ausweise auszustellen. Damals war ohne Ausweis hier in der Stadt überhaupt nichts zu machen. Wir mußten Essen besorgen, das heißt ringsum in die Dörfer gehen. Aber ohne Ausweis, den die Ortskommandantur ausgab, konnte man da gar nicht hin [182]. Und in der Stadt gab es Sperrstunden. Wurde man ohne Ausweis während der Sperrstunden angetroffen – sofort erschossen. Man konnte über keine Brücke gehen ohne Ausweis. Nichts. Und für diese Ausweise war eben meine Mutter zuständig. Was mir im Gedächtnis haftenblieb – ich lebte hier in Borisov während der Okkupation –, das waren die Bekanntmachungen. Und jeder Absatz dieser Bekanntmachungen endete mit: wird erschossen – wird erschossen. Wer den Kollegen nicht denunziert, wer Kommunist, Jude oder

Untergrundkämpfer war – wird erschossen. Jemand, der diese oder jene Regelung nicht befolgt – wird erschossen. Das ist mir am stärksten im Gedächtnis geblieben.
Na ja, was hatten wir da für ein Gefühl? Es war nur ein Gefühl: Schrecken. Wir saßen alle zu Hause und wagten nicht, auf die Straße zu gehen, weil wir Angst hatten, daß wir erschossen werden. Ich erinnere mich noch, daß nach dem Überfall, nach der Besetzung von Borisov – die Stadt war wie ausgestorben. Menschenleer.
Meine Mutter wurde verhaftet, weil sie verraten wurde. Von einem Mann, dem sie einen Ausweis verschafft hatte. Ich habe gesehen, wie meine Mutter in einem Lkw abtransportiert wurde. Ich war damals 13 Jahre. Ich hab' das von unserem Küchenfenster aus gesehen. Sie saß auf dem Beifahrersitz. Der Lkw fuhr nicht sofort ab. Er stand noch eine Weile da. Die Deutschen durchsuchten noch das ganze Haus. Dann, als der Wagen losfuhr, sah ich, wie meine Mutter ein Stück Papier aus dem Fenster herauswarf. Als der Wagen weg war, bin ich rausgegangen und habe das Papier aufgehoben. Es waren zwei Formulare. Schon abgestempelt. Für Ausweise.
Später konnte sie mir sogar eine Nachricht zukommen lassen. Sie war hier im Gefängnis in einer Einzelzelle eingesperrt, in der es Ratten gab. Man hat ihr nichts zu essen gegeben. Sie schrieb auch, daß man sie sehr geschlagen und gefoltert hatte. Sie haben ihr Nadeln unter die Fingernägel gedrückt.
In zwei Wochen sollte sie hingerichtet werden. Gehängt. Auf dem Marktplatz. Ich bin zu einem Genossen vom Untergrund gegangen und habe ihm alles erzählt. Er darauf: ›Wir werden etwas anstellen. Wir arrangieren eine Explosion oder irgend etwas auf dem Marktplatz kurz vor der Hinrichtung. Wir werden versuchen, sie zu retten.‹ Doch die deutschen Polizisten erfuhren das auf irgendeine Weise. Die Hinrichtung fand nicht statt. Ich rannte in das Gefängnis zu meiner Mutter. Man sagte mir: ›Nicht da.‹ – Ich fragte: ›Wo ist sie? Vielleicht nach Deutschland deportiert?‹ – Doch sie sagten nur immer wieder: ›Sie ist nicht da.‹ Dann erzählte mir ein Polizist, daß man sie hinter die Stadtgrenze geschafft hatte, zum Erschießen.«
Der damalige Chef von Olga Karnuschka war Stanislaw Stankiewitsch[183]. Er war der von den Faschisten eingesetzte Bürgermeister von Borisov. Mit der deutschen Wehrmacht kam er nach Belorußland. Er nahm persönlich an den Erschießungen von Tausenden Sowjetbürgern teil. Und mit den Faschisten ist er auch wieder nach Westen geflohen. Nach dem Krieg war Stanislaw Stankiewitsch jahrelang Sprecher bei Radio Liberty in München, Belorussische Abteilung, Spezialist für belorussische Literatur und Kunst. Alle Auslieferungsversuche der sowjetischen Regierung wurden von der Bundesrepublik und von den USA abgelehnt.

Ljubowa Alexejewna Gabrilzik, 63 Jahre: »Vor dem Krieg hatte ich ein Technikum absolviert. Ich hatte schon am Institut gearbeitet. Dann kam der Krieg. Ich war damals 19 Jahre. Während des Krieges schloß ich mich einer Untergrundorganisation an. Dann ging ich zu den Partisanen. Ich habe beim Partisanenchef Onkel Kollek gearbeitet. Als Verbindungsfrau. Meine Aufgabe bestand darin, die Verbindung zwischen den Partisanen im Wald und den Untergrundorganisationen hier in Borisov herzustellen. Mein Vater und meine Tante waren schon bei den Partisanen. Meine ganze Familie wurde vernichtet: Meine Mutter, mein Vater, mein Bruder und meine Tante. Mein Vater und meine Mutter sind verbrannt worden. Mein Bruder wurde im Gaswagen ermordet. Meine Tante wurde erschossen. Ich allein blieb übrig.

Bei den Partisanen hatte ich die Aufgabe, verschiedene Informationen über die Faschisten zu sammeln: welche Truppen hier stationiert sind, wie viele, und was auf dem Bahnhof für Waffen eintreffen. Wir haben auch Waffen auf den Schlachtfeldern gesammelt. Da fanden wir eine ganze Menge und versteckten sie. Entweder kamen die Partisanen zu uns, oder wir gingen zu ihnen. Wir brachten ihnen auch Medikamente und Kleider.

Ich erinnere mich auch daran, wie ein deutscher Soldat auf ein vierjähriges Kind zugegangen ist und es mitten in die Stirn schoß. Das Kind war natürlich auf der Stelle tot. Nun frage ich Sie: Warum hat er das gemacht? Warum? Hätte er es mit einem Erwachsenen gemacht – nun gut, wir haben gegen die Faschisten gekämpft. Aber das Kind –!«

Nikolai Baraula, 61 Jahre: »Als der Krieg ausbrach, hatte ich gerade die 9. Klasse absolviert. Ich war 16. Hatte große Pläne. Aber der Krieg hat diese Pläne zerstört. Ich wollte Chirurg werden. Hatte mich schon als Chirurg gesehen. – Am 2. Juli 1941, am Tag der Besetzung von Borisov[184], wurde mein Bruder erschossen. Wir hatten uns im Keller versteckt. Und als die Faschisten uns entdeckten, uns aus dem Keller holen wollten, hat mein Bruder sich gewehrt. Da haben sie ihn einfach erschossen. Jetzt mußte ich die Familie ernähren. Mit 16 Jahren. Im Herbst wurden die ersten Gefangenen hingerichtet. Auf dem Platz. Ich kann mich noch gut daran erinnern. Man hatte sie vorher so geschlagen, daß sie sich nicht mehr bewegen konnten. Man mußte sie zur Hinrichtung schleifen. Sie wurden auf die Ladepritsche eines Lkws geladen; man legte ihnen die Schlinge um den Hals, und als die Lkws abfuhren mit Vollgas – da hingen sie. Im Herbst 1941 ging ich dann in die Untergrundbewegung. Da habe ich meinen ersten Auftrag bekommen: Ich mußte ein Kraftwerk sprengen, damit die Deutschen keinen Strom mehr hatten.

Mein Verhältnis zu den Deutschen? Die Frage ist falsch gestellt. Besser:

Mein Verhältnis zu den Menschen. Es gibt gute Menschen, und schlechte Menschen. Die einen sind meine Freunde, die anderen meine Feinde.
Es gab eine deutsche Aufseherin hier im KZ, die dachte, wir sind überhaupt keine Menschen. Die dachte, wir sind Tiere. Die sprach gar nicht mit uns. Als ich ihr aber einmal das Gedicht ›Die Loreley‹ von Heine vorgetragen habe, auf deutsch, da hat sie gestaunt.«
Frau Kusnetzowa holt aus ihrer Handtasche ein Foto, ein 18jähriges Mädchen, Kimon Kalombotzkaja. Sie stand unter dem Verdacht, eine Partisanin zu sein. Frau Kusnetzowa: »Sie haben ihr die Ohren abgeschnitten, die Nase abgeschnitten, die Brüste abgeschnitten, die Augen ausgestochen. Alles bei lebendigem Leib. Und dann haben sie sie aufgehängt.« Frau Kusnetzowa trägt das Foto ihrer Mutter Olga Karnuschka bei sich, und sie trägt das Foto dieses 18jährigen Mädchens bei sich, als wäre es ihre Tochter.
Borisov – ein paar Zahlen zur Stadt: Einwohnerzahl vor dem Krieg: 44000. Nach dem Krieg: 17000[185]. Bei der Besetzung von Borisov wurden wie üblich auch hier alle in der Stadt lebenden Kommunisten und Juden registriert. Die Juden wurden gekennzeichnet und in ein für sie errichtetes Getto getrieben. So erfaßte man in Borisov 7000 bis 10000 Juden[186]. Wer sich weigerte, in das Getto umzusiedeln, wurde erschossen[187]. Am 20. und 21. Oktober 1941 liquidierte das Sonderkommando 1 b der Sicherheitspolizei und des SD 6500 Juden außerhalb der Stadt, in der Nähe des Flugplatzes in einer Mulde bei der Chaussee Borisov-Sembino. Die Erschießungen führten unter deutschem Kommando Einheiten der weißrussischen Sicherheitspolizei aus, während das Getto von Truppen der 339. Infanterie-Division abgesperrt wurde, um ein Ausbrechen der Juden zu verhindern. Die Lastwagen fuhren die ganzen Tage über am 20. und 21. Oktober 1941 in aller Öffentlichkeit vom Getto zur Hinrichtungsstätte, beladen mit weinenden und schreienden Frauen und Kindern. Auf den von der Erschießungsstätte zurückkehrenden Wagen lagen hochgetürmt die Kleider der Erschossenen, so daß jeder sehen konnte, was hier geschah. Am Tag vor dem Massaker wurde das »Fest der Deutschen Polizei« veranstaltet, bei dem auch Vertreter der Geheimen Feldpolizei, der Sicherheitspolizei und der Wehrmacht anwesend waren. Bei diesem Saufgelage in einem Lokal in Borisov wurden verschiedene Reden gehalten, durch die die Gäste auf das bevorstehende Massaker eingestimmt wurden: Haß auf die Juden, Rechtfertigung ihrer Ausrottung, kein Mitleid mit Frauen und Kindern. Die Organisation Todt vergrub die Leichen in zuvor ausgehobenen Gruben von 100 Meter Länge, fünf Meter Breite und drei Meter Tiefe. Ein Enterdungskommando holte sie im Oktober 1943 wieder aus der Erde und verbrannte sie – um diese Spuren vor der heranrückenden Roten Armee zu verwischen[188].

Im Umkreis der Stadt gab es sieben Lager: zwei Durchgangslager[189] und fünf Vernichtungslager, darunter das Kriegsgefangenenlager Stalag 382[190]. Ein Lager für Zivilisten war in der Stadt neben der Fabrik »Komintern« errichtet. Die Gefangenen mußten bis zur Erschöpfung in den Fabriken »Komintern« und »Profintern« arbeiten. Neben den ständigen Liquidationen wurde dieses Lager besonders in den letzten beiden Monaten der Besatzung »geleert«. So transportierte man im Mai 1944 alle arbeitsunfähigen Alten und alle Kinder bis zu 12 Jahren auf Lkws fort. Den Eltern sagte man, die Kinder würden von den Alten in ein Kinderheim gebracht. Doch als beim Abfahren der Lkws MP-Schützen die Wagen bestiegen, wußten alle Bescheid, wohin die Fahrt ging. Dann wurden die Erwachsenen aus dem Lager abgeholt: Am 26. 6. 1944 600 Personen, am 27. 6. 1944 800 Personen, während man immer wieder neue Gefangene einlieferte. Am 28. 6. 1944 befanden sich noch 1500 Zivilisten in diesem Lager. Am selben Tag – die Rote Armee befand sich bereits unmittelbar vor Borisov – schaffte man alle 900 Frauen und Kinder weg zum Erschießen. Die 600 Männer wurden auf dem Appellplatz zusammengetrieben, von MP-Schützen eingekreist und niedergemäht[191]. In den sieben Lagern in und um Borisov wurden 33 000 Menschen umgebracht. Während der Okkupation töteten die deutschen Truppen ⅔ der Bewohner von Borisov: 27 000 Personen[192].
Wir fahren aus der Stadt heraus, fahren über die Beresina. Slawa: »Hier im Norden der Stadt haben Napoleon und sein Heer 1812 den Rest bekommen. Beim Rückzug, als er die Beresina überqueren mußte, da wurden die Franzosen von unseren Truppen damals völlig aufgerieben. Zehntausend sind hier liegengeblieben. Das war so ein Verrückter wie Hitler.«

Kirowski

Dienstag, nachmittags. Auf dem Weg nach Mogilov. Wir biegen kurz ab zur Siedlung Kirowski bei Bychow. Wir sind dort in einer Kolchose angemeldet. Durch einen Torbogen hindurch, ein simples eisernes Gestell, die Einfahrt in die Kolchose. Dann eine knappe halbe Stunde Fahrt an Kartoffeläckern entlang, vorbei an abgeernteten Feldern, Kühe auf dem holprigen Weg, eine Schafherde, vereinzelt Häuser, Einfamilienhäuschen, Kinder hocken am Wegrand, durch tiefe Wasserlöcher hindurch, daß es bis zu den Alleebäumen spritzt, dann das Verwaltungsgebäude, daneben drei große Hallen: die Rinderställe. Davor auf der Wiese ein Kleiderständer mit weißen Kitteln. Wer in die Ställe geht, muß einen weißen Kittel anziehen.
Das Verwaltungsgebäude: ein grauer, formloser Ziegelbau. Es sieht aus, als wäre er in höchster Eile zusammengemauert worden. Die Wände sind unverputzt, zwischen den Ziegeln quillt der erstarrte Mörtel. Die Sekretärin bittet uns in einen kahlen Raum. Wieder Mineralwasser, Fruchtsaft, Gebäck auf dem Tisch. Georgia Terenkerwa, geboren 1931, bei Kriegsbeginn 10 Jahre:
»Ich hatte damals überhaupt nicht verstanden, was Krieg bedeutet. Ich sah, wie die Mütter und Frauen weinten, als die Männer zur Armee gingen. Auch mein Vater wurde in die Armee eingezogen. Mit meinen 10 Jahren konnte ich überhaupt nicht verstehen, warum mein Vater plötzlich zusammen mit anderen auf einem Pferdekarren unser Dorf verlassen mußte, um irgendwohin zu fahren. Ich lief ein ganzes Stück hinter der Karre her und schrie, daß sie meinen Vater nicht mitnehmen sollen.
Es war Sommer, und plötzlich kamen viele deutsche Soldaten ins Dorf. Das war am 17. Juli 1941. Für uns Kinder war das sehr interessant. Diese glänzenden Helme, die Schulterstücke. Wir Kinder haben die Soldaten genau beobachtet. Die Offiziere in ihren offenen Personenautos. Dann, nach zwei Stunden, sind sie verschwunden. Aber gegen Mittag kamen sie wieder. Da haben sie sich schon anders benommen.
Wir waren sechs Kinder in der Familie. Als sie anfingen, die Menschen zu erschießen, war so ein dumpfes Gefühl im Dorf. Keiner hatte etwas unternommen, um zu fliehen. Alle waren zu überrascht. Ich weiß es noch genau: Ich stand damals vor der Schule, als die Faschisten anfingen, unsere Nach-

barn zu erschießen. Kurz bevor es losging, habe ich sogar noch gesehen, wie vor unserem Haus – das war so etwa 100 Meter entfernt – meine Mutter mit der Nachbarin stand und sich mit ihr unterhielt. Dann kamen die Soldaten, stießen sie ins Haus, und ich hörte die Schüsse. Ich weiß nicht mehr, wie ich überlebt habe.
Heute bin ich Leiterin eines Kindergartens. Schon seit 27 Jahren. Bin verheiratet, habe drei Kinder, lebe hier in der Kreisstadt Bychow. Da habe ich ein hübsches Häuschen mit einem Gemüsegarten. Das macht eine Menge Arbeit. Und wenn ich Zeit habe, gehe ich ins Kino, ins Theater oder Konzert. Was eben im Kulturhaus gerade geboten wird.«
Jelena Sinitzkaja, heute 66 Jahre, bei Kriegsbeginn 22 Jahre. Ihre Hände sind abgearbeitet, ihr Gesicht ist alt. Man sieht ihr an, daß sie ein Leben lang nur geschuftet hat. Sie spricht knapp, ihre Stimme ist rauh.
»Mein Vater ist schon sehr früh gestorben. Wir waren sieben Kinder. Und meine Mutter mußte nun alle sieben aufziehen. Da habe ich als Postbotin gearbeitet, hier in den Dörfern. Das war vor dem Krieg. Und dann: Während des Krieges wurde meine ganze Familie ausgelöscht. Ich bin allein übriggeblieben. Vor dem Krieg war das Leben hier sehr gut. Wir haben gut gelebt, wirklich. Wir waren glücklich. Das Dorf bestand aus sechs Siedlungen, 1800 Einwohner. Sie wurden alle verbrannt oder erschossen.
Die Deutschen kamen in unser Haus. Sie haben meine ganze Familie erschossen. Sogar meine Schwester. Die wohnte zwar in einem anderen Dorf, hatte nur bei uns übernachtet. Ich konnte mich schnell durch die Klappe im Keller verstecken. Bevor sie aus dem Haus gingen, öffnete noch ein Deutscher die Klappe und schaute nach unten. Ich hockte unter der Treppe. Er konnte mich nicht sehen. Dann haben sie das Haus angezündet. Rauch drang nach unten. Ich mußte raus, sonst wäre ich erstickt. Da habe ich auf alles gespuckt und bin raus aus dem Keller. Es war mir nun schon egal, ob sie mich töten oder nicht. Ich rannte einfach aus dem Haus. Ich rannte in den Roggen. Da sah ich meinen Neffen tot daliegen, ganz mit Blut verschmiert. Ich warf mich einfach daneben hin. Auch ich war voller Blut. Ich weiß nicht, woher. Ich hörte Rufe, dann Schritte. Ich stellte mich tot. Da kamen zwei, drei Faschisten durch den Roggen. Ich hörte ihre Maschinenpistolen scheppern. Ich dachte, wenn sie jetzt stehenbleiben und die Maschinenpistolen anlegen, werde ich aufspringen und wegrennen. Lieber in den Rücken geschossen als in die Brust oder in den Kopf. Aber sie gingen vorbei. Und nach dem Krieg – das war sehr schwer, das normale Leben wiederherzustellen. Das war eine schwere Zeit.«
Ich will das genauer wissen. Frage nach, wie sie damals gelebt hat.
»Nun, wir haben geschuftet.«

Ich will Einzelheiten wissen. Konkrete Details. Wie lief der Alltag damals ab?
Sie sieht mich an, als käme ich vom Mond. Ob ich denn nicht wüßte, was Arbeiten heißt. Arbeiten von morgens bis abends. Ob ich denn selbst nie gearbeitet hätte? »Es war eben eine schwere Zeit«, sagt sie.
Ich will z. B. wissen, wie damals nach dem Krieg die Wohnverhältnisse waren. Das Wort »Wohnverhältnisse« versteht sie nicht. Was ist das? Wie sie damals geheizt haben. Was sie zuerst anbauten, um zu überleben. Ob sie aus den Äckern erst die Granaten sammeln mußten, die noch explosiven Minen.
Sie begreift nicht, wie man nach solchen Selbstverständlichkeiten fragen kann. Ein Exote bin ich für sie, der wohl noch nie einen Krieg erlebt hat. Der wohl noch nie aus dem Nichts etwas aufgebaut hat. Dann nach langem Zögern:
»Es waren keine Häuser mehr da. Alles verbrannt. In Erdlöchern hausten wir damals. Es gab kein Vieh, keine Pferde. Das Getreide zum Anbau mußten wir selbst auf dem Rücken hierher schleppen. Wir haben geschuftet, geschuftet, geschuftet, von fünf Uhr morgens bis abends. Da mußten zum Beispiel acht Frauen einen Pflug ziehen. Wie die Ochsen. Weil wir kein Vieh hatten. Das war unser Alltag. Natürlich waren die Äcker voller Minen. Bis vor ein paar Jahren noch haben wir Minen aus dem Boden geholt. Natürlich hungerten wir noch lange nach dem Krieg. Das dauert doch, bis wieder was wächst.«
Draußen auf dem Hof sprechen wir noch mit einem Traktorfahrer. Er war mit der Roten Armee mit dabei, als sich die Russen und die Amerikaner bei Torgau an der Elbe umarmten und vor Freude weinten, daß sie den Krieg überlebt haben. »Ja, das war damals«, sagte er. »Das ist lange her.«

Mogilov

Mogilew (BB N 36 X W).
Geb. Mogilew.
99440 Einw. (1939).
Stadt am Dnjepr und an der Bahn Orscha–Shlobin. Bahn- und Landstraßenknotenpunkt. – Mehrere alte Kirchen, Kathedrale, Museum, Theater. – Militärflughafen, Verschiebebahnhof, Artilleriekasernen, Munitionsdepot, Post- und Telegraphenamt, Hotels, Straßenbrücke (Holz, 200 m) über den Dnjepr, Eisenbahnbrücke. – **Rüstungsindustrie:** Flugzeugmontage- u. Reparaturwerk (im Bau). – **Industrie:** Torfgewinnung, Autoersatzteilfabrik, Waggonreparaturwerk, Röhrengießerei, verschiedene Zweige des Maschinenbaus und der Metallverarbeitung, Rohleder- und Pelzverarbeitung, Schuh- und Lederwarenherstellung, Konfektions- und Trikotagenherstellung, Verarbeitung von Borsten, Kunstfaserfabrik, Kunstseidenverarbeitung, verschiedene Zweige der chemischen Industrie, Möbelindustrie, Herstellung von Teigwaren, Konserven und Fruchtkonserven, verschiedene Zweige der Lebensmittelindustrie[193].

Mittwoch, 18. September. – Eine Art Stadtbesichtigung: Natürlich fahren wir als erstes zum Zentralplatz. Ein Plateau hoch über dem Dnjepr. Der Fluß schlängelt sich unten an den Steilhängen entlang. Drüben auf der anderen Seite ist das Gelände flach.

Der Platz ist weit, ausgelegt mit grauen Betonplatten. Regen, kalter Wind. Auf einer hohen Säule eine Frauenstatue. Die »Mutter Heimat«. An den entfernten Rändern wird der Platz von Verwaltungsgebäuden begrenzt: damals Sitz des SD in Mogilov.

Fast drei Jahre war Mogilov besetzt: vom 28. Juli 1941[194] bis 28. Juni 1944. Die deutsche Wehrmacht kalkulierte für die Einnnahme der Stadt einen Tag. Sie dauerte fast einen Monat.

Am ersten Tag der Okkupation trieben die Deutschen die Männer auf diesem Zentralplatz zusammen und erschossen viele von ihnen. Allein im August und im September 1941: 7500 Einwohner. Später wurden hier auf diesem Platz, den die Deutschen »Kommandanturplatz« nannten, die Galgen errichtet[195]. Als im Oktober 1941 das Einsatzkommando 8 der Einsatzgruppe B das Getto in Mogilov errichtete und zusammen mit der Ordnungspolizei die Juden in dieses Getto zusammentrieb, flüchteten viele aus der Stadt. Sicherheits- und Ordnungspolizei riegelten darauf die Straßen um Mogilov ab[196]. Am 19. Oktober 1941 führte dieses Einsatzkommando 8 der Einsatzgruppe B eine »Judenaktion größeren Ausmaßes« durch: Mit Unterstützung des Polizeiregiments Mitte erschoß dieses Kommando 3726 Juden. Mogilov konnte nach diesem Massaker von den Deutschen als »judenfrei« erklärt werden[197].

Während der drei Jahre Besetzung wurden 40000 Zivilisten in der Stadt erschossen, an die 10000 Jugendliche nach Deutschland ins »Reich« deportiert, als Zwangsarbeiter zu den Firmen, die heute wieder so glänzende Dividenden an ihre Aktionäre zahlen: Daimler-Benz, Volkswagen, Krupp, IG-Farben, heute Bayer, Hoechst, BASF...

Die Einwohnerzahl vor dem Krieg: 113000. Nach dem Krieg: etwas über 10000. Während der dreijährigen Okkupation wurde in Mogilov jeder dritte Bürger ermordet[198]. Die Deutschen errichteten vier Lager[199]. Für die Wehrmachtskommandanten, die diese Kriegsgefangenenlager errichten ließen, war es selbstverständlich, daß – sozusagen im Sinne einer Amtshilfe – die Einsatzgruppen der Sicherheitspolizei und des SD in diese eindringen und die Menschen zum Erschießen herausholen konnten, die Sipo und SD liquidieren wollten[200]. Im größten dieser vier Lager, im Stalag 341, waren 80000 Kriegsgefangene inhaftiert[201]. Es befand sich am Stadtrand. Und da stehen wir nun. Es hat aufgehört zu regnen, plötzlich scheint die Sonne.

Einen Friedhof hat man hier für die 78000 Häftlinge angelegt, die man in elf Gruben fand. Gärtner richten die Anlage wieder her. Fassen die Kieswege ein, richten die Gedenksteine der 15 Massengräber auf, pflanzen neue Blumen. Sie sind erstaunt über den ausländischen Besucher. Nein, sie können sich nicht erinnern, daß je einmal einer aus der FRG (= Bundesrepublik) diese Gräber hier besucht hat.

»Dort drüben steht das neue Chemiekombinat«, sagen sie. »Das wurde zum Teil auch von westdeutschen Ingenieuren gebaut. Es wohnen auch einige westdeutsche Familien dort drüben in der Neubausiedlung. Die Familien der Ingenieure, die noch in Mogilov bleiben, bis das Werk richtig läuft. Aber an der Gedenkstätte hier am Friedhof war von denen noch keiner.«

Boris Nikolaijewitsch Popow, heute 75 Jahre, war im Stalag 341. Er erzählt: »Ich war Lehrer, ja.« – Das Wort »Lehrer« sagt er in Deutsch. »Lehrer, ja. Ich lebte in Smolensk. Da war eine Großrazzia, da haben sie mich zusammen mit 300 anderen einfach so von der Straße weggeschnappt. Zuerst glaubte ich, sie wollten mich nach Deutschland deportieren. So haben sie's ja gemacht. Aber dann hat man uns zuerst in Smolensk in ein KZ gesteckt und dann im November 1942 hierhergeschafft.

Das war nur ein Feld mit ein paar Bäumen und eine Menge Stacheldrahtrollen rundherum. 80000 Gefangene haben sie hier hereingepfercht. In der ersten Woche bekamen wir überhaupt nichts zu essen[202]. Danach gab es hier kein Gras mehr, kein Blatt an den Bäumen, keine Zweige mehr. Alles aufgegessen von den Gefangenen. Aufgefressen. Vor Hunger. Dann gab es einmal am Tag eine dünne Suppe mit faulen Rüben darin. Wir standen so in der Kolonne, rückten auf, bekamen einen Schöpflöffel Brühe in unseren Blechnapf oder, wenn wir den nicht hatten, einfach in die Handkuhle geschüttet.

Der Winter 1941/42 war sehr kalt. Von den 70000 konnten nur ein paar tausend in Baracken schlafen, die man notdürftig aufgestellt hat. Die anderen mußten die Nächte im Freien verbringen, bei −25 Grad. Die ganze Nacht haben sie sich aneinandergepreßt oder sind auf der Stelle gelaufen, um nicht zu erfrieren. Und am Tag 12–14 Stunden Arbeit. Im Steinbruch, in den Kiesgruben. Jeden Tag sind 250 bis 400 Mann gestorben. Jeden Tag!

Ich habe oft gesehen, wie viele geschlagen wurden, weil sie nicht schnell genug arbeiteten. Mit dem Gewehrkolben sind sie oft totgeschlagen worden. Und oft wurden wir zusammengerufen, um zusehen zu müssen, wie unsere Kameraden ausgepeitscht wurden – zur Einschüchterung. Von den 300, mit denen ich eingeliefert wurde, haben nur 30 überlebt. Das will schon was heißen.

Ich muß auch sagen, daß es unter den Wachleuten solche gab, die Mitleid mit uns hatten. Z. B. hat mir einmal ein Wachtmeister heimlich eine Zigarette zugesteckt, damit es niemand sieht. Er hätte dafür erschossen werden können. Sogar als wir im KZ waren, haben wir immer Unterschiede gemacht zwischen den Faschisten und den Deutschen. Im Januar 1943 konnte ich endlich fliehen. Mit Hilfe der Partisanen. Sie wollten bei einer Aktion eine ganze Menge herausholen. Aber das ging schief, und nur drei haben es geschafft. Darunter war ich.«

Wir fahren zur Stadt zurück. Kurz hinter dem Friedhof zeigt der Fahrer nach draußen: »Das ist unsere Puschkinstraße.« Vorbei an riesigen Neubaublökken. Gigantische Wohnblocks. Das Märkische Viertel oder die Gropius-Stadt in West-Berlin sind Idyllen dagegen. Bei diesen Kästen gibt es nur drei Maßeinheiten: Länge, Breite, Höhe. Sie stehen auf einem Acker, verbunden mit provisorisch gegossenen Asphaltwegen. Der Fahrer: »150000 Bewohner leben in diesem neuen Viertel.«

Auf diesem Boden, auf dem vor 43, 44 Jahren Panzer und Geschütze aufeinander einschossen, wo die Erde aufspritzte von den Granateinschlägen, wo Menschen verbluteten, sich ein KZ ausbreitete, wo gefoltert und ermordet wurde, Angst und Schreie die Luft erfüllten – dort steht nun eine neue Stadt mit 150000 Einwohnern. Eine Stadt, die noch belebt werden muß.

Der Fahrer zeigt wieder nach draußen: »Das ist unser Platz des Sieges.« Ein

T 34 steht schräg auf einem Betonsockel. Der Fahrer: »Und das unser Friedensprospekt.« Eine breite Straße, ganz neu angelegt. Am Rand und in der Mitte winzige Büsche gepflanzt. Noch sieht er öde aus, der Friedensprospekt, breit und leer, gebaut für einen Autoverkehr, der in 10, 20 Jahren hier einmal abrollen wird.
Der Fahrer: »In diesem Krieg habe ich sechs Angehörige aus meiner Familie verloren. Meine Großmutter und mein Großvater sind bei der Blockade von Leningrad verhungert und erfroren. Mein zweiter Großvater war Partisan. Man fand ihn aufgehängt an einem Baum. Seine Nase und seine Ohren waren abgeschnitten, seine Augen ausgestochen. Und ein Pappschild um die Brust: ›So enden Partisanen!‹ Mein Schwiegervater hat seine ganze Familie verloren. Seine Mutter, sein Vater, seine Brüder, alle erschossen. Die Deutschen haben während der Besatzung alle unsere Bibliotheken und Büchereien und Archive niedergebrannt. Die Bilder aus unseren Museen gestohlen. Heute hat Mogilov wieder eine Bibliothek mit neun Millionen Büchern. Wir haben jetzt vier Museen, zwei Theater und fünf Kinos.«
Slawa unterbricht den Fahrer, sagt ihm, er soll kurz anhalten. Slawa hat wieder eine Buchhandlung entdeckt. In blauer Neonschrift: »Knigi« – »Bücher«. Er ist als erster aus dem Wagen und als erster in der Buchhandlung. Er muß sämtliche Buchhandlungen der Sowjetunion kennen. Und mit ihm habe ich bisher die Buchhandlungen von Brest bis Borisov kennengelernt. Schnell und geübt huscht sein Blick über die Buchreihen in den Regalen, wie der Strahl einer Taschenlampe, sortiert aus: Hab' ich schon, hab' schon, hab' schon, nicht interessant, interessant, aber für später, bekomme ich in Moskau, schlechte Übersetzung, hab' ich schon – doch da eine Biographie über Richelieu, ein Gedichtband von Lorca, ein Roman von Heinrich Mann, die Geschichte der Geheimkulte, Schwarze Messen, die Slawa noch nicht hat. Oder diese Aufsatzsammlung von Pascal. Ich kann mich nicht erinnern, mit Slawa je aus einer Buchhandlung herausgegangen zu sein, ohne daß er nicht doch etwas gefunden hat. Und sei es nur ein schmales Gedichtbändchen von Paul Celan.
Er zeigt auf einen Tisch: Er ist vollgepackt mit deutschen Büchern, in Deutsch. »Schnell und lecker – Kleine Kochkunde«, Modehefte mit Strickanleitungen, Malbücher, Abzählreime, Gute-Nacht-Geschichten. »Wie decke ich den Tisch für meine Gäste«, »Die Kunst des Porzellans – Ein Leitfaden durch die Jahrhunderte«. Daneben ein Buch über René Clair, Gottfried Keller, »Der Grüne Heinrich« – in Mogilov. Fast alles Bücher aus der DDR – für die westdeutschen Ingenieurfamilien vom Chemiekombinat. Neben der Kasse ein kleiner Stapel mit den neuen Kalendern für 1986. Boris Nikolaijewitsch Popow, der ehemalige KZ-Häftling, nimmt einen Kalender, bezahlt

ihn und drückt ihn mir in die Hand. »Bitte sehr, für Sie. Ich schenk' ihn Ihnen. Damit Sie nächstes Jahr wiederkommen.«
Der Mann, dessen Familie von den Deutschen erschossen wurde, schenkt mir einen Kalender, damit ich nächstes Jahr wiederkomme. Auch ich möchte ihm etwas schenken. Ein Buch – er soll es sich aussuchen. Doch er winkt ab. Seine Augen, sie taugen nicht mehr richtig zum Lesen.
Wir verlassen die Buchhandlung – Slawa hat kein Buch in der Hand! Er hat nichts gefunden. Er staunt selbst darüber. Es ist das erste Mal, daß er nichts gefunden hat. »Aber in der nächsten«, sagt er. Und ich seh's ihm an, wie er um so begehrender in die nächste Buchhandlung eindringen wird.
Wir kommen am alten Theater vorbei. Über 100 Jahre ist es alt. Man hat es renoviert. Klein und klobig steht es da, in den Farben Rot und Weiß. Es sieht aus, als hätte man die Farbe nicht mit Pinseln, sondern mit Spachteln aufgetragen. Beim Theater fahren wir links den Hang hinab, zum Dnjepr.
Der Fahrer erzählt: »Dort rechts war das Getto. Zuerst mußten die Juden Schuhe reparieren, Kleider ausbessern. Dann Ende 1942 wurden alle Getto-Bewohner hinter die Stadtgrenze gebracht und dort erschossen. Über 2000 Juden mit einem Mal erschossen. Einfach so.«

In der Redaktion der Kreiszeitung. Wir werden schon erwartet. Der Raum: hohe Decke, dunkle Holzwände mit wuchtigen Leistenreliefs, massive Schnitzarbeit, eingelegtes Tafelwerk. Alte Kontore sahen bei uns so aus, in Bremen, Hamburg, Lübeck. Es fehlt nur noch das Schiffsmodell auf dem dunklen Eichentisch.
Doch dort sitzt aufrecht ein alter Mann. Kantiges Gesicht, breite Schultern. Alt ist er, aber nicht schwach. Und wie er aussieht, so spricht er auch: eine feste Stimme, schön in ihrer natürlichen Entschiedenheit. Noch heute habe ich den Klang, seine Stimme im Ohr: dunkel und klar, ruhig und überlegt.
Es ist Iwan Iwanow Matinew, 74 Jahre. Er war Kommissar des 121. Partisanen-Regiments. Während er spricht, sieht er mich an: »Die Partisaneneinheiten wurden gemeinsam von den Kommandeuren und den Kommissaren geführt. Die Kommandeure entschieden über militärische Fragen. Die Kommissare, die Politruks, waren für die politische Aufklärung der Soldaten und Offiziere zuständig. Das heißt, wir klärten auf, um was es eigentlich ging. Für was sie eigentlich hier kämpften. Denn viele Soldaten hatten ja keine Ahnung, was bei diesem Überfall auf dem Spiel stand. Die meisten Soldaten waren einfache Bauern, die gar nicht wußten, was eigentlich los war. Als der Krieg ausbrach, war ich hier in Mogilov. In Frauenkleidern ging ich in die Wälder. Dort hatten sich schon viele Menschen versammelt. Alle kamen heran, auch Frauen, Kinder, sogar alte Menschen. Sie wollten alle zu den

Partisanen. Menschen, die als Partisanen kämpfen wollten, hatten wir genug. Das Problem war nur, sie richtig einzusetzen.
Zuerst bauten wir eine Abteilung auf, dann schon ein Regiment. Und schließlich war es eine Brigade. Die Deutschen hatten Angst vor den Partisanen. Sogar mit Panzern und mit Flugzeugen haben sie versucht, uns zu bekämpfen. Einmal schickten sie zwei Divisionen gegen uns los. Andererseits gab es auch viele Deutsche, die zu uns Partisanen übergelaufen sind.
Da war einer, der hieß Hans. Ein Überläufer. Ein Offizier. Und in seiner Uniform ging er in die deutsche Garnison und sagte, er solle alle Waffen überprüfen, sehen, ob sie in Ordnung sind – und brachte sie zu uns!
Wir haben eine Menge Aktionen durchgeführt. Kaum eine Woche ohne Sprengung. Zum Beispiel: Zwei Kilometer von Mogilov war ein deutsches Regiment stationiert. Wir haben es vernichtet. Danach gab es kein Regiment mehr. Oder die Garnison in Paschkowo. Im Herbst 1943 haben wir auch diese Garnison vernichtet. 250 Deutsche nahmen wir gefangen. Sie sind alle bei den Partisanen geblieben.
Diese Aktionen mußten natürlich gründlich vorbereitet werden. Zuerst genaues Auskundschaften. Im Frühling 1942 zum Beispiel: Auf der Strecke Minsk–Mogilov haben wir mit 15 Mann 32 lange Züge in die Luft gesprengt. Voller Panzer und anderem Kriegsmaterial. Wir hatten in den Wäldern ganze Dörfer errichtet, in denen wir wohnten. Wir bauten dort alles an, was wir konnten. Gemüse und so weiter. Wir ernährten uns selbst. Auch die Frauen wohnten in diesen Dörfern. Ich habe meine Frau und meine zweijährige Tochter verloren. Sie wurden beide erschossen.«
Als die Rote Armee Ende Juni 1944 zum Sturm auf Mogilov ansetzte, um die Stadt zu befreien, waren von den Deutschen rings um die Stadt Minenfelder angelegt und drei Schutzwälle. Die ganze Stadt eingekreist von Bergen von Stacheldrahtrollen. Mogilov war durch den Führerbefehl Nr. 11 vom 8. März 1944 durch Hitler zum Festen Platz erklärt worden. Kommandant dieses Festen Platzes unter dem Armee-Oberkommando: der Generalmajor der Infanterie Gottfried von Erdmannsdorff. Von Ende März bis Ende Juni 1944 ließ er durch die noch verbleibende Bevölkerung Mogilovs die Stadt zu einer Festung ausbauen, indem er entweder durch Razzien Arbeitskräfte einfing oder nur jenen Zivilisten Lebensmittelkarten zuteilte, die sich an den Schanzarbeiten beteiligten[203]. Zwei Tage dauerte der Sturm auf Mogilov, bis die Deutschen sich endgültig zurückzogen. Und als die Rote Armee dann in die Stadt eindrang, war Mogilov zu 80 Prozent zerstört.
Südlich von Mogilov liegt Rogatschow. Daß die Deutschen während ihres Rückzugs nach der Methode der »Verbrannten Erde« nicht nur alle Bauten der Russen vernichteten, sondern auch, wenn sie es für angebracht hielten,

ihre eigenen Soldaten erschossen und verbrannten, darüber erzählt der ehemalige Rotarmist Sergej Michailowitsch Romanow:
»Wir sind damals, als die Deutschen abzogen, sehr kurz darauf in das Dorf Rogatschow gekommen. Nur zwei, drei Stunden danach. Da gab es ein Krankenhaus für deutsche Offiziere. Die Deutschen sind so schnell abgezogen, daß sie nicht einmal die Zeit hatten, ihre eigenen Verwundeten mitzunehmen. Da haben sie ihre Verwundeten einfach erschossen. Sie übergossen sie mit Benzin und steckten sie an. Als wir in das Dorf kamen, lagen sie völlig verkohlt überall im Krankenhaus herum. Das zweistöckige Krankenhaus selbst war eine Ruine, halb niedergebrannt. Daß sie ihre eigenen Verwundeten erschossen und dann verbrannt haben, weiß ich von dem Zeugen Mischa. Er wohnte dem Krankenhaus gegenüber und hat das alles gesehen.«

Orscha

Orscha (BB N 36 VII W).
Geb. Witebsk.
31 310 Einw. (1932).
Rayonszentrum und Flußhafen am rechten Ufer des Dnjepr, Knotenpunkt der Bahnen Leningrad–Kiew und Minsk–Smolensk. Stromversorgung vom El.-W. Ossinowka. – Verschiebebahnhof, Straßen- und Eisenbahnbrücke, Fliegerschule, Flughafen. – Flugzeugreparaturwerkstatt, Motorenfabrik, Eisengießerei, Waggonreparaturwerkstätten, Metallverarbeitung, Silikatwerk (Zement), Bastfaserverarbeitung (Flachskombinat), Möbelindustrie und Sägewerke, Papierfabrik, Lebensmittelindustrie (Fleischkombinat, Brotfabrik)[204].

Donnerstag, 19. September, Wir fahren längs des Dnjepr stromaufwärts nach Norden, nach Orscha. – Orscha, das war und ist das große Verkehrskreuz Belorußlands: West-Ost, Nord-Süd. Eisenbahn und Straße. Warschau–Moskau, Leningrad–Kiew. In der Mitte Orscha mit seinem riesigen Rangierbahnhof. Hier trafen sich während der deutschen Okkupation die Züge mit den sowjetischen Kriegsgefangenen, deportierten Zivilisten. Ein Transport nach dem anderen. Hier wurden die Menschen auf dem Rangierbahnhof ausgeladen, aussortiert, umgeladen für die jeweiligen Lager. Zehn KZs gab es um Orscha, wobei mit der Bezeichnung »KZ« alle Arten von Lager gemeint sind: Durchgangslager, Stammlager, Nebenlager, Arbeitslager, Vernichtungslager.
Die Rampe von Auschwitz kennt man. Die Rampen von Orscha sind unbekannt. Zehn KZs um Orscha herum. Kann man sich das vorstellen? Ich kann es mir nicht vorstellen. Was für Bilder boten sich da der einrückenden Roten Armee, den zurückkehrenden Bewohnern, der eingesetzten Staatlichen Untersuchungskommission?! Überall die Massengräber, die verscharrten Leichenberge. Dutzende von Gruben.
Die meisten Leichen hatten die Deutschen vor ihrem überstürzten Rückzug noch zu verbrennen versucht. Neben vielen Gruben fand man noch die Reste von Feuerstätten, Reste von Aschenhaufen, verkohlte Knochen. Wie viele Menschen um Orscha getötet, verscharrt und verbrannt wurden, konnte die Außerordentliche Staatliche Untersuchungskommission nur schätzen. Man nahm die Zahl der Leichen pro Kubikmeter und errechnete so nach den Kubikmetern der Massengräber die ungefähre Gesamtanzahl der Leichen.

Als ich in Orscha ankomme, stellt sich mir die dortige Fremdenführerin mit den Worten vor: »Daß ich lebend vor Ihnen stehe, verdanke ich einem deutschen Soldaten. Ein deutscher Soldat hat mir das Leben gerettet.« Ja, das gab es auch. Vereinzelt. Und dann erzählt sie:
»Wir wohnten in einem kleinen Dorf. Da kam ein Deutscher schnell in unser Häuschen, schrie: ›Raus! Raus! Alle schnell raus! Nach hinten durch den Garten! Sonst werden sie euch erschießen!‹ Ich war damals noch jung, sprang gleich durch das Fenster, rannte durch den Garten in den Wald. Meine Eltern und meine Schwester blieben. Warum sollten sie weglaufen, sagten sie. Sie haben doch nichts getan. Und warum sollten sie erschossen werden, wenn sie nichts getan haben? Dann kam die Truppe und erschoß alle. Hätte ein anderer Soldat gehört, was der Deutsche zu uns sagte, ihn denunziert, er wäre sicher auf der Stelle erschossen worden. Ich bin einfach losgerannt, und so lebe ich noch.«
Wir gehen durch die Stadt, und meine Fremdenführerin erzählt mir aus der Zeit der Okkupation. Die Fakten, die ich hier wiedergebe, stammen von ihr. Nur ein paar Zahlen: Vor dem Krieg hatte Orscha 65000 Einwohner. Nach dem Krieg: 2500. In und um Orscha wurden in den drei Jahren Besatzung in der Stadt und in den umliegenden KZs 37400 Zivilisten, 40000 Kriegsgefangene, 3240 Partisanen und Untergrundkämpfer ermordet. Nur ein paar Orte: Auf der östlichen Seite der Stadt, jenseits des Dnjepr, gab es ein Kriegsgefangenenlager: Täglich starben hier bis zu 140 Menschen an Hunger, Epidemien, Folterungen. Insgesamt kamen allein in diesem Lager von Anfang August bis Mitte Oktober 1941 ca. 10000 Kriegsgefangene ums Leben[205].
Das zentrale Kriegsgefangenenlager befand sich direkt in der Stadt: das Stalag 353[206]. 11200 Gefangene waren hier vom Stacheldraht eingezäunt. Jeden Tag starben 150–200 Menschen. Die gleiche Anzahl schaffte man täglich neu in das Lager. Die meisten von ihnen vegetierten in Erdhütten: ein Loch in die Erde gegraben und irgendein Plunder als Dach darüber.
In Orscha war im Viertel um die Friedrich-Engels-Straße das Getto errichtet. Unter dem Vorwand, im Getto sei eine Epidemie ausgebrochen, das Getto müsse geräumt werden, gaben die Deutschen an, alle Insassen würden in bereitstehende Häuser in das Dorf Neschewo umgesiedelt. In Neschewo standen aber nicht Wohnungen bereit, sondern ausgehobene Gruben. 3000 Juden und Polen wurden an einem einzigen Tag dort erschossen. Von der Gendarmerie, der Geheimen Feldpolizei, von SD- und SS-Leuten. 3000 an einem einzigen Tag. Das will schon was heißen. Rechnet man einen solchen »Arbeits«-Tag mit acht Stunden, so bedeutet das, alle zehn Sekunden ein Erschossener. Pausenlos. Acht Stunden lang. Morden im Akkord.
Um die Liquidierung dieser 3000 Männer, Frauen, Kinder, Alten in dieser

kurzen Zeit zu schaffen, haben sie eine besondere Methode angewandt: Die Menschen mußten sich gleich in die Gruben legen, der Länge nach, dicht aneinander, und zwar stets Kopf an Füße. Wo der oder die andere die Füße hatte, mußte der nächste sich mit dem Kopf hinlegen. Und so Schicht über Schicht. Man sparte auf diese Weise Platz in den Gruben. Dann feuerten die Deutschen von oben herab mit den Maschinenpistolen.
Dieser Massenmord fand unter der Leitung des stellvertretenden Ortskommandanten von Orscha und des Offiziers z. b. V., Paul Karl Eick, statt. Er hatte auch die Anordnung erteilt, das Getto von Orscha im September 1941 errichten zu lassen. Paul Eick nahm auch an der Erschießung der restlichen 1750 Juden des Gettos teil[207]. Wieder unter dem Vorwand einer Umsiedlung wurden 1943 ebenfalls 3000 Einwohner von Orscha in Eisenbahnwaggons gepfercht. Diese Waggons voller Menschen wurden im westlichen Teil des Eisenbahngeländes von Orscha auf ein Abstellgleis gefahren. Drei Tage und drei Nächte blieben diese 3000 Menschen in den Waggons ohne Essen, ohne Wasser. Dann, am vierten Tag erhielten sie etwas zu essen. Vor Hunger stürzten sie sich darauf: Das Essen enthielt Rattengift. Alle 3000 starben innerhalb weniger Stunden. Die Leichen verbrannten und vergruben die Deutschen in der nahen Kolchose »Krasnij Bereg« – »Schönes Ufer«. Drei Kilometer von Orscha enfernt, beim Dorf Grjesiwitza, fand man nach dem Krieg acht Massengräber mit 4000 Leichen.
Vor 16 Jahren, im Mai 1969, begann man in Orscha mit dem Bau eines Leinenkombinats. Als man die Keller für die Wohnhäuser aushob, stieß man auf Knochen, Skelette. Darunter auch Skelette von Frauen und Kindern, die mit Stacheldraht umwickelt waren. Zwölf Massengräber hat man gefunden: neun Meter lang, vier Meter breit, drei Meter tief. 14000 Leichen; 10000 erschossene Zivilisten und 4000 Kriegsgefangene. Zahlen, Zahlen... Viele Leichen haben die Deutschen im Winter einfach unter das Eis des Dnjepr geschoben. Sie trieben dann unter dem Eis flußabwärts.
Wir stehen auf einer Anhöhe, unter uns der Dnjepr, drüben auf der anderen Flußseite der andere Teil Orschas und der Bahnhof mit dem Rangiergelände. Neben uns als Denkmal aufgebaut eine Katjuscha, eine »Stalinorgel«. Auf einem Steinpodest ein Lkw und anstelle der Ladepritsche 16 schmale Raketen, zwei Reihen übereinander. Reichweite: acht Kilometer. Innerhalb von Sekunden wurden alle 16 Geschosse abgefeuert.
Während des Krieges bauten die Sowjets 10000 solcher Batterien. Keine einzige ist je in deutsche Hände geraten. Hitler hätte natürlich gern einmal ein solches Ding gesehen, um es nachzubauen. Hatte die Wehrmacht einmal eine Batterie eingekreist, sprengten die Rotarmisten ihre Katjuscha und sich selbst in die Luft. Meine Fremdenführerin:

»Von dieser Stelle hier wurde am 14. Juli 1941 zum ersten Mal eine Katjuscha abgefeuert[208], als die Deutschen die Stadt noch nicht ganz genommen hatten. Katjuscha ist ein Mädchenname. Der Bau der Katjuscha war ein Staatsgeheimnis. Und die Artilleristen, die sie bedienten, waren speziell ausgewählte Soldaten. Die erste Salve ist also hier abgeschossen worden. Hinüber zum Bahnhofsgelände. Sie können es sehen, dort hinten. Dort wurden Züge mit Treibstoff für die deutsche Wehrmacht zusammengestellt. Als die 16 Raketen völlig überraschend einschlugen – Sie können sich vorstellen, was das für eine Panik bei den Deutschen ausgelöst hat. Die wußten ja gar nicht, daß wir eine solche Waffe überhaupt besaßen. Natürlich hatten wir vorher bedacht, daß zu diesem Zeitpunkt keine Transporte mit unseren Leuten auf den Gleisen standen. Und dann gab es bei uns ab November 1941 die Untergrundgruppe ›Eisenbahn Orscha‹. Auch an anderen Bahnstationen bildeten sich diese Widerstandsgruppen. An der Spitze unserer Gruppe stand Saslonow. Vor dem Krieg war er Chef der Lokdepots von Orscha. Zu 80 Prozent bestand seine Gruppe aus ehemaligen Rangierern, Heizern, Lokführern. Und was haben sie gemacht? Sie haben mit sogenannten Kohlenminen sabotiert. Das heißt, Minen, die aussahen wie ein Stück Kohle, versteckten sie in den Tender. Und irgendwann, während der Fahrt, weit weg von Orscha, gerieten die Minen dann mit der Kohle in die Feuerung und zerrissen die Lok. Auf diese Weise wurden die Lokomotiven nicht im Bahnhof gesprengt, sondern irgendwo unterwegs.
Drei Monate lang konnten sich die Deutschen das nicht erklären. Die Explosionen fanden ja woanders statt, und auf uns ist natürlich vorerst keinerlei Verdacht gefallen. In diesen drei Monaten konnten wir 98 Züge und 200 Lokomotiven sprengen. Der Nachschub der Faschisten war auf diese Weise natürlich erheblich gestört.«
Die Deutschen unternahmen darauf ihrerseits wiederum Strafaktionen. Hervorgetan hat sich hier besonders der Chef der Sicherheitspolizei und des SD in Orscha, Hans Hermann Koch. Ihm unterstand auch das Sonderkommando 7 b der Einsatzgruppe B[209].
Als Racheakt für die Sprengung der Lokomotiven brannten die Deutschen u. a. alle Dörfer beiderseits der Eisenbahnlinie Orscha–Borisov nieder. – Meine Fremdenführerin: »Bei der Befreiung durch die Rote Armee, was war das für eine Freude! Wir konnten es kaum fassen, daß die Faschisten vertrieben waren. Wir haben uns umarmt, geküßt, getanzt vor lauter Freude. Das werde ich nie vergessen.«
Wir gehen durch einen Park. Vor uns ein kegelförmiger Hügel, 3 m hoch. – Meine Fremdenführerin: »Die Erde dieses Hügels haben wir, die Bürger von Orscha, mit den Händen zusammengetragen. Jeder trug eine oder mehrere

Hände voll Erde zu dieser Stelle. So enstand der Hügel. Zum Gedenken an die ermordeten Einwohner dieser Stadt. Und dieser Park hier, durch den wir jetzt gehen: Es sind ja noch recht junge, dünne Bäumchen. Jeder Bürger von Orscha pflanzte einen Baum für einen ermordeten Familienangehörigen.«

Sie zeigt mir den Baum, den sie gepflanzt hat für ihre Familie, die damals nicht durchs Fenster springen und wegrennen wollte und dann im Häuschen erschossen wurde. Ein kleiner Ahorn. Jedesmal, wenn sie hier vorbeikommt, sieht sie nach ihrem Bäumchen. »Er macht sich«, sagt sie. »Ich habe ihn über einen Monat lang nicht mehr gesehen. Er braucht noch Zeit, aber er macht sich. Ganz langsam.«

Und in diesem Park auch eine Gedenksäule mit einem Adler darauf: 1812 mußte hier Napoleon den Dnjepr überqueren, beim Einmarsch und beim Rückzug. Napoleon ließ Orscha niederbrennen – die Russen vernichteten einen Teil seines Heeres.

Wir verlassen die Stadt, fahren nach Norden, nach Vitebsk. Vor uns tuckert ein alter Pkw. »Ein Pobeda«, sagt Slawa. »Pobeda heißt Sieg. Das war der erste Pkw, der bei uns nach dem Krieg wieder produziert wurde.«

Vitebsk

Witebsk (BB N 36 IV W).
Geb. Witebsk.
167420 Einw. (1939).
Hauptstadt des gleichnamigen Gebietes, am Zusammenfluß der Düna mit der Witba gelegen. Handelszentrum mit 45% Juden, 30% Weißrussen, 20% Großrussen. Flughafen, wichtiger Bahnknotenpunkt. – Kathedrale, alte Kirche, Kloster, Theater, Museum, Pädagogisches Institut, Technikum, Schulen, Gewerkschaftshaus. – Meteorologische Station, Post- und Telegraphenamt, Druckerei (Zeitung), Verschiebebahnhof, Fliegerschule, Munitionslager, Flughafen. – Eisenbahn- und Straßenbrücke. – **Rüstungsindustrie**: Waffenfabrik. – **Industrie:** Torfgewinnung, Metallbearbeitungsindustrie, Werkzeugmaschinenfabrik »Kirow«, Bau landwirtschaftlicher Maschinen, Waggonreparaturwerkstätten. Optische Industrie (beste Augenglasfabrik der Sowjetunion), Schuh- und Lederwarenindustrie, Baumwollindustrie. Flachsspinnerei und andere Textilfabriken, Strumpffabrik, Zementfabrik, Konfektions- und Trikotagenindustrie, Bergchemie, Sägewerke, Möbel-, Holzbearbeitungs- und Furnierindustrie, Konservenherstellung. Ölmühlen, Spiritus- und Schnapsherstellung[210].

In einem Minibus rumpeln wir die 85 Kilometer von Orscha nach Vitebsk. Begleitet werden Slawa und ich von der örtlichen Betreuerin und einem Redakteur der Orschaer Kreiszeitung, der erst vor kurzem dort begonnen hat, aus einer Kleinstadt kommt und eine Reportage über die Recherchen dieses Journalisten aus dem westlichen Ausland schreiben will.
Wir vier, anvertraut den Slalomkünsten des Fahrers, der anstelle der für diesen Wagen zugelassenen 60 Stundenkilometer mit 110 über die Schlaglöcher mehr fliegt als fährt. Hin und wieder löst sich ein Teil der Motorhaube neben ihm. Mit einem kräftigen Faustschlag bringt er die Metallverkleidung wieder in ihre alte Lage. Hin und wieder löst sich etwas über uns vom Dach, fällt herab. »Nitschewo«, sagt er. Macht nichts. Wir halten uns mit beiden Händen an halbgelösten Halterungen fest. Ich klemme mein Aufnahmegerät zwischen die Beine, damit es von den schlimmsten Erschütterungen bewahrt bleibt. Slawa und ich schauen uns an. Keiner von uns hatte diesem kleinen grauen Kasten ein solches Tempo zugetraut, eine solche Kurvenstabilität. Immer knapp an entgegenkommenden Lkws, Pkws vorbei und an Kilometersteinen und Betonpfählen. Währenddessen bringt der Fahrer mal wieder ein herabgefallenes Teil am Armaturenbrett an, gibt noch mehr Gas,

als wolle er ausprobieren, ab welcher Geschwindigkeit sein Gefährt vom Erdboden abhebt.
Zu beiden Seiten der Straße flaches Land. Immer wieder Wälder. Dann freie Flächen. Gestochene Torfziegel. Zum Trocknen zu Pyramiden aufgeschichtet. Und so ganz nebenbei zeigt unsere Begleiterin nach rechts und sagt: »Dort drüben liegt das Dorf Orechi. Es wurde im März 1942 niedergebrannt, aber nach dem Krieg wiederaufgebaut. Während der Okkupation gab es dort ein KZ. Darin wurden 3000 Zivilisten umgebracht. Nur weil sie verdächtigt waren, mit Partisanen Kontakt zu haben. Ganze Familien hat man dort gefangengehalten und liquidiert. Der Kommandant des Lagers war Hans Hermann Koch. Die meisten wurden in Gaswagen getötet. Oder einfach dadurch, daß man sie verhungern ließ. Das hat Koch auch selbst zugegeben, als er 1946 im Minsker Prozeß verhört wurde.«[211]
In meinem Hotelzimmer in Vitebsk. Im Hotel »Vitebsk«. Obwohl wir hier nicht übernachten und am Abend mit dem Zug nach Smolensk weiterfahren, hat man für uns Zimmer bestellt. Ich bin erstaunt. »Wo willst du dir dann die Hände waschen?« fragt Slawa. »Wo dich frisch machen? Wo dich hinlegen, wenn du müde bist? Wohin deine Koffer, alles, was du bei dir hast, ablegen?«
Ich stehe am Balkonfenster und sehe hinunter auf die Stadt. Unter mir die breite, ruhig fließende Dwina. Die große Brücke. Rechts das städtische Theater mit der mächtigen Säulenreihe. Die Bauten der Stadt modern, kühl, hell. Abstoßend neu. Anonym. Asphaltstraßen. Eingefaßt von Beton. Überall Beton. Dazwischen dünne Bäumchen gepflanzt. Entlang den linealgeraden, breiten Straßen.
Das also ist Vitebsk. Wo Marc Chagall geboren wurde. Ich sehe seine Bilder. Die schiefen Holzhäuschen wie aus Lebkuchen, die krummen Wege durch die aufgewühlte Erde. – Und nun dieser Anblick. Dabei fallen mir wieder die Zahlen ein, die mir unsere Begleiterin nannte: Vitebsk war vom 9. Juli 1941[212] bis 27. Juni 1944 besetzt. Zu 93% Prozent zerstört[213]. Nur ein paar erdgeschossige Häuser sind stehengeblieben. Beim Rückzug der Deutschen war Vitebsk neun Monate lang Frontgebiet. Vor dem Krieg hatte die Stadt 180000 Einwohner. Nach dem Abzug der Wehrmacht lebten hier noch 118 Menschen[214].
Vitebsk ist 1000 Jahre alt und wurde in dieser Zeit oft zerstört und niedergebrannt. Doch diese Zerstörung war wohl die gründlichste. Diese 1000jährige Stadt ist nun eigentlich erst 40 Jahre alt. Und diese kahlen Bauten, die noch so leblos und beziehungslos herumstehen, als seien die Klötze ohne Planung irgendwohin gestellt worden, sind gerade erst drei oder vier oder höchstens zehn Jahre alt.

An einer Bushaltestelle nahe dem Dwina-Ufer. Menschen warten. Lesen Zeitung, lesen Bücher. Tragen prallgefüllte Plastiktüten. Sie kommen vom Markt. Auf der anderen Straßenseite steht eine Kirche. Daneben Straßenbauarbeiten: Asphalt und Erde aufgerissen. Man arbeitet an der Kanalisation. Busse kommen in schneller Folge, Menschen steigen aus und ein. »Hier standen früher die Galgen«, sagt unsere Begleiterin. »Eine ganze Reihe von Galgen. Direkt gegenüber der Kirche. Tagelang hingen die Menschen an diesen Galgen. Wir durften sie nicht abnehmen.«
In einem halligen Raum im Rathaus von Vitebsk. Holzgetäfelte Wände in hellbraunem Ton. Kahl. Nur hoch über einem breiten Schreibtisch ein großes Bild von Lenin. Gegenüber beim Eingang ein großes gerahmtes Farbfoto eines kolossalen Neubaues. Auf dem langen Tisch in der Mitte des Raumes eine grüne Filzdecke. Darauf auf einem Tablett Flaschen mit Mineralwasser und Fruchtsäften und Gläser. Ein Flaschenöffner liegt ordentlich daneben. Und wieder eine Schale voller Äpfel, die wie immer unberührt bleiben.
Vor mir sitzt Sinaida Lischakowa. Man hatte sie von Vitebsk nach Auschwitz deportiert. Sie war Versuchsperson bei Mengele. Sie ist etwa 75 Jahre alt und zeigt mir ihre Narben an den Armen, am Hals, ihre bläuliche KZ-Nummer am Unterarm. Sie erzählt mir von den Torturen, die Mengele mit ihr anstellte für seine medizinischen Versuche, wie sie überlebte, wie sie nach dem Krieg jahrelang operiert werden mußte, um zu überleben.
»Mengele lebt noch«, sagt Sinaida Lischakowa. »Und selbst wenn er gestorben sein sollte: Er lebt woanders mit anderem Gesicht weiter.« Und dann erzählt die Untergrundkämpferin Vera Kalugina:
»Im Juli 1941 – ich war damals 17 Jahre alt – haben die Faschisten Vitebsk besetzt. Und im August 1941 wurde im Dorf Bukaninow, wo ich mit meiner Mutter wohnte, eine Untergrundorganisation gegründet. Und diese Gruppe hat dann mit der 1. belorussischen Partisanenbrigade zusammengearbeitet.
Unsere Gruppe bestand aus etwa 15 bis 17 Männern und Frauen. Meistens waren das Komsomolzen, also Jugendliche. Unsere Organisatoren, die uns alles beigebracht haben, wie wir handeln sollten, waren die Partisanenführer Berulin und Kobischko.
Es waren verschiedene Aktionen, die wir unternommen haben. Zuerst haben wir auf den Gefechtsfeldern die Waffen zusammengesucht, die die Deutschen und unsere Soldaten hinterlassen hatten. Dann haben wir vielen Gefangenen zur Flucht aus den KZs verholfen. Wir gaben sie als unsere Verwandten aus. So war es manchmal möglich, sie herauszubekommen.
Wir hatten sogar ein Rundfunkgerät. Das war damals strengstens verboten. Darauf stand Todesstrafe. Es gehörte einem Bachim. Wir haben damit die

Nachrichten aus Moskau gehört, 1941. Die Nachrichten waren damals recht deprimierend. Aber so haben wir doch erfahren, daß wir uns auf der ganzen Linie verteidigen. Die Deutschen sagten zwar schon 1941 immer wieder: ›Moskau kaputt. Stalin kaputt. Krieg bald zu Ende!‹ Aber das haben wir natürlich nicht geglaubt. Trotz der schwierigen Lage der Roten Armee gaben wir die Hoffnung auf einen Sieg nie auf. Wir druckten auch Flugblätter und verteilten sie. Dann wurden die Aktionen schwieriger.
Hier in Vitebsk waren der SD, die SS und die Abwehr. Wir haben zum Beispiel Angaben über die deutschen Munitionslager gesammelt, über die verschiedenen Garnisonen und sie unserer Luftwaffe gegeben. So konnte die Luftwaffe das alles bombardieren. Durch unsere Angaben.
Alles war so niedergedrückt. Obwohl die Stadt groß war – man hatte keine Luft zum Atmen. Es gab nichts zu essen. Wenn man auf den Markt ging, um zu versuchen, etwas zu kaufen oder umzutauschen, gerieten wir in Razzien. Sie haben Jugendliche einfach verhaftet und nach Deutschland deportiert. Wir mußten immer unbemerkt bleiben, nur nicht auffallen. Alle Jugendlichen über 15 Jahre waren zur Zwangsarbeit verpflichtet. Sie waren registriert. Sie standen auf einer gewissen Liste. Und die jüdische Bevölkerung stand auf einer Extraliste.
Und dann diese vielen Galgen! In der Nähe des Smolensker Markts. Oder beim Museum. Und überall diese Schilder: Nur für deutsche Soldaten. Für Russen verboten!
Für alles mußte man einen Ausweis haben. Wenn wir über die Brücke wollten, wenn wir die Stadt verlassen wollten, wenn wir überhaupt nur auf der Straße gingen – immer mußten wir unseren Ausweis vorzeigen. Auch in den Häusern haben sie unsere Ausweise kontrolliert. Sie kamen in die Wohnungen und kontrollierten unsere Papiere. Es war so erniedrigend. So erdrückend. Alles so gespannt. Man konnte nicht leben, wie man als Mensch leben muß. Es war ein tierisches Dahinvegetieren.
Wir überlegten, ob wir nicht zu den Partisanen gehen sollten. Um acht Uhr abends war die Stadt tot. Keiner durfte mehr auf die Straße. Man konnte sofort erschossen werden. Ohne Warnung. Die Straßen waren leer. Nur die Deutschen auf der Straße. Militär und Polizei.
Ich habe selbst gesehen, wie sie einen jungen Mann aufhängten, nur weil er keinen Ausweis bei sich hatte. Sie haben ihn direkt neben dem Rathaus aufgehängt. Ich habe auch gesehen, wie sie 20, 25 Juden in ein Boot packten, das Boot mitten auf die Dwina schleppten und dann mit Maschinenpistolen darauf schossen. Sie sind natürlich alle ertrunken. Nur ein Mann ist am Leben geblieben. Sascha Muslonik.
Es war eine Atmosphäre zum Ersticken. Natürlich, man konnte auch feige

sein und keinen Widerstand leisten. Man konnte es. Ich könnte das auch zum Teil verstehen. Um das eigene Leben zu retten. Das ist menschlich. Aber wir haben uns gewehrt gegen diese Verbrecher. Auch die Folterungen und Erschießungen unserer Kameraden haben uns von unseren Aktionen nicht abgehalten. Denn es ging doch darum: Nicht die eigene Person war zu schützen, sondern unser ganzes Volk zu befreien von diesen Faschisten. Natürlich war jeder einzelne durch unsere Aktionen in Gefahr. Aber ob wir in Gefahr waren oder nicht, ob wir nun unser Leben riskierten, ob das zu gefährlich war – alles war gefährlich –, so eine Frage haben wir uns gar nicht gestellt. Die Hauptsache war, die Faschisten so schnell wie möglich aus unserem Land zu vertreiben. Natürlich erlebten wir ständig, wie unsere Leute verhaftet wurden und nicht mehr zurückkamen. Zum Beispiel Iwan Orlow. Er hatte hier eine konspirative Wohnung. Er wurde festgenommen und erschossen.

Wir hatten eine goldene Regel: Niemand weiß, was Folter bedeutet. Je weniger wir davon wußten, um so besser. Denn je mehr wir darüber gewußt hätten, um so mehr Angst hätten wir gehabt. Als wir unsere Aktionen durchführten, haben wir absichtlich sowenig wie möglich voneinander gewußt. Damit wir, wenn wir gefangengenommen und gefoltert werden, gar nichts ausplaudern konnten.«[215]

Dann beginnt der 74jährige Alexej Alexejewitsch Besniwez zu erzählen. Am 27. Juni 1944 zog er mit der Roten Armee in Vitebsk ein. Er war damals 33 Jahre alt. Ich möchte von ihm hören, wie die Stadt damals aussah. Alexej Alexejewitsch Besniwez:

»Nun, zuerst konnten wir gar nicht in die Stadt hinein. Alles war vermint von den Deutschen. Überall Minen. Wir konnten keinen Schritt machen, ohne auf eine Mine zu treten. Die Deutschen wollten beim Abzug auch noch den Rest der Stadt sprengen, die sieben Prozent Gebäude, die noch übriggeblieben waren. Sie kamen aber nicht mehr dazu. Doch die Minen hatten sie schon gelegt. Spezielle Pioniertruppen mußten also erst einmal diese Minen aufspüren und entschärfen.«

Wie die Stadt aussah, will ich wissen. Er zuckt mit den Schultern: »Überall brannte es. Ich habe nicht viel von der Stadt gesehen. Überall Rauch. Die Deutschen waren gerade eine Stunde vorher geflohen. – Nun, es war eben alles kaputt.«

»Wie kaputt?« frage ich. Ich kenne wohl die Bilder des zerstörten Dresden, Berlin oder Köln. – »Das kann man nicht vergleichen«, sagt er. »Hier war alles zerstört. Es war alles flach.«

Da mischt sich eine Frau ein, die bisher noch nicht zu Wort kam. Heftig, aufgewühlt stößt sie hervor: »Ich war gleich am ersten Tag nach der Befreiung in der Stadt! Wie die Stadt aussah? Die Stadt? Die gab's ja gar nicht mehr. Die existierte nicht mehr. Von der Stelle zum Beispiel, wo heute der Platz der Befreiung ist, konnte man durchsehen bis – den Bahnhof, den gab's auch nicht mehr. In der Kirowstraße stand kein einziges Haus mehr. Nur Wände, Feuer, Rauch – alles zerstört. Wir sind über die Leninstraße gegangen. Auch da kein einziges Haus mehr. So sah's aus! Das einzige, was übrigblieb, was zu zerstören sie keine Zeit mehr hatten, das war die Blochina-Brücke. Alle anderen Brücken waren gesprengt. Und überall die Minen! Wir konnten doch am Anfang keinen Schritt tun, ohne in die Luft zu fliegen. Bis wir uns überhaupt erst mal wieder bewegen konnten, sind Wochen vergangen.

Und überall Bombentrichter! Und all das mußten die hungrigen, verwundeten, herabgerissenen Menschen wiederaufbauen. Es sind von der ganzen Stadt nur 118 Menschen am Leben geblieben. Dazu vegetierten im KZ vor der Stadt noch 900 Menschen. Aber von der Stadtbevölkerung haben von 180000 nur noch 118 gelebt. Was heißt hier gelebt! Viehisch vegetiert haben sie! Sie haben nicht in Häusern gelebt. Die gab's ja nicht mehr. In Erdhütten haben sie gehaust. Sie haben Höhlen in die Erde gegraben, einfache Löcher und irgend etwas als Dach darübergedeckt. Blech oder Pappe, oder ein Stück von einem zerschossenen Panzer. Als die Faschisten abhauen mußten, trieben sie viele von dem KZ vor sich her. Als Schutz vor den Partisanen. Als Kugelfang.«

Dann drückt sie mir einige Blätter in die Hand. Sie sind in Russisch, und ein Blatt ist in Deutsch. Es ist das Original eines Todesurteils, das sie aus dem Vitebsker Museum mitgebracht hat. Im Rathaus – wie fast überall in der Sowjetunion – gibt es kein Fotokopiergerät. Ich schreibe den Text mit der Hand ab:

Feldkommandantur 815 / V Abt. III L 342 / 42 *Vitebsk* 20. 10. 42
Ich bestrafe
a) den Russen Potap Slischow
b) den Russen Urban Semjonowitsch
wegen Kartoffeldiebstahls mit dem Tode durch Erhängen.
26. 10. 42 / Vollstreckt / Stempel Dienststelle Vitebsk

22. 10. 42
Der Feldkommandant
Bickel Oberst

Vitebsk, 21. 10. 42
Feldjustizinspektor
An die Ortskommandantur I / 2 142 zur Vollstreckung des Urteils.

Wieder im Hotelzimmer. Ich hole die Mappe mit meinen Unterlagen aus dem Koffer, blättere in den Ereignismeldungen Vitebsk des Reichssicherheitshauptamtes Berlin.

Ereignismeldung UdSSR Nr. 34 vom 26. Juli 1941 – Sonderkommando 7a meldet aus Witebsk:... Durch eingesetzten Judenrat wurden bisher etwa 3000 Juden registriert. Judenkennzeichnung eingeführt. Sie werden z. Z. mit Räumarbeiten beschäftigt. Zur Abschrekkung 27 Juden, die zur Arbeit nicht erschienen waren, in den Straßen der Stadt öffentlich erschossen... Umfangreiche Judenexekution folgt anschließend...

Ereignismeldung UdSSR Nr. 146 vom 15. Dezember 1941:... 6 Russen, die auf der Landstraße bei Witebsk ohne Ausweispapiere aufgegriffen waren und überführt wurden, mit Partisanen in Verbindung zu stehen, wurden erschossen...

Ereignismeldung UdSSR Nr. 73 vom 4. September 1941:... Da in der Nähe von Witebsk 3 deutsche Soldaten erschossen worden waren, wurden bei einer Befriedigungsaktion durch die Wehrmacht von uns auch 19 Juden und Jüdinnen aufgegriffen, die in dem Waldstreifen herumzogen, in dem die Tat begangen worden war... Sie wurden... exekutiert... Nachdem die Wehrmacht, die Sicherheitspolizei und auch die neu eingesetzten weißruthenischen Dienststellen scharf durchgegriffen haben, bietet Witebsk nunmehr das Bild einer befriedeten Stadt...

Slawa klopft an die Tür, kommt herein. Ich bitte ihn, mir die Blätter, die ich eben bekam, zu übersetzen. Ich schalte mein Kassettengerät ein, er liest vor:

Lieber Herr aus Deutschland! – Im Mai und Juni 1943 haben Einheiten der Wehrmacht, der SS und der Polizei zusammen mit der Sicherheitspolizei und des SD das Unternehmen »Cottbus« durchgeführt. Unter der Leitung des Brigadeführers SS und Generalmajors der Polizei von Gottberg gingen sie im Gebiet von Vitebsk und Minsk gegen Partisanen und Zivilisten vor. Dabei hat allein die Truppe unter Hauptsturmführer Wilke im Gebiet Vitebsk/Minsk 113 Dörfer niedergebrannt, 3616 Personen erschossen und 2812 Männer und 450 Frauen nach Deutschland deportiert. Während dieses Unternehmens »Cottbus« sind insgesamt 15000 Sowjetbürger als Zwangsarbeiter nach Deutschland deportiert worden.
Hauptsturmführer SS Wilke ließ im Juli/August 1943 bei seinem Unternehmen »Hermann« im Gebiet Vitebsk 4280 Personen erschießen. Er ließ außerdem nach Deutschland deportieren: 9065 Männer, 7701 Frauen und 4178 Kinder. Allein am 13. Oktober 1943 ließ SS-Hauptsturmführer Wilke bei dem Unternehmen »Fritz« 327 Menschen erschießen und 182 Menschen »sonderbehandeln«[216].
Lieber Herr aus Deutschland! – Während der Besatzungszeit von 1941 bis 1944 ist im Vitebsker Gebiet jeder dritte Bewohner umgekommen. In und um Vitebsk gab es fünf Konzentrationslager. Darunter ein Zivilgefangenenlager[217] und ein Lager nur für politische Gefangene, die alle erschossen wurden. Und ein Lager mit 60000 Kriegsgefangenen, Zivilisten und Kindern. In diesem KZ wurde einmal vier Monate lang überhaupt keine Verpflegung ausgeteilt. Als darauf eine Gruppe von Gefangenen um Essen bat, wurde diese Gruppe auf der Stelle erschossen. In einem anderen dieser fünf KZs wurden 76000 Kriegsgefangene umgebracht[218]. – Ich grüße Sie, Gott segne Sie.

Slawa legt das Blatt beiseite. »Das ist alles«, sagt er. »Hast du gut aufgenommen?« Wir müssen fahren. Wir wollen zu der Stelle außerhalb von Vitebsk, wo sich damals das Stalag 313 befand. Unten steht schon der Wagen mit unserem Begleiter.
Unterwegs frage ich nach dem Getto von Vitebsk, und mein Begleiter erzählt mir, daß es zwar in Vitebsk viele Juden gab, die meisten aber schon vor

dem Einmarsch der deutschen Truppen aus der Stadt evakuiert waren. Die Deutschen waren enttäuscht, daß sie nicht mehr so viele vorfanden, wie sie errechnet hatten. Viele Juden sind natürlich auch vorher schon selbst nach Osten geflohen, wenn es irgendwie möglich war. Denn was die Deutschen mit den Juden vorhatten, das hatte sich mittlerweile herumgesprochen. Und dennoch. Viele wollten nicht fort und konnten auch nicht fort. So vollzog sich auch in Vitebsk jene Vernichtungsmechanik, die die deutschen Truppen mittlerweile so präzise beherrschten: Registrierung und Kennzeichnung der Juden, Errichtung des Gettos und seine systematische Räumung. Auch hier wurden die Menschen dazu im Getto zusammengetrieben, auf Lastwagen geladen und zu einem einige Kilometer entfernten Panzergraben außerhalb von Vitebsk gefahren. Die Menschen mußten dort innerhalb eines Absperrringes alle Wertsachen abgeben und sich ausziehen. Sie wurden dann zum Panzergraben geführt und darin erschossen. All dies geschah durch die Angehörigen des Einsatzkommandos 9 der Einsatzgruppe B. Das Polizeireferat dieses EK 9 hatte zudem aus Ortsansässigen eine Miliztruppe zusammengestellt, die zwar zivil gekleidet, aber mit Armbinden versehen war und für das Kommando Wachdienste und ähnliches verrichtete. Aus dieser einheimischen Milizeinheit wurden auch Schützen ausgewählt, die unter deutscher Aufsicht erschossen. Nach der Räumung im Dezember 1941 wurde am Gettoeingang ein Schild aufgestellt: »Wegen Seuchengefahr geschlossen!«[219]
Mein Begleiter erzählt mir auch, daß bei den Einsatzkommandos hier ein im Rayon Lepel geborener Pawel Urban seit 1943 an den Erschießungen teilnahm. Zusammen mit den Deutschen flüchtete er am Ende nach Westen und arbeitete nach dem Kriege in der belorussischen Redaktion von Radio Liberty in München.
Wir stehen wenige Kilometer östlich von Vitebsk auf einer Anhöhe. Um uns herum hügeliges Gelände, Wiesen. Es ist warm, die Sonne scheint. Entfernt das Panorama des wiederaufgebauten Vitebsk. Im weiten Umkreis die Bauernhäuser, die abgeernteten Felder. Vereinzelt tuckern Traktoren über die Äcker. Kleine Wälder verlieren sich am Horizont. Unter uns eine Mulde, ein breites Tal. Hier befand sich jenes Lager Stalag 313, in dem 76000 sowjetische Kriegsgefangene umgebracht wurden. – Unser Begleiter:
»Sie sehen dieses kleine Tal hier. Es war so bequem, die Gefangenen in dieses Tal zu treiben und sie dort von beiden Seiten zu erschießen. Sie waren ja da unten, und man schoß von oben auf sie herab. Als Vitebsk befreit wurde, fand man in diesem Tal 76000 Leichen. Hitler hatte Vitebsk zu einer Festung erklärt[220]. Vitebsk sollte auf jeden Fall gehalten werden. Also war den Truppen befohlen, hier Verteidigungswälle zu schaffen. Und diese Wälle mußten ein paar tausend Häftlinge aus diesem Lager bauen. Da die Arbeiten an die-

sen Wällen aber geheim bleiben mußten, hat man die Häftlinge, als man sie nicht mehr brauchte, erschossen. Es gab auch Aufstände in diesem Lager. Immer wieder. Ein paar Häftlingen ist es dabei sogar gelungen zu fliehen. Aber es waren nur einzelne. Alle anderen sind hier umgekommen.«

Und dann erzählt er Slawa so etwas nebenhin. Ich verstehe die Worte »Kind« und »heute noch«. Dann Slawa zu mir: »Der Kollege sagte, daß vor ein paar Tagen ein Bericht in der Vitebsker Zeitung stand, daß vor kurzem hier in der Gegend ein kleiner Junge beim Spielen im Wald eine deutsche Granate fand und sie aufhob. Sie explodierte und hat dem Jungen beide Arme abgerissen.«

Smolensk

Ssmolensk (BB 44).
Geb. Ssmolensk.
156670 Einw. (1939).
Lage und Bedeutung: Gebietshauptstadt an beiden Ufern des Dnjepr, 85 m über dem Fluß. Eisenbahnknotenpunkt der Strecken Warschau–Belostok–Minsk–Moskau, Ssmolensk–Ranenburg–Ssaratow und Ssmolensk–Brjansk. Nördlich der Stadt verläuft die Autobahn Minsk – Moskau. – Das Zentrum der Stadt ist von einer langen Festungsmauer umgeben. Die Hauptstadt ist die Bolschaja Uspenskaja. – Staatliche Universität, Staatstheater, Gebietsmuseum, Bildergalerie, Kathedrale.
Wehrwichtige und militärische Anlagen: 2 Hotels, El.-W., Post-, Telegraphen- und Fernsprechamt, F.-T.-Station, 2 Druckereien (Zeitungen), Eisenbahn- und Straßenbrücke über den Dnjepr, Zeugamt, Staatsbank, Gebietsexekutivkomitee, Rundfunksender (0,1 bis 9,9 kW), Lagerplatz. – Flieger- und Kriegspolitische Schule »Molotow«, Munitionslager Nr. 68 und Nr. 12, Flieger- und GPU-Kaserne, 2 weitere Kasernen, Flugzeugpark, Flugplatz (Hauptfliegerbasis). – Torfabbau.
Rüstungsindustrie: Munitionsfabrik, Flugzeugwerk Nr. 35 (Reparaturen).
Sonstige Industrie: Fabrik für Wegemaschinen, Waggonreparaturwerkstätten, mechanische Gußeisenfabrik, Motorenfabrik, Flachsspinnerei-Kombinat (1938: 3900 Arbeiter), 5 Ziegeleien in der Umgebung, Holzbearbeitungsindustrie (Furnierholzfabrik, Möbelfabriken), Textilindustrie, Bastfaserverarbeitung, Spiritus- und Schnapsbrennerei, Brauerei, Konservenherstellung[221].

Der Zug Vitebsk–Smolensk hat drei Stunden Verspätung. Anstatt um 22 Uhr kommen wir in Smolensk um ein Uhr nachts an. In der hell erleuchteten Bahnhofshalle noch ein Betrieb wie um ein Uhr mittags. Bei dem eisernen Kronleuchter muß ich an eine gigantische, mehrstöckige Zarenkrone denken. Gelber und weißer Stuck an Wänden und Decken. Wir sind müde, schleppen unsere Koffer. Treten nach draußen. Es regnet. Eine lange Schlange am Taxistand. Wir stehen eine Weile im Regen. Einige Wartende gehen zu Privatwagen nebenan auf dem Parkplatz, verhandeln, steigen ein, fahren mit ihnen. Bei uns in der Schlange trifft nur alle zehn Minuten ein Taxi ein. Wir zählen die Leute vor uns, errechnen eine Wartezeit von zweieinhalb Stunden bis vier Uhr früh. Wir müssen zum Hotel »Central«. Für einen Weg zu Fuß viel zu weit. Außerdem unmöglich wegen der schweren Koffer. Slawa geht hinüber zu den Privatwagen. Es sind die »alternativen« Taxis. Wenn zu wenige offizielle vorhanden sind, springen diese Privatfah-

rer ein, zum selben festgelegten Tarif. Für sie ein staatlich sanktionierter Nebenverdienst. Slawa spricht mit einigen. Nein, überall ein Nein. Warum? Außerdem das Gepäck. Ihr Wagen ist zu klein.
»Kommen Sie her«, sagt ein anderer, ein junger Fahrer, und winkt uns heran. Er hat einen winzigen Lada. Er und seine Freundin räumen den kleinen Kofferraum aus und verstauen ihre Utensilien vorne im Wagen, damit unser Gepäck hinten Platz hat. Wir zwängen uns zu viert in den Wagen. – Woher ich denn komme, fragt er Slawa, und Slawa erklärt. Vor dem Hotel angekommen, will ich zahlen, frage nach dem Preis. Er wehrt ab.
»Nein. Nichts. Es kostet nichts.« – Ich möchte dennoch zahlen. »Nein, kommt gar nicht in Frage. Sie waren mein Gast. Ich habe Ihnen gerne geholfen. Seien Sie willkommen in Smolensk!« Da stehe ich zwischen meinen Koffern und halte die Rubelscheine in der Hand. – Er winkt und fährt ab. »Schönen Aufenthalt in Smolensk!«
Zwei Uhr nachts, die Türen des Hotels »Central« geschlossen. Hinter den Glasscheiben eine matte Lampe. Wir klingeln. Nichts. Klingeln immer wieder. Endlich öffnet eine Frau. Verschlafen. Wir haben sie geweckt. Mürrisch sucht sie in ihrem Buch unsere Zimmernummern, drückt uns die Schlüssel in die Hand, sagt etwas von »kein Warmwasser für zwei Tage«. Auch keine Heizung. Wochenende. Erst am Montag wird wieder repariert.
Wir torkeln vor Müdigkeit in unsere Zimmer. Der Raum kalt, das Wasser kalt. Die Handtücher, die Bettwäsche klamm. Die Tapeten lösen sich von den Wänden. Das Bett zu klein. Jedenfalls sind wir nun in Smolensk. Schlaf.
Was erwartet mich an diesem Samstagmorgen in Smolensk? Zuerst einmal ein paar Zahlen zum Frühstück. »Damit du eine Vorstellung hast«, sagt Slawa und schiebt mir ein Blatt hin, während ich mir mein Marmeladenbrot schmiere. Ich lese:
Smolensk: Einwohner vor dem Krieg: 170000[222]. Nach dem Krieg: 16500[223]. Besetzt am 16. Juli 1941[224] – also sieben Tage nach Vitebsk. Befreit am 25. September 1943 – also neun Monate vor Vitebsk. Doch Angriff und Rückeroberung waren nicht einmalige und dann abgeschlossene Handlungen. Wochenlang spülten die Fronten hin und her. Fünf-, sechsmal rückten die Truppen in die Stadt ein, wurden sogar nur einzelne Stadtteile erobert, verloren, wieder erobert, wieder verloren. Dauer der Okkupation: zwei Jahre und zwei Monate.
Während dieser Besetzung wurden in der Stadt Smolensk und Umgebung 35000 Zivilisten und 100000 Kriegsgefangene ermordet[225]. Da jedoch viele Leichen verbrannt wurden, ist diese Zahl nicht vollständig. In Smolensk entdeckte man nach dem Krieg 87 Massengräber. Aus der Stadt wurden nach

Deutschland 87000 Zivilisten zur Zwangsarbeit deportiert. Zerstört wurde die Stadt zu 93 Prozent. Fast alle Fabriken, Schulen, Museen, Wohnhäuser, Krankenhäuser. Aus den Museen wurden die Kunstwerke ins Reich geschafft und aus den Krankenhäusern die medizinisch-technischen Einrichtungen[226]. In den Wäldern um Smolensk kämpften 60000 Partisanen. Im Raum Smolensk wurde die Heeresgruppe Mitte zum ersten Mal seit ihrem Angriff vor einem Monat zum Stehen gebracht. Zwei Monate lang kam sie hier mit ihrem Vormarsch nicht mehr voran. Zwei Monate lang mußte sie sich hier zum ersten Mal verteidigen[227].
Zum Frühstück stellt uns die Serviererin je eine Mokkatasse Kaffee auf den Tisch. Wir bestellen noch eine Tasse, sollen sie aber zusätzlich bezahlen. »Unmöglich!« schimpft Slawa. »Das ist mir ja noch nie passiert. Wo gibt's denn so was! Die paar Tropfen Kaffee, und wenn man nachbestellt auch noch zahlen! Wo ist die Küche?« – Slawa geht mit großen Schritten in die Küche. Ich höre hinter der Flügeltür einen kurzen, heftigen Disput, dann kommt er mit einer großen Kanne Kaffee zurück und stellt sie grinsend auf den Tisch. »Man muß nur mal auf den Tisch hauen, dann klappt hier alles.« Er gießt uns ein – und holt ein neues Blatt aus seiner Tasche: das Programm für heute.

Samstag (21.9.1985):

9.00– 9.30	Frühstück
10.00–12.30	Museum des Großen Vaterländischen Krieges: Besuch des Museums und Gespräch mit Veteranen
13.00–14.00	Mittagessen
14.00–16.00	Stadtbesichtigung
16.00	ab Hotel Fahrt zum Gelände des ehemal. KZs 126
16.30–18.00	Besuch des Geländes des ehemal. KZs 126 und des Parks von Readowka
19.00	Abendessen

Abend frei nach Belieben

Wir gehen zu Fuß zum Museum. Vorbei am Glinka-Park. Vorbei an der alten rötlichen Kremlmauer. Die »Mauer der Helden« mit den eingemauerten Ascheurnen, davor die Namensschilder: Generäle, Offiziere. Slawa macht mich auf einen Namen aufmerksam: Maria Oktjabrskaja. Nach dem Tod ihres Mannes an der Front wollte sie weiterkämpfen. Vom eigenen Geld ließ sie sich einen Panzer bauen, fuhr diesen Panzer selbst und kam im Dezember 1943 ums Leben – als Smolensk schon befreit war.
Davor das Mahnmal des Unbekannten Soldaten: schwarze Marmorplatten, darauf in der Mitte eines Sowjetsterns die Ewige Flamme. Blumen liegen auf den Marmorplatten. Brautpaare gehen zu der Flamme. Sie im weißen Rüschenkleid und mit weißem Spitzenhäubchen, er im schwarzen Frack. Im Hintergrund stehen Taxis. Auf den Dächern haben sie große ineinanderge-

schlungene Eheringe montiert, und in jedem der Ringe hängt ein Glöcklein. »Heute ist Samstag. Hochzeitstag«, sagt Slawa.

Wir bleiben eine Weile stehen. Ein Brautpaar nach dem anderen kommt heran, legt Blumen nieder, verharrt schweigend vor der Flamme, geht zum Taxi zurück. Wir sprechen sie an, fragen nach dieser Tradition, an ihrem Hochzeitstag hier Blumen niederzulegen. Zuerst sind sie erstaunt, daß man nach etwas so Selbstverständlichem fragt, dann erklären sie: »Um uns an unsere Soldaten zu erinnern. Sie haben für uns gekämpft, und als Dankbarkeit kommen wir hierher und legen Blumen nieder. Wir sind ihnen dankbar, daß wir heute so leben können. Denn hätten sie uns damals nicht verteidigt, wer weiß, was aus uns geworden wäre. Wo wir da heute wären. Vielleicht gar nicht am Leben.« – »Wir sind den Soldaten dankbar, und deshalb legen wir diese Blumen nieder. Nun, das ist eine Tradition.« – »Sie haben ihr Leben für uns gegeben. Sonst könnten wir heute wahrscheinlich nicht heiraten.« – »Das ist eine Tradition in der Sowjetunion. Diese Soldaten sind für unsere Zukunft gestorben.« – »Wir gehen hierher an diesem Tag, um nicht zu vergessen, was geschehen ist. Ein Hochzeitstag ist zwar ein freudiger Tag. Doch bei einer solchen Freude wollen wir nicht vergessen, was geschehen ist. Und wir wollen, daß sich so etwas nie mehr wiederholt. Wir dürfen nicht vergessen, was geschehen ist.« – »Diese gefallenen Soldaten haben unser Leben verteidigt, unser Land, unsere Zukunft.«

Und gegenüber dieser Ewigen Flamme das Denkmal, das an die Toten des Krieges von 1812 erinnert, als Napoleon Rußland überfiel und besiegen wollte. Dann um die Ecke das »Museum des Großen Vaterländischen Krieges 1941–44«: ein burgähnlicher Bau aus roten Klinkersteinen. Schon am Eingang sehe ich eine Gruppe alter Frauen und Männer sitzen. Der Museumsleiter begrüßt uns, weist auf die Gruppe und sagt: »Schon seit einer Stunde warten sie.« – Haben wir uns verspätet? – »Nein. Aber diese Veteranen wollten sich nicht verspäten und sind deshalb einfach eine Stunde früher gekommen, um mit Ihnen sprechen zu können.«

Georgij Stepanowitsch Tretjakov: »Hier in Smolensk war das 551. Kriegslazarett für sowjetische Kriegsgefangene. Da lagen die Kranken bis Juli 1942 auf den Fußböden. Ohne Verband. Die Wolldecken schmutzig und voller Eiter. Keine Heizung. Auf den Korridoren hatte sich im Winter eine Eisschicht gebildet. Natürlich bekamen die Kranken so gut wie kein Essen. Einmal pro Tag 200 Gramm Brot und Suppe aus verfaulten Kartoffeln. Oder einen verfaulten Käse oder verdorbene Konserven. In der Chirurgischen Abteilung hatten die Deutschen natürlich keine medizinischen Instrumente, keine Ärzte, alles verdreckt. Jeden Tag starben 200 Kranke. Und vom 20. Juli 1941 bis zum 25. September 1943 – also während der gesamten Besatzungs-

zeit – starben in diesem sogenannten Krankenhaus 25000 sowjetische Kriegsgefangene. Bevor sie starben, nahm man von vielen das Blut ab für verwundete deutsche Soldaten.«
Vladimir Piotrowitsch Schirokow: »Ich habe selbst gesehen, wie die Deutschen einmal 15000 sowjetische Kriegsgefangene von Vjasma nach Smolensk trieben. Die meisten konnten kaum mehr gehen, und trotzdem hat man sie immer wieder geprügelt. Sie brachen einfach zusammen und blieben liegen. Wenn jemand aus der Bevölkerung ihnen ein Stück Brot zuwarf, wurden diese Leute geschlagen oder sogar direkt erschossen. Der Straßenrand war übersät von Leichen. Sie blieben tagelang liegen. Von den 15000 Gefangenen sind in Smolensk nur 2000 lebend angekommen.«[228]
Anastasia W. Nowoschilow: »In der Nacht vom 14. zum 15. Juli 1942 wurden hier in der Nähe, beim Dorf Magalenstschina 2000 Zivilisten erschossen[229]. Frauen, Greise, Kinder. Alles Juden aus Smolensk. Mit zehn Lkws hatte man sie zum Lager beim Dorf Sadki geschafft. Und von dort wurden sie zu der Grube beim Dorf Magalenstschina getrieben. Ich höre heute noch ihre Schreie, als man sie dorthin jagte zum Erschießen. Und dann haben sie im Herbst 1942 wieder Menschen erschossen. Einen Kilometer von Magalenstschina entfernt, am Waldrand. Wieviel sie da erschossen haben, weiß ich nicht. Jedenfalls fanden wir danach vor diesen Gruben Mengen von Frauenkämmen, Kleidern, Kinderschuhen im Umkreis verstreut. Es waren mehrere Gruben dort.«
Und Nikolaj Wassilowitsch Podresow: »Und bei der Siedlung Gedeonowka haben sie an die 5000 Zivilisten erschossen! Ich bin 1916 geboren. Als wir nach Smolensk kamen, als Befreier, haben wir natürlich – alles nur Ruinen, wir mußten erst einmal zehn Tage lang nur die Minen suchen und entschärfen, die die Deutschen gelegt hatten. Vorher kamen wir gar nicht in die Stadt rein. Bei jedem Schritt wären wir sonst in die Luft geflogen. Und wieder dasselbe Bild: nur brennende, rauchende Trümmer. – Aber hier war das nicht wie sonst, wo wir als Befreier einrückten. Hier kein Empfang mit Blumen und Brot und Salz. Erst am dritten Tag haben wir den ersten Menschen gesehen: ein alter Mann. Sie hatten Angst, daß Minen explodieren. Und dann allmählich kamen die Menschen aus den Kellern: Invaliden, Blinde, viele vor Unterernährung aufgequollen. Als erstes haben wir Spitale eingerichtet und diese Menschen versorgt.«
Die Veteranen erzählen mir, wie auch in Smolensk bei Razzien immer wieder Menschen festgenommen wurden und auf Nimmerwiedersehen verschwanden[230], und sie erzählen mir auch vom Smolensker Getto[231]. Berichte, die mir sehr bekannt vorkommen aus Brest, Baranowici, Minsk, Mogilov, Borisov, Glubokoje, Orscha, Vitebsk...

Wir machen einen Gang durchs Museum. Wieder abgedunkelte Räume, großformatige Bilder, transparente Panoramabilder, von hinten beleuchtet. In den Räumen zerschossene Kanonen der Roten Armee und der Wehrmacht, ein Stück Flugzeugflügel, Granaten, wie Orgelpfeifen aufgestellt. Granatsplitter. Eine dicke Eisenplatte, die sie durchschlagen hatten. Porträtfotos an den Wänden, Reihen über Reihen. Schautafeln mit den Frontverläufen, Pfeile hin, Pfeile her. Ziffern, Daten, Namen. Daneben Schriften, Erklärungen. Und wieder Vitrinen: darin durchschossene Uniformreste, Fotografien, Soldbücher, Fotos von Kindern, eine Ziehharmonika, Orden, Orden.

In einer Vitrine ein Rasierpinsel. Und ein Rasiermesser. »Das ist Hitlers Rasierpinsel und Hitlers Rasiermesser«, sagt der Museumsleiter. »Ein Smolensker Soldat ist als erster in Hitlers Führerbunker unter der Reichskanzlei in Berlin eingedrungen und hat diesen Rasierpinsel und das Rasiermesser in Hitlers Badezimmer an sich genommen.«

Daneben eine große Fotografie, das berühmte Bild. Ein russischer Soldat befestigt auf einem Türmchen des Reichstages die rote Fahne. »Auch das war ein Soldat aus Smolensk«, sagt der Museumsleiter. »Einer von uns hier.«

Und dann macht er mich auf zwei Porträts aufmerksam. »Kennen Sie diese beiden Soldaten? – Nein? – Es sind Deutsche. Das ist Fritz Schmenkel, und das ist Franz Steeg. Beide sind zur Roten Armee übergelaufen, weil sie erkannten, daß sie auf der falschen Seite kämpften. Franz Steeg war Pilot. Als unsere Soldaten sie aufnahmen, haben sie ihnen zuerst natürlich nicht getraut. Sie bekamen keine Waffen, obwohl sie immer welche haben wollten, um gegen die Faschisten zu kämpfen. Man ließ sie zuerst in der Küche arbeiten. Und erst später, als man erkannte, daß man ihnen vertrauen konnte, bekamen sie Waffen ausgehändigt. Fritz Schmenkel haben die Faschisten 1944 gefangen und hingerichtet. – Sie wurden beide mit dem Orden ›Held der Sowjetunion‹ ausgezeichnet. Es gab also auch solche Deutsche, und nicht nur faschistische Verbrecher. Da unterscheiden wir sehr genau. Die Familie von Fritz Schmenkel lebt heute in der Nähe von Plauen in der DDR.«

Wir gehen über eine Holztreppe, stehen auf einem Podest wie auf einem Balkon. Der Museumsleiter drückt auf ein paar Knöpfe, und vor uns wird ein Panorama beleuchtet: eine Landschaft, ein Schlachtfeld. Handgroße Gipsfiguren, bunt bemalt, erschießen sich gegenseitig, erschlagen sich, erstechen sich. Im Hintergrund, mit zunehmender Entfernung, werden die Figuren kleiner. Dazwischen in perspektivischer Größe brennende Häuser, herausstürzende Bewohner, feuernde und zerschossene Panzer. Puppenrealismus. Eine Glasmenagerie des Schreckens. Noch ein Knopfdruck: Musik ertönt.

Scheppernd, plärrend. Kaum wiederzuerkennen durch das zahllose Abspielen seit wieviel Jahrzehnten. Dann eine Stimme: eine Männerstimme, mahnend, die Worte langsam setzend, eines nach dem anderen.
Ich verstehe etwas von »Faschisten« und »Patrioten« und »Sieg« und »Frieden«. Erschütterung kann ich bei diesem Zwergengemetzel nicht empfinden. Dabei staune ich darüber, wie liebevoll das Blut auf den Gipsfiguren aufgemalt, wie penibel ein abgerissenes bleistiftdünnes Bein modelliert, wie sorgfältig ein gesprengter Panzer mit Staub überrieselt wurde, mit einer Fingerprise Asche. Aber Schrecken? Nicht die Spur. Fast – man verzeihe mir – fast Komik erfaßt mich, wenn ich diese Nachbildung der Wirklichkeit betrachte, die mit der Wirklichkeit so gar nichts mehr zu tun hat. Dieses Entsetzliche ist eben nicht nachbildbar. Das Grauen ist nur grauenhaft im Original. Das Schreckliche hat seinen Schrecken nur in der eigenen Gestalt, in dem Augenblick, wenn es entsteht, wenn es losbricht. Jedes Erzählen darüber hat schon eine Fälschung. Sogar die genaue Erinnerung daran ist schon eine schlechte Kopie. Und wie weit bin ich erst entfernt von diesem Massaker, auch wenn man mir es noch so genau beschreibt. Ich ahne etwas im Zittern einer Stimme, wenn der Erzähler sich an Erlebtes erinnert.
Ich ahne etwas, wenn ich die müden Augen eines alten Menschen sehe, der sich an das Geschehene nicht mehr erinnern möchte, es ruhenlassen will. Weil es ihn quält, wenn die Erinnerungen neu erwachen. Was weiß man schon, was spürt man schon, wenn man hört: »Die Zunge herausgeschnitten. Die Augen ausgestochen. Lebendig verbrannt«? Nur Spuren einer Annäherung. Deshalb sehe ich auch dieses Panorama mit seinen Gipsfiguren so fremd. Da habe ich Stärkeres erlebt nur im Gegenübersitzen, in einer Handbewegung, in einem Blick. Auch wenn dies nur ein Ahnen vermittelte, so war dies doch eindringlich und hakte sich fest.

Die Veteranen verabschieden sich. Sie umarmen mich, haben Tränen in den Augen. Sie danken mir, daß ich gekommen bin. Wir gehen zurück in einen Büroraum. Die stellvertretende Leiterin des Museums holt mehrere große Tüten aus einem Regal, schüttet den Inhalt auf dem Tisch aus: Fotos, die deutsche Soldaten gemacht hatten. Man fand sie in den Uniformtaschen der toten oder gefangenen Wehrmachtssoldaten. Die kleinen Fotos mit dem weißen gezackten Rand, auf der Rückseite der Stempel »Agfa Papier«.
Die Museumsleiterin erklärt die Bilder und Slawa übersetzt: »Da, die Straßen völlig zerbombt. Nur ein paar Mauern geblieben. Und die Kamine von den Öfen. Die Straßen ohne Menschen. Man sieht nur Qualm. Da noch ein Baum. – Das hier, das war der Smolensker Bahnhof. Er war eines der schönsten Gebäude der Stadt. Und jetzt nur noch ein paar Holzbretter. Ein paar

Oben: Ein deutscher Soldat ließ sich bei Smolensk fotografieren und schrieb auf die Rückseite dieses Fotos: »Alles Schutt um uns.«
Unten: Mutter und Tochter beklagen ihren toten Mann und Bruder.

Balken. Vielleicht war das da mal die Kuppel. – Und hier – sogar das Lenin-Museum. Lenin hat in diesem Haus gewohnt. Heute ist es das Gebäude mit dieser Uhr. Das ist die Sowjetskajastraße, und das die Leninstraße. – Das ist ein Panorama von Smolensk. Wie Sie sehen: kein einziges Gebäude erhalten. Nur Ruinen. – Das ist vielleicht eine der ersten Frauen, die nach Smolensk zurückgekehrt ist. Da steht sie wohl vor den Trümmern ihres Hauses. Nur noch der Kamin –.«

Dann Trümmer von Häusern, und auf dem Schuttberg steht ein Wehrmachtssoldat, siegreich, ein Knie angewinkelt. Wie früher die Kolonialherren ihren Fuß auf den Kopf eines erlegten Tigers stellten. – Ich besehe die Rückseite: Darauf handgeschrieben: »Alles Schutt um uns.« Und daneben der Stempel: »Der Reichsminister für Volksaufklärung und Propaganda, Presseabteilung der Reichsregierung. Bild, Presse.«

»Das hier: Fünf Männer werden aufgehängt. Vielleicht waren sie in einer Untergrundorganisation. Wer weiß. Da – eine ganze Reihe von Bildern, wie sie aufgehängt wurden. Hier die Vorbereitung zur Hinrichtung. Zuerst stehen sie da, die Verurteilten. Da steht ein Faschist neben ihnen auf der Holzbank und prüft die Stricke, ob sie auch halten. Sie sehen die Nummern, die man ihnen umgehängt hat. Dieser Mann hier hat die Nummer 55. – Da wird der Befehl verlesen. Der Deutsche springt noch schnell von der Holzbank herab. Und hier stößt ein anderer die lange Holzbank um – als ob das eine Heldentat wäre. Und dann hängen sie. – Hier – typisch: Genickschuß. Der Russe hockt am Grubenrand und wartet auf den Genickschuß. – Und da – überall Leichen, Leichen – Das hier sind verbrannte Leichen. Das war einmal ein Kind. Nein, keine Puppe. Ein Kind. Diese Fotos hier wurden dem Obergefreiten Paap abgenommen. Als man ihn gefangennahm. Das hier – alle diese Fotos. Auch die von den Gehängten. Das hat man alles bei Paap gefunden. Dieses Schild: oben auf russisch und darunter auf deutsch: Das können Sie selbst lesen.« – Ich lese: »Wasser nur für Deutsche! Russen, die hier Wasser nehmen, werden erschossen!« – »Und diese Bilder machte unsere Staatliche Untersuchungskommission nach der Befreiung von Smolensk, als wir die Massengräber aushoben: die Erschossenen und Verbrannten. Die erschossenen Kinder – Das ist die Grube von Readovka.«

Ich halte die Fotos in der Hand, frage nach der Möglichkeit, davon für mich Abzüge zu machen. Man diskutiert hin und her, stimmt schließlich zu: In zwei Monaten werde ich von all den Bildern Abzüge erhalten. Kostenlos. – Und zwei Monate nach meiner Rückkehr nach West-Berlin habe ich diese Abzüge erhalten.

Beim Verlassen des Museums entdecke ich an einer Wand einen einge-

rahmten Zeitungsartikel in Deutsch. Ein Blatt der Wehrmachtszeitung »Der Adler«, Ausgabe Smolensk, September 1943:
»Die letzten Stunden.
Smolensk als Stützpunkt unbrauchbar gemacht.
Im Zuge der planmäßigen Frontverkürzung mußte die Stadt geräumt werden, nachdem sie vorher durch Zerstörung aller kriegswichtigen Anlagen als militärischer Stützpunkt unbrauchbar gemacht worden war. Lange Zeit und unendliche Mühe wird es die Sowjets kosten, nur die allerwichtigsten Teile der gründlich zerstörten Bahnanlagen wieder einigermaßen in Gang zu bringen. Sämtliche Weichen und Schienen wurden von unseren eigenen Eisenbahnpionieren gesprengt.«
Daneben ein Bild vom »Schienenwolf«: Lachende Soldaten sitzen auf einem schweren Eisenwagen, der auf Schienen fährt. Ein wuchtiger Eisenhaken reißt die Schwellen aus dem Schotter.
Draußen scheint die Sonne. Wohltuende Wärme. Wir gehen an der alten Kremlmauer entlang. Anastasia Bogatschowa begleitet uns. »Hier in diesen Nischen der alten Kremlmauer hausten nach dem Krieg die Menschen«, sagt Anastasia Bogatschowa. »Die Nischen waren mit Blech und Brettern zugedeckt oder auch nur mit Säcken verhängt – so lebten die Menschen nach der Befreiung. Ich kam am 20. September 1943 nach Smolensk zurück. Ich war damals Sekretärin des Stadtkomitees der Partei. Es war unter anderem auch meine Aufgabe, jeden Morgen in den Nischen nachzusehen, ob darin nicht während der Nacht Menschen erfroren oder verhungert sind. Ob sie noch lebten. Die meisten aber hausten in den Kellern. Denn die Stadt gab es ja nicht mehr. Als wäre ein Orkan über die Stadt hinweggezogen. Nur außerhalb sind ein paar Holzbauten übriggeblieben. Kein Wasser. Das Wasser haben wir mit Eimern aus dem Dnjepr geholt. Und aus einem See im Park. Die ganze Stadt war eigentlich tot. Abends um sechs war die ganze Stadt leer. Nur der Wind. Die Kamine sind stehengeblieben. Die Menschen hatten immer noch Angst. Sie waren gewöhnt, daß abends um sechs die Sperrstunde beginnt, und wagten sich auch jetzt nicht mehr aus ihren Kellern. Obwohl die Stadt im September 1943 befreit wurde, gab es immer noch große Luftangriffe, Bombardements.
14.00 Uhr. Stadtbesichtigung von Smolensk. – Wir gehen die Sowjetskajastraße zum Dnjepr hinunter. Vorbei an der Dreifaltigkeitskathedrale. Gerüste stehen um die alten Mauern. Sie wird gerade restauriert. Dann noch weiter unten die hoch aufragende Uspenskikathedrale. Mit ihren fünf Kuppeln ist sie von fast jedem Punkt der Stadt aus zu sehen. Beim Abzug wollte die Wehrmacht auch diese Kathedrale sprengen. Zuvor hatten sie sie ausgeplündert, alle Schmuckteile, alle Goldauflagen nach Deutschland geschafft.

Schon waren die Minen an den Mauern angelegt. Doch die Rote Armee rückte so schnell in die Stadt ein, daß die Deutschen überstürzt fliehen mußten und nicht mehr zur Sprengung kamen.

Wir gehen über die Dnjeprbrücke. Auch die Flußbrücken waren gesprengt. Durch Parkanlagen, durch Gärten gehen wir wieder hinauf zum Stadtzentrum. Kommen am klassizistischen Bau des Theaters vorbei. Sogar die Kronleuchter und die Stühle hatten sie ins Reich abtransportiert und aus dem Theater einen Pferdestall gemacht. Wir gehen durch Wohnviertel. Helle, gelbliche Gebäude. Sondereinheiten der Wehrmacht waren speziell für die Sprengung ganzer Wohnviertel eingesetzt. Mit Schweißbrennern haben sie sogar die Eisenträger herausgeschweißt und nach Deutschland transportiert.

Daß ich kein Gebäude mehr ansehen kann, ohne an seine vorangegangene Vernichtung denken zu müssen! Daß ich bei jedem wiedererrichteten Bau denken muß: Auch den hatten sie geplündert und gesprengt! Am Eingang zum Zentralpark links und rechts große Blumenbeete. Gruppen von Frauen und Männern graben, harken, setzen Pflanzen neu ein, sammeln Abfälle.

»Subbotnik«, sagt Slawa und erklärt mir: »Subbotnik, das ist der freiwillige zusätzliche Arbeitseinsatz am Samstagnachmittag. Natürlich ohne Bezahlung. Auf diese Weise spart man Arbeitsstunden ein, die ja auch etwas kosten. Je mehr mitmachen, um so besser. Am Samstagnachmittag melden sich oft ganze Familien, ganze Wohnblockgruppen, Abteilungen von Betrieben. Da macht es natürlich mehr Spaß, wenn Gruppen zusammenarbeiten, die sich auch privat kennen.«

Am Dienstag darauf liest mir Slawa in einer Zeitung aus der Liste der Erträge vor, die die Subbotnikeinsätze erbracht haben. Allein der Subbotnik an jenem Samstagnachmittag in Smolensk hat 800000 Rubel eingebracht. Und diese Summe wurde an den Friedensfonds überwiesen.

In diesem Park kommen wir an der achtkantigen schwarzen Pyramide mit goldenen Adlern vorbei: ebenfalls ein Denkmal zur Erinnerung an die Kämpfe gegen Napoleon 1812. Auch Napoleon hatte 129 Jahre vor Hitler Smolensk und Umgebung verwüstet, hatte seine Armeen in Rußland verloren.

16.00 Uhr: Vom Hotel fahren wir mit einem Wagen der Nachrichtenagentur APN/Nowosti in den Südwesten von Smolensk. Kurz hinter der Stadt halten wir in einem Park an. Unser Begleiter von APN, von dem ich nur den Vornamen Anatol kenne, erzählt in einem perfekten Deutsch, ohne Akzent: »Hier zwischen der Nikolajewa- und Dermanstraße war das Kriegsgefangenenlager Dulag 126[232]. Und nicht weit davon die Nebenstelle, das kleinere Dulag 126. Dann gab es noch das Dulag 240, das aus zwei Lagern bestand:

eines im Norden der Stadt und eines im Süden[233]. Das Durchgangslager 126 galt zwar offiziell als Kriegsgefangenenlager, aber hier waren auch Zivilisten eingesperrt. Alle, die im Verdacht standen, mit den Partisanen Verbindung zu haben, einer Widerstandsgruppe anzugehören, oder die ganz einfach der Wehrmacht nicht gefügig genug waren. 60000 Kriegsgefangene und Zivilisten sind in diesem Lager durch Hunger, Erfrieren, durch Krankheiten und Erschöpfung gestorben. Von der Front um Smolensk kamen die Rotarmisten in dieses Lager, die Kommissare, Kommunisten, Juden, NKWD-Leute. Die Nichtarbeitsfähigen und Kranken wurden sofort erschossen.«

Wieder höre ich, wie man sie absichtlich verhungern ließ, ihnen höchstens ein paar verfaulte Kartoffeln hinwarf, wie die Einwohner von Smolensk ihr Leben riskierten, wenn sie ihnen über den Stacheldraht Lebensmittel zuwarfen. Wieder höre ich, daß es nur wenige Holzbaracken gab, und die ohne Boden, ohne Türen. Innen Wind, Regen, Schnee.

»Die Gefangenen lagen, wenn sie schon das ›Glück‹ hatten, in der Baracke schlafen zu können, auf dem Erdboden, ohne Decken, ohne Stroh. Die meisten Gefangenen mußten – wie überall – im Freien übernachten und sind dabei nachts bei −30 Grad erfroren. Eigentlich waren diese Baracken für 3000 bis 4000 Menschen gebaut. Nun vegetierten 30000 in diesen Holzschuppen. Alle Baracken waren voneinander durch Stacheldraht getrennt. Kein Gefangener durfte in eine andere Baracke gehen. Deutsche Polizei wachte sogar streng darüber, daß nicht einmal die Gefangenen innerhalb einer Baracke miteinander sprachen. Wer dennoch mit anderen sprach, wurde mit Stockschlägen bestraft. Alle Gefangenen mußten arbeiten. Kranke wurden sich selbst überlassen.

Wie in so vielen anderen KZs gab es auch hier eine Sonderbaracke Nr. 2. ›Todesbaracke‹ nannten sie die Gefangenen. Kranke wurden dort untergebracht. Und wenn sie nicht innerhalb von drei Tagen gesund waren, wurden sie erschossen. Auch hier gaben viele eine Krankheit vor, um von all den Qualen erlöst zu werden. Anfang 1942 brach im Lager eine Typhus-Epidemie aus. Man errichtete das Nebenlager Nr. 126 und schaffte alle Typhuskranken dorthin. Da blieben sie sich dann selbst überlassen. 15000 sind elend zugrundegegangen. Unabhängig davon war es normal, daß an einem gewöhnlichen Tag 150–200 Häftlinge durch Hunger, Erfrieren, Erschöpfung, Krankheit starben. Bis zu 200 jeden Tag. Ganz normal. Besonders gefürchtet war der Adjutant des Lagerkommandanten, ein Rudolf Radtke[234]. Er war ein ehemaliger Ringer in einem Zirkus und hatte sich eine spezielle Peitsche aus Aluminiumstreifen gemacht. Wenn er betrunken war, ging er durchs Lager und peitschte die Gefangenen, bis sie tot zusammenbrachen.«

Wir gehen zum damaligen Readovkapark, heute Leninpark, der nur 700 Meter von dem Gelände entfernt liegt, auf dem sich das Dulag 126 befand. Eine Allee führt auf ein Mahnmal zu, auf den »Hügel der Unsterblichkeit«. 1970 wurde diese Gedenkstätte errichtet. Auch hier liegen große Sträuße von frischen Blumen. Sicher von den Brautpaaren heute. Hier finden auch die feierlichen Zeremonien statt, wenn Kinder zu den Pionieren, wenn Jugendliche in den kommunistischen Jugendverband Komsomol aufgenommen werden, wenn Soldaten vereidigt werden.

»Das Massengrab ist da unten«, sagt Anatol. Wir gehen an dem Denkmal der »Trauernden Mutter« vorbei. Auch hier die Steinplatten mit frischen Blumen bedeckt. Wir gehen einen kleinen Hang hinab. Anatol: »Das hier ist die Grube. Hier unten wurden im Oktober 1941 in zwei oder drei Nächten 3000 Rotarmisten und Zivilisten erschossen[235]. Darunter auch Kinder und alte Menschen. Damals, während des Krieges, war dieser Ort noch weit abgeschieden von der Stadt. Man konnte hier also ungestört erschießen. Die Deutschen haben ihre Opfer in diese kleine Schlucht getrieben, und hier oben standen auf beiden Seiten die Maschinengewehre. So schossen sie einfach von oben herab auf die Menschen dort unten. Nach der Exekution haben sie die Schlucht mit Erde zugeschüttet. Doch nach dem Krieg entdeckten wir diese 3000 Leichen.«

Ein Erdeinschnitt, überwuchert von Gebüsch, Sträuchern, Birken wachsen aus dem kleinen Tal empor. Hohes Gras. Die Tiefe der steilen Senke ist nicht mehr zu erkennen. Seit Jahrzehnten ist sie vollgewachsen mit sprießendem Gestrüpp und Geäst. Als Kinder haben wir an solchen Hängen Indianer und Piraten gespielt. Kletterten über die querliegenden Baumstämme zum anderen Ufer. Klammerten uns an die Äste und ließen uns an ihnen wie an Lianen hin und her pendeln. Mit viel Geschrei.

Am nächsten Morgen, am Sonntag. Ich gehe allein durch Smolensk. Glinkapark. Ganz in der Nähe unseres Hotels »Central«. Septembersonne. Endlich Wärme. Fast alle Parkbänke um das Glinkastandbild sind besetzt. Aus den Bäumen kommt Musik. Von Glinka. Am Kronenansatz sind Lautsprecher montiert. Und jeden Sonntag von zehn Uhr an ertönt aus ihnen Opernmusik von Glinka. Die Smolensker sitzen da, lesen Zeitung, Eltern lassen ihre Kleinen um sich herumtollen. Liebespaare in zögernden Umarmungen, die steckenbleiben zwischen »Das-schickt-sich-nicht-in-der-Öffentlichkeit« und dem Wunsch, sich zu berühren, was zu Hause nicht möglich ist, weil sie in den kleinen Wohnungen nie allein sein können für eine zärtliche Stunde.

Ich gehe die große Freitreppe hinauf zur Uspenskikathedrale, der Mariä-Himmelfahrts-Kathedrale. Gerade ist eine Messe beendet. Die Glocken bimmeln heftig, schnell, schrill, hysterisch. Nicht das gemächliche, würdige

Geläute, wie wir es kennen, sondern ein aufgeregtes, aufreizendes, hektisches Gebimmel, das an ein Dutzend eilige Feuerwehren denken läßt. Alte und junge Leute strömen aus der Kathedrale. Dann wird plötzlich eine Gasse freigemacht: Platz für den Erzbischof, er kommt heraus. Der Erzbischof von Smolensk und Vjasma: ein junger Mann, schlank in langem, schwarzem Gewand, mit mächtigem Vollbart. Alte Frauen in schwarzen Kopftüchern trippeln neben ihm her, wollen seine Hände küssen, halb läßt er es gewähren, halb zieht er sie zurück. Begleitet wird er von zwei jungen Männern in goldenen Gewändern. Sie knien zu beiden Seiten nieder, küssen seine Hände. Er steigt in eine bereitstehende schwarze Wolga-Limousine, braust davon, daß der Kies nur so kracht und staubt. Die beiden jungen Männer in Gold bleiben stehen, verneigen sich mehrmals vor der Stelle, wo der Erzbischof eben noch stand.
Ich trete in die Kathedrale. Dämmerung. Flackernder Kerzenschein ringsum. Süßlicher Weihrauchgeruch. In einzelnen Altarnischen Gesang. Alte Frauen singen vor, die umstehende Gruppe singt nach. Vom Altar zum Portal wird der schwere rote Teppich zusammengerollt. Ein Teppich vor der »Grablegung Christi« wird zusammengerollt. Die blank gescheuerten Steinplatten blinken. Die Alten, Frauen und Männer, knien auf dem Steinboden, werfen sich nieder, küssen die Steine. Werfen sich immer wieder nieder, beten, schreien, jammern, beten heftig, fordernd, resolut, werfen sich wieder nieder, weinen.
Ich bleibe an einer Säule stehen, wage nicht, zwischen diesen auf- und niedergerissenen Leibern hindurchzugehen. Ein Priester hält an einer Barriere vor dem Altar ein Kreuz vor die Menge, ein Kreuz aus dunkelroten Edelsteinen. Die Gläubigen stürzen auf das Kreuz zu, werfen sich auf die Knie, reißen seine Hand herunter, damit sie an das Kreuz herankommen, küssen es, küssen es. Hinter ihnen drängen die nächsten, sie wollen auch an das Kreuz herankommen. Andere küssen die Holzauflage der Barriere, die der Priester eben mit seiner Hand berührt hatte.
Eine andere Gruppe vor einer riesigen Marien-Ikone, ich sehe nur dunkle Kopftücher, die weit über die Schultern geschlungen sind. Die Frauen singen inbrünstig nach, was eine Vorsängerin vorträgt. Aber auch junge Menschen sind darunter, schauen hingegeben zur Ikone empor, werfen sich wie die Alten nieder. Ich trete hinaus in das Sonnenlicht. Mir ist, als habe ich eben eine Szene aus einem Historienfilm gesehen. In Farbe. In einer nachgedunkelten Kopie.
Weiter zum Dnjepr hinunter, wo wir gestern waren, über die Brücke, dann biege ich links ab und komme zum Markt. Der Gemüse-, Obst-, Fleisch- und Fischmarkt von Smolensk, auch am Sonntagvormittag geöffnet. Haus-

frauen kaufen schnell ein für das Sonntagsessen. Blaue Emaileimer voll Äpfel, Kisten voll Birnen. Ich will die Marktfrauen hinter ihren Früchten fotografieren. Sie haben schöne markante Gesichter, in denen etwas passiert. Doch sie wenden sich ab, halten die Hände vors Gesicht. Sie wollen nicht fotografiert werden. Ich frage, warum? Kaufen soll ich, kaufen, nicht fotografieren. Natürlich kaufe ich und habe für ein paar Kopeken meine Taschen voll Obst. Außerdem: Sie deuten mir an, sie seien viel zu armselig, viel zu schäbig gekleidet. Wenn man sie so im Westen zeigt (sie erkennen mich natürlich an meiner Kleidung sofort als Westler), was würden dort die Menschen von ihnen denken! Ich solle sie fotografieren, wenn sie abends ausgehen, in einem Restaurant, schön angezogen im Acrylkleid, wenn sie frisch beim Friseur waren. Aber nicht so hinter ihren Kartoffeln, mit den alten Klamotten. Die im Westen müßten ja denken, wir hätten nichts anderes anzuziehen als diese Arbeitsfetzen. Andere wiederum zupfen ihre Strickjakken zurecht und ihre Nappalederjacken und wollen durchaus aufs Bild. Sind sogar enttäuscht, als ein Mann in Zivil auf mich zugeht und mich sehr freundlich bittet, die Obststände nicht zu fotografieren. Nein, er ist keine Zivilstreife der Miliz. Er ist ein Privatmann. Er schlägt mir vor, ich solle in den Park gehen. Dort gibt es so viele schöne Statuen, ganz neu aufgestellt. Die könne ich knipsen, solange ich wolle.

Vjasma

Wjasma (BB 43).
Geb. Ssmolensk.
23960 Einw. (1932).
Stadt und Rayonszentrum am gleichnamigen Fluß 125 km ostnordöstlich Ssmolensk, Bahnknotenpunkt der Strecken Ssmolensk–Moskau und Wjasma–Kaluga. Direkte Verbindung mit Moskau. Zentrum eines Gebietes mit reicher Butterproduktion. – Kathedrale – El.-W., Fernsprech- und Telegraphenverbindung, Traktorenstation. – Metallverarbeitung, Rohleder- und Pelzindustrie, Zellstoffwerk, Bastfaserverarbeitung, Verarbeitung landwirtschaftlicher Erzeugnisse, Teigwarenherstellung (Pfefferkuchen), Ölmühle[236].

Montag, 23. 9. 1985. Auf der Autobahn Nr. 1 nach Vjasma, Richtung Moskau. Autobahn ist schon zuviel gesagt: Es ist eine breite Landstraße. Asphaltiert. Dazwischen lange Strecken nur festgefahrene Erde. Immer wieder tiefe Schlaglöcher. Der Fahrer muß auf die Gegenfahrbahn ausweichen. Die Straßendecke endet am Fahrbahnrand in breiten Asphaltfladen im Gras, kurz vor dem Straßengraben. Andere Stellen liegen offen, nur Kies. Beim Darüberfahren jedesmal der Schreck, man sei von der Autobahn abgekommen.
Hinter Smolensk wird die Landschaft hügelig. Weite ausholende Hügel. Aus den Waldwegen treten hin und wieder Pilzsammler mit vollen Körben hervor. Es ist September. Pilzezeit. Slawa schwärmt von einer duftenden Pilzsuppe. Vereinzelt werden Viehherden durch den Wald getrieben. Der Hirt mit weitem Umhang auf dem Pferd.
An den Straßenkreuzungen hat man qualmende Schaschlikstände aufgebaut. Frauen mit weißen Schürzen und weißen hohen Mützen fächeln mit einem Stück Pappe die Glut an. Blumenverkäuferinnen stehen am Straßenrand, haben ihre Blumen in Eimern gebündelt. Wenn ein Auto daneben steht, weiß man, daß auch heimlich Alkohol verkauft wird.
Die Straße führt immer geradeaus, es geht auf und nieder. Fünf, sechs Kuppen liegen hintereinander. Starker Gegenverkehr. Lkws, Holztransporte, Tankwagen, Pkws, Busse mit Arbeitern, mit Schulkindern. Dazwischen vereinzelt auch Lastwagen, die mir bekannt vorkommen. Hochstelzige amerikanische Militär-Lkws. Als Kind bin ich oft mit ihnen in Bayern mitgefahren. Und nun amerikanisches Militär hier kurz vor Vjasma? Slawa: »Die

Amerikaner hatten uns während des Krieges als kleine Militärhilfe diese Wagen geschickt. Sie sind unverwüstlich. Du siehst – sie laufen heute noch.«

Die Rollbahn. Nach Moskau und zurück. Die Rollbahn. Wie die deutsche Wehrmacht sich zurückzieht. Drei Jahre lang. Wie sie vertrieben wird. Wie sie flieht, flüchtet. Zurück nach Westen. Schnell. Die Rollbahn eine Rutschbahn. Ich stelle mir die Reste der sich auflösenden Wehrmacht vor. Nun sind sie es, die um ihr Leben rennen. Nun sind sie es, die am Straßenrand liegenbleiben. Zerschossene Panzer, ausgebrannte Fahrzeuge, stehengelassene Kanonen, weggeworfene Waffen, tote Soldaten. Und im Hintergrund niedergebrannte Dörfer, gesprengte Brücken. – Im Autoradio die unbändige, rauhe Stimme von Vladimir Vissotski. Der Fahrer dreht lauter. Er wendet sich zu mir und deutet auf das Radio: »Vissotski«, sagt er, »Vissotski«, und ist plötzlich ganz fröhlich.

Eine Stunde später sitzt mir in einer ehemaligen orthodoxen Kirche, die heute als Kulturhaus hergerichtet ist, Alexander Igorowitsch Kristakow gegenüber. Er ist blind und trägt eine Sonnenbrille. »Ich bin 1926 geboren. Ich war also 15 Jahre alt, als die Faschisten kamen. Ich kann mich noch sehr gut daran erinnern. Meine Eltern und ich lebten damals in der Nähe von Vjasma in einem kleinen Dorf. Wir hatten Gänse, Hühner, zwei Schweine und eine Kuh. Das war nicht viel. Aber zum Leben genügte es uns. Wir waren zufrieden. Bei den ersten Fliegerangriffen mußte ich mithelfen, die Viehtransporte unserer Nachbarkolchose in das Gorki-Gebiet zu begleiten. Wir mußten die Herden evakuieren. Immer wieder haben uns dabei die Deutschen im Tiefflug aus ihren Flugzeugen angegriffen. Mit den Bordkanonen haben sie auf uns geschossen. Nun, ich hatte Glück und konnte in mein Dorf zurückkehren. Als die Deutschen Anfang Oktober 1941 ankamen, haben sie uns erst mal alle Hühner und Gänse weggenommen und gefressen. Die beiden Schweine und die Kuh nahmen sie uns 1942 weg. Heute bin ich blind. Nach der Befreiung von Vjasma, bei den Aufräumungsarbeiten, bin ich auf eine deutsche Mine getreten. Einen Tag nach der Befreiung. Das war im März 1943.«

Anna Ignatiewna Rugjanowa, 70 Jahre: »Es war am 2. Februar 1942. Ich war damals 27 Jahre alt. In unserem Dorf Ikanowa lebten nur noch ein paar Frauen, Alte und Kinder. Es war ein Montag. Morgens um fünf Uhr. Aus der Richtung Markowa, das ist drei km entfernt, haben sie uns umzingelt. Ganz überraschend. Sie sind in jedes Haus eingedrungen und haben alle Bewohner herausgejagt und auf dem Platz zusammengetrieben. 21 Personen. Es war ein kleines Dorf. Wir haben sehr gefroren. Es war −25 Grad. Und dazu Schneesturm. Aus meiner Familie war noch meine Schwiegermutter dabei, auf Krücken, und ihre beiden Töchter. Und ich hatte meine beiden Kinder bei mir: meine fünfjährige Tochter und mein Kleines, das war eineinhalb Jahre. Die Ältere hielt ich an der Hand, die Kleine trug ich auf dem Arm. Zwei Stunden lang mußten wir im Frost stehen. In der Zeit durchsuchten sie alle Häuser, ob sich nicht jemand versteckt hatte, und nahmen alles mit, was sie brauchen konnten. Dann trieben sie uns in eine Scheune am Dorfausgang und verriegelten das Tor. Wir fingen an zu schreien. Da haben sie auf uns geschossen. In die Menge hinein. Ich hatte die Kleine auf dem Arm. Ich wurde am Arm verletzt, sehen Sie, hier. Von allen Seiten zischten die Kugeln. Dann zündeten sie die Scheune an, und wir waren drin! Alles brannte. Auch wir fingen an zu brennen. Meine Haare brannten, meine Jacke, meine Filzstiefel. Und meine Kinder – sie waren beide erschossen. Später – ich weiß nicht, wie – saß ich draußen im Schneesturm. Barfuß. Das ganze Dorf in Flammen. Ich rannte weg. Als ich nicht mehr konnte, setzte ich mich in den Schnee und dachte: Wenn jetzt die Deutschen kommen, werden sie mich erschießen. Das war mir auch egal. Ich war sowieso schon halb tot. Meine Kinder erschossen. Nach langer Zeit sah ich zwei Frauen die Straße entlangkommen. Mit einem Schlitten. Ich schrie und winkte ihnen. Sie luden mich auf den Schlitten und fragten mich einiges. Aber ich konnte nicht antworten. Mein Gesicht war so geschwollen, ich war voller Blut, überall. Die Beine erfroren, die Hände. Die Frauen haben mich in das Dorf Siwonopkenow gebracht. Da wohnte eine Tante von mir. Die hat mich gepflegt. Nach dem Krieg habe ich in diesem Dorf 20 Jahre lang gearbeitet. Als Kolchosbäuerin. Dreieinhalb Jahre war ich sogar die Vorsitzende der Kolchose, dann Vorsitzende des Dorfsowjets.«

Die Leiterin des Kulturhauses erzählt vom Kriegslazarett in Vjasma. Es gab dort keine Ärzte, keine Medikamente, keine Verpflegung (abgesehen von einem halben Napf Suppe pro Tag), keine Heizung. Täglich starben 20–30 Menschen. An einem Tag sogar 247. Wenn die Kranken im Hof Ausgang hatten, benutzten die Soldaten sie als Zielscheiben für ihre Schießübungen.

Nur 17 Monate hielt die Wehrmacht Vjasma besetzt: vom 7. Oktober 1941[237] bis zum 12. März 1943. In dieser Zeit wurden außerhalb der Stadt drei Lager errichtet[238]. Allein in zwei dieser Lager, im Dulag 230 und 231, kamen während dieser 17 Monate 17000 Kriegsgefangene ums Leben. Sie wurden erschossen, sind verhungert oder erfroren[239].

Wir fahren zu der Stelle, wo sich das Dulag 230 befand. Die Kreuzung einer belebten Umgehungsstraße. Eine weißgestrichene Mauer, dahinter die große Fläche des städtischen Lkw-Fuhrparks. Hier wurden 3000 sowjetische Kriegsgefangene erschossen. Wir fahren zu der anderen Stelle, nicht weit von der ersten. Zwischen hochgewachsenen Bäumen ein Maschinenbaukombinat. Arbeiter und Angestellte gehen durch das Tor aus und ein. Hier befand sich das Dulag 231, in dem 14000 sowjetische Kriegsgefangene verhungerten und erfroren. Nach der Befreiung der Lager fand man hier Leichen mit ausgestochenen Augen, abgeschnittenen Nasen und Ohren, gespaltenen Schädeln, abgeschnittenen Geschlechtssteilen. Auch in der Stadt fand man die Leichen von Einwohnern mit abgeschnittenen Nasen und Ohren, ausgestochenen Augen, Hautteile auf dem Rücken und auf der Brust abgezogen[240].

Wir stehen wieder vor dem restaurierten Kirchenbau, der nun als Kulturhaus dient. Vor uns der weite Sowjetskajaplatz. Davon zweigt die Leninstraße ab. Die Kulturhausleiterin hält mir ein Foto hin. Es ist genau von dieser Stelle aus aufgenommen, wo wir jetzt stehen. Zeit: März 1943. Ich kann auf dem Foto den großen Platz erkennen und die Ruine einer Häuserecke, von der eine Straße abbiegt, die damalige Leninstraße. Sonst nur Trümmer und Schutt. Und ein Torbogen in einer Fassade ist stehengeblieben. Den Torbogen sehe ich vor mir in der neu aufgebauten Häuserfront. Und auch Teile der Gebäudeecke kann ich in dem liebevoll restaurierten Eckhaus heute wiedererkennen. Die Kulturhausleiterin: »Hier auf diesem Platz haben die Überlebenden der Stadt am 12. März 1943 ihre Befreier begrüßt. Die Überlebenden, das waren 5000 Menschen, von 35000 Einwohnern, die vor dem Krieg in Vjasma lebten. Während der 17 Monate Okkupation wurden in der Stadt 30000 Menschen getötet, 5000 Bewohner von Vjasma nach Deutschland deportiert. Als die Rotarmisten hier einrückten, erkannten sie ihre Stadt nicht wieder. Vom 11. bis zum 12. März 1943 hatten die Deutschen alles gesprengt. Straße nach Straße. Haus nach Haus. Man konnte durch die ganze Stadt hindurchsehen. Es gab kein Vjasma mehr. Von 5500 Häusern standen am Ende noch 51[241]. Die Soldaten haben beim Abzug sogar unsere Brunnen vergiftet. Zyanidsalz haben sie hineingeworfen[242]. – Im Umkreis der Stadt entdeckten wir nach dem Krieg 23 Massengräber.«

Als ich, nach Berlin zurückgekehrt, meine Bilder bei meinem Fotografen vom Entwickeln abhole, erwähnt er so nebenbei, daß sein Vater auch im Vjasma war. Als Kriegsberichterstatter, Pressefotograf. Der Sohn holt ein altes Album aus dem Schrank. Bilder seines Vaters, aus Vjasma, 1942. »Wir hatten einen ganzen Schuhkarton voll«, sagt er. »Ich weiß nicht, wo sie geblieben sind. Vielleicht haben wir sie weggeworfen.«

Gagarin/Gschatsk

Gshatsk (BB 43).
Geb. Ssmolensk.
6500 Einw. (1932).
Stadt und Rayonszentrum 239 km ostnordöstlich Ssmolensk am Flusse Gshat und an der Bahnstrecke Minks–Ssmolensk–Moskau. Straßenknotenpunkt. – El.-W.. (100–500 kW), Staatsgut. – Fernsprech- und Telegraphenverbindung. – Konfektion und Trikotagenherstellung, Käsebereitung[243].

Slawa soll sich bei unserer Ankunft abends in Gagarin bei der dortigen Parteisekretärin melden. Dort werde er das Programm für unseren Aufenthalt in Gagarin bekommen.
Es ist schon spät und dunkel. Nach langem Suchen: ein Häuschen zwischen Obstbäumen. Slawa zieht die Glocke. Eine junge Frau tritt heraus, schlank, aufgeregt, erfreut, daß wir endlich da sind. Sie bittet uns ins Haus, wir sollen ihre Gäste sein, sie möchte uns an diesem Abend alles über den Wiederaufbau von Gschatsk erzählen. »Wir haben ein Hotel«, sagt Slawa knapp und hält die Hand für das Programm hin. Die Parteisekretärin sehr lebhaft: »Kommt gar nicht in Frage. Erst kommen Sie herein, ich werde Ihnen alles über den Krieg und den Wiederaufbau erzählen.« Slawa: »Sie haben das alles doch gar nicht miterlebt. Sie sind viel zu jung dazu.« Slawa verlangt das Programm, sie überhört seine Bitte.
Wir fahren zusammen zum Hotel an einem großen Platz. Auf dessen Mitte steht auf einem hohen Sockel die schwarze Bronzefigur von Jurij Gagarin mit wehendem Mantel. Das Hotel heißt »Wostok« (»Osten«), wie Gagarins Raumschiff 1961.
»Das Programm bitte«, sagt Slawa, und die Parteisekretärin drückt ihm das Blatt in die Hand. Ich sehe, wie er mit einem Kugelschreiber wortlos ein paar Zeilen aus dem Programm streicht. Die Parteisekretärin ist entsetzt. Nein, die neue Fabrik müsse ich unbedingt sehen. Und den neuen Kindergarten auch. Eher lasse sie mich nicht aus Gagarin abreisen. Slawa: »Daß Ihre neue Fabrik funktioniert, glaubt unser Gast, auch ohne daß er sie gesehen hat. Und daß in Ihrem neuen Kindergarten alles in Ordnung ist, brauchen Sie ihm auch nicht zu beweisen.«
Die Sekretärin ringt eine Sekunde nach Luft, wird vor Zorn bleich und rot.

Noch ein paar heftige Worte hin und her. Inzwischen reicht man mir meinen Zimmerschlüssel, und schon hat ein alter Mann meine Koffer genommen, geht zum Lift. Ich will nicht, daß der Alte meine Koffer schleppt, laufe ihm nach, nehme sie ihm ab. Das versteht er überhaupt nicht. Dafür sei er doch da, die Koffer zu tragen. Trotzdem, ich mag das nicht. Ich trage meine Koffer selbst. So gelangen wir mit einigem Palaver – ich spreche kein Russisch und er kein Deutsch – schließlich zu meinem Zimmer. Der Alte schließt auf: Ein Apartment öffnet sich mir, eine vollständig eingerichtete Wohnung: Diele, Wohnzimmer mit einem großen Schreibtisch, noch ein Flur, eine Küche, Schlafzimmer, ebenfalls mit einem Schreibtisch. Auf dem Wohnzimmertisch ein gewaltiger silberner und goldener Samowar. Daneben mehrere Päckchen Tee. Auf einem Teller »Rot-Front«-Waffeln. In der Küche im Eisschrank ein Laib Brot, Butter, Käse, Wurst, Schinken, bereits in Scheiben geschnitten. Im Schrank Geschirr. Auf beiden Schreibtischen Papier und Kugelschreiber. Die Schreibtische an großen Fenstern, die zum Platz hinausgehen. Am anderen Ende des Platzes eine alte Kirche mit fünf kleinen Türmchen und in der Mitte des Platzes der bronzene Gagarin. Neben ihm der aufgehende Mond. Rechts ein Kino. Es heißt natürlich »Kosmos«. Gruppen von jungen Leuten auf ihren Mopeds vor dem Kinoeingang. Fahren immer wieder eine Runde mit ihren Mädchen um den Platz. Was wird heute abend im Kino gespielt? Ich buchstabiere: »Rivalinnen« und »Garibaldi«. Ich sehe die beiden Schreibtische vor mir. Hier eine Woche bleiben. Meine Materialien ordnen. Erinnerungen aufschreiben. Mich darauf besinnen, wo ich überhaupt bin. Meine Bänder und Kassetten abhören, beschriften. Einfach zum Fenster hinausschauen auf diesen Platz. Ich sehe die Parteisekretärin unten schnell aus dem Hotel gehen. Mit harten Schritten überquert sie den Platz und verschwindet hinter einer Hausecke.
Am nächsten Morgen im Häuschen von Jurij Gagarin. Ein kleines buntes Holzhäuschen, das als Museum eingerichtet ist. Die Nichte Gagarins führt uns durch die Räume, erklärt uns die Fotos, die technischen Geräte, die persönlichen Gegenstände aus Gagarins Leben. Im April 1961 flog er als erster Mensch in den Weltraum[244]. Ein Schock für das US-Militär. Die Amerikaner hatten zuvor 1945 als erste Atombomben besessen und sie auf Hiroshima und Nagasaki geworfen. Dann zogen die Sowjets nach: 1949 besaßen auch sie die Atombombe. 1:1 unentschieden. 1952 verfügten die USA über eine Wasserstoffbombe. 2:1 für die USA. 1953 besaß sie auch die Sowjetunion. 2:2 unentschieden. 1957 schossen die Sowjets als erste den Sputnik ins All. 3:2 für die Sowjets. Und 1961 konnten sie sogar den ersten Menschen um die Erde kreisen lassen: Jurij Gagarin. 4:2 für die Sowjets. Die Vorrangstellung der USA war dahin. Sie holten erst wieder auf, als sie 1969

Neil Armstrong als ersten Menschen auf dem Mond landen lassen konnten.
1968 kam Jurij Gagarin bei einem Flugzeugabsturz während eines Trainingsfluges ums Leben. Im selben Jahr wurde Gschatsk umbenannt in Gagarin. – Gegenüber dem Holzhäuschen steht eine große moderne Villa: gestiftet von Gagarins Mutter nach dem Tod ihres Sohnes, ein Refugium, in dem sich Astronauten erholen können.
Mit einem Veteranen gehen wir ein Stück durch die Stadt. Überall Neubauten, ohne Architektur. Einfach so hingestellt. Die meisten sehen provisorisch aus, notdürftig. Vereinzelt sorgfältig rekonstruierte Bauten, Renaissance, Klassik, Barock. »Hier stand nichts mehr«, sagt unser Begleiter. »Am 6. März 1943 hatten die Deutschen beim Rückzug alles gesprengt. Von 1600 Häusern blieben 300 erhalten[245]. Und die standen am Stadtrand. Während der Okkupation trieben die Soldaten einmal alle jungen Mädchen von Gschatsk auf dem großen Platz zusammen. Sie mußten sich nackt ausziehen, mußten tanzen, und dann haben sie sie vergewaltigt. Wenn sich ein Mädchen weigerte, wurde es auf der Stelle erschossen. Hier war auch das Dulag 124. Über die Hälfte der Gefangenen war aus Erschöpfung oder Krankheiten nicht fähig zu arbeiten. Sie siechten dahin[246]. Die Kirchen von Gschatsk haben sie als Pferdeställe verwendet. Alles haben sie am Ende in die Luft gesprengt, alles: die Wohnhäuser, die Schulen, die Bibliotheken, die Krankenhäuser, die Kirchen. Nur Ruinen und Asche haben sie uns hinterlassen. Vier Jahre lang mußten wir nach dem Krieg nach Minen suchen. Viele Menschen sind von den Minen noch nach dem Krieg zerrissen worden. Über eine Million Minen haben wir allein hier in unserem Gebiet von Gagarin gefunden. Sie lagen überall. Wir konnten nicht einmal den Acker pflügen. Überall scharfe Minen. Wir konnten nicht einmal in den Wald gehen und nach Brennholz suchen. Überall trat man auf scharfe Minen.«

Rschew

Rschew (BB 43).
Geb. Kalinin.
54080 Einw. (1939).
Stadt und Rayonszentrum auf beiden Seiten der Wolga, über die eine Eisenbahnbrücke führt. Eisenbahnknotenpunkt der Strecken Moskau–Riga, Rschew–Wjasma und Rschew–Torshok. Straßenknotenpunkt. Bedeutende Hanfindustrie, Flachsversand steht an erster Stelle in der UdSSR. – 2 Museen, höhere Lehranstalten, bedeutende Kirchen. – Kraftwerk, Fernsprech- und Telegraphenverbindung, Munitionslager, Artilleriearsenal Nr. 66, F.-T.-Station, Militärfliegerschule, Flugplatz mit Fliegerhorst.
Industrie: Bau von landwirtschaftlichen Maschinen, Waggonreparaturwerkstätten, Wollwäschereien, Flachskämmefabrik, Seilfabrik mit 1000 Arbeitern, Seide- und Baumwollverarbeitung, Sägewerke, Konservenherstellung, Spiritus- und Schnapsbrennerei[247].

Am späten Nachmittag kommen wir auf dem Weg nach Rschew südlich der Stadt an einem Stausee an Sitschovka vorbei. »Hier war auch ein Lager«, sagt der Fahrer. »Allerdings nur ein kleines. Nach dem Krieg fand man hier in einer Mulde 3000 Leichen von Kriegsgefangenen mit eingeschlagenen Schädeln, abgeschnittenen Ohren und Nasen, abgeschnittenen Geschlechtsteilen, ausgestochenen Augen, abgetrennten Armen und Beinen. – So war das. Aus Sitschovka wurden 1500 Einwohner nach Deutschland deportiert. Am 28. Februar 1943, also fast am letzten Tag ihrer Besetzung, ließen die Deutschen alle Typhuskranken von Sitschovka in das Haus Nr. 57 nahe der Nabereschnajastraße einsperren, verriegelten das Haus und steckten das Gebäude in Brand. Fast alle sind dabei lebendig verbrannt. – Ich weiß das, weil ich aus dieser Gegend stamme.«
»Fahren wir nach Sitschovka?« frage ich.
Slawa: »Es gibt überall solche Fälle. Da könnten wir in jedem Dorf halten, überall, wo ein Gedenkstein steht. Überall stehen die hier.«
Der Fahrer: »Im Raum Sitschovka hatten die Deutschen von 248 Dörfern 137 niedergebrannt[248]. – In der Nähe von Rschew gibt es das Dorf Cholmez. Die Deutschen wollten da eine Straße entminen. Da hat der Kommandeur der 102. Infanteriedivision, Generalmajor Frießner, alle Bewohner von Cholmez über die verminte Straße gejagt. Alle wurden von den explodieren-

den Minen zerrissen – für den Generalmajor Frießner war die Straße entmint.«[249]

Rschew. Zum ersten Mal an der Wolga. Hier ist der Fluß noch schmal. Ich stehe auf einer Wiese am Ufer. Neben mir ein Häuschen aus Stein, die Wände rot und weiß gestrichen: das Rschewer Stadtmuseum.

Das also ist die Wolga. Sie fließt ruhig und grün dahin. Man könnte leicht hinüberschwimmen zum anderen Ufer. Drüben ein Steilhang mit Büschen.

Ich gehe ins Stadtmuseum, man wartet schon auf uns. Jelena Gregoriwna Lisowaja, 74 Jahre: »Am 15. Oktober 1941 kamen die Deutschen nach Rschew[250]. Früh am Morgen. Ich hatte bei der Post gearbeitet. Ich war Fernsprechvermittlerin und Postbotin. Ich hab' da alles gemacht. Ich war Vollwaise und wurde von meiner Tante und meinem Onkel aufgezogen, habe sehr früh geheiratet und dann gleich ein Kind bekommen. Wir hatten uns nicht verstanden. Alles ging sehr schlecht. Ich trennte mich von ihm und habe wieder geheiratet. Von diesem zweiten Mann hatte ich dann drei Kinder. Dann begann der Krieg, er mußte an die Front und ist gleich am Anfang bei Leningrad gefallen. Da mußte ich also sehen, wie ich meine vier Kinder durchbringe. So hatte ich bei der Post angefangen. Und dann rückten die Deutschen im Oktober hier ein. Da war's aus mit der Arbeit, und ich saß da mit meinen vier Kindern und nichts zu essen. Auch anzuziehen hatten wir nichts. Ich lief barfuß. Während der ganzen Okkupation haben wir uns im Keller versteckt. Vom ersten Tag der Okkupation bis zum letzten. Über 16 Monate lang. Ich und meine vier Kinder. Und noch ein paar alte Leute. Wir hatten Angst. Sie haben ja fast jeden erschossen, der ihnen über den Weg lief. Wir hatten einfach Angst, erschossen zu werden. Ich war aktive Kommunistin. Und sie haben alle Kommunisten erschossen. Mit Listen gingen sie von Wohnung zu Wohnung. Da wär' ich gleich dran gewesen. Gelebt haben wir von den Sachen, die Nachbarn heimlich durch den Luftschacht zu uns hinunterwarfen. Und von Samenkörnern, die ich im Wasser aufquellen ließ. Mein kleiner Junge ist 1942 im Keller gestorben. Er war erst acht Monate alt. Als Anfang März 1943 die Deutschen abhauen mußten[251], kamen wir aus dem Keller heraus. Ich wußte ja vorher schon, daß oben alles kaputt war. Doch was ich da sah – alles flach. Nichts mehr da[252]. Keine Menschenseele. Das einzige, was sich bewegte, waren die Ratten. Nur Ratten. In der Nähe war ein Teich. Und zu diesem Teich liefen die Ratten. Tausende von Ratten huschten hin und her. Später habe ich gehört, daß sich ein Mann aus dem Keller hinauswagte. Die Ratten haben ihn angefallen. Hunderte von ausgehungerten Ratten stürzten sich auf ihn. Sie haben ihn bis zum Skelett abgenagt. Wir blieben noch ein paar Tage im Keller, bis unsere Armee oben erst mal Ordnung geschaffen hat.«

Wladimir Michailowitsch Krijenow, 54 Jahre: »Ich wurde 1931 geboren. Als die Deutschen kamen, war ich 10 Jahre alt. Heute arbeite ich als Dozent am Polytechnischen Institut in Rschew. Sie sehen, mir fehlt ein Arm. Ich habe ihn verloren, als ich viele Jahre nach dem Krieg mein Häuschen baute und beim Ausheben des Kellers mit dem Spaten auf eine Granate stieß. Sie explodierte und riß mir den Arm weg. In den ersten drei Monaten hatten sich in unser Haus Deutsche einquartiert. Aber dann warfen sie uns hinaus. Wir mußten im Keller leben. Später wurde unser Haus zerstört, ist niedergebrannt. Es blieb nur der Kamin stehen und der Keller. In unserer Straße hatte jemand ein Kabel der Faschisten durchgeschnitten. Da haben sie bekanntgegeben: Wenn noch einmal einer ein Kabel durchschneidet, werden sie in diesem Viertel 100 Leute hinrichten. In unserem Viertel lebten aber nur noch höchstens 40 Leute. Das Schlimmste war der Hunger. Als der erste Winter kam, hatten wir nur noch ein bißchen an Kartoffeln. Und etwas Weizen und Roggen. Aber im zweiten Winter war es besonders schlimm. Ich war damals zwölf Jahre. Vor Hunger habe ich die Müllhaufen abgesucht. Ich aß, was ich fand. Auch faule Eier. Ich ging zu den Deutschen und bettelte, wenigstens ihre leeren Teller zu bekommen, damit ich sie ablecken konnte. Manchmal war noch ein bißchen Brei auf dem Teller. Mein Bruder – er war noch ein Säugling –, er ist verhungert. Meine Mutter hatte keine Milch in der Brust. Sie hat ihm ein bißchen Kartoffeln zerdrückt, aber die konnte er noch nicht essen. Er war ja noch ein Säugling.«
Die Museumsleiterin nimmt ein eingerahmtes Plakat von der Wand. Der Text ist in Deutsch und darunter in Russisch. Es ist ein Aufruf. Die Museumsleiterin: »Solche Plakate haben die Deutschen überall an den Hauswänden angeklebt.« Ich lese:

Aufruf!
Russen! Die Befriedung Rußlands und Eure eigene friedliche Arbeit wird immer wieder gestört und sabotiert durch gemeine Verbrechen gegen die deutsche Wehrmacht. Wir deutsche Soldaten legen Wert darauf, daß Ihr ruhig Eurer Arbeit nachgehen könnt. Wir müssen aber von Euch verlangen, daß Ihr die Verbrecher – seien es einzelne oder ganze Banden – in keiner Weise unterstützt, sondern mithelft, sie auszumerzen. Die deutsche Wehrmacht ist bereit, Euch in jeder Weise zu unterstützen, ja Eure Mitarbeit an dem gemeinsamen Werk der Ausrottung des Bolschewismus zu belohnen. Je nach Leistung kann für verdienstvolle Taten eine Belohnung außer in Geld auch in Form von lebendem Vieh, Lebensmittel wie Brot, Zucker, Mehl u. a. ferner Sprit und Tabak zugesprochen werden.
Die deutsche Wehrmacht ist aber nicht gewillt, noch länger zu dulden, daß weitere Verbrechen und feindselige Handlungen zum Teil mit Eurem Wissen, zum Teil mit Eurer Unterstützung begangen werden. Es werden daher ab heutigen Tag an folgende verschärfte Bestimmungen erlassen:
1. Wer einem Rotarmisten oder Partisan Unterschlupf gewährt, ihm Nahrungsmittel aushändigt oder ihn sonstwie – zum Beispiel durch Nachrichtenvermittlung – unterstützt,

wird mit dem Tode bestraft und erhängt. Dies gilt auch für weibliche Personen. Hiervon wird nur dann abgesehen, wenn erwiesen ist, daß der Betreffende das Vorkommnis so bald und so schnell wie möglich der nächsten Wehrmachtsdienststelle gemeldet hat.

2. Wenn irgendwo ein Überfall, eine Sprengung oder eine sonstige Beschädigung deutscher Wehrmachtseinrichtungen, z. B. Fernsprechkabel, Eisenbahnen usw., erfolgt, so werden die Schuldigen am Tatort als abschreckendes Beispiel erhängt. Sind die Täter nicht sofort zu ermitteln, so werden aus der Bevölkerung Geiseln festgenommen. Diese Geiseln werden erhängt, wenn die Täter oder der Tat dringend Verdächtige oder sonstige Spießgesellen der Täter nicht binnen 24 Stunden beigebracht werden. Wird die feindselige Handlung an gleicher Stelle oder in nächster Nähe wiederholt, so wird jeweils die doppelte Anzahl von Geiseln festgenommen bzw. erhängt werden.

Der Oberbefehlshaber der Armee
Darunter der Stempel »Deutsche Wehrmacht«

Die Museumsleiterin: »Gleich am Anfang, als die Deutschen in Rschew einmarschierten, wurde auf Befehl von General Höfl[253] und Generalmajor Weiß[254] in der Stadt ein riesiger Galgen errichtet. Auf dem Hauptplatz, wo früher das Lenindenkmal stand. Dutzende von Menschen wurden dort gehängt. Wir durften sie nicht abnehmen und beerdigen. Tagelang mußten sie dort hängen. Zur Abschreckung. Auch wurden auf Befehl dieser Männer während der Besatzungszeit Tausende von Rschewer Bürgern erschossen. Nur weil sie sich gegen die Faschisten gewehrt hatten.«
Irina Konstaninowna Sluzka, 55 Jahre: »Ich bin 1930 geboren. In Jelna. Ich bin Ärztin. Hier im Zentralen Krankenhaus in Rschew. Wir saßen fast die ganze Zeit im Keller. Elf Monate lang. Die Deutschen haben in unseren Häusern gewohnt. Wir gingen fast nie auf die Straße. Immer wieder hat man welche von uns nach Deutschland deportiert. Daß sie uns nicht weggeholt haben, ist ein Zufall. Entweder waren die Waggons dafür nicht frei – oder sie haben andere geschnappt. Wir haben in Rschew im Keller gelebt ohne Essen. Was hätten wir denn essen sollen? Es gab ja nichts. Ich erinnere mich, daß meine Großmutter aus Gräsern ein gräßliches Zeug gekocht hat. Man konnte es kaum runterschlucken. Es war im Grunde nicht zu essen. Wir haben es aber trotzdem gegessen. Dann haben wir aus Gräsern eine Art Pfannkuchen gebacken. Mit Terpentinöl. Alle Lebensmittel in der Stadt haben die Deutschen weggenommen. Und wenn sie etwas nicht auftreiben konnten, schlugen sie uns. Mutter und Großvater wurden oft geschlagen. Brot gab es überhaupt nicht. Ich und meine Mutter kamen in ein Lager im Wald von Wjedewski. Das war ein Lager nur für Zivilisten, zehn bis zwölf Kilometer von hier entfernt. Da gab es keine Baracken, nur Erdhütten. Ich erinnere mich an den gefrorenen Boden. Da gab es sogar einen Ofen. Da war ein Metallfaß. Einmal kam ein Deutscher mit einer Maschinenpistole. Er rief: ›Kleine Madame! Große Madame! Zur Arbeit!‹ Und wir gingen arbeiten. Das heißt – was konnten wir schon machen? Es gab nur Wassersuppe.

Mit irgendeinem Bodensatz. Wir mußten die Eisenbahnschienen wieder neu legen. Partisanen hatten vorher die Schienen gesprengt. Und uns holten sie immer heran, um das zu reparieren. Jedes Mal.«
Während der Besatzungszeit wurden 10000 Einwohner von Rschew nach Deutschland zur Zwangsarbeit in den Rüstungsbetrieben deportiert[255]. Auch Kinder und alte Frauen.
Katarina Iwanowna Safronowa: »Plötzlich gab es Razzien in der Stadt. Ich war zusammen mit meiner Mutter unterwegs. Das war am 24. Januar 1942. Sie packten uns, wir wußten nicht, warum, und trieben uns mit vielen anderen zum Bahnhof. Wer bei den Festnahmen Widerstand leistete, wurde sofort erschossen. Am Bahnhof sortierten sie aus: arbeitsfähig – nicht arbeitsfähig. Sie nahmen uns alle Sachen ab, die wir gerade bei uns hatten: Taschen, Mäntel, Jacken. Dann stopften sie uns in Waggons. Unterwegs haben wir nichts zu essen bekommen, nichts zu trinken. 52 Menschen in einem Viehwaggon. Auch Kinder, zwölfjährige, dreizehnjährige. Wir standen so dicht aneinander, daß wir uns nicht hinlegen konnten. Viele sind unterwegs verhungert, verdurstet. Oder einfach erfroren, weil sie uns ja alle warme Kleidung abgenommen hatten. Die Kinder sind als erste gestorben. Die Toten warfen sie einfach aus den Waggons.«
Vielleicht mußten die Überlebenden im »Reich« in den Vereinigten Aluminium-Werken (VAW) arbeiten, die Flugzeuge herstellten. Vielleicht sogar im Lauta-Werk. Dort betrug der Anteil der Zwangsarbeiter bis zu 80 Prozent der Belegschaft. Dort war auch die Sterbe- und Selbstmordrate besonders hoch. Vor allem bei Kindern und bei Frauen über 60 Jahre.
Generaldirektor der Vereinigten Aluminium-Werke (und damit auch der Lauta-Werke) war Ludger Westrick. 1951 bis 1963 war Ludger Westrick Staatssekretär im Bundeswirtschaftsministerium unter Bundeskanzler Konrad Adenauer und als Nachfolger von Hans Maria Globke 1963 bis 1966 Staatssekretär im Bundeskanzleramt unter Ludwig Erhard. Nach seinem Rücktritt (zusammen mit Ludwig Erhard) war Ludger Westrick ab 1966 Vorsitzender des Aufsichtsrates der Honeywell GmbH, einer Tochtergesellschaft eines amerikanischen Konzerns für Meß- und Reglertechnik. 1957 wurde Ludger Westrick mit dem Großen Bundesverdienstkreuz mit Stern und Schulterband ausgezeichnet[256].
Oder sie mußten in Peißen bei Bernburg die unterirdischen Stollen für die Produktionsstätten der V-Waffen graben. Und dies unter unmenschlichen Arbeits- und Lebensbedingungen. Einsatzleiter für die Zwangsarbeiter war damals, 1944, Heinrich Lübke, von 1959 bis 1969 Bundespräsident der Bundesrepublik Deutschland, 1957 ausgezeichnet mit dem Großkreuz des Bundesverdienstkreuzes[257].

Gleich nach dem Einmarsch in Rschew errichtete die Wehrmacht auf dem zerbombten Bahnhofsgelände ein Lager für Kriegsgefangene und Zivilisten[258].

Größe des Lagers: ein Quadratkilometer. R. Nikolajewitsch Jegorow, 58 Jahre: »Im Januar 1942 wurde ich aus meinem Dorf Usadba, Rayon Oktajewski, in dieses Lager in Rschew eingeliefert. Ich war damals fünfzehn Jahre alt. Drei Tage waren wir in Eisenbahnwaggons unterwegs. Wie Vieh wurden wir transportiert. Die Türen verriegelt, ohne Wasser, ohne Essen. Es war Januar und sehr kalt. Unsere Notdurft mußten wir in den Waggons verrichten. Dann, als wir im Lager waren: Die Baracken am Bahnhof hatten die Häftlinge vor uns selbst bauen müssen. Das ganze Lager war mit Stacheldraht umzäunt. Auch hier kein Wasser. Den zertretenen Schnee haben wir gegessen. Pro Tag bekamen wir eine Blechdose Suppe aus Grashalmen oder mit gefrorenen Kartoffeln. Das war alles für den ganzen Tag. Einmal wurde im KZ ein krankes Pferd geschlachtet. Alle stürzten sich darauf. Um ›Ordnung zu schaffen‹, schossen die Wachsoldaten auf die Gefangenen. Da gab es viele Tote. Nachts konnten wir nicht schlafen in den Baracken, so eisig kalt war es darin. Unsere Kleidung bestand nur aus Fetzen. Wir waren verlaust. Um nicht zu erfrieren, legten wir uns dicht aneinander. Trotzdem waren wir am Morgen am Fußboden angefroren. Tagsüber mußten wir arbeiten. Wer nicht schnell genug arbeitete, wurde erschossen oder zumindest verprügelt. Viele waren schon zu schwach, um sich überhaupt auf den Beinen zu halten. Kurz bevor die Rote Armee kam, steckten die Deutschen die Baracken mitsamt den Gefangenen darin in Brand. Dabei konnte ich fliehen. Viele aber sind dabei lebendig verbrannt.«

Befehl des Generalleutnants Friedrich Bayer[259], Oberkommando der Heeresgruppe Nord, Nr. 1422/41 vom Dezember 1941. »Alle bei der russischen Zivilbevölkerung befindlichen Filzstiefel (einschl. Kinderfilzstiefel) sind ab sofort zu beschlagnahmen. Der Besitz von Filzstiefeln ist verboten und muß bestraft werden, ebenso wie das unerlaubte Tragen von Waffen.«[260]

Vera Viktorowna Druschewskaja, 74 Jahre: »Auf der Straße haben sie uns im Winter die Filzstiefel ausgezogen! Wer sich wehrte, bekam den Gewehrkolben ins Gesicht geschlagen. Stroh und Lumpen mußten wir uns um die Füße wickeln. Wir haben uns absichtlich besonders schlampig angezogen, wenn wir auf die Straße gingen. Aber dann durchsuchten sie die Wohnungen, und da haben sie uns dann alles weggenommen, was sie brauchen konnten. Sie haben uns die Gardinen von den Fenstern gerissen und wickelten sich darin ein, gegen die Kälte. Unsere Bettdecken, Tischdecken. Alles mußten wir verstecken! Sie holten unsere Holzmöbel aus den Häusern und machten damit Feuer. Am Schluß lebten wir in leeren Räumen, schliefen nur auf Stroh, ohne Decken, ohne Kissen. Unser Vieh mußten wir im Wald verstecken. Lebensmittel, wenn wir überhaupt welche hatten, im Schnee vergraben.«

Ich stehe zusammen mit drei alten Frauen vor der Kirche »Mariä Schutz und Fürbitte« an der Kalininer Straße. Am 2. März 1943 wurden die noch überlebenden 362 Einwohner von Rschew in diese Kirche getrieben, um sie mitsamt dem Gebäude in die Luft zu sprengen. Eine der drei älteren Frauen, die in dieser Kirche eingesperrt war, erzählt: »Die Soldaten vernagelten die Pforte, brachten in der Mauer die Sprengsätze an. Da schlugen aber schon die Granaten unserer Roten Armee rings um sie ein. Die Deutschen mußten nun so schnell fliehen, daß sie keine Zeit mehr hatten, die Sprengsätze zu zünden. Ich weiß noch, wie wir unseren Soldaten um den Hals fielen, als sie uns aus dieser Kirche herausholten! Das ist nun schon so lange her, und trotzdem ist es mir, als wäre es gestern gewesen.«

Wir gehen zurück zum Museum. Die Leiterin hatte vergessen, mir etwas zu geben. Unterwegs erzählt sie mir, was die Rotarmisten außer der Verwüstung vorfanden, als sie hier einrückten: überall verstümmelte Leichen. Rschewer Einwohner gefoltert und bis zur Unkenntlichkeit zerstückelt. Frauen, Kindern, alten Menschen die Augen ausgestochen, mit Bajonetten zerstochen, Nasen und Ohren abgeschnitten, Brüste und Glieder abgeschnitten. »Warum haben sie das getan?« fragte sie mich. »Reicht es denn nicht, wenn sie die ganze Stadt beim Abzug vernichten? Mit Flammenwerfern und Granatwerfern sind sie durch Rschew gezogen. Was nicht gleich brannte, haben sie gesprengt: Schulen, Theater, Krankenhäuser, Fabriken, Bibliotheken. Alles.«

»Rschew – Eckpfeiler der Ostfront«, heißt ein Buch von Horst Großmann. Großmann war Kommandeur der 6. Infanterie-Division und von Anfang an mit seiner Division an den Kämpfen in und um Rschew beteiligt. Das Buch ist 1963 erschienen. Ich besorge es mir und lese auf den Seiten 137 bis 143: »Die Pioniere begannen mit Verminen der Gräben und versahen Unterstände und Häuser mit ›Schikanen‹... und bereiteten Sperrungen und die zur Sprengung vorgesehenen Objekte vor... Die Verminungen wurden scharf gemacht... Erst nach der Sprengung der Wolgabrücke fühlten die Russen vorsichtig vor. Als Beute fanden sie nur... am Bahnhof einen zurückgelassenen Schrotthaufen. Hitler wollte die Sprengung der Wolgabrücke in seinem Hauptquartier hören, und so wurde eine Fernsprechleitung vom Führerhauptquartier zum Sprengkommando an der Brücke durchgeschaltet. Alles verlief programmgemäß, und Hitler hörte an seinem Fernsprecher den Krach der in die Luft fliegenden Brücke... Und so war es an der ganzen Front, einmal steckte eine Sprengladung an einer Türe, eine andere im Ofen oder an einer Leiter oder sonstwo. Eine Detonation folgte der anderen... An jeder Sperrstelle standen die Pioniere bereit. Sie warteten auf den letzten Grenadier, um die Minen scharf zu machen oder die Sprengungen durchzuführen... Dann hieß es: eilen! War eine Arbeit vollendet, ging es schleunigst zur nächsten Widerstandslinie... Alle kriegswichtigen Einrichtungen (Brücken, Bahnhöfe, Wassertürme, Gleisanlagen und die Straßendecke der Autobahn) waren zerstört. Der Zweck der Operation war voll erreicht.«

Und auf Seite 74 schreibt der ehemalige Kommandeur:

»Unmenschliches leistete der deutsche Soldat.«

Das ist wahr. Treffender hätte er es nicht formulieren können. Manchmal lohnt es sich eben doch, die Memoiren alter Befehlshaber zu lesen. Und dann auf Seite 144: »Lob und Dank verdienen alle Waffengattungen... Unbesiegt hatte der deutsche Soldat das Schlachtfeld von Rschew verlassen.«

Von den 5500 Gebäuden von Rschew blieben 500 erhalten[261]. Die standen am Stadtrand und waren auch halb zerstört. Von 60000 Einwohnern haben 362 überlebt[262]. Und diese sollten noch mitsamt der Kirche vernichtet werden.

Im Museum drückt mir die Leiterin ein paar mit Bleistift geschriebene Blätter in die Hand. Es ist das Tagebuch einer Frau, das sie während der Okkupation schrieb. Wenig später sitzen Slawa und ich in einem Selbstbedienungsrestaurant, umgeben vom Lärm der Küche, Geschirrklappern und Schnulzen aus einer Musicbox. Vor mir duftet aus einer Keramikschale eine heiße Pilzsuppe mit viel Petersilie und gerösteten Zwiebeln. Slawa gibt mir einen Löffel saurer Sahne auf die Suppe und sagt so nebenbei: »Übrigens, dieses Gebäude hier war damals die Dienststelle des SD. Unter uns waren die Folterkeller.«

Um uns Jugendliche. Sie trinken Pepsi-Cola aus Dosen. Slawa übersetzt:

Tagebuch der Nina Semjonowa

Nach der Befreiung der Stadt Rschew fand man dieses Tagebuch der Nina Semjonowa, die in den Tagen der deutschen Okkupation in Rschew gestorben ist.

10. Oktober 1941. Die Deutschen bombardieren seit dem Morgen. Es ist schrecklich. Was steht uns noch bevor?

14. Oktober. Die Faschisten haben die Stadt besetzt.

15. Oktober. Mama stand an der Tür und hat die ersten feindlichen Kolonnen gesehen.

20. Oktober. In den Nächten schlafen wir nicht. Es kommen SD-Leute und fragen immer wieder dasselbe: Sie wollen wissen, wohin die Kommunisten verschwunden sind. Vor allem, wo Katharina Pawlowna Michailowa ist. »Diese Kommunistin hat hier viele Jahre gelebt«, sagen sie. »Ihr steckt unter einer Decke mit ihr. Wenn ihr nicht sagt, wo ihr sie versteckt habt, werden wir euch alle erschießen«, sagte gestern ein Offizier zu Papa.
25. Oktober. Nirgendwo kann man Milch bekommen. Doch irgendwo können wir immer noch etwas für Marinka auftreiben. Bald wird auch das zu Ende sein. Womit werden wir dann das Kind füttern?
1. November. Sie haben unser ganzes Haus besetzt. Für einen hohen Offizier. Wir sind nun alle in ein Zimmerchen gepfercht. Es kam ein Dolmetscher, der gab uns die Anweisung: »Wagen Sie nicht, im Korridor zu erscheinen, wenn der deutsche Offizier kommt oder die Wohnung verläßt. Wagen Sie nicht, sein Zimmer zu betreten.« – Jeden Tag ist in der Wohnung ein Besäufnis. In der Küche sind Berge von Proviant, Stangenbutter, Fleisch, Weißbrot. Alles das natürlich von uns gestohlen. Aus unseren Geschäften, von unseren Kolchosen. Und wir müssen hungern und vielleicht sogar an Hunger sterben.
10. November. Ein sonniger Tag. Habe Marinka hinausgetragen, damit sie ein bißchen Luft atmen kann. Es kam ein Offizier, der im Haus nebenan wohnt. Er hat damit geprahlt, daß Moskau und Leningrad von den Deutschen besetzt sind. Ich schwieg. Ich glaube es nicht. Und doch hätte ich gern wenigstens ein Stückchen Wahrheit erfahren. Wir wissen nichts, nichts. Wir sehen nur herum verhaßte fremde Menschen. Vielleicht gelingt es uns nicht, den Tag zu erleben, an dem die Unsrigen in diese Stadt kommen. Ich wünsche nur, daß Marinka am Leben bleibt.
15. November. Auf dem Platz haben sie Galgen aufgestellt. Und sofort welche von uns aufgehängt, weil sie Radio hörten, weil sie sich trafen. Aufgehängt, weil sie Russen sind und sich nicht gefürchtet haben, dies dem Feind zu zeigen. Weil sie sich geweigert haben, dem Feind zu dienen. Das ist die faschistische »neue Ordnung«. Aber ihr werdet uns nicht zerbrechen. Weder mit Galgen noch mit Erschießungen, verdammte Banditen!
22. November. Mama weint. Das letzte Säckchen Getreide, das wir für Marinka aufgehoben haben, und zwei Schüsseln Kartoffeln, all unser Reichtum, haben die Soldaten weggenommen. Mama hat dem Offizier ihr Leid geklagt. Der hat sich aufgerichtet und steinern gesagt: »Der deutsche Soldat stiehlt nicht!« Auf dem Hof haben die, über die sich Mama beschwert hatte, Mama schrecklich geschlagen. Jetzt, während ich diese Zeilen schreibe, liegt sie im Bett und stöhnt. Ich würde gerne wissen, wo Sascha ist. Vielleicht erleben wir die Befreiung nicht mehr. Sascha, komm!

25. November. Die Soldaten haben unsere Vorratskammer zertrümmert. Haben viele Kleidungsstücke weggenommen. In einer Tasche fanden sie einen Brief von Katja, in dem sie geschrieben hat: »Mein lieber Papa, ich teile dir mit, daß mein Mann schon Hauptmann geworden ist und für eine Auszeichnung vorgeschlagen wurde.« In der Tasche lag auch das Rentenbüchlein von Papa. Sie haben ihn zu einem Verhör hinausgerufen. Später wurde er von Nachbarn heimgeführt. Er war ganz mit Blut beschmiert. Ich habe Angst um sein Leben. Das ist nun schon das dritte Mal, daß sie ihn halb totschlagen. Sascha! Befreie uns!
3. Januar 1942. Das große weiße Haus in der Straße der Kommune erhielt den Namen »Haus des Teufels«. Dort ist der SD. Wir fürchten uns, daran vorbeizugehen. Von dort ist noch niemand lebend zurückgekehrt. Man nennt Hunderte von Namen, die hier spurlos verschwunden sind. Flüstert nur darüber.
2. Februar. Der Hunger quält immer mehr. Marinka weint, bittet, etwas zu essen zu bekommen. Ich gebe ihr die Brust. Aber in der Brust ist keine Milch. Papa hat irgendwo Karten eingetauscht. Unser kleiner ausgehungerter Knirps. Sascha würde sie nicht wiedererkennen. Ihre übergroßen Augen.
5. Februar. Die Okkupanten geben denen Roggen, die für sie arbeiten. Fußboden wischen, die Betten machen. Mama sagte, daß es für uns, wenn wir sparsam sind, noch einige Tage reicht. Dabei hat sie mich bittend angesehen. Ich habe nichts gesagt und mich umgedreht.
10. Februar. Wir haben mächtigen Hunger. Zwei Tage nichts gegessen. Für Marinka habe ich bei den Nachbarn um ein bißchen Getreide gebeten. Buchweizen. Habe mit Wasser einen Brei gekocht. Sie stürzte sich auf das Essen. Die Faschisten – ich erstarre, wenn ich sie durch das Fenster sehe. Soll ich denn zu ihnen hingehen und mich ihnen beugen? Für sie arbeiten? Nein, und tausendmal nein.
15. Februar. Kein Licht, kein Wasser, kein Brot. Wir holen Wasser aus der Wolga. Die Soldaten schießen auf uns. Gestern abend ist Vater mit leeren Eimern zurückgekommen: Durchschüsse in den Eimern. Er selbst hat sich nur dadurch retten können, daß er sich hinwarf und gekrochen ist. – Jeden Tag erwarten wir die Deportation. Jeden Tag sagt man uns schreckliche Dinge über die Siege der Faschisten. Ich glaube nicht ein Wort. Ich will es nicht glauben.
20. Mai. Ich habe schon vergessen, wie Brot schmeckt. Und das Gefühl von Sattsein. Ich kann mir das gar nicht mehr vorstellen.
12. Juni. Ich bin zu den Nachbarn gegangen, habe etwas für Marinka gebeten. Nichts, nichts.

15. Juli. Welch ein Glück! Ich habe für Marinka etwas Spreu bekommen.
19. Oktober. Die Deutschen, die bei uns leben, sind aus irgendeinem Grund beunruhigt. Etwas ist passiert. Vielleicht sind Unsere wieder vorgerückt.
20. Oktober. Sie jagen uns aus dem Haus. Alle Bewohner wollen sie an einer Stelle zusammentreiben, in das Gefängnisgebäude. Und wir wissen: Wer dort hinkommt, der kehrt nicht mehr zurück. Man sagt, daß dies alles durch Panik geschieht. Unsere sind irgendwo in der Nähe. Deshalb wollen die Okkupanten alle Russen umsiedeln. Gott, wenn wir doch auf die Unsrigen warten könnten!
15. November. Wir leben in einem schmutzigen dunklen Keller. Sie haben uns auch unser letztes Eckchen oben genommen. Mit eigenen Augen haben wir gesehen, wie sie unser Häuschen abgebrannt haben, in dem Mama, ich und Marinka geboren und aufgewachsen sind. Die Flammen stiegen hoch zum Himmel hinauf. Ich dachte an Sascha. Erfährt er irgendwann, was wir hier erleben müssen? – Papa hat sich geweigert, aus dem Keller herauszugehen. Darauf hat ihn vor meinen und Mamas Augen ein Offizier mit der Reitpeitsche geschlagen. Und als Papa fiel, hat er ihn lange mit den Stiefeln getreten. Als der SD-Mann weg war, sagte Papa – er lag wie ein Toter – zu mir ganz ruhig und leise. »Ich bitte dich, Nina, geh nicht zu ihnen arbeiten. Arbeite nicht bei ihnen.«
25. Dezember. Gestern nacht – Papa gibt es nicht mehr. Diese Banditen haben ihn zugrunde gerichtet. In der letzten Zeit hat er Blut gespuckt, von diesen Schlägen. Mama hat fast den Verstand verloren. Und Marinka hat gar nicht gemerkt, was los ist. Fragt immer wieder nach etwas zu essen. Wir haben Vater im zerbombten Gemüsegarten begraben.
10. Januar 1943. Das Leben ist unerträglich geworden. Ich kann nicht mehr hören, wie der zweijährige Knirps vor Hunger schreit. Ich will versuchen, in ein Dorf zu gehen. Vielleicht gelingt es mir doch, irgend etwas zu bekommen.
15. Januar. Die Sonne scheint. Und in der Luft eine schwarze, bedrückende Schwüle. Wir leben allein von der Hoffnung, daß die Unsrigen bald kommen.
25. Januar. Heute bin ich nur mit Mühe aufgestanden. Die Seite schmerzte stark, es schmerzt der Kopf. Ich bin trotzdem entschlossen, in ein Dorf zu gehen und irgend etwas für Marinka und Mama aufzutreiben.
27. Januar. Die deutschen Kontrollen haben alles weggenommen. Ich hatte ein paar Kartoffeln und etwas Roggen bekommen. Ich verlor die Fassung und habe geschrien, daß das für das Kind ist. Aber sie haben mich geschlagen und mich in die Scheune geworfen, wo ich die ganze Nacht lag. Als ich ins Haus kam, hatte Mama mich fast nicht wiedererkannt. Ich habe keine Kraft

mehr. Es geht mir sehr schlecht. – Mein Sascha – ich weiß, wir sehen uns nicht wieder. Was wird aus Marinka werden?

Hier bricht das Tagebuch ab. Nina Semjonowa starb an Hunger und an den Schlägen. Ninas Mutter, Alexandra Wladimirowna, ist am Leben geblieben und hat das Tagebuch der Tochter aufbewahrt. Der Leichnam von Nina Semjonowa lag zwei Wochen im Korridor. Die Deutschen erlaubten nicht, ihn zu begraben. Ein deutscher Offizier hat Marinka aus den Armen der Großmutter gerissen und irgendwohin weggetragen. Die Spur Marinkas ist verloren. Vielleicht ist sie zusammen mit anderen Kindern in jenem Haus verbrannt, das die Deutschen vor ihrem Rückzug aus Rschew angezündet haben.

Kalinin

Kalinin (früher **Twer**) BB 43).
Geb. Kalinin.
216 130 Einw. (1939).
Gebietshauptstadt an beiden Ufern der Wolga und ihrer Nebenflüsse Twerza und Tmaka. Straßenknotenpunkt. Bahnhof der Strecke Moskau–Leningrad. Bedeutende Wirtschafts- und Industriestadt (über ein Drittel der Bevölkerung ist in den großen Fabriken tätig). Zentrum der Textilindustrie. Wichtiger Hafen (Ausgangspunkt der Wolgaschiffahrt). – Das Stadtzentrum dehnt sich auf dem rechten Ufer der Wolga aus. Die Hauptstraße ist die Ssowjetskaja ul., die parallel der Wolga verläuft. Am linken Ufer der Stadteil Sawolshskaja. – Kathedrale, staatliches Museum, pädagogisches Institut, berühmte Kirchen und Klöster, Staatstheater, altes Palais, Stadtpark. – Gebietskrankenhaus, 2 Hotels, Wärmekraftwerk mit Überlandleitung (Torfheizung, 25000 bis 50000 kW), elektrische Straßenbahn, Post-, Telegraphen- und Fernsprechamt, Druckerei (Zeitung), Verladebahnhof, Eisenbahn- und Straßenbrücke über die Wolga, Staatsbank, Rundfunksender, F.-T.-Station, Militärfliegerschule, Flak.-Kriegsschule, Munitionslager, Fliegerkasernen, größerer Flugplatz und Sitz des Stabes eines Militärbezirks.
Industrie: Waggonfabrik »Kalinin« (Bau von Personenwagen; 1200 Arbeiter), Transportmaschinenfabrik, Waggonreparaturwerkstätten, **Textilindustrie** (»Proletarskaja Manufaktura« mit 15000 Arbeitern, »Perwolozkaja Manufaktura«; Baumwoll- und Flachsverarbeitung, Konfektion, Trikotagenherstellung, Kunstseidenfabrik), verschiedene Zweige der chemischen Industrie, Fabrik für Gummisohlen, Sägewerke, Konservenfabriken, Mühlen[263].

Mittwoch, 25. September 1985. Mittags Ankunft in Kalinin. Wir fahren zum Hotel »Kalinin«, um unsere reservierten Zimmer zu sichern. »Vertrauen ist gut, Kontrolle ist besser«, sagt Slawa.
Kalinin – eine Großstadt. Größer als ich es mir vorgestellt hatte. Vor dem Hotel ein Zirkus. – Sollen wir heute abend in den Zirkus gehen? Um mal an etwas anderes zu denken als an all die Greueltaten? Wir werden heute abend in den Zirkus gehen.
Vor dem Hotel Straßenbauarbeiten. Man hebt Gräben aus für die Rohre der Fernheizung. In der Hotelhalle Lärm. Eine Gruppe von vierzig, fünfzig Jugendlichen. Hochaufgewachsene, blonde Jugendliche mit kantigen Gesichtern. Eine Sprache, die ich nicht kenne. Es sind Finnen. Sie kommen von Leningrad, fahren weiter nach Moskau. Überall Berge von Gepäck. Slawa hat Bedenken wegen unserer Zimmer. Reserviert ist nicht gleich reserviert.

Die Hotelangestellte hinter dem Tresen kommt mit der Zimmerverteilung an die 50 Finnen nicht klar. Sie telefoniert, trägt ein, spricht mit dem Reiseleiter, telefoniert, radiert aus, spricht wieder mit ihm, trägt ein, telefoniert, radiert wieder aus. Nach einer Stunde haben auch wir unsere Zimmer.
Da stellt sich in der Hotelhalle ein älterer Herr vor: Kalikin, Nikolaj Stepanowitsch, Referent des Bürgermeisters von Kalinin. Er ist zwar schon pensioniert, doch eine so ehrenvolle Aufgabe – wie er sagt –, einen Gast aus dem westlichen Ausland durch die Stadt zu begleiten, übernimmt er immer gern. Seit 1941 lebt er in Kalinin. Er ruft von der Rezeption die Zirkuskasse gegenüber an: Heute keine Vorstellung. Schade. Was wir denn sonst sehen wollen? Theater? Ballett? Oper?
Wir wollen zum Museum im früheren Reisepalast Katharinas II. am Wolgaufer. Als wir aus dem Hotel herausgehen, weist Nikolaj Kalikin auf die Baustelle vor uns: »Bei den Baggerarbeiten für die Fernheizung hat man in acht Metern Tiefe Mauerreste aus der Zeit gefunden, als Kalinin um 1250 Zentrum eines Fürstentums war. Man fand auch die Reste einer alten Kremlmauer und von Holzhäusern aus dem 15. Jahrhundert. Kalinin war damals ein Rivale von Moskau und wurde 1485 Moskau einverleibt. Nun hat man die Baggerarbeiten ruhenlassen. Eine Kommission muß erst prüfen und entscheiden, ob und wie weitergearbeitet werden soll. Und Knochen und Schädel hat man gefunden. Skelette von Deutschen und Russen. Sie lagen nebeneinander. Skelette mit Stahlhelmen. Aus der Zeit vor 44 Jahren.« – Schichten der Geschichte.
Wir kommen an der Wolgapromenade vorbei. Wie breit der Fluß hier schon ist. Zwei Brücken spannen sich in weitem Bogen zum anderen Ufer. Direkt an der Wolga steht in einem Park ein niedriges Gebäude mit mehreren Flügeln. Die dicken Mauern sind gelb getüncht. Es ist der zerstörte und wiederaufgebaute Reisepalast Katharinas II. Untergebracht in diesem barocken Bau sind mehrere Museen. Ich gehe vorbei an den Vitrinen mit Steinen des Museums für Ur- und Frühgeschichte, vorbei an Fundstücken der ersten slawischen Siedlungen, vorbei an den ausgestopften Tieren des Biologischen Museums, vorbei an Trachten russischer Bauern, dann das Museum des Ersten Weltkriegs, der Großen Oktoberrevolution, des Bürgerkriegs, des Zweiten Weltkriegs, also des Großen Vaterländischen Krieges. Und schließlich der Raum, in dem meine Kalininer Gesprächspartner sitzen.
Nikolaj Antonowitsch Schuschakow: »Als die Deutschen hier am 14. Oktober 1941[264] eingerückt sind, haben sie erst einmal ihren Soldaten fünf Tage volle Freiheit gegeben, alles zu plündern. Fünf Tage lang haben sie alle 155 Geschäfte der Stadt geplündert. Dann haben sie aus den Gefängnissen die Kriminellen freigelassen. Die durften auch mitmachen. Und als alles leer-

geräumt war, steckten sie die Läden in Brand. So fing das erst mal an. Dann richteten sie in den Schulen Kasernen und Lazarette ein. Der größte Teil der Einwohner von Kalinin war natürlich vorher schon evakuiert. Und die Menschen, die blieben oder bleiben mußten, die mußten nun sehen, wie sie die Okkupation überlebten. Am besten waren die dran, die sich bereit erklärten, für die Faschisten zu arbeiten. Sie bekamen von ihnen Lebensmittel – unsere Lebensmittel – zur Belohnung.«

Alexandra Wassilowna Scholowa: »Mit meiner Freundin Lubow Karalisowna kam ich während der Besetzung nach Kalinin, Ende Oktober 1941. Da waren die Faschisten also gerade zwei Wochen in der Stadt. Wir waren beide Blumenbinderinnen und setzten mit der Fähre über in die Stadt. Mein Gott, wie sah die Stadt aus! Ich hatte ja vorher auch in Kalinin gelebt. Aber nun erkannte ich meine Stadt fast nicht wieder.

Die Häuser zerschossen, die Straßenbahnen umgestürzt, die Oberleitungen hingen herab. Kein Licht, keine Elektrizität. Wir kamen zum Bahnhof, da standen die Panzer.

Wir kamen zum Leninplatz. Da rissen die Soldaten gerade die Leninstatue vom Sockel herunter. Wir blieben wie gelähmt stehen. Das Denkmal lag nun zertrümmert auf dem Pflaster, und die Soldaten schlugen Lenin in noch kleinere Stücke und lachten dabei. Wir empfanden einen solchen Ekel, eine solche Wut. Doch was sollten wir dagegen tun? Uns auf die Soldaten stürzen? Sie schlagen? Wir wären sofort erschossen worden! Aber wir wußten, daß wir etwas dagegen tun würden. Auf den Sockel stellten sie dann ein großes Hakenkreuz. Am nächsten Tag hatte ein junger Mann versucht, das Hakenkreuz herunterzureißen. Er wurde natürlich sofort geschnappt und aufgehängt. Mit dem Kopf nach unten. Zwei Tage hing er so, bevor er starb. Darauf gab es von uns wieder verstärkten Widerstand. Keine Heizung in der Stadt. Kein Wasser. Mit Eimern holten wir das Wasser aus der Wolga. Allein, um das tägliche Essen zu beschaffen, waren wir den halben Tag unterwegs. Alle Läden von den Faschisten ausgeräumt, keine Bäckerei in Betrieb. Und wenn, dann nur für die Deutschen. Und dann die Sperrstunden. Auf die Straße durften wir nur von 9 bis 17 Uhr. Wer nach 17 Uhr angetroffen wurde, den haben die Faschisten entweder weggebracht, gleich erschossen oder aufgehängt. Sie dachten, jeder, der nach 17 Uhr noch unterwegs ist, sei ein Partisan. Es gab damals viele Galgen in der Stadt, voll mit Gehängten. Vor allem auf dem Leninplatz.«

In den von der dt. Wehrmacht befreiten Gebieten sind alle Waffen *sofort* an die dt. Wehrmachtsdienststellen abzugeben. Wer im Besitz von Waffen angetroffen wird, wird mit dem *Tode* bestraft. Versprengte Rotarmisten haben sich sofort bei den dt. Wehrmachtsdienststellen zu melden. Rotarmisten! Werft die Waffen weg. Meldet euch. Wer sich nicht

meldet, wird als *Partisan* betrachtet und *gehängt*. Wer den Partisanen Hilfe irgendwelcher Art leistet, wird, gleichgültig ob Mann oder Weib, gehängt.
Oberkommando der dt. Wehrmacht[265]

Irina Stephanowa Katschinskaja, 60 Jahre: »Die Faschisten waren in unserem Dorf Buraschewa einen Monat lang. Es gab da ein Krankenhaus, in dem hatte ich gearbeitet, mit etwa 900 Patienten. Wir hatten während der Okkupation dort sehr große Probleme mit der Heizung und mit der Ernährung. Es gab ja nichts. So sind die meisten Patienten umgekommen. Die großen Säle waren eiskalt. Es gab nichts zu essen. So fingen sie an, an ihren Kleidungsstücken herumzunagen. Die Patienten wurden von den Faschisten mit Spritzen getötet. Man hat ihnen Schwefel in die Herzgegend gespritzt. Herzstillstand. In der ersten Zeit verboten sie uns Krankenschwestern und Ärzten sogar, zu den Patienten zu gehen. Sie überließen die Kranken völlig sich selbst. Um wenigstens ein bißchen Essen aufzutreiben, gingen wir auf die Felder und kratzten aus dem Schnee, aus der hartgefrorenen Erde ein paar Kartoffeln. Von Pferdekadavern schnitten wir uns ein Stück Fleisch heraus. Egal, was. Hauptsache, man hatte überhaupt etwas zu essen. Schon bald gab es in der Klinik überhaupt keine Patienten mehr. Entweder sind sie verhungert oder erfroren, oder die Deutschen haben die meisten gleich in ihren Betten erschossen. Dieses Massaker kommandierte Eugen Karl Steimle. Er war der Führer eines Sonderkommandos. Steimle wurde zwar in Nürnberg zum Tode verurteilt für alle seine Morde, doch 1954 von den Amerikanern und den Westdeutschen unter Adenauer wieder freigelassen.«[266]
Nach zwei Monaten Okkupation (vom 14. Oktober bis 16. Dezember 1941) mußten die Einheiten der deutschen Wehrmacht aus Kalinin fliehen. In diesen Tagen vor ihrem »planmäßigen Rückzug«, den sie auch »Frontbegradigung« oder »Frontverkürzung« nannten, deportierten sie Tausende noch arbeitsfähiger Einwohner von Kalinin und der umliegenden Dörfer. Sie pferchten sie in Eisenbahnwaggons oder trieben sie als Kugelfang vor sich her, Richtung Stariza nach Westen. Zum Beispiel am 1. Dezember 1941. Schnee, Eis, nachts −30 Grad. Sie nahmen der Bevölkerung alle warme Kleidung ab, alle privaten Gegenstände, die sie bei sich trugen. Die meisten Einwohner sind unterwegs zusammengebrochen. Insgesamt deportierte die Wehrmacht innerhalb der zwei Monate Besatzung 23775 Einwohner Kalinins. Man drückt mir ein Plakat aus Warschau in die Hand:

Mit unseren Fahnen ist der Sieg! Das Hauptquartier der bolschewistischen Weltverbrecher Moskau ist genommen. Aus diesem Anlaß findet ein Riesenfeuerwerk auf dem Gelände zwischen Bahnhof und Belsutzkiallee, verlängerte Chopinallee, statt. Es spricht der Distriktstandortführer, Parteigenosse Globocnik. Beginn 19 Uhr.
NSDAP-Distriktstandortführung, Abt. Propaganda

Unter dem Text eine Skizze der Sitzordnung der Tribünen, darin eingetragen »Plätze für Deutsche«. Unser Begleiter Nikolaj Stepanowitsch Kalikin, der Referent des Bürgermeisters von Kalinin: »Ich bin drei Tage nach der Befreiung von Kalinin in diese Stadt gekommen. Mit dem Auftrag, die Eisenbahn wieder in Betrieb zu setzen. Die ganze Stadt war tot. Zerbombt und gesprengt. Alles mit Schnee bedeckt. Keine Straßen, keine Wege, nur Pfade. Keine Heizung, kein Licht, kein Wasser. Wie haben wir geheizt? Wir haben Holzzäune abgerissen, wenn sie nicht schon vorher verfeuert waren. Wir suchten nach allem, was irgendwie brannte. Natürlich gab es keine Geschäfte, nichts. Wissen Sie, als wir 1945 nach Berlin kamen, da haben wir als erstes für die Bevölkerung Feldküchen eingerichtet. Wir haben in Berlin als erstes die Bäckereien wiederhergerichtet, für Licht und Wasser gesorgt. Wenn Sie diese Zeit in Berlin erlebt haben, werden Sie sich daran erinnern. Und was fanden wir zum Beispiel nur in Kalinin vor? Eine Wüste aus Schutt. Vor ihrem Abzug haben der Generalleutnant Recke[267] und der Major Bader angeordnet, alle Gebäude, Brücken, alles, was noch stand, zu sprengen. Und so wurde in der Nacht vom 15. zum 16. Dezember 1941 alles in die Luft gejagt: alle sechs Wolgabrücken, alle Krankenhäuser, alle Bibliotheken, fast alle Wohnhäuser. Viele Wohnhäuser wurden mitsamt den Menschen darin gesprengt. Unter dem Kommando von Major Karl Bader. 16000 Häuser waren völlig zerstört. Von 28000 Häusern. Von dem Rest standen nur noch die Fassaden[268]. Aus dem Puschkinmuseum in Michailowska haben sie 10 Lkws voll mit Büchern und Möbeln nach Deutschland geschafft und dann das Museum abgebrannt. Bedenken Sie, daß Kalinin vor Kriegsbeginn 216000 Einwohner hatte. Und nach dem Krieg nur noch 16000. Bedenken Sie, daß in nur zwei Monaten Besatzungszeit in Kalinin 40800 Zivilisten und 17000 Kriegsgefangene ermordet und 23775 Personen deportiert wurden! Wir kamen in eine Stadt, die zu 75 Prozent zerstört war. Alte, schöne Barockbauten – nun Schutthaufen. Wir haben sie wieder nach alten Plänen aufgebaut. Wir kamen in eine Stadt, in der überall bis zur Unkenntlichkeit verstümmelte Leichen herumlagen.«

Abends im Hotelzimmer: Karel Gott im Fernsehen. Eine Konzertübertragung aus Prag. Karel Gott im schneeweißen Anzug mit schneeweißer Fliege, eine Augenbraue etwas tiefer herabgezogen als die andere, im Lächeln eine Imitation von Elvis Presley, singt: »C'est la vie!« Im Saal die jungen Herren in korrekten Anzügen, die jungen Damen mit Pettycoats unter den Röcken, sie rasen vor Begeisterung.

Am nächsten Vormittag in den Kellerzellen des ehemaligen Gestapo-Gefängnisses. Das Gestapo-Gefängnis in Kalinin bestand nur einen Monat: vom 15. November bis 15. Dezember 1941. In dieser Zeit wurden dort bei

Verhören 340 Verhaftete erschossen. Jeden Tag elf. Die Leichen der 340 Erschossenen versteckten die Gestapo-Leute im Schnee oder schoben sie unter die Eisdecke der Wolga. Nach der Befreiung der Stadt fand man in diesem Gefängnis noch sechs Menschen lebend vor.
Steile Steinstufen hinab. Schmale Zellen, niedriges Gewölbe, keine Fenster. Steinboden. Ketten mit Handschellen in die Ziegelmauer einlassen. Ein Brett liegt in der Ecke, das diente als Bett. Täglich wurden in den Kammern Appelle durchgeführt, die Anwesenheit der Gefangenen kontrolliert.
Ein anderer Kellerraum, etwas größer: Hier wurde gefoltert. Trotz der dikken Wände und der Eistüren hörte man das Brüllen der Gequälten in den anderen Zellen. Absichtlich. Zur Einschüchterung der Wartenden. Hier haben sie die Gefangenen mit Metallpeitschen geschlagen, bis sie ohnmächtig wurden. Die Augen ausgestochen, die Gelenke verrenkt, Nasen und Ohren abgeschnitten. Vereinzelt sind an den Wänden noch Inschriften zu erkennen. Daten und Namen in die Steine geritzt. Stumme Schreie. Ich bin froh, als ich wieder oben im Freien an der Luft bin. Der Autoverkehr, die Sonne, Luft zum Atmen. Ich hatte unten in den Kammern plötzlich eine Beklemmung, Stiche in der Herzgegend, einen kupfernen Geschmack im Gaumen. Ich gehe vor dem Kellereingang auf und ab, atme tief ein und aus. Es wird mir besser.
Nahe dem Wolgaufer ein Memorialkomplex. Hoch aufragende Bajonette aus Stahl. In der Höhe von mehreren Metern ein Kranz, ein Metallrelief aus Köpfen von Kriegern. Wie wir es von unseren Denkmälern für die Kriegsjahre 1870/71 kennen. Etwas entfernt eine andere Gedenkstätte. In die steinernen Bodenplatten eine Gruft eingelassen. Breite Stufen führen hinab. In einer Nische brennt die Ewige Flamme. Davor Kränze, Blumen, ganz frisch, Sträuße, Körbchen mit Blumen, einzelne Rosen, Nelken. Um die Ewige Flamme stehen in einem Quadrat vier Jugendliche. Schülerinnen und Schüler, fünfzehn, sechzehn Jahre. Es regnet. Sie haben ihre Regencapes übergezogen, die Kapuzen tief im Gesicht. Sie stehen unbeweglich, ihre Gewehre geschultert. Ihre Kindergesichter sehr ernst, entschlossen.
Hinter der Ewigen Flamme ein Lautsprecher, und aus dem Lautsprecher Töne eines klopfenden Herzens. Das laute Pochen eines schlagenden Herzens. Der Ton scheppert. Manchmal klingt es nach schweren Kanonenschüssen.
»Das ist das Herz aller Ermordeten, die für uns nicht gestorben sind«, sagt Nikolaj Stepanowitsch Kalikin. »Oder das Herz der Menschheit, das nicht sterben will«, sagt Slawa.
Dann eine lange, heroische Musik. Dröhnend, daß der Lautsprecher zittert. Darauf wieder dieses Herzpochen.

Wachablösung. Die vier Schüler werden abgelöst. Insgesamt halten sie pro Tag zwei Stunden lang die Ehrenwache. Jede halbe Stunde werden sie abgelöst. Hier eine halbe Stunde Ehrenwache zu halten gilt als Auszeichnung. In Stechschritten kommen die neuen vier Wachen heran, im Stechschritt schreiten die Abgelösten davon. Hinter dem Denkmal legen sie ihre Capes ab, ihre Gewehre, ziehen die Stiefel aus, ihre Uniform, schlüpfen in Tennisschuhe, streifen ihre bunten Pullover über, kämmen sich durch das Haar, legen kurz eine Tolle, stecken sich eine Zigarette an und schwingen sich auf ihre Mopeds, geben Gas, preschen laut davon. Vom Tonband tönt nun wieder die heroische Musik, und neben mir stehen die neuen Ehrenwachen, unbeweglich, die Kindergesichter sehr ernst und entschlossen.
Auf dem Bahnsteig in Kalinin. Wir fahren mit dem Zug nach Klin. Sascha hat uns zum Bahnhof begleitet. Er ist Journalist bei der Kalininer Zeitung. Eigentlich hätte er uns die ganze Zeit begleiten sollen. Doch seine Frau liegt in der Klinik und erwartet ein Baby. Heute vormittag sollte es schon kommen. Nun, am Abend, ist das Baby immer noch nicht da. Er ist sehr aufgeregt und lacht immerzu. Der Zug hat eine halbe Stunde Verspätung. Zweimal ist Sascha schon zu der Telefonzelle auf dem Bahnsteig gelaufen und hat in der Klinik angerufen. Nein, das Baby ist noch nicht da. Nun kommt er lachend zurück: »Ein Junge! Alles gesund. Auch meiner Frau geht es gut!«
Er kann es gar nicht fassen, daß er nun Vater ist. Wir gratulieren ihm. Er lacht immerzu. Ich schlage vor, er solle doch gleich in die Klinik fahren. Nein, er will noch unsere Abfahrt abwarten.
»Ein Junge!« sagt er und lacht laut. »Ein Junge! Mein Gott, was habe ich in den letzten Tagen durchgemacht! Jetzt ist er endlich da!«
Eine neue Verspätung wird angekündigt. Wir können Sascha überreden, sein Pflichtgefühl uns gegenüber zu vergessen und schnellstens in die Klinik zu seiner Frau und seinem neuen Sohn zu fahren. Lachend schüttelt er uns die Hand und rennt die Treppen hinunter zum Bahnhofsausgang.
Im Zug nach Klin. Es ist Abend geworden. Dämmerung über der Landschaft draußen. Der Triebwagen rauscht dahin. Die Wälder draußen sind schon schwarz geworden. In einem See spiegeln sich die letzten hellen Flecken des Himmels. Weiden. Das Vieh steht auf den Wiesen. Dazwischen alte Holzhäuschen, Neubauten, Einfamilienhäuschen aus weißen Klinkersteinen, wie man sie für Schwimmbäder verwendet. Häuschen aus Fertigbauteilen. Schön in einer Reihe. Auf jedem Dach eine Fernsehantenne. Es sind die neuen Wohnungen für Kolchosbauern.
Im Zug Musik aus kleinen Lautsprechern. Eine Musik, die mir bekannt vorkommt. Ein Duett mit Chor. Operettenhaft. Neben mir ein alter Mann, um

die fünfundsiebzig. Er spricht mich auf deutsch an: »Schöne Musik«, sagt er. »Sehr schöne Musik.« Er hatte gehört, wie ich mich mit Slawa unterhielt.
»Was ist das für eine Musik?« frage ich.
Er: »Kennen Sie nicht? ›Glückliche Reise‹ von Eduard Künneke. Schöne Operette.«
Ich frage, woher er so gut Deutsch spricht. Er winkt mit der Hand ab. Ich frage nochmals danach.
»Von den Deutschen im Krieg. Ich war im KZ Stukenbrock bei Bielefeld. Im Stalag 326.«[269]
Er will nicht weiter darüber sprechen, ich aber will Näheres darüber erfahren. »Als sowjetischer Kriegsgefangener. 65000 sowjetische Kriegsgefangene sind dort umgekommen. Ich hab's überlebt. Es war schlimm«, sagt er. »Sehr schlimm.« – Dann schweigt er wieder, macht mich auf die schöne Musik aufmerksam. »Auch von einem Deutschen«, sagt er. Und dann: »1970 war ich wieder in Stukenbrock. Zu einer Gedenkfeier. Kein Vertreter der Stadt war da. Aber dafür 4000 Jugendliche. Und das hat mir wieder Mut gemacht. Auch ein evangelischer Pfarrer hat dort gesprochen.«[270] Ob er sich noch an den Namen erinnern kann, will ich wissen. »Albert oder Albrecht oder so ähnlich.« – »Albertz?« frage ich. »Heinrich Albertz?« – »Ja, ja«, sagt er. »So hieß der. Albertz.«
Draußen ist es dunkel geworden. Nur noch die Silhouetten der Wälder, der Hügel, der Häuser gegen den schweren violetten Himmel zu sehen. In den Häusern vereinzelt Lichter hinter den Scheiben. Der Alte hat keine Lust mehr zu sprechen. »Vorbei«, sagt er. »Vorbei.« Er sieht auf die Uhr, da wird er noch für einen kurzem Moment gesprächig. »In einer Stunde beginnt die Übertragung des Fußballspiels Dänemark gegen UdSSR.« Er wohnt in Moskau. Er will unbedingt zu Hause sein, wenn das Spiel im Fernsehen übertragen wird. Er ist nervös, ob er das noch schafft wegen dieser Verspätung. – Dann Schweigen.
Ich blättere in meinen Papieren, die ich in Kalinin erhalten habe. Darunter einen Prospekt über eine »Ausstellung von Werken der angewandten Kunst« – Keramik, Porzellan, Fayencen, Batiken. Holzschnitzereien. Es ist eine Ausstellung von Künstlern aus Kalinin, die im vergangenen Jahr in Osnabrück stattfand. Osnabrück hatte eine Städtepartnerschaft mit Kalinin geschlossen, 1982. Kulturaustausch Kalinin–Osnabrück. Jetzt findet eine Fotoausstellung von Osnabrücker Fotografen in Kalinin statt.

Klin

Tschaikowski hat hier in seinem letzten Lebensjahr 1892/93 gelebt. Die Deutschen haben hier drei Wochen gehaust: vom 23. November[271] bis 14. Dezember 1941[272]. Als die Panzer hier einrückten, nagelte ein Offizier ein Schild an Tschaikowskis kleine Holzvilla. »Tschaikowski-Haus. Wertvolles Kulturgut. Nicht zerstören!«
Unmittelbar hinter der Wehrmacht folgte ein Sonderkommando der Einsatzgruppe B. Die Truppen dieses Sonderkommandos richteten das Foyer als Motorradwerkstatt ein, verwüsteten das Tschaikowski-Haus, verheizten die wertvollen, alten Möbel, die Bilder, die Bücher, verheizten Stapel von Partituren, zerschlugen die Büsten, benutzten Tschaikowskis Schlafzimmer als Toilette, schissen in die Fayence-Vasen, schissen in das Porzellangeschirr, wischten sich ihre Ärsche mit den handschriftlichen Notenmanuskripten ab.
Das erzählt mir die Direktorin des Tschaikowski-Hauses und -Museums, Pauline Weidmann, in fließendem Deutsch. »Heute haben wir das Haus und das Museum in dem Steingebäude nebenan wieder völlig aufgebaut. Es kommen sehr viele westdeutsche Touristen hierher, Musikliebhaber, Tschaikowski-Verehrer. Den größten Teil der kostbaren Einrichtung hatten wir natürlich vor dem Einmarsch der Faschisten bereits evakuiert, in Sicherheit gebracht. Fast die ganze Bibliothek Tschaikowskis, die wichtigsten Notenmaterialien und vor allem seinen Flügel. Mitten in den Kriegswirrnissen hatten wir vieles in den Ural geschafft. Nun können Sie dies hier wieder bewundern. Leider konnten wir in der Eile nicht alles wegtransportieren. Vieles ist zerstört worden.«
Der stellvertretende Bürgermeister von Klin, der uns im Rathaus empfängt, betont als erstes, daß die Deutschen in Klin vor dem Krieg eine hervorragende Thermometerfabrik eingerichtet hatten, die sie allerdings durch ihre Bombenangriffe zerstörten, und daß sie dann nach dem Krieg wieder eine Thermometerfabrik mit technischem Gerät ausstatteten. So ist dieses Werk nun das einzige in der Sowjetunion, das spezielle Thermometer für die Tiefsee und den Weltraum herstellt.
Valentina Judelewa Ragowskaja. »Klin wurde am 29. Oktober 1941 zum ersten Mal bombardiert, ein Viertel der Stadt ist dabei zerstört worden. Dann

der zweite Luftangriff im November. Acht Stunden lang. Und dann, am 23. November 1941, rückten die Panzer in Klin ein. Wir versteckten uns im Keller und hatten schreckliche Angst. Da hörten wir ein Krachen. Deutsche zerschlugen mit dem Gewehrkolben die Kellertür. Ein Soldat kam die Treppe herab, hielt eine Handgranate in der Hand.

›Raus!‹ schrie er. ›Russen raus!‹ Uns war schlecht vor Angst, erhoben die Hände, zitterten am ganzen Leib. Da sagt der Deutsche: ›Matka, Brot, Zukker!‹, und schmatzt mit den Lippen. Wir geben ihm, was wir für die Kinder aufgehoben haben: zwei Laib Brot und ein paar Rüben. Er wirft einen Brotlaib nach oben und frißt den anderen ganz schnell vor uns auf. Er verlangt nach Milch und Eiern. Ich gehe nach oben und sehe ungefähr 300 Soldaten. Sie nehmen alles an sich, tragen unsere Möbel aus den Häusern, machen damit im Hof ein Feuer. Sie schreien mich an: ›Matuschka, Wasser! Matuschka, Fleisch!‹

Wir hatten auch ein paar Hühner. Ich sehe, wie sie die Hühner einfangen, ihnen einfach die Köpfe abreißen und sie mit den Federn ins Feuer legen. Als die Federn verbrannt waren, haben sie die Hühner gefressen, einfach so.

Als ich dem Kommandanten sagte, daß sie meine Hühner umgebracht haben, schrie er mich an: ›Deutsche Soldaten nehmen kein fremdes Eigentum!‹

Dann holten sie meine Kuh aus dem Stall und schlachteten sie. Ich dachte, ich werde verrückt! Es war unsere einzige Kuh und eine junge Kuh. Sie gab sehr viel Milch. Ich schrie und warf mich auf meine tote Kuh.«

Vera Josefowna Makarenko: »Wissen Sie, es ist schwer, darüber zu sprechen. Aber trotzdem. Ich versuche es. Ich wohne hier in Klin schon seit 1934. Hier wurde mein Mann Igor Michailowitsch aufgehängt. Von den Deutschen. Sie kamen zu uns und haben sich wie die Herren aufgeführt. (Sie weint.)

Ich kann Ihnen das gar nicht erzählen. Glauben Sie mir. Sie kamen hierher und haben uns alles weggenommen. Und wie sie uns behandelt haben! Sie haben uns gar nicht für Menschen genommen.

Aber wir sind doch Menschen! Und wir wollten leben. Und wir werden noch lange leben! Sie haben meinen Mann aufgehängt. Fünf Tage hing er da. Sie haben uns nicht erlaubt, ihn abzunehmen. Dann unser Häuschen. Sie haben es angezündet. Sie haben uns herumkommandiert, wie sie wollten. Am 23. November haben sie meinen Mann aufgehängt. Gleich am ersten Tag. Es fällt mir sehr schwer... (Sie weint.)

Sie haben der Reihe nach die Menschen aufgehängt! Und verstehen Sie – wir haben das alles überlebt. Wir haben überlebt! Was haben die hier angestellt! Sie waren die Herren. Und wir? Was sollten wir denn machen? Wir mußten

uns doch verteidigen! Wenn dieser Krieg nicht gewesen wäre, wir hätten herrlich gelebt! Aber der Krieg hat alles zerstört. Er hat uns zerstört. Fünf meiner Brüder sind umgekommen. – Was soll ich Ihnen erzählen? Ich kann das alles gar nicht erzählen. (Sie weint.)
Die führten sich hier auf! – Ich weiß gar nicht. – Was sollten die hier? Wollten die uns auslöschen? Wollten die uns vernichten? Aber wir leben! Und wir werden leben! Als sie kamen, haben sie alles an sich genommen. Es gab nichts zu essen, nichts zu trinken. Sie haben uns verboten, Wasser zu holen. Sie zerschossen einfach unsere Eimer. Da konnten wir kein Wasser mehr holen. Sie nahmen uns sogar im Winter die Filzstiefel weg. Uns erfroren die Beine. (Sie weint.)
Stellen Sie sich das einmal vor. Da kommen fremde Menschen aus einem Land, von dem wir glaubten, sie sind unsere Freunde. Wir haben hier ihren Goethe und ihren Heine gelesen. Und da kommen die nun und wollen uns vernichten. Können Sie das begreifen? Meine Schwester hatte ein Töchterchen... (Sie weint.) Sie haben die Kleine mitgenommen zum Verhör. Sie fragten: ›Dein Vater, wo ist dein Vater? An der Front? Verteidigt die Heimat? Oder ist er Partisan?‹ – Da haben sie der Kleinen die Finger abgeschnitten. – Ich kann nicht mehr. Bitte, glauben Sie mir... (Sie weint.)
Wie haben die sich hier aufgeführt! Hier auf unserer Erde! Das ist unsere Heimat. Und dann siehst du plötzlich – die wollen dich vernichten! Aber wir haben überlebt. – Vor dem Krieg haben wir gut gelebt. Ich war Waise, hatte keinen Vater. Ich hatte fünf Brüder und in einer Kohlengrube gearbeitet, dann als Serviererin und als Köchin in einer Kantine. 1934 kam ich hierher. Ich heiratete. Wir lebten sehr gut. Alles hatten wir. Schuhe und Kleider, genug zu essen. – Ich habe hier etwas, was ich Ihnen zeigen möchte. Darf ich es Ihnen zeigen? Warten Sie.«
Sie sucht in ihrer Plastikhandtasche, holt einige Papiere hervor, breitet sie vor mir aus, kann in der Aufregung nicht finden, was sie sucht. Kippt dann den ganzen Inhalt auf den Tisch, sortiert aus zwischen Portemonnaie, Taschenspiegel, Hausschlüssel, Kamm, vielen Fotos, Briefen, einer Medaille, Taschenkalender. Dann hat sie es gefunden: ein Foto. Eine junge Frau vor einem Denkmal.
»Das bin ich. Vor unserem Siegesdenkmal in Klin. Am Tage des Sieges, Gott, wie haben wir uns gefreut! Ich war so froh, daß ich fast bewußtlos wurde. Der Krieg zu Ende! Wie haben Sie das Kriegsende erlebt? Hier – jeder, der eine Krankheit hatte, war mit einem Mal geheilt. Jedem, dem etwas weh getan hatte, war plötzlich gesund! Vor lauter Freude! (Sie schluchzt.) Dieser verfluchte Krieg. – Ich bekomme jetzt eine Pension, arbeite aber trotzdem noch weiter. 150 Rubel verdiene ich. Ich kann mir alles

kaufen, was ich zum Leben brauche. Ich habe Gas und Wasser. Ein Badezimmer, Kanalisation. Verstehen Sie, alles ist da! Und wenn es mir einmal schlechtgeht, hilft mir jeder. Erzählen Sie zu Hause allen, wie es jetzt bei uns ist. Erzählen Sie alles!«

Nina Pawlowna Kowaleskaja: »Ich lebte in dem Dorf Siderkowo, hier nahe bei Klin. Da haben die Faschisten vor ihrem Rückzug allen Bewohnern von Sinjowo befohlen, ihnen zu folgen, als Kugelschutz gegen unsere anrükkende Rote Armee. Es war nachts −30 Grad. Die Frauen, die Säuglinge und kleine Kinder hatten, weigerten sich, den Faschisten zu folgen. Sie hatten Angst, ihre Kleinen würden unterwegs erfrieren. Da befahl der Offizier: Alle Mütter mit ihren Kindern vortreten! Dann ließ er ein Eisloch in den Fluß schlagen und alle Säuglinge und kleinen Kinder in dieses Eisloch werfen. Das Entsetzen der Mütter! Ihre Schreie höre ich heute noch.«

Jachroma

Von Klin fahren wir mit dem Auto der Stadtverwaltung die wenigen Kilometer nach Jachroma am Moskwakanal. Jachroma ist von Moskau nur 40 Kilometer entfernt. Am 28. November 1941 erreichten die letzten Reste der Panzergruppe 3 und der 7. Panzerdivision diesen Ort am Kanal, besetzten die Brücke und setzten über[273] mit dem Ziel, auf das Nachrücken der südlich von Moskau gelegenen Verbände zu warten und dann Moskau von Osten her einzukesseln. Dieses Übersetzen der Wehrmacht über den Kanal mußte auf Stalins Anweisung auf jeden Fall verhindert werden. Und so wurden die deutschen Truppen schon am nächsten Tag auf das Westufer zurückgeschlagen[274].

In Jachroma gehen wir etwas abseits eines verkehrsreichen Platzes zu einem kleinen Häuschen. In einem einzigen Raum ist hier das Kriegsmuseum eingerichtet. Neben dem Häuschen auf einem eingezäunten Grundstück ein niedriger Obelisk. Hier befindet sich eines der Massengräber von Jachroma.

Dic Museumsleiterin Valentina Igorowna Belikowa bittet uns herein: »Ich war 19 Jahre alt, als die Deutschen einmarschierten. Ich war damals in dem Dorf Stephanowo hier in der Gegend Sekretärin der Komsomol-Jugendorganisation. Schon lange bevor die Faschisten hierherkamen, hatten wir eine Zivilverteidigung aufgestellt. 6000 Personen. Wir haben Panzergräben gegraben, damit die Panzer nicht durchkönnen. – In der Nacht vom 27. zum 28. November 1941 hörten wir plötzlich Motorenlärm. Aber von einer Seite, von der wir sie gar nicht erwartet haben. Sie kamen mit Motorrädern und fingen sofort an, überall nach Partisanen zu suchen. Sie holten uns mitten in der Nacht aus den Häusern, auch die Alten und die Kinder, beschlagnahmten alle Steinhäuser, und wir konnten sehen, wo wir blieben. In den Kellern haben wir dann gehaust, in Bombentrichtern. Wir haben in die hartgefrorene Erde Löcher gegraben und sie mit irgend etwas zugedeckt. Bei −30 Grad. Innerhalb von wenigen Minuten nahmen sie alles Eßbare, alle warmen Kleidungen an sich. Ich habe auch gesehen, wie sie ca. 100 sowjetische Kriegsgefangene in eine Scheune führten, die Scheune verriegelten und sie mitsamt den Kriegsgefangenen niederbrannten.

Die Faschisten konnten nur zehn Tage in Jachroma bleiben. Doch diese zehn

Tage werde ich nie vergessen. Ich habe zwei Söhne und drei Enkelkinder. Wenn sie schlafen, möchte ich, daß ihr Schlaf nicht gestört wird durch Krieg und Bomben, wie wir es erleben mußten.«
Mit dem Veteranen Pjotr Jakowletisch Dobin stehen wir auf dem Peremilowohügel auf der östlichen Kanalseite nördlich von Jachroma. Von hier oben haben wir einen weiten Blick über das Land, unter uns der Moskwakanal. Auf dem Hügel auf einem hohen Podest eine gigantische Statue: ein riesenhafter voranstürmender Rotarmist aus schwarzer Bronze, sein Gewehr hochgestreckt.
Pjotr Jakowlewitsch Dobin: »Ich kämpfte damals da unten als Artillerist, um zu verhindern, daß die Deutschen den Kanal überschreiten. Es ist ihnen tatsächlich gelungen überzusetzen. Doch nur für einen Tag. Zwei Tage lang gab es hier schreckliche Kämpfe. Am 28. und 29. November 1941[275]. Ein schreckliches Gemetzel in Eis und Schnee. Dann hatten wir sie auf das westliche Ufer zurückgedrängt. Ich staune heute noch darüber, daß ich das überlebt habe.«
Es ist Freitag nachmittag. Zwei Brautpaare kommen zum Denkmal. Sie im weißen Kleid mit weißer Spitzenhaube, er im schwarzen Anzug mit Silberkrawatte. Sie sind mit Taxis den Hügel heraufgefahren, gehen den Weg bis zur Gedenkstätte zu Fuß mit ihren Familien. Die Brautpaare legen große Blumensträuße an der Gedenktafel nieder, zwei Fotografen machen Bilder mit Blitzlicht. Die Paare bleiben eine Weile schweigend vor der Tafel stehen, verneigen sich und gehen mit ihren Familien zu den Taxis zurück.

Istra

Die Kathedrale »Neues Jerusalem« in Istra. 30 Kilometer von Moskau entfernt. Beim Eingang in das große, von weißen Festungsmauern umschlossene Klostergelände hat man eine Schautafel aufgestellt: Fotografien zeigen den Zustand der Kathedrale vor dem Einmarsch der Deutschen am 26. November 1941[276] und wie die Kathedrale aussah, als die deutschen Truppen zwei Wochen später Istra verließen. Vor dem Überfall: Auf den Fotos sieht man die weiterhin glänzenden Kuppeln, im Innern der Kathedrale die barocke Wucht, mit Blattgold ausgelegte Wände, Stuckornamente, Fresken die Wände hoch bis in die Himmel der ausgemalten Gewölbe. Nach dem Überfall: auf den Fotos die eingestürzten Metallgerippe der drei Kuppen, das zerschlagene, niedergebrannte Innere der Kathedrale, Schuttberge, geschwärzt vom Feuer.
Ursprünglich wollten die Deutschen bei ihrem Rückzug die Kathedrale sprengen. Doch sie kamen nicht mehr dazu. Sie waren zu sehr damit beschäftigt, das eigene Leben zu retten, Flucht vor der Roten Armee. Um die größte der drei Kuppeln sind Gerüste verschraubt. Und im Innern der Kathedrale werden gerade Gerüste bis hoch hinauf zu den Gewölben montiert. Man baut wieder auf. Wandstück für Wandstück, Säule für Säule entsteht wieder der barocke Akkord, das überschäumende Crescendo, versteinert. Die kleine Kuppel und die mittlere, die goldene, sind schon fertig. Nun schweißt und schraubt man an den Verstrebungen für die dritte, die größte Kuppel. Auch die Kapelle unter der Kathedrale wird rekonstruiert.
Mit Ludmilla Romanowna Kotsowa gehe ich über das Gelände, an den Gerüsten vorbei, zwischen Eisenträgern und Sandhaufen hindurch. Sie erzählt: »Ich weiß noch genau, wie die Deutschen hier am 26. November 1941 ankamen. Sie blieben nur zwei Wochen, aber ich kann mich noch sehr genau daran erinnern. Ich war damals erst sechzehn Jahre. Alle mußten für die Faschisten arbeiten. Auch die Kinder. Wollte ein Kind nicht, wurde es sofort erschossen.
Istra haben sie schon seit September bombardiert. Es war eine hübsche grüne Stadt. Und was haben die Deutschen daraus gemacht? Im November waren die Luftangriffe am schlimmsten. Ich hatte damals eine Freundin. Sie hieß Lina. Nach einem Bombardement fand ich ihre verbrannte Leiche.

Viele sind damals schon in die Wälder geflohen. Bei Schnee und Eis. Bei –20 Grad haben sie die Tage und Nächte in Erdlöchern verbracht.
Einmal wurde mein Vater von den Faschisten zum Verhör gerufen. Nach einer Stunde kam er zurück: völlig nackt und den ganzen Körper voller Peitschenstriemen. Das Blut aus seinen Wunden war vereist – so kalt war es. Meine Musiklehrerin haben sie vor meinen Augen ermordet. Auf der Straße. Sie wollten ihr den Mantel wegnehmen. Sie schrie die Soldaten an: ›Ihr Banditen!‹ Da hat einer sie in aller Ruhe in den Mund geschossen. Sie war sofort tot. Und ich habe gesehen, wie sie meinen Physiklehrer Michailow in seinem Haus aufgehängt haben. Hier in der Nähe gibt es das Dorf Dorna. Die Deutschen sperrten dort 2000 Einwohner in die Kirche und ließen sie erfrieren und verhungern. Dann zündeten sie die Kirche mit den Menschen darin an. Sie sind alle verbrannt. – Fahren Sie noch nach Dorna?
Als die Faschisten fliehen mußten, trieben sie uns aus der Stadt vor sich her. Ich habe gesehen, wie sie die Häuser sprengten, unsere Schule, unser Krankenhaus, unser Wohnhaus, ein Haus von Tschechow – alles. Als sie uns vor sich hertrieben und hinter uns die Trümmer rauchten, fotografierten sie uns. Sie haben in ihren Zeitungen unter diese Bilder geschrieben, daß wir unsere Häuser selbst niedergebrannt hätten und daß wir stolz seien, mit der deutschen Wehrmacht abzuziehen, weil sie uns vor unserer eigenen Armee in Sicherheit bringen würden. – Nach zwei Tagen konnte ich unterwegs mit meiner Mutter fliehen. Wir kamen nach Petrowsk. Wie wir das überlebt haben, weiß ich nicht. Bei dieser Kälte nachts. Dann nahmen uns Partisanen auf. Die brachten uns in den Wald. Für eineinhalb Kilometer über ein Feld brauchten wir vier Stunden. So vermint war die Gegend.
Im Wald haben uns die Partisanen warme Kartoffeln gegeben. Aber wir konnten sie nicht essen. Wir hatten all die Tage vorher nichts im Magen gehabt. Als wir die Kartoffeln dann doch aßen, mußten wir alles wieder erbrechen. Unser Magen war kein Essen mehr gewöhnt. Als Folge dieses Krieges bin ich nun herzkrank und muß heute noch zur Untersuchung.
Nach zwei Wochen kehrten wir nach Istra zurück. Da standen nur noch die Kamine. Wo früher die Stadt war – nur die Kamine der Häuser. Zwei Gebäude standen noch. Das war alles von Istra. Als die Rote Armee in Istra einrückte, fand sie von den 7000 Einwohnern nur 25 Kinder. Die hatten sich in den Kellern versteckt und mußten erst gesucht werden. Im Dezember 1941 und im Januar 1942 streiften die Wölfe durch den Schnee zwischen den Ruinen von Istra. Aber 1943 stand schon wieder die erste Schule!«

Moskau

Wenn man vom Flughafen Scheremetjewo II im Nordwesten Moskaus auf der Leningrader Chaussee stadteinwärts fährt, sieht man beim Vorort Chimki auf der rechten Straßenseite drei monumentale Panzersperren. Drei über Kreuz gestellte große Eisenbalken sind als Denkmal aufgestellt. Etwa 20 Kilometer vom Kreml entfernt. Bis hierher kam am 30. November 1941 eine Spitze der deutschen Wehrmacht[277]. Bis sie dann durch die sowjetische Gegenoffensive ab 5. Dezember 1941 zurückgeschlagen wurde[278]. Fast dreieinhalb Jahre kämpften dann die deutschen Truppen nur noch um ihr Überleben, bis Anfang Mai 1945, bis der allerletzte Rest in Berlin ankam, die Rote Armee im Nacken. Auf der Leningrader Chaussee lärmt der Verkehr. Es ist eine der großen Achsen nach Moskau. Lkws transportieren Obst, Fisch, Gemüse, Kies, Zement, Ziegelsteine. Ich versuche mir vorzustellen, welche Fahrzeuge Anfang Dezember 1941 auf dieser damals vereisten Straße fuhren, wenn von den deutschen Fahrzeugen überhaupt noch eines fuhr.

Zuerst sah Anfang Juli 1941 Generaloberst Franz Halder, der Generalstabschef des Heeres, mit fachmännischem Weitblick den Krieg gegen die Sowjetunion schon nach zwei Wochen als gewonnen an[279]. Dann prophezeiten Hitler und Goebbels die Niederschlagung der UdSSR in sechs Wochen. Schließlich plante der Generalstab der Wehrmacht die Einnahme von Moskau für den 16. Oktober 1941.

Hier in der Nähe muß es gewesen sein, wo fast 400000 Frauen, Jugendliche, Kinder und Alte den inneren der zwei Panzergräben um Moskau ausgehoben haben. Damit die deutschen Panzer darin hängenbleiben wie Käfer in einer Tasse. Mit den Zügen, mit Autobussen, auf Lkws geladen, fuhren die Moskauer in abwechselnden Schichten zur Front. Zum Schaufeleinsatz. Sie gruben diese Panzergräben in eine Erde, die entweder durch den Regen zu Schlamm aufgeweicht oder durch den Frost steinhart gefroren war. Sie bauten Bunker, Feuerstellungen, Höckerhindernisse, Barrikaden. Sie gossen Betonhöcker, stellten spanische Reiter auf und legten Hunderte von Kilometern Stacheldrahtverhau[280].

Slawa freut sich. Er ist wieder zu Hause, bei seiner Frau und seinem Sohn. Ein Problem sind seine beiden Koffer voller Bücher, die er von dieser Reise

mitgebracht hat. Seine Wohnung, in der neben seiner Familie auch sein Schwiegervater wohnt, ist sehr klein und schon mit Büchern vollgestopft. Sogar unter dem Bett hat er Bücher gestapelt. Doch er versichert mir, daß er für diese Bände hier auch noch ein Plätzchen findet.
Wir gehen die Gorkistraße hinab, am Postamt vorbei. Da steht ein gewaltiges Wohnhaus. Der Sockel des Hauses ist mit schwarzen Granitquadern gemauert. »Diese Steine haben die Deutschen aus der Ukraine herangeschafft«, sagt Slawa[281]. »Sie planten nach der Einnahme, das Stadtzentrum durch die Moskwa zu überfluten[282], in der Mitte eine Insel zu errichten und auf der Insel mit diesen Steinquadern ein gigantisches Hakenkreuz zu mauern. Es gab exakte Baupläne dafür. Sie haben eben an alles gedacht. Nur nicht daran, daß wir auch noch existieren. Daß wir vielleicht nicht einverstanden sind mit ihrer paradiesischen Herrschaft und daß wir uns dagegen wehren, von ihnen vernichtet zu werden. Daran haben sie nicht gedacht. Sie wollten auch einen Ring um Moskau legen, uns einschließen. Nur an drei Hauptstraßen nach Osten sollten Durchlaßstellen sein. Durch Stacheldrahtverhaue wollten sie dort Schleusen bauen, durch die alle Moskauer die Stadt verlassen mußten. SD-Posten sollten dort jeden prüfen: Frauen, Alte und Kinder sollten von dort in den Osten deportiert werden und alle Männer zur Zwangsarbeit nach Westen.«[283]
Unterwegs zum Roten Platz frage ich Slawa nach den Zerstörungen in Moskau selbst durch die deutschen Luftangriffe. Slawa:
»Ein paar Bomben sind gefallen, das war alles. Im Grunde ist nicht viel zerstört worden. Der erste Luftangriff auf Moskau war in der Nacht zum 22. Juli 1941. Aber wir hatten drei Ringe Luftabwehr um Moskau herum. So sind von den 200 Bombern nur zehn bis fünfzehn durchgekommen. Und auch die mußten wegen des massiven Flakfeuers schnell abdrehen. Und dann hatten wir große Sperrballons aufsteigen lassen. Damit die Flugzeuge höher fliegen mußten und dadurch ihre abgeworfenen Bomben nicht mehr so genau treffen konnten. Von Juli bis Dezember 1941 gab es 122 Luftangriffe auf Moskau. Aber dank unserer Abwehr konnten nur sehr wenige Flugzeuge das Stadtgebiet überfliegen[284]. – Ich bin ja erst nach dem Kriege geboren. Aber nun lernt mein Sohn Maxim die Geschichte des Großen Vaterländischen Krieges, und ich muß ihn abfragen. Deshalb weiß ich das so genau.«
Wir gehen durch die lange Unterführung unter dem Karl-Marx-Prospekt hindurch, kommen beim Alexander-Garten wieder hoch. Reihen von Taxis stehen da, mit aufmontierten Eheringen und Glöckchen in den Ringen. Ach ja, heute ist Samstag. Hochzeitstag. Ein Brautpaar nach dem anderen legt am Grabmal des Unbekannten Soldaten Blumen nieder. Rund um die Ewige

Flamme Blumen, Blumen. Und hinter den Brautpaaren die Eltern, Freunde, Kollegen und der Fotograf. Am großen Eisentor zum Alexander-Garten fahren pausenlos die Taxis mit den Eheringen und Glöckchen auf den Dächern vor, und die Paare mit ihren Familien stehen Schlange, um zum Grabmal des Unbekannten Soldaten nachrücken zu können, um dort ihre Blumen niederzulegen.
Ich wohne im Turmhotel »Leningradskaja«. Daneben der Turm des Verkehrsministeriums. Die beiden nebeneinander erinnern mich an den Kölner Dom. Sowjetische Gotik. Auch die Hotelhalle des »Leningradskaja« ist wie der Eingang in eine Kathedrale. Die Decke verschwindet im dämmrigen Schein. Hoch oben schimmern Buntglasfenster.
Ich wohne im 16. Stock und schaue hinab auf die drei Bahnhöfe: auf den Leningrader, den Jaroslawler und den Kasaner Bahnhof. Menschenmassen strömen hinein, strömen heraus, winzig klein. Autos schieben sich dazwischen. Züge fahren unter mir streichholzklein aus den Hallen heraus, in die Hallen hinein.
Auf meinem niedrigen Hoteltisch liegt die Fotokopie der »Vorschläge über Sofort-Maßnahmen bei der Besetzung von Moskau«, erstellt von der Heeresgruppe Mitte Ic/AO am 11. Oktober 1941[285]. Lew Besymenski hat mir diese Kopie gegeben, als ich heute in seinem Redaktionsbüro der »Neuen Zeit« am Puschkin-Platz war, hinter dem Gebäudekomplex von »Iswestija«. Wir hatten uns verabredet, ich war bei ihm, er spricht fließend Deutsch, lebte, während Willy Brandt Bundeskanzler war, jahrelang in Bad Godesberg. Er ist wohl in Moskau der beste Kenner der deutsch-sowjetischen Geschichte.
Ich blättere in diesen »Vorschlägen über Sofort-Maßnahmen bei der Besetzung Moskaus« und lese Überschriften wie »Versammlungsverbot«, »Zentralverwaltung«, »Neue Ordnung«, »Presse- und Druckverbot«. Neben den Plänen zur völligen Zerstörung Moskaus entwickelte die Heeresgruppe Mitte also auch Pläne darüber, was beim Einmarsch deutscher Truppen in dieser Stadt zu geschehen habe. Und zwar formulierte diese Maßnahmen innerhalb der Heeresgruppe Mitte das Referat Ic/AO (Abwehr), dessen Chef Rudolf-Christoph Freiherr von Gersdorff war[286].
Morgen werde ich nach Berlin-Schönefeld zurückfliegen, und dann mit dem Bus nach West-Berlin. Hinter mir läuft das Fernsehprogramm: die französische Serie über Mozart. Unter der russischen Synchronisation hört man leise den französischen Originalton. Vor ein paar Wochen hatte ich zu Hause einen dieser Teile im ARD-Programm gesehen. Und nun hier. Ich drehe den Programmschalter ein, zwei Stufen nach rechts: Mireille Mathieu singt und breitet wieder ihre Arme weit aus. Ich drehe weiter: Straßenbau in

Sibirien, Schaufelbagger mit Rädern so groß wie ein Gartenhaus. Weiter. Ein Violinkonzert. Ich schalte aus.
Ich packe meinen Koffer für morgen. Ich ordne meine Bänder, Kassetten, beschrifte, numeriere sie. Lege die Bücher im Koffer zurecht, die ich geschenkt bekam. Da habe ich plötzlich die Fotos aus Kortelisi in der Hand, einen Prospekt aus Minsk, das Buch aus Borisov, den Taschenkalender aus Mogilov, einen Stadtplan aus Smolensk, das Buch mit der roten Schleife aus Glubokoje, ein Tagebuch aus Rschew, den Brief, den mir eine Frau in Vitebsk gab: »Lieber Herr aus Deutschland...«
Am nächsten Vormittag holt mich Slawa im Hotelzimmer ab, zusammen mit Valerij Golubzov und Sergej Guk, beide von der Presseagentur APN/Nowosti. Sergej Guk hat gerade Urlaub und ist von seinem Westberliner Agenturbüro zu seiner Familie nach Moskau gefahren. Sergej ermöglichte von Westberlin aus überhaupt erst meine Reise. Und Valerij Golubzov organisierte in der Moskauer APN-Zentrale alle meine Besuche in den Städten, Dörfern, Siedlungen. Er bestellte die Hotelunterkünfte unterwegs und die Fahrten mit den Wagen. Er knüpfte alle diese Verbindungen mit den lokalen Zeitungsredaktionen, die sich dann an Ort und Stelle um mich kümmerten.
Gestern abend saßen wir noch lange beisammen bei üppigem Essen und einigen Flaschen Wodka. Nun müssen wir zum Flughafen. »Einen Moment«, sagen Slawa, Valerij und Sergej. »Erst bleiben wir einen Augenblick sitzen und schweigen.«
Es ist ein Brauch bis heute in Rußland: Wenn ein Gast oder ein Familienangehöriger eine Reise antritt, sitzt man vor dem Aufbruch eine Minute schweigend beisammen, wünscht ihm in Gedanken eine gute Reise, eine gute Ankunft. So sitzen wir also stumm. Ich glaube fast, ihre Wünsche körperlich zu spüren.
Nach einer Weile schaut Slawa auf die Uhr: »So, und nun geht's los.« Koffer, Taschen, Tüten, mit dem Lift hinab zur Hotelhalle, die Fahrt mit dem APN-Wagen durch Moskau, aus der Stadt heraus, vorbei an den drei Panzersperren, Endstation der deutschen Wehrmacht, im Flughafen Geldrücktausch, ich habe wieder DM in der Hand. Wir umarmen uns. Valerij, Sergej und Slawa müssen hinter der Absperrung zurückbleiben, Abfertigung an den Durchgängen, die Koffer werden gewogen, erhalten das Etikett »Berlin-Schönefeld« aufgeklebt, ein letztes Winken, dann bin ich hinter den Milchglasscheiben, kann sie nicht mehr sehen.
In der Aeroflot-Maschine über den Wolken. Essen wird serviert. Hähnchen mit Cervelatwurst und Weißbrot, dazu Butter mit einem Stück Braten. Kaffee, Tee, ein Kuchen.

Hin und wieder sagt der Pilot an: »Wir befinden uns jetzt über Smolensk.« – »Wir befinden uns jetzt über Minsk.« Ich schaue hinab, durch die Wolken hindurch. Dort unten also. Ich sehe Flüsse, Straßen, Wälder, Seen, kleine Städte. Dort unten also. Da bin ich herumgefahren. Die Gespräche der Alten, ihre versagende Stimme. Die Massengräber. Dort unten also. Die Wehrmacht mit ihren Panzern, mit ihren Maschinenpistolen. Die Erschießungen, die brennenden Dörfer. Und ich hier oben auf dem Rückflug bei Hähnchen mit Cervelatwurst.

Ankunft in Berlin-Schönefeld. DDR-Grenzkontrolle. Mit dem Bus an den Grenzstellen vorbei durch die Mauer hindurch.

Ich erinnere mich an meine Abfahrt, als ich mit der S-Bahn zum Bahnhof Friedrichstraße fuhr. Rechts, weit hinten beim Springer-Hochhaus das Rasengelände, wo früher das Reichssicherheitshauptamt stand, wo die Pläne und die Anweisungen für die Vernichtung, für ihre »Durchführung« diktiert wurden. Wo man in die Schreibstuben des SD die »Ereignismeldungen UdSSR« tippte: die Bilanzierung der Massenmorde. Und dann rechts vorne das Reichstagsgebäude mit der Bundesflagge, das ich immer noch als Ruine sehe. Dieses Foto im Kopf, wie die beiden Rotarmisten ihre rote Fahne auf einem der Türmchen des zerschossenen Reichstags befestigen, Anfang Mai 1945. – Der Busbahnhof am Funkturm.

Ich steige aus.

Dokumente

1. Nichtangriffsvertrag zwischen Deutschland und der Union der Sozialistischen Sowjetrepubliken vom 23. August 1939

Die Deutsche Reichsregierung und
die Regierung der Union der Sozialistischen Sowjetrepubliken,

geleitet von dem Wunsche, die Sache des Friedens zwischen Deutschland und der UdSSR zu festigen, und ausgehend von den grundlegenden Bestimmungen des Neutralitätsvertrages, der im April 1926 zwischen Deutschland und der UdSSR geschlossen wurde, sind zu nachstehender Vereinbarung gelangt:

Artikel I
Die beiden Vertragschließenden Teile verpflichten sich, sich jeden Gewaltakts, jeder aggressiven Handlung und jedes Angriffs gegeneinander, und zwar sowohl einzeln als auch gemeinsam mit anderen Mächten, zu enthalten.

Artikel II
Falls einer der Vertragschließenden Teile Gegenstand kriegerischer Handlungen seitens einer dritten Macht werden sollte, wird der andere Vertragschließende Teil in keiner Form diese dritte Macht unterstützen.

Artikel III
Die Regierungen der beiden Vertragschließenden Teile werden künftig fortlaufend zwecks Konsultation in Fühlung miteinander bleiben, um sich gegenseitig über Fragen zu informieren, die ihre gemeinsamen Interessen berühren.

Artikel IV
Keiner der beiden Vertragschließenden Teile wird sich an irgend einer Mächtegruppierung beteiligen, die sich mittelbar oder unmittelbar gegen den anderen Teil richtet.

Artikel V
Falls Streitigkeiten oder Konflikte zwischen den Vertragschließenden Teilen über Fragen dieser oder jener Art entstehen sollten, werden beide Teile diese Streitigkeiten oder Konflikte ausschließlich auf dem Wege freundschaftlichen Meinungsaustausches oder nötigenfalls durch Einsetzung von Schlichtungskommissionen bereinigen.

Artikel VI
Der gegenwärtige Vertrag wird auf die Dauer von 10 Jahren abgeschlossen mit der Maßgabe, daß, soweit nicht einer der Vertragschließenden Teile ihn ein Jahr vor Ablauf dieser Frist kündigt, die Dauer der Wirksamkeit dieses Vertrages automatisch für weitere fünf Jahre als verlängert gilt.

Artikel VII
Der gegenwärtige Vertrag soll innerhalb möglichst kurzer Frist ratifiziert werden. Die Ratifikationsurkunden sollen in Berlin ausgetauscht werden. Der Vertrag tritt sofort mit seiner Unterzeichnung in Kraft.

Ausgefertigt in doppelter Urschrift, in deutscher und russischer Sprache.

Moskau, am 23. August 1939

Für die
Deutsche Reichsregierung:
v. Ribbentrop

In Vollmacht
der Regierung der UdSSR:
W. Molotow

2. Geheimes Zusatzprotokoll vom 23. August 1939 zum Nichtangriffsvertrag zwischen Deutschland und der Union der Sozialistischen Sowjetrepubliken

Aus Anlaß der Unterzeichnung des Nichtangriffsvertrages zwischen dem Deutschen Reich und der Union der Sozialistischen Sowjetrepubliken haben die unterzeichneten Bevollmächtigten der beiden Teile in streng vertraulicher Aussprache die Frage der Abgrenzung der beiderseitigen Interessenssphären in Osteuropa erörtert. Diese Aussprache hat zu folgendem Ergebnis geführt:

1. Für den Fall einer territorial-politischen Umgestaltung in den zu den baltischen Staaten (Finnland, Estland, Lettland, Litauen) gehörenden Gebieten bildet die nördliche Grenze Litauens zugleich die Grenze der Interessenssphären Deutschlands und der UdSSR. Hierbei wird das Interesse Litauens am Wilnaer Gebiet beiderseits anerkannt.
2. Für den Fall einer territorial-politischen Umgestaltung der zum polnischen Staate gehörenden Gebiete werden die Interessenssphären Deutschlands und der UdSSR ungefähr durch die Linie der Flüsse Narew, Weichsel und San abgegrenzt.

Die Frage, ob die beiderseitigen Interessen die Erhaltung eines unabhängigen polnischen Staates erwünscht erscheinen lassen und wie dieser Staat abzugrenzen wäre, kann endgültig erst im Laufe der weiteren politischen Entwicklung geklärt werden.
In jedem Falle werden beide Regierungen diese Frage im Wege einer freundschaftlichen Verständigung lösen.

3. Hinsichtlich des Südostens Europas wird von sowjetischer Seite das Interesse an Bessarabien betont. Von deutscher Seite wird das völlige politische Desinteressement an diesen Gebieten erklärt.
4. Dieses Protokoll wird von beiden Seiten streng geheim behandelt werden.

Moskau, den 23. August 1939

Für die
Deutsche Reichsregierung:
v. Ribbentrop

In Vollmacht
der Regierung der UdSSR:
W. Molotow

3. Deutsch-sowjetischer Grenz- und Freundschaftsvertrag vom 28. September 1939

Die Deutsche Reichsregierung und die Regierung der UdSSR betrachten es nach dem Auseinanderfallen des bisherigen polnischen Staates ausschließlich als ihre Aufgabe, in diesen Gebieten die Ruhe und Ordnung wiederherzustellen und den dort lebenden Völkerschaften ein ihrer völkischen Eigenart entsprechendes friedliches Dasein zu sichern. Zu diesem Zwecke haben sie sich über folgendes geeinigt:

Artikel I
Die Deutsche Reichsregierung und die Regierung der UdSSR legen als Grenze der beiderseitigen Reichsinteressen im Gebiete des bisherigen polnischen Staates die Linie fest, die in der anliegenden Karte eingezeichnet ist und in einem ergänzenden Protokoll näher beschrieben werden soll.

Artikel II
Beide Teile erkennen die in Artikel I festgelegte Grenze der beiderseitigen Reichsinteressen als endgültig an und werden jegliche Einmischung dritter Mächte in diese Regelung ablehnen.

Artikel III
Die erforderliche staatliche Neuregelung übernimmt in den Gebieten westlich der in Artikel I angegebenen Linie die Deutsche Reichsregierung, in den Gebieten östlich dieser Linie die Regierung der UdSSR.

Artikel IV
Die Deutsche Reichsregierung und die Regierung der UdSSR betrachten die vorstehende Regelung als ein sicheres Fundament für eine fortschreitende Entwicklung der freundschaftlichen Beziehungen zwischen ihren Völkern.

Artikel V
Dieser Vertrag wird ratifiziert und die Ratifikationsurkunden werden sobald wie möglich in Berlin ausgetauscht werden. Der Vertrag tritt mit seiner Unterzeichnung in Kraft.

Ausgefertigt in doppelter Urschrift in deutscher und russischer Sprache.

Moskau, den 28. September 1939

Für die
Deutsche Reichsregierung:
v. Ribbentrop

In Vollmacht
der Regierung der UdSSR:
W. Molotow

4. Geheimes Zusatzprotokoll vom 28. September 1939 zum Deutsch-sowjetischen Grenz- und Freundschaftsvertrag

Die unterzeichneten Bevollmächtigten stellen das Einverständnis der Deutschen Reichsregierung und der Regierung der UdSSR über folgendes fest:
Das am 23. August 1939 unterzeichnete geheime Zusatzprotokoll wird in seiner Ziffer 1 dahin abgeändert, daß das Gebiet des litauischen Staates in die Interessensphäre der UdSSR fällt, weil andererseits die Woywodschaft Lublin und Teile der Woywodschaft Warschau in die Interessensphäre Deutschlands fallen (vergl. die Karte zu dem heute unterzeichneten Grenz- und Freundschaftsvertrage). Sobald die Regierung der UdSSR auf litauischem Gebiet zur Wahrnehmung ihrer Interessen besondere Maßnahmen trifft, wird zum Zwecke einer natürlichen und einfachen Grenzziehung die gegenwärtige deutsch-litauische Grenze dahin rektifiziert, daß das litauische Gebiet, das südwestlich der in der anliegenden Karte eingezeichneten Linie liegt, an Deutschland fällt.
Ferner wird festgestellt, daß die in Geltung befindlichen wirtschaftlichen Abmachungen zwischen Deutschland und Litauen durch die vorstehend erwähnten Maßnahmen der Sowjetunion nicht beeinträchtigt werden sollen.

Moskau, den 28. September 1939

Für die
Deutsche Reichsregierung:
v. Ribbentrop

In Vollmacht
der Regierung der UdSSR:
W. Molotow

5. Militärgeographische Angaben über das Europäische Rußland – Militärische Gesamtbeurteilung

Günstige Zeiten
Der Hochsommer und *Frühherbst* (wenn nicht ein abnorm nasser Sommer eine Ausnahme von der Regel macht), weil dann die Wasserführung der Flüsse und

die Nässe der Moore verhältnismäßig gering ist (die Sümpfe bleiben völlig unbegehbar).
Der Winter dadurch, daß er die Wasserhindernisse ausschaltet und *neue Verkehrsmöglichkeiten* schafft. Ausnahmsweise gibt es in der Eisdecke der Sümpfe und Flüsse durch warme Quellen hervorgerufene schwache oder sogar offene Stellen (vorherige Erkundung erforderlich).

Ungünstige Zeiten
Das Frühjahr durch riesige Überschwemmungen, durch Eisgang und anschließend Hochwasser der Flüsse und durch Aufweichung der Böden (nur die reinen Sandböden und Dünen sind dann, soweit nicht überschwemmt, besser). Der ganze S Weißrußlands, das Polessje, ist dann überschwemmt, mit Ausnahme der Pinsker Trockenlandzunge und von der Überschwemmung verschonter »Inseln« und Dünen.
Der Herbst mit Regenfällen und nassem, wieder tauendem Schnee (»Schlackerwetter«). Meist treten im Herbst neue Überschwemmungen auf.

Übersichtlichkeit des Geländes
In ganz Weißrußland ist das Gelände *sehr unübersichtlich*. Überall behindern Wälder und einzelne Waldstücke den Einblick in die Landschaft. Dort, wo es markante Höhen und einzelne Steilhänge gibt (Seenplatten um Polozk, Abfälle des Westrussischen Landrückens zum Njeman und zur Wilija), ist die *Bewaldung* so dicht bzw. das Gewirr von Kuppen und kleinen Höhenrücken so vielfältig, daß es selten Punkte gibt, die Fernsicht und zugleich Einblick in die nähere Umgebung des Aussichtspunktes gewähren. Der größere, südliche, ebene Teil des Landes erschwert die Orientierung der Truppe noch dazu durch die *Gleichförmigkeit* des Landschaftsbildes, das nirgends eine auffallende Besonderheit aufweist, die sich dem Gedächtnis von selbst einprägt. Selbst große, waldfreie Moore und Sümpfe sind durch Buschwerk und Schilf unübersichtlich. Die Übersichtlichkeit wird weiter durch die in weiten Teilen des Landes herrschenden dichten *Bodennebel* der Morgen- und Abendstunden erschwert.

Tarnung
Die *Tarnungsmöglichkeiten* sind infolge der Unübersichtlichkeit des Geländes überall *sehr gut*. Nur in den Sümpfen sind sie wegen ihrer Unbegehbarkeit kaum auszunutzen.

Unterbringung
Mit Ausnahme der vier Großstädte Minsk, Witebsk, Gomelj und Belostok (über 100000 Einwohner) stößt die Unterbringung infolge der dünnen Besiedlung und außerordentlichen Armut der Bevölkerung auf große Schwierigkeiten.

6. Aussage von Heinrich M., Angehöriger des 307. Polizeibataillons

Am Tage dieser Aktion wurde morgens gegen 3 Uhr geweckt. Der Exekutionstag kann um den 10. Juli 1941 herum gewesen sein. Zunächst wurde angeordnet, mit unseren Gewehren »98« und den Patronentaschen anzutreten... Zu unserem bevorstehenden Einsatz wurde uns erklärt, wir hätten alle männlichen Juden, die im Judenviertel wohnhaft sind, aus ihren Wohnungen zu holen und auf der Straße aufzustellen. Sie durften sich anziehen und alles, was sie tragen konnten, mitnehmen. Auch uns wurde erklärt, die Juden kämen dann zum Abtransport nach Deutschland, wo sie zur Arbeit eingesetzt werden sollen...

Das Zusammentreiben der Juden und ihre Aufstellung auf den Straßen innerhalb des Judenviertels dauerte etwa bis 6 Uhr morgens. Ein Teil der Angehörigen unseres Batl. wurde dann mit Lkw zur Exekutionsstelle gefahren. Alle anderen Angehörigen des Batl. bewachten die Juden auf ihrem Marsch zur Exekutionsstelle... Die Exekutionsstelle lag südlich der Stadt Brest-Litowsk, außerhalb der Befestigungswerke in einer dünenähnlichen Landschaft. Die Fahrtzeit bis dorthin von der Stadtmitte her betrug ca. 15 Minuten...

Bei unserem Eintreffen, also morgens gegen 6.30 Uhr, stand eine SS-Einheit, wahrscheinlich in Kompaniestärke. Sie trugen Maschinenpistolen und haben das Gelände in größerem Umkreis, ca. 600 m Durchmesser, abgesperrt. Außer den SS-Leuten waren auch SD-Leute in grauer Uniform anwesend. Diese Leute beschäftigten sich nach der Erschießung der Männer, soviel ich nachher hörte, noch mit Frauen und Kindern, die am Nachmittag von SS-Einheiten zum Erschießungsplatz herangeführt wurden. Auch die SD-Leute waren ausschließlich mit MP und Pistolen ausgerüstet...

Bei den Gruben, von denen etwa 12 vorhanden waren, handelte es sich um solche von den Ausmaßen 10 m Länge, 2,5 m Breite und 3 bis 4 m Tiefe. Ich schätze, daß eine solche Grube ca. 600 Leichen aufnahm. Der Erdaushub war an den beiden Stirnseiten der Gruben aufgeworfen. Um einen Irrtum in der Anzahl der an diesem Tage von uns erschossenen Juden zu vermeiden, weil ich die Zahl 10000 nannte, möchte ich hier hervorheben, daß bei der jetzt von mir zu schildernden Aktion nur ca. 6000 jüdische Männer erschossen worden sind. 10000 sollen es, wie ich gesprächsweise nachher erfuhr, geworden sein.

Chlorkalk oder andere Desinfektionsmittel standen nicht bereit. Kurz nachdem wir mit den Lkws eingetroffen waren, kamen auch die Juden aus der Stadt in einer großen Kolonne anmarschiert. Zirka 300 m abseits der Gruben wurde die Kolonne angehalten.

Während die Juden ihr Gepäck abliefern bzw. auf einem Platz zusammenstellen mußten, erfolgte die Einteilung der Schützen bei uns. Sie wurde von den Zugführern vorgenommen. Danach wurden wir unterrichtet, wie die Erschießung vor sich zu gehen hat. Ich weiß aber heute nicht mehr, wer diese Anordnungen getroffen hat. Ich weiß auch nicht mehr, ob sie von Offizieren oder Unterführern des Pol.-Batl. 307 oder von Leuten des SD oder der SS kamen...

Gem. der zuletzt erwähnten Anordnungen wurden Gruppen von ca. 50 Mann an

die Gruben herangeführt, von denen sich zu beiden Längsseiten der Gruben die Juden nebeneinander, mit dem Bauch zur Erde so hinlegen mußten, daß ihr Kopf frei über den Grubenrand ragte. Der jeweilige Schütze, hinter jedem Juden immer nur einer, stand an dessen Fußende mit Gewehr »98« und aufgepflanztem Seitengewehr. Der Schuß wurde in der Weise abgegeben, daß die Spitze des Seitengewehrs im Nacken des Delinquenten leicht angesetzt und dann bei einem Neigungswinkel des Gewehrs von ca. 45 Grad durchgekrümmt wurde und somit der Schuß brach. Durch Ein- und Ausschuß wurde oft die Schädeldecke mit abgerissen. In verschiedenen Fällen, wo z. B. der Neigungswinkel des Gewehres zu groß war oder der Delinquent den Kopf im Moment der Abgabe des Schusses zu hoch hielt, erfolgten Halsdurchschüsse. In diesen Fällen wurden von den Offizieren und Zugführern Fangschüsse mit Pistolen abgegeben.
Wir Schützen mußten die Leichen dann selbst durch Hochheben eines Beines in die Grube werfen. Eine besondere Schichtung der Leichen in den Gruben wurde nicht vorgenommen. Auf die eben geschilderte Weise gingen die Erschießungen pausenlos bis zum frühen Nachmittag.
An einer Grubenlängsseite kamen anfangs der Erschießungen immer ziemlich gleichzeitig zehn bis zwölf Personen zur Exekution. Später konnte ein gleichmäßiges Tempo nicht mehr eingehalten werden, wodurch eine unregelmäßige Schußfolge entstand.
Die Delinquenten kamen bekleidet zur Grube. Kleidungsstücke brauchten sie vorher nicht abzulegen.
Beendet war diese Aktion gegen 16 Uhr. Nach Beendigung der Aktion wurden wir mittels Lkw zur Unterkunft abtransportiert. Der Dienst war für diesen Tag beendet.
Tagsüber erhielten wir, soviel ich mich erinnere, keine Verpflegung und ganz bestimmt keine alkoholhaltigen Getränke. Irgendeine Feierlichkeit hat nicht stattgefunden.
Zu einer ausdrücklichen Geheimhaltung hinsichtlich dieser Aktion wurden wir nicht verpflichtet. Unter uns Beamten wurde nach Durchführung dieser Aktion kaum gesprochen und wenn, dann nur in verurteilendem Sinne.
Die betroffenen Juden gingen ihrem Schicksal fast ausschließlich mit einer stoischen Gelassenheit und heroischen Haltung entgegen. Ich habe persönlich die ganze Sache in einem gewissen Trancezustand überstanden und mich über die betroffenen Juden nur wundern können...
Nach meinen eigenen Gedanken, im Zusammenhang mit meinem damaligen Handeln befragt, muß ich ganz offen erklären, daß die Handlungsweise jedes einzelnen von uns der eines Mörders gleichkommt. Ich bin Katholik und habe schon aufgrund meiner religiösen Erziehung für dieses Geschehen keine Erklärung finden können. Mein eigenes Schuldgefühl, welches ich ohne Zweifel hatte, entschuldigte ich mit dem äußeren Rahmen.

7. Aussage eines Angehörigen der 3. Kompanie des 307. Polizeibataillons über seine Verweigerung, an einer Exekution in Brest teilzunehmen

Auch ich sollte zu einem Exekutionskommando eingeteilt werden. Diesen Befehl erhielt ich entweder von Leutnant Kayser oder von dem Zugwachtmeister Steffens. Ich war über den Anblick der Exekutionsstätte sehr erschüttert. Ich lehnte daher die Teilnahme an der Exekution ab. Mir ist daraufhin nichts geschehen. Irgendein Disziplinar- oder Kriegsgerichtsverfahren ist deshalb gegen mich niemals eingeleitet worden.

8. Ereignismeldungen UdSSR

Der Chef der Sicherheitspolizei und des SD — Berlin, den 24. Juli 1941
– IV A 1-B. Nr. 1 B/41g. RS. –

41 Ausfertigungen
9. Ausfertigung

Geheime Reichssache!

Ereignismeldung UdSSR Nr. 32

Einsatzgruppe B:
Standort Orscha meldet:
1) *Polizeiliche Tätigkeit:*
... In Brest-Litowsk hat die Ordnungspolizei mit Unterstützung des dortigen Einsatztrupps 4435 Personen liquidiert. Es befanden sich darunter 400 Groß- und Weißrussen. Eine ganze Anzahl von NKWD-Gebäuden wurden nach politischem Material durchsucht. Mehrere Karteien, Listen usw. konnten sichergestellt werden...
Das in Baranowicze stationierte Kommando des Einsatzkommandos 8 arbeitet besonders erfolgreich zusammen mit den zuständigen Dienststellen der Wehrmacht. Gemeinsam mit den Feld- und Ortskommandanturen wurde die Bildung von Judenräten, die Registrierung und wohnliche Zusammenlegung der Juden sowie die Neuaufstellung der Einwohnermeldelisten durchgeführt. Unter Heranziehung der GFP, der Abwehrtrupps und der Feldgendarmerie wurden die laufenden Aktionen gegen bolschewistische Agenten, politische Kommissare, NKWD-Angehörige usw. fortgesetzt. So wurden in Baranowicze weitere 381 Personen liquidiert...
... Das nach Slonim abgeordnete Teilkommando hat in Zusammenwirken mit der Ordnungspolizei eine Großaktion gegen Juden und andere kommunistisch belastete Elemente zur Durchführung gebracht, wobei ca. 2000 Personen wegen kommunistischer Umtriebe und Plünderns festgenommen wurden. Von ihnen sind am gleichen Tage 1075 Personen liquidiert worden...

Tätigkeits- und Lagebericht UdSSR Nr. 1 vom 31. 7. 1941
Zusammenarbeit mit der Wehrmacht.
Die Verbindung zu einzelnen Heeresgruppen unterhält der jeweilige Höhere SS- und Polizeiführer, der sich beim Befehlshaber des rückwärtigen Heeresgebietes befindet und laufend über alle sicherheitspolizeilichen Maßnahmen der Einsatzgruppen im Bereich der betreffenden Heeresgruppe unterrichtet wird. Wie die Einsatzgruppen berichten, ist die Zusammenarbeit mit der Wehrmacht ausgezeichnet.

EM Nr. 43 vom 5. August 1941
II) *Meldungen der Einsatzgruppen und -kommandos:*

Der Befehlshaber der Sicherheitspolizei und des SD in Krakau meldet:

Tätigkeitsbericht der Sicherheitspolizei in den ehemals polnisch-russischen Gebieten.

Es wurden vom 21.–31. 7. 1941 3947 Personen liquidiert. Davon entfallen auf die einzelnen Einsatzkommandos:
Lemberg 1726
Brest-Litowsk 1280
Bialystok 941
über 7000 Personen wurden festgenommen. Die Durchsuchungen der NKWD-, Partei- und Grenzwachtdienststellen sind zu einem vorläufigen Abschluß gekommen . . .
. . . Auch in Brest gelang es, Parteifunktionäre, NKWD-Agenten und Partisanen unschädlich zu machen. Die Wehrmacht und das Pol.-Batl. 307 wurden bei Säuberungsaktionen, die sich gegen Partisanengruppen richteten, unterstützt. Eine ganze Anzahl von NKWD-Gebäuden wurde nach politischem Material durchsucht. Eine Personenkartei mit Lichtbildern sowie eine bolschewistische Bibliothek in deutscher Sprache konnten sichergestellt werden. Eine große Anzahl von Juden, die während der Sowjet-Herrschaft für das NKWD gearbeitet hatten und nach dem Einmarsch der deutschen Truppen die Bevölkerung zum Widerstand gegen die deutsche Wehrmacht aufreizte, wurde unschädlich gemacht . . .
Die Zusammenarbeit mit den Orts- und Feldkommandanturen, mit der Geheimen Feldpolizei, den Abwehrtrupps und der Feldgendarmerie war ausnahmslos gut. In zahllosen Fällen erfolgte eine gegenseitige Unterrichtung über beabsichtigte Maßnahmen oder eine gegenseitige Unterstützung bei notwendigen Aktionen . . .
Auf Anforderung der 162. Inf.-Div. wurde eine sicherheitspolizeiliche Aktion gegen die in einem kleinen Orte in der Nähe von Bialystok wohnenden ehemaligen kommunistischen Funktionäre durchgeführt. 17 kommunistische Funktionäre wurden dabei ergriffen und liquidiert. Das in Baranowice stationierte Kommando des Einsatzkommandos 8 arbeitete besonders erfolgreich zusammen mit den zuständigen Dienststellen der Wehrmacht . . .
Unter der Beteiligung der GFP, der Abwehrtrupps und der Feldgendarmerie wur-

den die laufenden Aktionen gegen bolschewistische Agenten, politische Kommissare, NKWD-Angehörige usw. fortgesetzt...
In Minsk wurde die Wehrmacht in umfassender Weise bei der Durchkämmung der von ihr errichteten Zivilgefangenenlager unterstützt. Die Aussortierung erfolgte einmal unter dem Gesichtspunkt, der Wirtschaft dringend benötigte Kräfte zuzuführen, zum anderen zu dem Zweck, die politisch und kriminell belasteten Personen unschädlich zu machen... In Wilna gestaltete sich die Zusammenarbeit mit der Wehrmacht besonders erfolgreich...

EM 90 vom 21.9.1941
Die Zusammenarbeit mit den polizeilichen und militärischen Führungsstellen ist auch während dieser Berichtszeit äußerst befriedigend und reibungslos verlaufen. Bei den Wehrmachtsstellen besteht ein allgemeiner Ruf nach der Sicherheitspolizei. Man bedient sich gern unserer Hilfe, unserer Erfahrungen und Anregungen. Bei einzelnen größeren von uns durchgeführten Aktionen sind sogar ohne weiteres Truppeneinheiten unserer Führung unterstellt worden. Die Wirtschaftsdienststellen, wie überhaupt die militärische Verwaltung verlangen nach unserem Rat und machen sich gern unsere Vorschläge zu eigen. Wie bereits mehrfach erwähnt, hat sich die laufende gegenseitige Unterrichtung zwischen der Einsatzgruppe einerseits und der Heeresgruppe, dem Befehlshaber des rückw. Heeresgebietes, den AOKs, den Feld- und Ortskommandanturen andererseits äußerst fruchtbringend ausgewirkt. Unsere Wünsche sind bisher jedesmal erfüllt worden.

EM 92 vom 23.9.1941
Unter Hinzuziehung der Ordnungspolizei und mit Unterstützung der Feldgendarmerie wurde eine Großaktion im Getto (von Minsk) durchgeführt. Es kamen annähernd 2500 Juden, darunter eine Anzahl Frauen, zur Festnahme. Von diesen wurden an 3 Tagen insgesamt 2278 Personen exekutiert. Bei den Exekutierten handelt es sich ausschließlich um Saboteure und jüdische Aktivisten. Unter ihnen befanden sich u. a. sehr viele, die das vorgeschriebene Kennzeichen nicht an der Kleidung trugen.

EM 128 vom 3.11.1941
Es ist der Einsatzgruppe gelungen, zu sämtlichen Wehrmachtsdienststellen vom ersten Tage an ein ganz ausgezeichnetes Einvernehmen herzustellen. Hierdurch wurde es ermöglicht, daß die Einsatzgruppe von Beginn ihres Einsatzes an sich niemals im Raume des rückwärtigen Heeresgebietes aufgehalten hat, daß vielmehr sogar von der Wehrmacht immer wieder die Bitte ausgesprochen wurde, die EKs möchten sich möglichst weit vorne bewegen. In sehr zahlreichen Fällen ist es sogar vorgekommen, daß von der kämpfenden Truppe die Unterstützung der EKs angefordert wurde. Bei jeder größeren militär. Aktion befanden sich auch stets Vorausabteilungen der EGruppe, die mit der kämpfenden Truppe in die neu eroberten Orte eingerückt sind. Es ist hierbei in allen Fällen größtmögliche Unterstützung gewährt worden.

9. Auszug aus einem Plakat, auf dem die Wehrmacht zur Registrierung der ortsansässigen Juden aufrief

Sämtliche *kommunistischen und jüdischen Organe sind mit sofortiger Wirkung ihres Amtes enthoben...*
Alle Juden beiderlei Geschlechts *haben sich durch weiße Armbinden mit dem Davidsstern auf beiden Armen zu kennzeichnen.*
Alle Juden beider Geschlechter haben sich umgehend beim Führer der Gemeinde ihres letzten Wohnortes zu melden. *Die Freizügigkeit für Juden ist mit sofortiger Wirkung aufgehoben.* Juden, die sich ohne schriftliche Genehmigung des Führers der Gemeinde bzw. einer deutschen Dienststelle aus den Ortschaften entfernen, setzen sich härtester Bestrafung aus. *Alle Juden* beider Geschlechter von 16 bis 50 Jahren *stehen dem Führer der Gemeinde zu Arbeitsleistungen zur Verfügung.*
Alle Juden haben die in ihrem Besitz befindlichen Rundfunkgeräte beim Führer der Gemeinde abzuliefern.
Der Oberbefehlshaber der deutschen Armee

(Die Hervorhebung im Original durch Fettdruck oder größere Lettern.)

10. Lagebericht für den Monat Oktober 1942 des Gendarmerie-Gebietsführers von Brest-Litowsk über die Räumung des Gettos

Der Gendarmerie-Gebietsführer
Brest-Litowsk
Tgb.-Nr. 372/42

Brest-Litowsk, den 8. 11. 42

An den
Herrn Kommandeur der Gendarmerie

in Luzk

Betr.: Lagebericht für Monat Oktober 1942

Allgemeine Lage:

a) Politisch: ... Am 15. und 16. 11. 42 (muß heißen 16. 10. 42) wurde in Brest-Litowsk die Judenaktion durchgeführt. Anschließend erfolgte auch die restlose Umsiedlung* der Juden im Kreisgebiet Brest-Litowsk. Im ganzen sollen bis jetzt etwa 20000 Juden umgesiedelt worden sein. Die Bevölkerungszahl von Brest-Litowsk ist infolge der Judenaktion von 52000 auf 33000 Einwohner gesunken...

* »Umsiedlung« bedeutete Liquidierung.

11. Der Angehörige der Polizeikompanie »Nürnberg«, Ernst Westermacher, berichtet über die Erschießung von Kindern aus dem Brester Getto

Ich habe noch ein besonderes Erlebnis in Erinnerung. Als ich feststellte, daß die Häuser bereits alle geräumt waren, habe ich mich etwas im Getto umgesehen. Dabei kam ich an eine Grube im Ausmaß von vielleicht 4×4 Meter. Wie tief diese Grube war, weiß ich nicht. Vor der Grube lagen einige hundert Kleinkinder, die alle nackt ausgezogen waren. Diese Kinder waren alle erschossen, nur einige darunter waren noch nicht tot, sondern haben noch Leben gezeigt. Sie wälzten sich in ihrem Blut auf dem Boden...

Die Kinder lagen alle auf einem Haufen zu einem Berg zusammengetürmt. Dieser Haufen war etwa 3 Meter hoch und ebenso lang und breit, und dazwischen sah ich immer wieder, wie sich einzelne bewegten. Neben diesem Leichenberg stand ein SS-Mann. Ich ging zu ihm hin und sprach ihn auf die gräßliche Szene an. Ich sagte ihm, er soll doch wenigstens die noch lebenden Kinder vollends töten. Er gab mir dann zur Antwort: »Die verrecken von selber, die haben ein zähes Leben.«

Ich selbst hatte ja keine Macht, irgend etwas dagegen zu tun oder zu unternehmen, u. habe mich deshalb ekelerregend abgewendet u. bin weggegangen.

12. Einsatzbefehl des 3. Bataillons des 15. Polizeiregiments zur Vernichtung der Dörfer Borki, Zablocie, Borysowka und Kortelisi

O. U., den 22. September 1942

Geheim!

1.) Batl. vernichtet am 23. 9. 1942 die im Raum nordostwärts von *Mokrany* bandenverseuchten Ortschaften *Borki, Zablocie* und *Borysowka*.
Kp. Nürnberg vernichtet *Kortelisy*.

2.) *Es werden eingesetzt:*
9. Kp. – ohne Zug Frohn – mit unterstelltem Gend.-Zug (mot) 16 in Borysowka,
10. Kp. – und 1/7 der Stabswache sowie 3 Kraftfahrer in Borki,
11. Kp. – dazu [Zug] Frohn und 14 Mann Pzkw/10 in Zablocie.

3.) Die Kompanien – ohne Verstärkungskräfte – erreichen am 22. 9. bis 18.00 Uhr die Ortschaften:
9. Kp.: im Fußmarsch Dywin,
10. u. 11. Kp.: mit eigenen Kfz. den Westausgang Mokrany.

4.) *Verstärkungskräfte werden zugeführt:*
a) Gend.-Zug (mot) 16 meldet sich am 22. 9. bis 18.00 Uhr beim Kp.-Führer der 9. Kp. in Dywin vor dem Gebäude des Kreislandwirts.

b) 1/7 Stabswache, 3 Kraftfahrer, Zug Frohn und 14 Mann Pzkw. / 10 werden [am] 22. 9. bis 18.00 Uhr der 10. bezw. der 11. Kp. in Mokrany zugeführt.

c) Batls.-Reserve: Rest des Gend.-Zuges (mot) 15 und 4 Nachrichtenmänner.

5.) *Beginn des Unternehmens:* 23. 9. 1942, 05.30 Uhr.
Bis 04.35 Uhr sind die Ortschaften umstellt (äußere Absperrung).

6.) Durchführung des Unternehmens gemäß meiner Anweisungen in der Offiziersbesprechung vom 21. 9. 42.

7.) Sicherstellung des Viehbestandes, landw. Geräte, Erntevorräte u. sonstiger Wirtschaftsgüter ist gemäß meiner mündlichen Anweisung durchzuführen.

8.) Zum Abtransport der in Ziffer 7.) genannten Güter ist von den Kp. ein Treck aus Panjefahrzeugen zusammenzustellen und in die Nähe der Einsatzorte zu führen.
(Mündlich voraus)...

gez. *Holling*

13. Aus dem Kriegstagebuch des 3. Bataillons des 15. Polizeiregiments

Tag, Uhrzeit, Ort und Art der Unterkunft	Darstellung der Ereignisse	Wetterlage, Gesundheitszustand, Ersatz, Munitionsverbrauch
22. September 1942. O. U. Kobryn.	Das Unternehmen »Dreieck« wird vorübergehend ausgesetzt. Das Batl. erhält den Befehl, mit den unterstellten Einheiten und dem zugeteilten Gend.-Zug 16 (mot) die nördlich und nordostwärts von Mukrany gelegenen Orte Borki, Zablosie und Borysowka, die als Bandenstützpunkte festgestellt worden sind, zu vernichten. Die 9. Komp. erreicht mit dem Gend.-Zug 16 (mot) am Abend Dywin; die 10. und 11. Komp. erreichen Mukrany. In jedem Stützpunkt bleibt eine Gruppe zurück. Der Batl.-Gefechtsstand wird in Mukrany eingerichtet.	*Wetter:* klar, kühl.
23. September 1942. O. U. Kobryn.	Batl.-Gefechtsstand Mukrany. Die Aktion beginnt mit der Umstellung der Ortschaften, die in den frühen Morgenstunden beendet ist. Bei Tagesanbruch werden die Einwohner zusammengeholt und vom SD überprüft. Nach Ausscheiden von einwandfrei zuverlässigen Familien werden befehlsgemäß in Borysowka 169 Männer,	*Wetter:* kühl, zeitweise Regen.

Tag, Uhrzeit, Ort und Art der Unterkunft	Darstellung der Ereignisse	Wetterlage, Gesundheitszustand, Ersatz, Munitionsverbrauch
	Frauen und Kinder, in Borki 705 und in Zabloni 289 Männer, Frauen und Kinder erschossen. Es beginnt sodann die Sicherstellung des Viehs, des Geräts und des Getreides.	
24. September 1942. O. U. Kobryn.	Batl.-Gefechtsstand Mukrany. Die Sicherstellung des Viehs usw. wird mit Unterstützung der Kreislandwirte und zusammengezogenen Kolonnen von Bauern und Fahrzeugen fortgesetzt. Zur Verfolgung und Vernichtung einer bei Lelikow südostwärts Dywin gesichteten Bande von angeblich 70 Mann wird um 13.00 Uhr ein aus Teilen der 10. Komp., des Gend.-Zuges 15 und des Stabes zusammengestelltes Jagdkommando unter Führung des Ordonnanzoffiziers verlastet und in Marsch gesetzt.	*Wetter:* sonnig, warm.
25. September 1942. O. U. Kobryn.	Batl.-Gefechtsstand Mukrany. Die Räumung der Orte wird fortgesetzt. Die geräumten Gehöfte werden in Brand gesetzt. Das Jagdkommando kann die Bande ostwärts Lelikow verfolgen, erreicht sie aber nicht mehr. Allem Anschein nach ist auch diese Bande im Zuge der allgemeinen West-Ost-Bewegung in den Raum um den oberen Pripet gezogen.	*Wetter:* sonnig, warm
26. September 1942. O. U. Kobryn.	Batl.-Gefechtsstand Mukrany. Nach Vernichtung der Orte kehren die Kompanien am Nachmittag in ihre Stützpunkte zurück. Das Jagdkommando trifft um 16.00 Uhr in Kobryn ein.	*Wetter:* sonnig, warm.

14. Aus dem Erfahrungsbericht des stellvertretenden Führers der 10. Kompanie des 3. Bataillons des 15. Polizeiregiments über die Vernichtung der Ortschaft Borki in der Zeit vom 22.9.–26.9.42

O. U., den 28. September 1942

Am 21. 9. 42 erhielt die Kompanie den Auftrag, die Ortschaft Borky, 7 km ostwärts Mokranie zu vernichten.

In den Nachtstunden desselben Tages wurden die Züge der Komp. über einen bevorstehenden Einsatz in Kenntnis gesetzt. Vorbereitungen waren zu treffen.

Die Zahl der Kraftfahrzeuge reichte voll aus, um am 22. 9. sämtliche Züge und den unterstellten Zug der 9. Komp. verlastet zum Sammelpunkt Mokranie zu bringen. Die Fahrt verlief reibungslos. Ausfälle waren nicht zu verzeichnen.

Die für die durchzuführende Aktion erforderlichen Panjewagen wurden rechtzeitig bereitgestellt, sodaß sie das Marschziel Borky zur befohlenen Zeit erreichten. Bei der Bereitstellung der Panjewagen wurden einige unwillige Bauern namentlich festgestellt, deren Bestrafung durch die Komp. veranlaßt ist.

Die Durchführung der Aktion verlief planmäßig, doch mußten die einzelnen Abschnitte der Aktion zeitlich verschoben werden. Diese Verschiebung hatte im Wesentlichen folgenden Grund:

Die Karte zeigte die Ortschaft Borky als ein geschlossenes Haufendorf an. Die Wirklichkeit ergab aber, daß diese Siedlung eine Ausdehnung von 6 und 7 km in der Tiefe und Länge hatte. Mit dem Hellwerden erkannte ich diese Tatsache, klappte die Absperrung der Ostseite auf und umfaßte das Dorf zangenförmig unter gleichzeitiger Auseinanderziehung der Postenzwischenräume. Dadurch gelang es mir, alle Bewohner des Dorfes restlos zu erfassen und zum Sammelplatz zu verbringen. Als vorteilhaft hat sich erwiesen, daß der Zweck des Zusammentreibens der Bevölkerung bis zum letzten Augenblick unbekannt blieb. Auf dem Sammelplatz herrschte Ruhe, und die Zahl der Bewachungskräfte konnte auf ein Minimum beschränkt werden und der weiteren Aktion zur Verfügung stehen. Das Schaufelkommando erhielt die Spaten erst am Exekutionsplatz, auch dadurch blieb die Bevölkerung von dem Bevorstehenden in Unkenntnis. Unauffällig aufgebaute LMG erstickten eine aufkommende Panik im Keime, als die ersten Schüsse von dem 700 m entfernten Exekutionsplatz zu hören waren. 2 Männer, die versuchten einen Fluchtversuch zu machen, fielen nach wenigen Schritten unter dem M. G.-Feuer zusammen. Die Exekution begann um 9.00 Uhr und hatte um 18.00 Uhr ihren Abschluß gefunden. Von *809* Zusammengetriebenen wurden *104* als politisch zuverlässig und deren Angehörige auf freien Fuß gesetzt, darunter befanden sich bewährte Arbeiter des Gutes Mokranie. Die Exekution verlief reibungslos, das Verfahren erwies sich als durchaus zweckmäßig.

Das Sicherstellen des Getreides und Gerätes verlief bis auf die zeitliche Verschie-

bung planmäßig. Die Zahl der eingesetzten Panjewagen erwies sich als ausreichend, da die Menge an Getreide nicht groß und die Sammelstellen des ungedroschenen Getreides nicht zu weit waren...
Haus- und Ackergeräte wurden im Rahmen der Getreidefuhren mit sichergestellt.
Im folgenden eine zahlenmäßige Übersicht der Exekutierten. Die Zahl der Exekutierten belief sich auf 705 Personen. Davon fielen:
Auf Männer 203
Auf Frauen 372
Auf Kinder 130.
Die Zahl des zusammengetriebenen Viehes kann nur ungefähr gebracht werden, da eine genaue Übersicht auch an der Sammelstelle nicht gegeben war. Die Zahlen belaufen sich auf folgende:
45 Pferde,
250 Rinder,
65 Kälber,
450 Schweine und Ferkel,
300 Schafe.
Federvieh konnte nur vereinzelt festgestellt werden. Dieses wurde den freigelassenen Bewohnern zur Verfügung gestellt.
An Gerät wurde sichergestellt:
70 Panjewagen,
200 Pflüge und Eggen,
5 Reinigungskasten für Getreide,
25 Häckselmaschinen
und anderes Kleingerät.
Sämtliches sichergestellte Getreide, Gerät und Vieh wurde dem Verwalter des Staatsgutes Mokranie übergeben...
Bei der Aktion Borky wurde an Munition verbraucht:
Gew.-Mun. 786 Schuß
Pist.-Mun. 2496 Schuß.
Ausfälle hatte die Kompanie nicht. Ein Wachtm. wurde wegen vermutlicher Gelbsucht ins Lazarett in Brest eingeliefert.

Müller
Oberleutnant d. Sch.
u. stellv. Komp. Führer

15. Schreiben des Generalkommissars von Weißrußland, Wilhelm Kube, an den Reichskommissar für das Ostland, Hinrich Lohse, vom 31. Juli 1942

Abschrift.

Geheim! Abt. IIa Nr. 2407/428
Minsk, am 31. Juli 1942

Der Generalkommissar
für Weißruthenien
Abtlg. Gauleiter/G. 50742 g

Herrn
Reichskommissar
für das Ostland
Gauleiter Hinrich *Lohse*,
Riga

Der Reichskommissar für das Ostland
Tgb. Nr. 1122/42

Geheime Reichssache!

Betreff: Partisanenbekämpfung und Judenaktion im Generalbezirk Weißruthenien.

Bei allen Zusammenstößen mit Partisanen in Weißruthenien hat es sich herausgestellt, daß das Judentum sowohl im ehemals polnischen wie auch im ehemals sowjetischen Teil des Generalbezirks zusammen mit der polnischen Widerstandsbewegung im Osten und den Rotarmisten Moskaus im Osten Hauptträger der Partisanenbewegung ist. Infolgedessen ist die Behandlung des Judentums in Weißruthenien angesichts der Gefährdung der gesamten Wirtschaft eine hervorragend politische Angelegenheit, die infolgedessen auch nicht nach wirtschaftlichen, sondern nach politischen Gesichtspunkten gelöst werden müßte.
In eingehenden Besprechungen mit dem SS-Brigadeführer Zenner und dem hervorragend tüchtigen Leiter des SD, SS-Obersturmbannführer Dr. jur. Strauch, haben wir in Weißruthenien in den letzten 10 Wochen rund 55000 Juden liquidiert. Im Gebiet Minsk-Land ist das Judentum völlig ausgemerzt, ohne daß der Arbeitseinsatz dadurch gefährdet worden ist. In dem überwiegend polnischen Gebiet Lida sind 16000 Juden, in Slonim 8000 Juden usw. liquidiert worden. Durch einen dorthin bereits berichteten Übergriff des Rückwärtigen Heeresgebietes sind die von uns getroffenen Vorbereitungen für die Liquidierung der Juden im Gebiet Glebokie gestört worden. Das Rückwärtige Heeresgebiet hat, ohne Fühlung mit mir zu nehmen, 10000 Juden liquidiert, deren systematische Ausmerzung von uns sowieso vorgesehen war. In Minsk-Stadt sind am 28. und 29. Juli rund 10000 Juden liquidiert worden, davon 6500 russische Juden – überwiegend Alte, Frauen und Kinder – der Rest bestand aus nichteinsatzfähigen Juden, die überwiegend aus Wien, Brünn, Bremen und Berlin im November des v. J. nach Minsk auf den Befehl des Führers geschickt worden sind.

Auch das Gebiet Sluzk ist um mehrere tausend Juden erleichtert worden. Das Gleiche gilt für Novogrudok und Wilejka. Radikale Maßnahmen stehen noch für Baranowitschi und Hansewice bevor. In Baranowitschi leben allein in der Stadt noch rund 10000 Juden, von denen 9000 Juden im nächsten Monat liquidiert werden.
In Minsk-Stadt sind 2600 Juden aus Deutschland übrig geblieben. Außerdem sind noch sämtliche 6000 russische Juden und Jüdinnen am Leben, die als Arbeitseinsatz während der Aktion bei den sie beschäftigenden Einheiten verblieben sind. Minsk wird auch in Zukunft noch immer den stärksten Judeneinsatz behalten, da die Zusammenballung der Rüstungsbetriebe und die Aufgaben der Eisenbahn das vorläufig notwendig macht. In sämtlichen übrigen Gebieten wird die Zahl der zum Arbeitseinsatz kommenden Juden vom SD und mir auf höchstens 800, nach Möglichkeit aber auf 500, festgesetzt, sodaß wir nach Beendigung der noch angekündigten Aktionen in Minsk 8600 und in den 10 übrigen Gebieten, einschließlich des judenfreien Gebietes Minsk-Land, etwa 7000 Juden übrig behalten. Die Gefahr, daß die Partisanen sich in Zukunft noch wesentlich auf das Judentum stützen können, besteht dann nicht mehr. Mir und dem SD wäre es natürlich das liebste, nach Wegfall der wirtschaftlichen Ansprüche der Wehrmacht, das Judentum im Generalbezirk Weißruthenien endgültig zu beseitigen. Vorläufig werden die notwendigen Ansprüche der Wehrmacht, die in der Hauptsache Arbeitgeber des Judentums ist, berücksichtigt.
Zu dieser eindeutigen Einstellung dem Judentum gegenüber kommt noch die schwere Aufgabe für den SD in Weißruthenien, immer wieder neue Judentransporte aus dem Reich ihrer Bestimmung zuzuführen. Das nimmt die materiellen und seelischen Kräfte der Männer des SD über Gebühr in Anspruch und entzieht sie ihren Aufgaben, die im Raume Weißrutheniens selbst liegen...

16. Schreiben des Gebietskommissars von Sluzk, Heinrich Carl, an den Generalkommissar von Weißrußland in Minsk, Wilhelm Kube, in dem er sich über das brutale Vorgehen des 11. Polizeibataillons gegen die Sluzker Juden am 27. und 28. Oktober 1941 beschwert (Auszug)

Abschrift / T der Abschrift

Der Gebietskommissar
Sluzk

Sluzk, am 30. Oktober 1941

An den
Herrn Generalkommissar
in Minsk.

Geheim!

Betr. Judenaktion.

Unter Bezugnahme auf die am 27. Oktober 1941 erfolgte fernmündliche Meldung teile ich Ihnen nunmehr schriftlich folgendes mit:
Am 27. 10. morgens gegen 8 Uhr erschien ein Oberleutnant des Polizeibataillons Nr. 11 aus Kauen (Litauen), der sich als Adjutant des Bataillonskommandeurs der Sicherheitspolizei vorstellte. Der Oberleutnant erklärte, daß das Polizeibataillon den Auftrag erhalten hätte, hier in der Stadt Sluzk in zwei Tagen die Liquidierung sämtlicher Juden vorzunehmen. Der Bataillonskommandeur sei mit seinem Bataillon in Stärke von 4 Kompanien, davon 2 Kompanien litauische Partisanen (gemeint sind wahrscheinlich Hilfswillige), im Anrollen und die Aktion müsse sofort beginnen. Hierauf gab ich dem Oberleutnant zur Antwort, daß ich auf alle Fälle die Aktion zunächst mit dem Kommandeur besprechen müßte. Etwa eine halbe Stunde später traf das Polizeibataillon in Sluzk ein. Wunschgemäß hat dann auch die Aussprache mit dem Bataillonskommandeur sofort nach Eintreffen stattgefunden. Ich erklärte zunächst dem Kommandeur, daß es nicht gut möglich sei, ohne vorherige Vorbereitung die Aktion durchzuführen, da alle auf Arbeit geschickt seien und es ein furchtbares Durcheinander geben würde. Es wäre zum mindesten seine Pflicht gewesen, einen Tag vorher Bescheid zu geben. Ich bat dann darum, die Aktion um einen Tag zu verschieben. Er lehnte dieses jedoch ab, mit dem Bemerken, daß er überall in allen Städten die Aktion durchzuführen habe, und für Sluzk nur zwei Tage zur Verfügung stünden. In diesen beiden Tagen müßte die Stadt Sluzk unbedingt frei von Juden sein. Ich hob sofort schärfsten Protest dagegen, indem ich hervorhob, daß eine Liquidierung der Juden nicht willkürlich erfolgen dürfe. Ein großer Teil der noch in der Stadt vorhandenen Juden bestehe aus Handwerkern, resp. Handwerkerfamilien. Diese jüdischen Handwerker könnten aber einfach nicht entbehrt werden, da sie zur Aufrechterhaltung der Wirtschaft unentbehrlich seien. Ich wies weiter darauf hin, daß weißruthenische Handwerker sozusagen überhaupt nicht vorhanden wären, daß also sämtliche lebenswichtigen Betriebe mit einem Schlage stillgelegt werden müßten, wenn alle Juden liquidiert würden ...

Einige Stunden nach Beginn der Aktion stellten sich aber schon die größten Schwierigkeiten heraus. Ich mußte feststellen, daß der Kommandeur sich überhaupt nicht an unsere Abmachungen gehalten hatte. Sämtliche Juden ohne Ausnahme wurden trotz der Vereinbarung aus den Betrieben und Werkstätten herausgeholt und abtransportiert. Ein Teil der Juden wurde allerdings über das Getto geleitet, wo noch viele von mir erfaßt und aussortiert worden sind, während aber ein großer Teil direkt auf Lastwagen verladen und außerhalb der Stadt ohne weiteres liquidiert worden ist. Kurz nach Mittag kamen bereits von allen Seiten Klagen darüber, daß die Betriebe nicht mehr laufen könnten, weil man sämtliche jüdischen Handwerker entfernt hatte...

Was im übrigen die Durchführung der Aktion anbelangt, muß ich zu meinem tiefsten Bedauern hervorheben, daß letztere bereits an Sadismus grenzte. Die Stadt selbst bot während der Aktion ein schreckenerregendes Bild. Mit einer unbeschreiblichen Brutalität sowohl von seiten der deutschen Polizeibeamten, wie insbesondere von den litauischen Partisanen (gemeint sind wahrscheinlich Hilfswillige), wurde das jüdische Volk, darunter aber auch Weißruthenen aus den Wohnungen herausgeholt und zusammengetrieben. Überall in der Stadt knallte es, und in den einzelnen Straßen häuften sich Leichen erschossener Juden. Die Weißruthenen hatten größte Not, um sich aus der Umklammerung zu befreien. Abgesehen davon, daß das jüdische Volk, darunter auch die Handwerker, furchtbar roh vor den Augen des weißruthenischen Volkes brutal mißhandelt worden ist, hat man das weißruthenische Volk ebenfalls mit Gummiknüppeln und Gewehrkolben bearbeitet. Von einer Judenaktion konnte schon keine Rede mehr sein, vielmehr sah es nach einer Revolution aus. Ich selbst bin den ganzen Tag ununterbrochen mit allen meinen Beamten dazwischen gewesen, um noch zu retten, was zu retten war. Mehrfach habe ich buchstäblich mit gezogenem Revolver die deutschen Polizeibeamten wie auch die litauischen Partisanen aus den Betrieben herausdrängen müssen. Auch meine eigene Gendarmerie war mit dem gleichen Auftrag eingesetzt, mußte aber vielfach wegen der wilden Schießerei die Straßen verlassen, um nicht selbst erschossen zu werden. Das ganze Bild war überhaupt mehr als grauenvoll. Nachmittags standen in den Straßen herrenlos eine größere Anzahl Panjewagen mit Pferden herum, so daß ich die Stadtverwaltung beauftragen mußte, sich sofort um die Fahrzeuge zu kümmern. Wie nachher festgestellt wurde, handelte es sich um jüdische Fahrzeuge, die von der Wehrmacht den Auftrag hatten, Munition zu fahren. Man hatte sie einfach von den Wagen heruntergeholt und abgeführt, ohne sich auch nur um die Fahrzeuge zu kümmern.

Bei der Erschießung vor der Stadt bin ich nicht zugegen gewesen. Über die Brutalität kann ich daher nichts sagen. Es dürfte aber auch genügen, wenn ich hervorhebe, daß Erschossene längere Zeit nach Zuwerfen der Gräber sich wieder herausgearbeitet haben.

Abschließend sehe ich mich gezwungen, darauf hinzuweisen, daß von dem Polizeibataillon während der Aktion in... unerhörter Weise geplündert worden... ist, und zwar nicht nur in jüdischen Häusern, sondern genauso in den Häusern

der Weißruthenen. Alles Brauchbare, wie Stiefel, Leder, Stoffe, Gold und sonstige Wertsachen haben sie mitgenommen. Nach Angaben von Wehrmachtsangehörigen wurden den Juden öffentlich auf der Straße die Uhren von den Armen gerissen, die Ringe in brutalster Weise von den Fingern gezogen. Ein Oberzahlmeister erstattet die Meldung, wonach ein jüdisches Mädchen von der Polizei aufgefordert worden sei, sofort 5000 Rubel zu holen, dann würde ihr Vater freigelassen. Tatsächlich soll dieses Mädchen überall umhergelaufen sein, um das Geld zu besorgen.
Auch innerhalb des Gettos sind die einzelnen Baracken, die von der Zivilverwaltung vernagelt und mit jüdischem Inventar versehen waren, von der Polizei aufgebrochen und ausgeraubt worden. Sogar aus der Kaserne, in der die Einheit untergebracht war, sind für das Lagerfeuer Fensterrahmen und Türen herausgebrochen. In der Nacht vom Dienstag auf Mittwoch hat das Bataillon in Richtung Baranowitschi die Stadt verlassen. Offensichtlich war das Volk nur einmal froh darüber, als diese Nachricht durch die Stadt ging.
Soweit der Bericht. Ich werde demnächst nach Minsk kommen, um einmal mündlich die Angelegenheit durchzusprechen. Z. Zt. bin ich nicht in der Lage, die Judenaktion weiter durchzuführen. Es muß erst einmal wieder Ruhe eintreten. Ich hoffe, die Ruhe so bald wie möglich wieder herstellen zu können und trotz der Schwierigkeiten auch die Wirtschaft wieder zu beleben. Nur einen Wunsch bitte ich mir noch zu erfüllen: »Verschonen Sie mich in Zukunft unbedingt vor diesem Polizeibataillon!«

gez. *Carl*

17. Befehl des Kommandeurs der Sicherheitspolizei und des SD Weißruthenien, SS-Obersturmbannführer Strauch, vom 5. Februar 1943 über die Räumung des Gettos von Sluzk

Der Kommandeur
der Sicherheitspolizei und d. SD.
Weißruthenien

Minsk, den 5. Februar 1943

Kommandobefehl

Am 8. und 9. Februar 1943 wird in der Stadt Sluzk von dem hiesigen Kommando eine Umsiedlung der dortigen Juden vorgenommen. An der Aktion nehmen die unten namentlich aufgeführten Angehörigen des Kommandos sowie rund 110 Angehörige der lettischen Freiwilligenkomp. teil. Die Leitung der Aktion liegt in den Händen von SS-Obersturmführer *Müller*.
Die Teilnehmer treten am 7. Februar 1943 um 11.15 Uhr im unteren Korridor des Dienstgebäudes zur Abfahrt an, die um 11.30 Uhr stattfindet. Einnahme des Mittagessens 10.30 Uhr. Die Leitung der Kraftwagenkolonne übernimmt SS-Sturmbannführer *Breder*...

Durchführung der Aktion in Sluzk:

Getto
Die Sicherung und Bewachung des Gettos übernimmt die Ordnungspolizei. Die Auswertung des anfallenden Judeneigentums liegt in den Händen von SS-Hauptstuf. Madecker, dem für diese Aufgabe ein Kommando von 2 Beamten (Kruse, Buchner), 2 Dolmetschern (Michelsen, Natarow) und 10 Letten zur Verfügung stehen.
Die Aufbringung der Juden im Getto steht unter der Leitung des SS-Sturmbannführers *Graaf*, dem hierzu 6 Kommandos in Stärke von je einem Beamten und je 9 Letten zur Verfügung stehen. Für diese Kommandos sind folgende Unterführer vorgesehen:
Krause, Nikol, Gennert, Ehrig, Weller, Zeuschel. Der Abtransport der Juden zum Umsiedlungsplatz geschieht mittels 6 Lkws, die von je 4 Letten begleitet werden.

Umsiedlungsgelände:
Auf dem Umsiedlungsgelände befinden sich 2 Gruben. An jeder Grube arbeitet je eine Gruppe von 10 Führern und Männern, die sich alle 2 Stunden ablösen. Zeiten 8–10 Uhr, 10–12 Uhr, 12–14 Uhr, 14–16 Uhr...
Die Sicherung auf dem Umsiedlungsgelände übernimmt SS-Untersturmführer *Pierre* mit 10 Letten.
Für das Kraftfahrwesen während der Vorbereitungen in Minsk, während des Transportes nach Sluzk und für die Aufsicht der Transporte der Juden vom Getto zum Umsiedlungsgelände ist SS-Unterstuf. *Wiechert* verantwortlich. Gleichzeitig ist Vorgenannter für die Gestellung der Munition zuständig. Als Patronenausgeber auf dem Umsiedlungsgelände sind SS-Mann Kraft und Rottwachtmeister Altmann zuständig.
Für die Verpflegung und die Unterbringung der Führer und Männer ist SS-Oberstuf. *Kaul* verantwortlich.

gez. *Strauch*
SS-Obersturmbannführer

18. Aussage des Angehörigen der KdS / BdS-Dienststelle Minsk, Abt. IV, Adolf Rübe, über seine Beteiligung bei der Räumung des Gettos von Sluzk am 8. Februar 1943

Bei einer zweiten Erschießung in Sluzk war ich selbst dabei. Im Februar 1943 wurden so ziemlich alle Angehörigen der Dienststelle des KdS Minsk zu einem auswärtigen Einsatz befohlen, und es waren damals alle verfügbaren Fahrzeuge zu unserem Transport eingesetzt. Zu dem Einsatz wurden Gewehre mitgenommen und, sofern zum Dienstanzug gehörig, die Pistole. Auch ich hatte Gewehr und Pistole mit. Diejenigen, die zum Schießen eingeteilt waren, hatten Maschi-

nenpistolen mit. Dies waren vorwiegend Angehörige der Dienststelle des KdS Minsk. Die Angehörigen der Wachkompanie – Letten – hatten nur Gewehre mit.
Wir fuhren frühmorgens von Minsk weg und kamen am späten Nachmittag in Sluzk an. Dort wurden wir in der Schule einquartiert und haben dort auch übernachtet. Am nächsten Morgen in der Früh mußten wir auf dem Flur antreten, und der Hauptsturmführer Wilke hat die Einteilung vorgenommen. Die Einteilung für den Exekutionsplatz und das Transportkommando war einige Mann vor mir beendet, und ich selbst mit noch etwa 10 Mann war praktisch zu keiner besonderen Aufgabe eingeteilt. Wir waren als Reserve vorgesehen. Wir wurden von Wilke an den Eingang des Gettos von Sluzk beordert und sahen zunächst nur dem Abtransport der Juden aus dem Getto zu. Vor dem Abtransport hatte der damalige Gebietsführer von Sluzk die Juden zu sich hergerufen und ihnen eröffnet, daß sie zum Arbeitseinsatz kämen und daß das Getto aufgelöst werde. Nach einiger Zeit – vielleicht eine Stunde – hatten die Juden jedoch von dem wirklichen Zweck des Transports Wind bekommen, wurden unruhig und haben sich teilweise versteckt, auch haben sie geweint und geschrien. Die im Getto eingesetzte Schutzpolizei – Bayerische Polizeieinheit mit einem Major aus Bayern als Führer – hat die Juden aus den Häusern geholt und unter Anwendung von Gewalt auf die Lkws verladen. Dabei hat sich dieser Major durch besondere Brutalität ausgezeichnet. Schließlich hat der Major befohlen, die Häuser im Getto in Brand zu stecken, um auch die Juden herauszubringen, die sich versteckt hielten.
Gegen 11 Uhr kam Hauptsturmführer Wilke an den Gettoeingang und beauftragte mich damit, die Fahrzeuge zu zählen, die das Getto mit Juden verließen. Es hat sich im übrigen um die Lkws gehandelt, mit denen wir aus Minsk gekommen waren. Wieviel Lkws voll Juden abtransportiert wurden, kann ich heute nicht mehr sagen. Ich weiß nur noch, daß nach der Zahl der mit Juden besetzten Lkws mindestens 1800 Juden zur Erschießung gebracht wurden.
Die Erschießung fand einige Kilometer nordöstlich von Sluzk auf freiem Feld an einem Waldrand statt. Die an der Erschießung beteiligten Kollegen haben nachher erzählt, daß sich die Juden, Männer, Frauen und Kinder, mit dem Gesicht zur Grube aufstellen mußten und dann mittels Genickschuß erschossen wurden. Die Erschießung hat von frühmorgens bis gegen 16 Uhr gedauert.
Kurz vor Schluß der Aktion erschienen von Gottberg und Strauch am Gettoeingang und haben sich die brennenden Häuser angesehen.

19. Abschlußbericht des Stadtkommissars von Minsk, Becker (nach der Flucht in Forbach, Schwarzwald), vom 27. Juli 1944 an den Generalkommissar von Weißruthenien, Kurt von Gottberg (nach der Flucht in Bielitz, südl. von Kattowitz), über die Räumung der Stadt Minsk am 2./3. Juli 1944

I. Vorbereitung zur Räumung und Einstellung zur militärischen Lage. Vorbereitung verwaltungsmäßiger Art.

...

Aus rein politischen Gründen habe ich, um der Räumungspsychose der Einheimischen entgegenzutreten, verschiedene Maßnahmen vor den Einheimischen durchgeführt, die, durch ihre Planmäßigkeit auf weite Sicht abgestellt, alle Gerüchte über eine Räumung zerstreuen sollten. Hierzu gehören der Ausbau verschiedener Ruinen als Wohngebäude für Einheimische, der Gartenanbau-Wettbewerb, die Aktion »Das schönste Eigenheim«, der Ausbau des Minsker Straßenbahnnetzes, die Anlegung eines neuen Friedhofs, Eröffnung einer Musikschule, die forcierte Eröffnung des Stadttheaters und die Steigerung des gesamten einheimischen Kulturlebens usw. Der große Festzug am 22. Juni 1944 wurde aus den gleichen Erwägungen heraus durchgeführt; er hat eine sehr große freiwillige Mitwirkung der Einheimischen gefunden.
Interessant ist nebenbei, daß einige Mitarbeiter immer noch so arbeiten, als ob von der Fortführung des normalen Dienstbetriebes ihre Seligkeit abhänge. Erst das Verbrennen der Akten brachte sie zur Wirklichkeit zurück. Die sämtlichen Akten (ausgenommen wenige Akten des Zentralbüros), insbesondere aber die Geheimakten wurden verbrannt...
Major Hähnel, den Kommandeur des Sprengkommandos, habe ich ebenfalls eingehend auf die einzelnen Betriebe aufmerksam gemacht, die unbedingt gesprengt werden müssen, wie die Minsker Zeitung (wegen der sehr kostbaren Rotationsmaschinen 14 Millionen Mark)...
Die einzelnen militärischen technischen Kommandos übernahmen die E-Werke, die Schlachthöfe und die Bäckereien. Die übrigen Betriebe, insbesondere die Treuhandbetriebe, wurden nicht übernommen, um sie in Gang zu halten, sondern um sie dem Sprengkommando zu übergeben... Im Laufe des 1. Juli (samstags) begann das Sprengkommando seine Tätigkeit. Ohne mit mir den Zerstörungsplan durchgesprochen zu haben, hat der Kommandeur des Sprengkommandos selbständig die Auswahl der einzelnen Objekte, die zur Sprengung ausersehen waren, in eigener Zuständigkeit vorgenommen. Als erster Betrieb wurde die Brauerei gesprengt. Die Sprengdetonationen waren von diesem Augenblick an aus den verschiedenen Richtungen der Stadt zu hören. Als ich am Samstagnachmittag auf kurze Zeit meine Dienststelle verließ und sie wieder betreten wollte, wurde ich vom Führer eines Sprengtrupps darauf hingewiesen, daß mein Dienstgebäude innerhalb kürzester Zeit in die Luft gehen würde. Da

diese Sprengungen ohne Fühlungnahme mit mir durchgeführt wurden, hätte man mich um ein Haar mit in die Luft gesprengt...
Trotz der Wache haben Plünderungen stattgefunden. Wesentlich an diesen Plünderungen waren deutsche Soldaten beteiligt. Das deutsche Kaufhaus wurde bereits am Donnerstag, das Deutsche Haus am Freitag geplündert. Angehörige der OT beteiligten sich ebenfalls dabei, Einheimische schlossen sich sofort an. Die aufgestellte Wache, auf die Plünderung von mir aufmerksam gemacht, erklärte: »Wenn ich schieße, schlagen sie mich tot.« Schon am Mittwoch kamen Soldaten der 9. Armee truppweise durch die Stadt, teilweise ohne Gewehr und ohne Stiefel. Wie mir berichtet wurde, haben sich diese Soldaten nicht an den Plünderungen beteiligt, vielmehr haben die Angehörigen der bodenständigen militärischen Dienststellen in erster Linie die Wohnungen der Reichsdeutschen und die verschiedenen Läger der Betriebe nach etwas Mitnehmbarem durchsucht. Die verlassenen Wohnungen der Reichsdeutschen wurden von deutschen Soldaten auf Radios, Einrichtungsgegenstände, Wäsche und besonders Zivilanzüge untersucht. Was nicht mitnehmbar war, wurde sofort weggeworfen oder zerstört. Am Vormittag des 1. Juli kamen 3 Soldaten in meine Wohnung, um sich nach etwas Mitnehmbarem umzusehen. Sie meinten: »Sie müssen ja doch bald fort.« Um zu sehen, was ihnen am besten gefalle, ließ ich sie eine Weile gewähren. Mein Kleiderschrank und ein darin befindlicher wattierter Russenanzug hatte es ihnen besonders angetan. Die Einheimischen begannen ebenfalls sich an den Plünderungen zu beteiligen in der ihnen eigenen schleichenden Weise mit dem typischen harmlosen Gesicht...
Das Wirtschaftsleben der Stadt und ihrer Versorgungseinrichtungen begann gegen Mitte der Woche immer langsamer zu werden und gegen Ende der Woche sehr rasch ganz aufzuhören, mit Ausnahme verschiedener Betriebe, bei denen die Schlüsselkräfte kaserniert worden waren. Von Freitag, den 30. Juni ab, war alles öffentliche und wirtschaftliche Leben in der Stadt gestorben. Während der größere Teil der noch anwesenden Bevölkerung in Gruppen beisammenstand und sorgenvolle Gesichter machte, habe ich aber auch besonders Frauen gesehen, die nach ihren Mienen zu schließen, die veränderte Lage in zuversichtlicher Weise abwarteten.
Die Reichsverkehrsdirektion hat ihre Räumungsmaßnahmen bereits zu Beginn der kritischen Woche eingeleitet, meines Ermessens durchaus nicht zu früh. Die Dienstpost stellte ebenfalls Anfang der Woche ihren Betrieb ein, der Fernsprechverkehr wurde weisungsgemäß aufrechterhalten, bis er durch die Sprengung am Samstag örtlich gestört wurde. Der Reichssender hatte seine Zelte ebenfalls bereits Anfang der Woche abgebrochen, meines Ermessens ebenfalls nicht zu früh, wie die Minsker Zeitung, die in der gleichen Zeit ihr Personal in Sicherheit brachte. Die ortsansässigen Wehrmachtsdienststellen und Stäbe in Minsk hatten befehlsmäßig ebenfalls zu Beginn der Woche, spätestens jedoch am Mittwoch der kritischen Woche Minsk verlassen.

Die Räumung meiner Dienststelle.
Sachlich konnte nichts geräumt werden. Die Akten wurden anordnungsgemäß rechtzeitig verbrannt einschließlich der Geheimakten... Zur Finanzierung der Räumung der Dienststelle habe ich mir von der Gebietskasse 10000 RM auszahlen lassen...
Das Konto der einheimischen Stadtverwaltung bei der Notenbank ist sichergestellt. Von den einheimischen Verwaltungsträgern kann nicht mehr darüber verfügt werden. Wie bereits oben erwähnt, verließen am Freitag, dem 30. Juni, nachmittags meine restlichen Mitarbeiter auf vier Holzgasgeneratoren und 3 Pkws die Stadt...
Drei Mitarbeiter setzten sich von der Kolonne ab mit dem von ihnen mitgeführten Verpflegungswagen der Kolonne mit der Verpflegung für 40 Personen und suchten fluchtartig das Weite... Die Fahrt ging unter wiederholtem Beschuß und Fliegerangriffen vonstatten. Ausfälle keine, lediglich durch Verkehrsunfälle bzw. Ertrinkens 2 tote Einheimische...
Wenn ich in meiner Arbeit und mit meiner Verantwortung mich auf die militärischen Dienststellen, insbesondere auf den Kommandanten des festen Platzes und seine Dienststelle verlassen hätte, wäre ich bei dem Einzug der russischen Truppen bestimmt noch in Minsk gewesen.

Becker

20. Meldung über eine Großrazzia in Minsk Ende April 1943

In Minsk fand ein Unternehmen statt, das wegen seiner Erstmaligkeit und der Art der Durchführung Beachtung erfordert. Es handelt sich um die *planmäßige Durchkämmung der Stadt und sicherheitspolizeiliche Überprüfung der gesamten Einwohnerschaft.* Hierzu war nach genau festgelegten Plänen die Stadt Minsk in 6 Abschnitte eingeteilt worden. Es kam darauf an, in Zusammenarbeit mit 3 Polizeiregimentern und 2 Regimentern der Wehrmacht von außen her konzentrisch gegen den Stadtkern vorzurücken, um so die Stadt vollkommen abzuriegeln. Die Durchführung der Abriegelung verteilte sich entsprechend den 6 Abschnitten auf 6 Tage.
Vorbildlich bei der Großaktion war das Zusammenarbeiten der einzelnen Parteisparten untereinander und mit den eingesetzten Wehrmachtseinheiten.
Das Durchkämmern der 6 Abschnitte, in denen immer ein Sammelplatz sowie Durchlaßstellen eingerichtet waren, erfolgte systematisch durch innerhalb dieser Abschnitte eingesetzte Kommandos, die sich aus Angehörigen der Sicherheitspolizei und des SD und Ordnungspolizei zusammensetzten und von Führern der Sicherheitspolizei und des SD geleitet wurden.
Bei dem Durchkämmen kam es nicht nur darauf an, die Einwohner auf gültige Ausweispapiere zu überprüfen, sondern auch darauf, kriminell- und politischverdächtige Personen zu erfassen und im Wege von Durchsuchungen Beweismaterial sicherzustellen und unter Auswertung dieses Materials Hinweise auf

staats- und volksschädliche Bestrebungen zu erlangen. Schließlich war Zweck der Aktion, arbeitsscheue Elemente für den Arbeitseinsatz in Minsk und im Reich zu erfassen.
Zur Vermeidung einer doppelten Kontrolle wurde dem Ausweis der Erfaßten ein Kontrollstempel beigegeben.
Es war unvermeidbar, daß sich an den einzelnen Tagen an den Durchlaßstellen Stauungen im Personen- sowie sonstigen Verkehr zeigten, und zwar besonders in den frühen Morgen- und in den Nachmittagsstunden, wenn die Berufstätigen zum oder vom Arbeitsplatz kamen. Durch das gute Zusammenwirken aller beteiligten Stellen wurden aber auch diese Schwierigkeiten überwunden.
Die Aktion selbst wurde von der Bevölkerung der Stadt, in der u. a. der Schwarzhandel in hoher Blüte steht, im allgemeinen begrüßt. Den polizeilichen Maßnahmen wurde an keiner Stelle Widerstand entgegengesetzt.
Herauszustellen ist, daß trotz der hermetischen Abriegelung der Stadt ihre Versorgung mit den notwendigen Lebensmitteln gewährleistet und auch die Arbeit in den lebens- und kriegswichtigen Betrieben derart gesichert war, daß die z. Zt. eingesetzten fremdvölkischen oder sonstigen Arbeitskräfte ohne nennenswerte Behinderungen ihren Arbeitsplatz erreichen konnten.
Von den etwa 130000 Einwohnern, unter denen sich mindestens 40000 Kinder befinden, wurden, soweit bei der Überholung Unklarheiten auftraten, 52500 Personen näher überprüft. Dabei konnten für das Reich 350 Personen, für die Stadt Minsk 712 Personen als Arbeitskräfte erfaßt werden.
Aus sicherheitspolizeilichen Gründen wurden 39 kriminell- bzw. politischverdächtige oder überführte Personen festgenommen. Auffällig war hierbei, daß die Festnahmen wegen Schleichhandels, Schwarzbrennens und Diebstahl zumeist in Erscheinung traten. Bei einigen Festgenommenen besteht der dringende Verdacht der Verbindung zu Banden.
Das bei der Durchkämmung, Durchsuchung und auf Grund der Festnahmen eingebrachte Gut bestand aus Waffen, militärischen Ausrüstungsgegenständen, einer Anzahl Fotoapparate mit Zubehör, Verbandszeug, Medikamenten, ärztlichen und zahnärztlichen Instrumenten, einem Mikroskop, einem Meßapparat, Chemikalien, Kupferdraht, Zündschnur usw. Weiterhin wurden russische Zeitschriften, Landkarten sowie kommunistisches Propagandamaterial sichergestellt.
Es ist zu erwarten, daß die folgenden Vernehmungen noch mancherlei Hinweise auf sonstige Straftaten bringen und sich in diesem Zusammenhang noch weitere Festnahmen ergeben werden.
Wenn auch der tatsächliche Erfolg im Verhältnis zu den bei der Aktion eingesetzten deutschen Kräften zunächst unbeachtlich erscheint, so muß doch die allgemein abschreckende Wirkung auf alle unsicheren und verdächtigen Elemente der Stadt Minsk als Erfolg gebucht werden.

21. Anordnung der Feldkommandantur vom 19. Juli 1941 zur Errichtung des Gettos von Minsk

Minsk, den 19. Juli 1941

ANORDNUNG!

1. Mit dem Datum der Anordnung wird ein jüdischer Wohnbezirk in Minsk geschaffen, der ausschließlich von Juden bewohnt wird.
2. Die gesamte jüdische Bevölkerung der Stadt Minsk hat *sofort* nach Veröffentlichung dieser Anordnung innerhalb 5 mal 24 Stunden in den jüdischen Wohnbezirk der Stadt Minsk überzusiedeln. Wer nach Ablauf der Frist außerhalb des angewiesenen Wohnbezirks angetroffen wird, wird verhaftet und mit schärfsten Strafen belegt.
3. Die Mitnahme von Umzugsgut ist gestattet. Mitnahme von fremdem Eigentum wird mit dem Tode bestraft.
4. Der Wohnbezirk wird begrenzt von folgenden Straßen: Kolchosnij Piereulok, Anschluß: Kolchosnajer-Str., Anschluß am Fluß entlang, Anschluß: Nemigskaja-Str. ausgenommen die orth. Kirche, Anschluß: Respublikanska-Str., Anschluß: Schornaja-Str., Anschluß: Kolektornaja Str., Anschluß: Mebelnej Piereulok, Anschluß: Perekopskaja-Str., Anschluß: Nisowaja-Str., Anschluß: jüdische Friedhofsmauer, Anschluß: Obuwnaja-Str., Anschluß: 2. Opanski Piereulok, Anschluß: Saslawskaja, Anschluß: bis Ecke Kolchesnij Piereulok.
5. Der jüdische Wohnbezirk ist nach Abschluß der Umsiedlung durch Trockenmauern von der übrigen Stadt abzuschließen. Die Herstellung der Trockenmauern ist von den Bewohnern des jüdischen Wohnbezirkes mit den verfügbaren Steinen nicht mehr bewohnbarer Häuser selbst durchzuführen.
6. Ein Verweilen außerhalb des ihnen zugewiesenen Wohnbezirks ist den zu Arbeitskolonnen zusammengefaßten Juden verboten. Diese dürfen den Wohnbezirk nur in der Kolonne verlassen und sich nur zu der von der Stadtverwaltung Minsk verfügten Arbeit außerhalb des Bezirks aufhalten. Zuwiderhandlungen werden mit dem Tode bestraft.
7. Den Juden ist das Betreten und Verlassen des jüdischen Wohnbezirkes nur durch die 2 Zugänge in der Opanski- und der Ostrowski Straße erlaubt. Das Überschreiten der Begrenzungsmauern ist verboten. Die deutschen Wachen und die Hilfspolizei sind angewiesen, auf Zuwiderhandelnde zu schießen.
8. Zu dem jüdischen Wohnbezirk haben nur Juden, mit Ausnahme dienstlich tätiger Angehöriger deutscher Formationen und der Stadtverwaltung Minsk, Zutritt.
9. Dem Judenrat wird zur Durchführung der durch die Umsiedlung entstehenden Verwaltungsmaßnahmen eine Zwangsanleihe von 30000 Tscherwoncen auferlegt. Der Geldbetrag, über dessen Verzinsung eine spätere Regelung erfolgt, ist nach Herausgabe der Verfügung innerhalb 12 Stunden an die Kasse der Stadtverwaltung, Karl-Marx-Str. 28, zu entrichten.

10. Der Judenrat bringt die Wohnungen, die außerhalb des jüdischen Wohnbezirkes liegen, von Juden geräumt, jedoch durch die arische Bevölkerung nicht besiedelt wurden, dem Wohnungsamt bei der Stadtverwaltung nach dem Umsiedlungstermin *sofort* zur Anmeldung.
11. Die Ordnung im jüdischen Wohnbezirk wird von einem jüdischen Ordnerdienst aufrechterhalten (Sonderanweisung folgt).
12. Für die restlose Durchführung der jüdischen Umsiedlung ist der Judenrat der Stadt Minsk voll verantwortlich. Zuwiderhandlungen werden schärfstens geahndet.

DER FELDKOMMANDANT

22. Bericht des Ministerialrats Xaver Dorsch an den Minister für die besetzten Ostgebiete, Alfred Rosenberg, über das Zivilgefangenenlager in Minsk

Berlin *10. Juli 1941*

Das Gefangenenlager Minsk beherbergt auf einem Raum von etwa der Größe des Wilhelmplatzes ca. 100000 Kriegsgefangene und 40000 Zivilgefangene. Die Gefangenen, die auf diesem engen Raum zusammengepfercht sind, können sich kaum rühren und sind dazu gezwungen, ihre Notdurft an dem Platz zu verrichten, wo sie gerade stehen. Bewacht wird das Lager von einem Kommando aktiver Soldaten in Kompaniestärke. Die Bewachung des Lagers ist bei der geringen Stärke des Wachkommandos nur möglich unter Anwendung brutalster Gewalt.

Die Kriegsgefangenen, bei denen das Verpflegungsproblem kaum zu lösen ist, sind teilweise sechs bis acht Tage ohne Nahrung und kennen in einer durch den Hunger hervorgerufenen tierischen Apathie nur noch eine Sucht: zu etwas Eßbarem zu gelangen. Die Zivilgefangenen bestehen aus den 15- bis 50jährigen Männern aus Minsk und Umgebung. Die Verpflegung dieser Zivilgefangenen erfolgt, soweit es sich um Minsker handelt, durch deren Angehörige. Es werden allerdings auch nur diejenigen verpflegt, die Angehörige besitzen, die in endlosen Reihen von früh bis spät, mit Eßvorräten beladen, in das Gefangenenlager pilgern.

In der Nacht fallen die hungernden Zivilisten über die Versorgten her und schlagen sich gegenseitig tot, um zu einem Stück Brot zu gelangen.

Die einzig mögliche Sprache des schwachen Wachkommandos, das ohne Ablösung Tag und Nacht seinen Dienst versieht, ist die Schußwaffe, von der rücksichtslos Gebrauch gemacht wird.

gez. *Dorsch*
Min. Rat

23. Schreiben des Verwalters des Minsker Gerichtsgefängnisses Guenther vom 31. Mai 1943 an den Generalkommissar von Weißrußland, Wilhelm Kube

Gerichtsgefängnis — Minsk, den 31. 5. 1943

An den
Herrn Generalkommissar
für Weißruthenien
Minsk

Betr.: Judenaktionen
Bezug: mündlicher Bericht am 31. 5. 1943

Am 13. April 1943 wurde der deutsche ehemalige Zahnarzt Ernst Israel *Tichauer* und seine Frau Elise Sara Tichauer geb. Rosenthal durch den SD (Hauptscharführer Rübe) ins Gerichtsgefängnis eingeliefert. Seit dieser Zeit wurden bei den eingelieferten deutschen und russischen Juden die Goldbrücken, Kronen und Plomben ausgezogen bezw. ausgebrochen. Dieses geschieht jedesmal 1–2 Stunden vor der betreffenden Aktion.
Es wurden seit dem 13. April 1943 516 deutsche und russische Juden erledigt. Nach genauer Feststellung wurden aber nur bei 2 Aktionen die Goldsachen abgenommen, und zwar am 14. 4. 43 bei 172 und am 27. 4. 43 bei 164 Juden. Ungefähr 50% der Juden hatten Goldzähne, Brücken oder Blomben. Hauptscharführer Rübe vom SD war jedesmal persönlich zugegen und hat auch die Goldsachen mitgenommen.
Vor dem 13. April 1943 ist dieses nicht gemacht worden.

gez. *Guenther*
Strafanstaltsverwalter

24. Schreiben an den Leiter der Gruppe II D im Reichssicherheitshauptamt Berlin, SS-Obersturmbannführer Walter Rauff, zuständig für die technische Weiterentwicklung der Gaswagen

II D 3 a(9) Nr. 214/42 g. Rs. — Berlin, den 5. Juni 1942
Einzigste Ausfertigung

Geheime Reichssache

I. Vermerk:

Betrifft: Technische Abänderungen an den im Betrieb eingesetzten und an den sich in Herstellung befindlichen Spezialwagen

Seit Dezember 1941 wurden beispielsweise mit 3 eingesetzten Wagen 97000 verarbeitet, ohne daß Mängel an den Fahrzeugen auftraten. Die bekannte Ex-

plosion in Kulmhof ist als Einzelfall zu bewerten. Ihre Ursache ist auf einen Bedienungsfehler zurückzuführen. Zur Vermeidung von derartigen Unfällen ergingen an die betroffenen Dienststellen besondere Anweisungen. Die Anweisungen wurden so gehalten, daß der Sicherheitsgrad erheblich heraufgesetzt wurde.
Die sonstigen bisher gemachten Erfahrungen lassen folgende technische Abänderungen zweckmäßig erscheinen:

1. Um ein schnelles Einströmen des CO unter Vermeidung von Überdrucken zu ermöglichen, sind an der oberen Rückwand zwei offene Schlitze von 10 × 1 cm lichter Weite anzubringen. Dieselben sind außen mit leicht beweglichen Scharnierblechklappen zu versehen, damit ein Ausgleich des evtl. eintretenden Überdruckes selbsttätig erfolgt.
2. Die Beschickung der Wagen beträgt normalerweise 9–10 pro m^2. Bei den großräumigen Saurer-Spezialwagen ist eine Ausnutzung in dieser Form nicht möglich, weil dadurch zwar keine Überlastung eintritt, jedoch die Geländegängigkeit sehr herabgemindert wird. Eine Verkleinerung der Ladefläche erscheint notwendig. Sie wird erreicht durch Verkürzung des Aufbaues um ca. 1 m. Vorstehende Schwierigkeit ist nicht, wie bisher, dadurch abzustellen, daß man die Stückzahl bei der Beschickung vermindert. Bei einer Verminderung der Stückzahl wird nämlich eine längere Betriebsdauer notwendig, weil die freien Räume auch mit CO angefüllt werden müssen. Dagegen reicht bei einer verkleinerten Ladefläche und vollständig ausgefülltem Laderaum eine erheblich kürzere Betriebsdauer aus, weil freie Räume fehlen.
   In einer Besprechung mit der Herstellerfirma wurde von dieser Seite darauf hingewiesen, daß eine Verkürzung des Kastenaufbaues eine ungünstige Gewichtsverlagerung nach sich zieht. Es wurde betont, daß eine Überlastung der Vorderachse eintritt. Tatsächlich findet aber ungewollt ein Ausgleich in der Gewichtsverteilung dadurch statt, daß das Ladegut beim Betrieb in dem Streben nach der hinteren Tür immer vorwiegend dort liegt. Hierdurch tritt eine zusätzliche Belastung der Vorderachse nicht ein.
3. Die Verbindungsschläuche zwischen Auspuff und Wagen rosten des öfteren durch, da sie im Innern durch anfallende Flüssigkeiten zerfressen werden. Um dieses zu vermeiden, ist der Einfüllstutzen nunmehr so zu verlegen, daß eine Einführung von oben nach unten erfolgt. Dadurch wird ein Einfließen von Flüssigkeiten vermieden.
4. Um eine handliche Säuberung des Fahrzeuges vornehmen zu können, ist der Boden in der Mitte mit einer dicht verschließbaren Abflußöffnung zu versehen. Der Abflußdeckel mit etwa 200 bis 300 mm ∅ erhält einen Syphonkrümmer, so daß dünne Flüssigkeit auch während des Betriebes ablaufen kann. Zur Vermeidung von Verstopfungen ist der Krümmer oben mit einem Sieb zu versehen. Dicker Schmutz kann bei der Reinigung des Wagens durch die große Abflußöffnung fortgespült werden. Der Boden des

Fahrzeuges ist zur Abflußöffnung leicht zu neigen. Hierdurch soll erreicht werden, daß alle Flüssigkeiten unmittelbar zur Mitte abfließen. Ein Eindringen der Flüssigkeiten in die Röhren wird somit weitgehendst unterbunden.

5. Die bisher angebrachten Beobachtungsfenster können entfallen, da sie praktisch nie benutzt werden. Bei der Fertigung weiterer Fahrzeuge wird durch den Fortfall der Fenster mit Bezug auf die schwierige Anbringung und dichte Abschließung derselben erhebliche Arbeitszeit eingespart.
6. Die Beleuchtungskörper sind stärker als bisher gegen Zerstörungen zu sichern. Das Eisengitterwerk ist so hoch gewölbt über den Lampen anzubringen, daß eine Beschädigung der Lampenfenster nicht mehr möglich ist. Aus der Praxis wurde vorgeschlagen, die Lampen entfallen zu lassen, da sie angeblich nie gebraucht werden. Es wurde aber in Erfahrung gebracht, daß beim Schließen der hinteren Tür und somit bei eintretender Dunkelheit immer ein starkes Drängen der Ladung nach der Tür erfolgte. Dieses ist darauf zurückzuführen, daß die Ladung bei eintretender Dunkelheit sich nach dem Licht drängt. Es erschwert das Einklinken der Tür. Ferner wurde festgestellt, daß der auftretende Lärm wohl mit Bezug auf die Unheimlichkeit des Dunkels immer dann einsetzt, wenn sich die Türen schließen. Es ist deshalb zweckmäßig, daß die Beleuchtung vor und während der ersten Minuten des Betriebes eingeschaltet wird. Auch ist die Beleuchtung bei Nachtbetrieb und beim Reinigen des Wageninnern von Vorteil.
7. Um eine schnelle und leichte Entladung des Fahrzeuges zu erreichen, ist ein ausfahrbarer Rost anzubringen. Er ist auf kleinen Rädern in U-Eisen-Schienen zu führen. Das Aus- und Einfahren hat mit einer unter dem Wagen angebrachten Drahtseilzugwinde zu geschehen. Die mit der Anbringung beauftragte Firma hält diese Ausführungsart wegen Kräfte- und Materialmangel z. Zt. für undurchführbar. Die Ausführung ist bei einer anderen Firma anzuregen.

Vorstehende technische Abänderungen sind an den im Betrieb befindlichen Fahrzeugen nur dann nachträglich auszuführen, wenn jeweils ein Fahrzeug einer anderen größeren Reparatur unterzogen werden muß. An den in Auftrag gegebenen 10 Saurer-Fahrgestellen sind die vorstehenden Abänderungen so weit als möglich zu berücksichtigen. Da die Herstellerfirma gelegentlich einer Rücksprache betonte, daß konstruktive Abänderungen z. Zt. nicht oder nur für kleinste Abänderungen möglich sind, ist bei einer anderen Firma der Versuch zu unternehmen, mindestens *eines* dieser 10 Fahrzeuge mit allen Neuerungen und Abänderungen, die sich bisher aus der Praxis ergaben, auszustatten. Ich schlage vor, die Firma in Hohenmauth mit der Einzelausführung zu beauftragen.

Nach den Umständen ist bei diesem Fahrzeug mit einer späteren Fertigstellung zu rechnen. Es ist dann nicht nur als Muster-, sondern auch als Reserve-Fahrzeug bereitzuhalten bzw. einzusetzen. Bei Bewährung sind die übrigen Fahrzeuge nacheinander aus dem Betrieb zu ziehen und dem Musterfahrzeug entsprechend umzubauen.

II. Gruppenleiter II D
SS-Obersturmbannführer *Rauff*
mit der Bitte um Kenntnisnahme und Entscheidung vorgelegt.

I. A.
Just

25. Aussage des Gaswagenfahrers SS-Hauptscharführer Haßler

Am Auspuff, gleich hinter dem Motor, befand sich ein kurzer Anschlußstutzen mit einem Gewinde. Auf dieses Gewinde konnte ein Metallschlauch geschraubt werden, der in das Kasteninnere führte. Hinter dem Anschlußstutzen befand sich ein Schieber, der die Auspufföffnung nach hinten verschloß, so daß nunmehr die Gase in das Kasteninnere geleitet wurden. Dort zweigten nach beiden Seiten Röhren ab, die auf dem Kastenboden an den Seiten herumliefen. Der Kastenboden wiederum war mit einem Holzrost bedeckt, so daß die Röhren nicht sichtbar waren. Die Röhren selbst hatten in einem Abstand von etwa 4 cm Durchbohrungen von etwa 1 cm Durchmesser, die im Zickzack verliefen. Durch diese Durchbohrungen strömten die Auspuffgase bei laufendem Motor in das Kasteninnere.
Bei dem Fahrzeug handelte es sich um einen amerikanischen 3 to Lkw Typ Diamond. Hiervon war aber nur das Chassis mit dem Motor vorhanden. Es hatte einen hölzernen kastenförmigen Aufbau in den Ausmaßen 3,5 × 2,5 × 2 m. Im Innern war der Kasten mit Weißblech ausgeschlagen. Das Fahrzeug hatte dunkelgrauen Anstrich. Es war fensterlos und hatte hinten eine Flügeltür.
Als Beifahrer wurde Unterscharführer Hans Meyerhoff abgeteilt. Er hatte bei den späteren Einsätzen des Gaswagens die Gasanlage bedient, und ich bin nur gefahren. Das Bedienen der Gasanlage war sehr einfach; es war ja lediglich der Schlauch an den Anschlußstutzen anzuschließen und der Schieber am Auspuff zuzumachen.
Es handelte sich um die Vergasung von Juden in Minsk. Ich bekam den Befehl, mich am nächsten Morgen im Hof bei der Dienststelle mit dem Fahrzeug einzufinden. Am folgenden Morgen standen dort außer meinem Wagen auch die Gaswagen der Einsatzkommandos 8 und 9 und der von der Dienststelle Minsk. Es war ein mir unbekannter dicker Hauptsturmführer, der uns den Befehl erteilte, zu einem Lager zu fahren, in dem sich viele Juden befänden. Unmittelbar hinter dem Lager führte eine Bahnlinie vorbei, auf dem ein kurzer Güterzug mit zwei oder drei verschlossenen Waggons stand. An diese Waggons mußten wir die Gaswagen bis auf 2 oder 3 m heranfahren. Sodann wurden die Waggontüren geöffnet, aus denen Juden von SS- und Polizeimännern heraus- und in die Gaswagen getrieben wurden. Jeder Gaswagen nahm etwa 25 Personen auf, die noch

Gepäckstücke bei sich hatten. Es handelte sich meistens um ältere Männer und Frauen. Hierbei war es uns Fahrern verboten worden, den Führersitz zu verlassen. Befehlsgemäß setzten sich nun die Gaswagen, nachdem sie hinten durch die Beifahrer verschlossen wurden, hinter einem Pkw in Bewegung. Der vorausfahrende Pkw führte uns an einen Ort, der sich etwa 20 km östlich von Minsk befand. Es handelte sich um ein schwachhügeliges, sandiges Gelände. (Gemeint ist Blagowschtschina bei Trostenez.) Vorhanden war eine Grube in den Ausmaßen von etwa 25 m Länge, 4 m Breite und 2 m Tiefe. An und in der Nähe der Grube standen bereits etwa 30 SS- und Polizeileute. Außer ihnen waren etwa 15 russische Gefangene anwesend. Es war wiederum der dicke Hauptsturmführer, der nunmehr befahl, mit dem Gaswagen rückwärts an die Grube heranzufahren. So standen dann die Gaswagen nebeneinander, etwa 2 m vom Grubenrand entfernt, als der Befehl erteilt wurde, die Motoren laufen zu lassen. Das Anschließen des Metallschlauches und das Schließen des Schiebers hinter dem Stutzen hatten kurz zuvor die Beifahrer besorgt. Der Befehl zum Laufenlassen der Motoren war von einem Oberwachtmeister der Polizei gegeben worden. Die Motoren liefen nun etwa 10 Minuten. Nach einer Wartezeit von weiteren 10 Minuten mußten nun die Beifahrer die Türen öffnen, und die gefangenen Russen mußten die toten Juden aus den vier Wagen herausziehen und in die Grube werfen. Die Wagen mußten sich (nach einer entsprechenden Reinigung; d. Verf.) sofort wieder nach Minsk in Bewegung setzen, um dort abermals Juden aus den Eisenbahnwaggons zu holen. Alles wiederholte sich nun noch einmal genauso wie bei der ersten Fahrt. Jeder Wagen nahm wiederum etwa 25 Juden auf, die anschließend an den genannten Ort gefahren, dort vergast und ebenfalls in die Grube geworfen worden sind.
Es ist bestimmt richtig, daß an jenem Tage jeder Gaswagen zweimal gefahren ist. Demzufolge sind bei dieser Aktion etwa 200 Juden vergast worden.

26. Aus den Tätigkeitsberichten des SS-Unterscharführers Arlt

II. Zug Minsk, den 17. Mai 1942

Die Tätigkeit des Zuges, d. h. 1 Unterführer und 10 Mann, bestand, nachdem Sie abgereist waren, zunächst darin, die Aushebung von Gruben, 22 km vor Minsk zu leiten bzw. zu beaufsichtigen. Die Arbeiten dauerten 8 Tage und endeten mit einer Aktion am 30. 5. 42, an der der gesamte Zug teilnahm (Ausräumung des Gefängnisses).
Am 4. 5. gingen wir bereits wieder daran, neue Gruben in der Nähe des Gutes vom Kdr. selbst auszuheben. Auch diese Arbeiten nahmen 4 Tage in Anspruch.
Am 11. 5. traf ein Transport mit Juden (1000 Stück) aus Wien in Minsk ein und wurde gleich vom Bahnhof zur obengenannten Grube geschafft. Dazu war der Zug direkt an der Grube eingesetzt.

Am 13. 5. beaufsichtigten 8 Mann die Ausgrabung einer weiteren Grube, da in nächster Zeit abermals ein Transport mit Juden aus dem Reich hier eintreffen soll...

Arlt
SS-Unterscharführer

II. Zug Waffen-SS — Minsk, den 16. (18.) Juni 1942

Am 21. 5. Waffenreinigen und Sachen instandsetzen.
Am 26. 5. traf ein Transport mit 1000 Juden aus dem Reich in Minsk ein und wurde gleich zu der oben erwähnten Grube gebracht. Dazu war die Waffen-SS wieder an der Grube eingesetzt.
Am 25. und 29. 5. wurde eine weitere Grube ausgehoben.
Am 30. 5. besuchte Reichsminister Rosenberg die Stadt Minsk. Die Dienststelle hatte die Sicherung der Person des Herrn Reichsministers übernommen.
Am 1. 6. traf wieder ein Transport mit Juden hier ein...
Am 9. 6. Waffenreinigen und Sachen instandsetzen...
Am 15. 6. traf abermals ein Transport mit 1000 Juden aus Wien hier ein...
Meine Gruppe hier in Minsk ist nur mehr 1 : 7 stark, es ist im Moment nicht möglich, auch nur einen Mann auf Urlaub zu schicken. Kann ich, wenn es die Umstände wieder erlauben, Jahresurlaub, d. h. 21 Tage, geben? Weiter bitte ich Sie, auch mir einen Urlaub zu genehmigen. Mein letzter Urlaub war im August 1941. Uscha. Lipps erklärt sich bereit, mich während dieser Zeit zu vertreten.

Gruppe Arlt — Minsk, den 3. August 1942

Die Arbeit der restlichen Männer hier in Minsk bleibt nach wie vor ziemlich dieselbe. Die Judentransporte trafen in regelmäßigen Abständen in Minsk ein und wurden von uns betreut. So beschäftigen wir uns bereits am 18. und 19. 6. 42 wieder mit dem Ausheben von Gruben im Siedlungsgelände...
Am 26. 6. traf der erwartete Judentransport aus dem Reich ein.
Die nächstfolgenden Tage waren mit Sacheninstandsetzen, Waffenreinigen, Waffendurchsicht ausgefüllt.
Am 2. 7. wurden bereits wieder die Vorkehrungen zum Empfang eines Judentransportes, Aushebung der Gruben, getroffen...
Am 17. 7. traf ein Transport mit Juden ein und wurde zum Gut gebracht.
Am 21., 22. und 23. 7. werden neue Gruben ausgehoben.
Am 24. 7. trifft bereits wieder ein Transport mit 1000 Juden aus dem Reich hier ein.
Am 25. 7. bis 27. 7. werden neue Gruben ausgehoben.
Am 28. 7. Großaktion im Minsker russ. Getto. 6000 Juden werden zur Grube gebracht.
Am 29. 7. 3000 deutsche Juden werden zur Grube gebracht.

Die nächstfolgenden Tage waren wieder mit Waffenreinigen und Sacheninstandsetzen ausgefüllt.
Ferner stellt meine Gruppe täglich den U. v. D. und betreut das Hausgefängnis. Insassen ca. 50 Mann.
Der SS-Rttf. Skowranek und der SS-Strm. Auer waren vom 8.7. bis 1.8. im Urlaub. Beide kamen pünktlich wieder. Der SS-Strm. Otto wurde am 28.7. als geheilt und mit Befürwortung auf Erholungsurlaub aus dem Lazarett entlassen. Otto wurde vom Kdr. vom 3.8. bis 25.9. auf Erholungsurlaub geschickt. Er gedenkt sich in diesem Urlaub zu verheiraten. Der SS-Strm. Hering ist vom 3.8.–27.8. in die Heimat beurlaubt. Das Betragen der Männer ist In-und-außer-Dienst gut und gibt zu keiner Beanstandung Anlaß.

Arlt
SS-Unterscharführer

27. Aussage des Leiters der Abt. IV (Exekutive) des Befehlshabers der Sicherheitspolizei und des SD Minsk, Georg Heuser, über die Erschießungen in Blagowschtschina

Ich fuhr daraufhin zur Grube. Jeder Führer wußte, wo die Exekutionsstelle liegt. Dort hatte Burkhardt bereits Exekutionen im Rahmen des Referats IV a durchgeführt bzw. durchführen lassen. Mich überholte ein Lkw mit Juden, der an einem halbhohen Waldstück hielt. Mein Wagen fuhr links heran, wo mehrere Lkws standen. Ich stieg aus, holte meine Pistole heraus, schmiß meinen Mantel weg, trat zur Kopfseite der Grube, in der schon erschossene Juden drinlagen. Die Grube war etwa 20 Meter lang, mindestens zwei Meter tief. Später hatten wir tiefere Gruben. Als ich an die Grube herantrat und meine Pistole entsicherte, wurde bereits von anderen geschossen. Ich schoß mit, zunächst aber auf solche in der Grube liegenden Juden, die noch lebten, dann direkt als Schütze mit Genickschuß. Dabei waren auch Wilke und Wertholz – beide als Schützen –, Merbach, einige Zeit Burkhardt – hat kurzfristig geschossen –, zeitweise auch Schmidt, weiter Burgdorf als Schütze mit den Waffen-SS-Leuten, Letten und Schutzpolizisten, die zur Dienststelle gehörten. Ich weiß noch, daß von Schmidt ein sowjetischer Geschützschlepper organisiert und an der Exekutionsstelle bereitgestellt worden war für den Fall, daß Fahrzeuge steckenbleiben. Es wurde öfters gewechselt, auch außen war ein ständiges Kommen und Gehen... Da kam Strauch an, reihte sich ein und schoß mit. Zur Mittagszeit fuhren wir mit Strauch zum Gut. Dort standen die Lkws mit dem jüdischen Gepäck... Die Größe des (neu angekommenen Juden-)Transportes ist mir nicht bekannt. Man rechnete »per Achse«. Es war ein Güterzug mit gedeckten Wagen. Das Begleitkommando (Schutzpolizisten unter einem Offizier) hatte einen Personenwagen.
Auf die Frage, ob die Zahl 1000 Juden pro Transport richtig sei: Ja, diese Zahl stimmt.

Ich fuhr frühmorgens – etwa acht Uhr – zur Exekutionsstelle. Die Zahl der von mir erschossenen Juden ist mir nicht bekannt, ich habe geschossen. Frauen waren dabei. Kinder nicht, diese nur bei Gettoaktionen...
In dieser Zeit kamen zwei weitere Judentransporte aus dem Westen. Sie sollten wieder vom toten Gleis aus abgewickelt werden. Dies war aber nicht möglich, weil dort eine Eisenbahn-Flak-Batterie stand. Strauch konnte sich zu keiner Entscheidung durchringen, was mit diesen Transporten geschehen sollte. Ich sagte ihm: »Sie können ja mit der Flak drauf schießen!« Ich habe dem unentschlossenen Strauch die Entscheidung abgenommen und die Sache in die Hand genommen. Ich fuhr den Zügen bis zum Stadtrand, wo sie standen, entgegen und veranlaßte, daß die Transporte über den Güterbahnhof Minsk-Nord vorübergehend ins Getto eingewiesen wurden. Im Getto war für diese beiden Transporte an sich kein Platz mehr, aber darauf wurde ja damals keine Rücksicht genommen. (Die Juden dieser beiden Transporte aus dem Reich wurden später liquidiert.) Ich war bei den Juden-Großaktionen Ende Juli 1942 nicht in Minsk. Ab September 1942 habe ich wieder Dienst getan.
Im September und Oktober 1942 nahm ich an drei Aktionen bei Judentransporten aus dem Westen teil. Zwei davon waren im September 1942. Bei der einen war ich an der Grube Leiter »Exekutionsgelände«. Habe dabei geschossen. Bei der anderen Aktion im September 1942 war ich an der Entladestelle, habe aber auch an der Grube geschossen. An sich Gaswagenaktion gewesen. Bei der dritten Aktion (Oktober 1942) wieder deutscher Judentransport. Habe wieder geschossen...
Ich habe immer mein Bier getrunken... Beruhigungsansprachen wurden gehalten, aber nur unregelmäßig, ab und zu. Ich nicht...

28. Aussage des Angehörigen der Abt. IV des KdS/BdS Minsk, Johann Paul Rumschewitsch, über die Exekutionsstätte Blagowschtschina bei Trostenez

Diese Exekution fand nach meiner Erinnerung im Sommer 1942, vermutlich im Juli, statt. Nach meiner Erinnerung mußte die Dienststelle abends antreten. Es wurde uns bekanntgegeben, daß am nächsten Tag eine Judenaktion stattfinden würde. Es erfolgte hierbei eine Einteilung... Am frühen Morgen des nächsten Tages, es mag zwischen 5 und 6 Uhr gewesen sein, fuhr ich mit anderen auf einem Lkw zu der Exekutionsstätte in der Nähe des Gutes Trostenez. Dort waren bereits zwei Gruben ausgehoben. Während meiner Anwesenheit wurde nur an einer Grube erschossen. Die zweite war, als ich abends einrückte, noch leer. Die Grube, die an diesem Tag »gefüllt« wurde, war etwa 40 Meter lang, ca. 5 Meter breit und vielleicht 3 Meter tief. Mit mir fuhren zur Exekutionsstelle, außer anderen Dienststellenangehörigen, auch die Angehörigen der Lettenkompanie, die etwa 40–60 Mann stark war. An Ort und Stelle erfolgte eine weitere Eintei-

lung durch Dr. Heuser. Dr. Heuser hatte die Leitung zur Exekution, woran ich mich noch genau erinnern kann. Neben anderen Kameraden wurde ich zunächst zur Absperrung eingeteilt. Nicht lange nach unserem Eintreffen an der Exekutionsstelle kamen die ersten Lkws mit Juden an. Diese mußten sich ausziehen und wurden dann zur Grube gebracht. Ein Großteil der Juden ging ruhig zur Grube, andere mußten hingetrieben oder hingeschleift werden. Ich schätze, daß ich bis etwa 11 Uhr abgesperrt habe. Dann wurde ich dem Kommando zugeteilt, das die Entkleidung der Juden und ihre Zuführung zur Grube zu überwachen bzw. durchzuführen hatte. Hier wurde ich am frühen Nachmittag abgelöst. Die Ablösung ging wie folgt vonstatten: Bisher hatte Dr. Heuser geschossen, was ich selbst sehen konnte. Er trat nun zu mir und sagte: »Gehen Sie nun ran, ich bin fertig.« Ich ging nun selbst zur Grube. Diese war zu diesem Zeitpunkt etwa schon halb mit Leichen gefüllt.
Die Zuführung von Juden ging zumindest zu dem Zeitpunkt, als ich schießen mußte, nicht mehr geordnet vor sich. Von den Juden, die nicht freiwillig zur Grube gingen, liefen manche am Grubenrand entlang, andere warfen sich sofort in die Grube, ohne getroffen worden zu sein. So kam eine Unordnung in die Exekution. Ich konnte beobachten, daß solche, die bereits in der Grube lagen, sich noch bewegten. Dies veranlaßte mich, nachdem ich etwa drei- bis viermal mit der Pistole geschossen hatte, zur Munitionsausgabestelle zu gehen und meine MP zu holen. Mit dieser schoß ich dann weiter auf die, die sich in der Grube noch bewegten. Auf vorgeführte Juden schoß ich nicht mehr. Mit der MP schoß ich zunächst im Einzelfeuer gezielt. Dann konnte ich dies aber nicht mehr mit ansehen und verschoß den Rest des Magazins blind in die Grube. Ich ging von der Grube weg zu Heuser und sagte zu ihm, der in der Nähe des Entkleidungsplatzes stand: »Ich kann nicht mehr.« Er erwiderte: »Mach dich weg.« Ich habe mich dann an der Entkleidungsstelle betätigt. Die Exekution dauerte bis gegen Abend... Es handelte sich um russische Juden. Erschossen wurden an diesem Tage Männer und Frauen und auch vereinzelt Kinder. Ich erinnere mich noch daran, daß mehrere erwachsene Juden ein Kleinkind zwischen sich genommen hatten, während sie zur Grube gingen. Es waren etwa 20 Dienststellenangehörige, darunter auch Letten, als Schützen eingeteilt. Etwa in Abständen von 3 Minuten wurden die Juden an die Grube herangebracht. Manchmal dauerte es auch 5 Minuten. Eine Pause in der Form, daß die Exekution zum Stillstand gekommen wäre, gab es nicht. Wer etwas essen wollte, ging an den Wagen, auf welchem sich die Munition, Verpflegung und auch Getränke befanden. Mir ist niemand bekannt, der sich einem derartigen Befehl (als Schütze eingesetzt zu werden) widersetzt hat.

29. Aus dem Bericht »Minsk – Im Lager der deutschen Juden« von Karl Loewenstein

Sobald (in Minsk) ein Transportzug von (deutschen Juden) eingelaufen war, konnten die Insassen ihn ruhig und ungestört verlassen. Zu ihrer größten Verwunderung wurden sie weder angeschrien noch gehetzt. Dann wurden sie mit Lastkraftwagen zu einer etwa 14 Kilometer entfernten Wiese gefahren (in Trostenez), wo verhältnismäßig gut aussehende »Wohnwagen« bereitstanden.
Sobald alle Transportteilnehmer versammelt waren, hielt ein SS-Offizier eine Ansprache, die etwa folgenden Wortlaut hatte: »Ihr seid hierhergebracht worden, weil wir zu euch mehr Vertrauen haben als zu den Russen. Ihr werdet auf unsere SS-Güter gefahren, um dort zu arbeiten. Ihr verbleibt dort bis zum Kriegsende, dann werden wir weitersehen. Ihr könnt unbesorgt sein, es geschieht euch nichts. Ihr habt nichts zu befürchten. Sind Spezialarbeiter unter euch, insbesondere Radiotechniker? Die benötigen wir hier.«
Dann wurden junge, kräftig aussehende Männer herausgesucht und beiseite gestellt – insgesamt 40 Männer von 1000 Männern, Frauen und Kindern. Die übrigen mußten die als Wohnwagen getarnten Lastwagen besteigen. Von weitem sahen diese Wagen wirklich wie Wohnwagen aus. Sie hatten aufgemalte Fenster, Gardinen, Fensterläden sowie einen Schornstein. Als ich diesen Schornstein zum ersten Mal sah, fiel mir auf, daß er neu lackiert war und im Gegensatz zu den Wagen keine Gebrauchsmerkmale aufwies. Und dann lernte ich die grausige Wirklichkeit kennen.
Wenn der Wagen so voller Menschen war, daß niemand mehr hineinging, wurden die eisernen Türen zugeschlagen, und dann, ja dann wurde der Motor angelassen, und das Auspuffrohr brachte das tödliche Gas in das Innere des Wagens.
Da die Chauffeure, um schneller mit ihrer grausigen Arbeit fertig zu werden, den Motor auf höchsten Touren laufen ließen – vielleicht wollten sie auch nicht das Schreien der Unglücklichen hören –, drang weniger Gas in das Wageninnere, als vorgesehen war, so daß die Menschen in den Wagen nicht vergast wurden, sondern erstickten. Ihr Todeskampf muß furchtbar gewesen sein, denn die Leichen wiesen ausnahmslos Spuren von Blut auf, das ihnen aus Augen, Ohren, Nase und Mund gedrungen war. Ich habe lange Zeit nicht verstanden, warum der SS-Offizier vorher solch eine beruhigende Ansprache an die Todeskandidaten richtete. Das Geheimnis wurde mir erst offenbar, als ich aus einer Meldung des SS-Arztes, SS-Untersturmführer Dr. Becker, entnahm, daß eine Beunruhigung der Schlachtopfer »tunlichst zu vermeiden sei«, damit der Tod schneller eintreten könne. Also nicht aus Mitgefühl hielt man die Ansprache, sondern um den Tod schneller herbeizuführen – um schnellere Arbeit leisten zu können.

30. Bericht des SS-Untersturmführers Becker an SS-Obersturmbannführer Walter Rauff im Reichssicherheitshauptamt, Berlin

Feldpostnummer 32704 Kiew, den 16. 5. 42
B. Nr. 40/42

GEHEIME REICHSSACHE!

An
SS-Obersturmbannführer *Rauff*
in Berlin
Prinz-Albrecht-Straße 8

Die Überholung des Wagens bei der Gruppe D und C ist beendet. Während die Wagen der ersten Serie auch bei nicht allzu schlechter Wetterlage eingesetzt werden können, liegen die Wagen der zweiten Serie *(Saurer) bei Regenwetter vollkommen fest.* Wenn es z. B. nur eine halbe Stunde geregnet hat, kann der Wagen nicht eingesetzt werden, weil er glatt wegrutscht. Benutzbar ist er nur bei ganz trockenem Wetter. Es tritt die Frage auf, ob man den Wagen nur am Orte der Exekution im Stand benutzen kann. Erstens muß der Wagen an diesen Ort gebracht werden, was nur bei guter Wetterlage möglich ist. Der Ort der Exekution befindet sich aber meistens 10 bis 15 km abseits der Verkehrswege und ist durch seine Lage schon schwer zugänglich, bei feuchtem oder nassem Wetter überhaupt nicht. Fährt oder führt man die zu Exekutierenden an diesen Ort, so merken sie sofort, was los ist und werden unruhig, was nach Möglichkeit vermieden werden soll. Es bleibt nur der eine Weg übrig, sie am Sammelorte einzuladen und dann hinauszufahren.
Die Wagen der Gruppe D habe ich als Wohnwagen tarnen lassen, indem ich an den kleinen Wagen auf jeder Seite einen, an den großen Wagen auf jeder Seite zwei Fensterläden anbringen ließ, wie man sie oft an den Bauernhäusern auf dem Lande sieht. Die Wagen waren so bekannt geworden, daß nicht nur die Behörden, sondern auch die Zivilbevölkerung den Wagen als »Todeswagen« bezeichneten, sobald eines dieser Fahrzeuge auftauchte. Nach meiner Meinung kann er auch getarnt nicht auf die Dauer verheimlicht werden...
Außerdem ordnete ich an, bei den Vergasungen alle Männer vom Wagen fernzuhalten, damit sie durch evtl. ausströmende Gase gesundheitlich nicht geschädigt werden. Bei dieser Gelegenheit möchte ich auf folgendes aufmerksam machen: Verschiedene Kommandos lassen nach der Vergasung durch die eigenen Männer ausladen. Die Kommandeure der betreffenden SK habe ich darauf aufmerksam gemacht, welch ungeheure seelische und gesundheitliche Schäden diese Arbeit auf die Männer, wenn auch nicht sofort, so doch später haben kann. Die Männer beklagen sich bei mir über Kopfschmerzen, die nach jeder Ausladung auftreten. Trotzdem will man von dieser Anordnung nicht abgehen, weil

man befürchtet, daß die für die Zeit herangezogenen Häftlinge einen günstigen Augenblick zur Flucht benutzen könnten. Um die Männer vor diesen Schäden zu bewahren, bitte ich, entsprechende Anordnungen herauszugeben.
Die Vergasung wird durchweg nicht richtig vorgenommen. Um die Aktion möglichst schnell zu beenden, geben die Fahrer durchweg Vollgas. Durch diese Maßnahme erleiden die zu Exekutierenden den Erstickungstod und nicht, wie vorgesehen, den Einschläferungstod.

Dr. Becker
SS-Untersturmführer

31. Aussage des Leiters des Arbeitskommandos des Sonderkommandos 1005-Mitte in Trostenez, Adolf Rübe, über die Verbrennung von Juden bei lebendigem Leib an der Enterdungsstelle Blagowschtschina Anfang November 1943

Gegen 15 Uhr kam Harder (Leiter der Enterdungsaktion) zu mir her und sagte zu mir, ich solle die Arbeit für heute einstellen und das russische Kommando einrücken lassen. Wir, d. h. ich, die Dolmetscher, die zur Bewachung anwesenden Schutzpolizisten und Volksdeutschen in SS-Uniform, standen etwa eine Stunde lang untätig herum. Von der Enterdung her war bereits ein Holzstoß mit einigen Lagen Leichen aufgeschichtet... Etwa in der Mitte des etwa zwei Meter hohen Holz-Leichen-Stoßes steckte Harder selbst eine Stange senkrecht in den Stoß... Solange Harder noch mit dieser Arbeit beschäftigt war, kamen zwei Lkws der Dienststelle aus Minsk sowie Heuser in seinem Pkw. Auf den Lkws waren etwa zehn SS-Leute der Dienststelle aus Minsk und etwa 30 Juden, Männer und Frauen. Die Juden mußten von den Lkws absteigen, und etwa 20 davon wurden von dem Kommando, das Dr. Heuser mitgebracht hatte, unter dem Kommando von Dr. Heuser an einer der geöffneten Gruben in der Nähe mittels Genickschuß erschossen... Die restlichen acht bis zehn Juden mußten sich nackt ausziehen und wurden an Händen und Füßen gefesselt. Auch hierbei hat Dr. Heuser die Anordnungen getroffen. Dies habe ich aus 40 bis 50 Meter Entfernung gesehen. Harder befand sich zu dieser Zeit noch auf dem Holzstoß. Die nackten und gefesselten Juden – es waren mehr Frauen als Männer – wurden von dem SS-Kommando aus Minsk über eine Leiter auf den Holzstoß verbracht und dort abgelegt. Eine Jüdin band Harder an den senkrechten Pfahl an. Nachdem Harder vom Holzstoß heruntergestiegen war, zündete er den Holzstoß an. Die Juden waren übrigens vorher noch mit Benzin übergossen worden. Als der Holzstoß schon brannte, sprang die am senkrechten Pfahl angebundene Jüdin plötzlich vom Holzstoß herunter. Die Stricke, mit denen sie angebunden war, müssen schon durchgebrannt gewesen sein. Sie wurde von dem Kommando aus Minsk sofort wieder gefaßt und auf den Holzstoß verbracht. Harder stieg, obwohl der Holzstoß schon brannte, nochmals auf denselben und band die Jüdin wiederum an den senkrechten Pfahl. Außerdem wurde der ganze Holzstoß nochmals mit Benzin übergossen, damit er schneller brannte... Die auf diese Weise lebend verbrannten Juden haben vor und während der Verbrennung mörderisch geschrien...

32. Aussage des Angehörigen der Schutzpolizei und des Bewachungskommandos der Leichenverbrennungsstätte in Blagowschtschina, Konrad Mütze

Als wir Schutzpolizisten zum ersten Mal an die Massengräber kamen, waren dort SS-Leute. Da war auch der Harder. Wir bekamen dort auch Essen angeboten. Doch weil dort aber ein fürchterlicher Leichengeruch war, mochte keiner von uns essen.
Harder stand mit seinem SS-Club auf einem (Leichen-)Haufen. Ich nehme an, daß der ganze Stab von Minsk da war. Ich vermute, daß unser Einsatz dort besprochen wurde. Wenn ich mich recht erinnere, waren dort auch schon einige Baumstämme zusammengelegt, auf die später die Leichen gelegt wurden... Wir Schutzpolizisten wurden aber nach kurzer Zeit bereits als Posten in einem Umkreis von 25 m aufgestellt. Später wurden wir in einem Kreis aufgestellt, der weiter weg war... Der Ring wurde aus Sicherheitsgründen weiter gezogen. Ich meine, das geschah deshalb, damit wir uns im Falle eines Ausbruches der Häftlinge nicht gegenseitig anschossen.
Später wurde eine zweite Postenkette aufgestellt. Das waren Weißruthenen. Es waren aber auch volksdeutsche SD-Leute als Posten dort. Diese lagen auch in Trostenez in Quartier. Als Posten wurden sie mit uns gemischt... Am ersten Tag war das wohl mehr eine Vorführung, bei der Häftlinge angelernt wurden. Harder war mitten zwischen drin.
Harder ist mir noch ganz deutlich in Erinnerung. Er war von oben bis unten in Leder gekleidet... Harder war angetrunken, und seine Lederkleidung war beschmiert. Anwesend waren der Oberleutnant Goldapp, Drews und einige Schutzpolizisten, darunter Himpel und Haustein. Haustein war fürchterlich betrunken. Ich bekam von Harder den Auftrag, an der Arbeitsstelle am nächsten Tage einen Beobachtungsturm zu bauen. Dieser Auftrag wurde mir etwa 14 Tage nach der Fertigstellung des Bunkers erteilt. Die Leichenverbrennung war schon voll im Gange...
(Die als Arbeitskräfte verwendeten Häftlinge kamen wohl) aus dem Gefangenenlager in Minsk. Es waren alles kräftige Männer, die offensichtlich ausgesucht waren für schwere Arbeit. Ich weiß nicht, was das für Leute waren, d. h., ob sie evtl. auf der Straße aufgegriffen waren. Sie waren alle kräftig und gesund, als sie kamen...
Wir haben auch gehört, daß kurz vor unserem Eintreffen Menschen mit einem

Gaswagen herangebracht worden waren, die den Wagen nicht verlassen wollten. Sie wurden mit einer brennenden Fackel aus dem Wagen herausgeholt und sind dann erschossen worden...
Bei Abschluß der Arbeiten auf dem Gut Trostenez wurde das Arbeitskommando vergast. Dabei waren alle Angehörigen des Schutzpolizeikommandos anwesend. Ich habe aus weiter Entfernung (gesehen, wie das Arbeitskommando in den Gaswagen) hineingetrieben wurde. Die Türen mußten zugedrückt werden, so voll war der Wagen. Es wurde ihnen vorgemacht, daß sie nach Minsk zurückkämen... Sie bekamen vorher Handtuch und Seife. Goldapp war zu dieser Zeit anwesend... Ich kann mich noch an die Beratung erinnern, wie man es anstellte, die Arbeitskräfte zu töten und mit List in den Gaswagen hineinzubekommen. Auf jeden Fall war Goldapp dabei und auch Drews... Diese Beratung war kurz vor der Vergasung. Wir Schutzpolizisten wußten schon vor der Vergasung, daß die Häftlinge vergast würden...
Ich war Weihnachten 1943 auf Heimaturlaub. Zu dieser Zeit waren die Gruben noch nicht erledigt. Ich kam verspätet aus dem Urlaub zurück, da waren die Arbeiten an derselben Stelle im Gange...
(Das Kommando war inzwischen an einer anderen Stelle nordwestlich von Minsk tätig.) Es war eine kleinere Stelle. Jeschke fuhr auf der Fahrt dorthin einen Lkw und war betrunken. Wir fuhren täglich zu dieser Arbeitsstelle raus und waren umschichtig dort eingesetzt... Ich kann mich noch daran erinnern, daß der Kamerad Fischer an dieser Stelle nachts um 12 Uhr eine Rumflasche herausholte und mir auf meinen Geburtstag zutrank... Ich fuhr von Trostenez am 4. April 1944 in Urlaub. Das Kommando war bis dahin immer in Trostenez einquartiert gewesen...
Meine Vermutung ist, daß die Arbeitskräfte getötet werden mußten, damit die Russen keine Kenntnis von der Vernichtung der Massengräber bzw. von ihrem früheren Vorhandensein erhielten. Die Bevölkerung in der Umgebung wußte allerdings immer Bescheid, so daß die Dinge gar nicht geheimgehalten werden konnten...
(Frage: Erinnern Sie sich daran, daß in Trostenez mehrere Menschen lebendig verbrannt wurden?) Ja, es waren angeblich Menschen, die auf die Kantine der SD-Stelle einen Bombenangriff (Sprengstoffanschlag) gemacht hatten. (Der Leiter der Verbrennung) war Harder. Ich kann mich an die Vorgänge noch ziemlich genau erinnern. Der Scheiterhaufen mit Leichen hatte eine Höhe von etwa 2,50 m bereits erreicht. An dem Scheiterhaufen war bereits ein schräger Aufgang, über den die Leichen nach oben getragen werden konnten. Auf dem Scheiterhaufen war ein Pfahl zwischen die Leichen gesteckt worden. Die Arbeitskräfte waren bereits abgerückt... Es war in der Abenddämmerung (November 1943). Wir standen noch herum. Dann kam ein Kraftwagen.
An dem Scheiterhaufen waren etwa 4–5 Mann. Harder war dabei... Es gingen Personen über den schrägen Aufgangsstieg auf den Scheiterhaufen hinauf. Dann wurde der Scheiterhaufen oben angezündet. Am Pfahl war eine Person angebunden. Es gab eine plötzliche Stichflamme, außerdem hörte man Schreie. Die Per-

son an dem Pfahl riß den Pfahl um oder riß sich von dem Pfahl los und fiel von dem Scheiterhaufen herunter. Es war eine Frau. Es waren aber die Schreie von mehreren Personen zu hören.
Ich kann nicht sagen, was aus der Frau wurde. Möglicherweise wurde sie unten erschossen. Der Scheiterhaufen brannte oben.
(Frage: Erinnern Sie sich daran, daß eines Tages eine Frau noch lebendig gefunden wurde?)
Ja, daran kann ich mich deutlich erinnern. Sie röchelte noch... Ich hatte diese Frau auch selbst gesehen. Wir gingen einzeln an die Stelle, wo sie gefunden worden war. Da war sie tot. Sie hatte sicher dort schon die Tage seit der letzten Exekution gelegen...
Bei Beginn des Einsatzes sagte Oberleutnant Goldapp zu uns beim Antreten, daß wir über alles schweigen müßten, was wir sehen würden.

33. Aussage des Angehörigen der Minsker BdS-Dienststelle, Friedrich Golke, über die Exekutionsstätte Schaschkowka beim Lager Trostenez

Der Lkw mit Anhänger fuhr voraus, wir hinterher in Richtung eines Gutes. (Es war etwa Ende Mai 1944.) Wir fuhren entweder durch dieses Gut hindurch oder an diesem Gut vorbei auf einem sandigen Weg zu einem Waldstück. Dort angekommen fuhr der Lkw mit Anhänger zu einer bereits ausgehobenen Kuhle. Von Hauptsturmführer Scherer, der bei unserem Eintreffen bereits da war, wurden meine Kameraden und ich zur Absperrung des Exekutionsortes eingeteilt. Wir durften niemand Unbefugten heranlassen. Ich bezog den mir zugewiesenen Posten, der 50 bis 80 Meter von der Kuhle entfernt lag. Die zu exekutierenden Personen wurden gruppenweise vom Lkw heruntergeholt und zur Kuhle gebracht. Durch eine Öffnung eines aufgeschütteten Walls mußten diese Personen in die Kuhle hinein. Es fielen Schüsse. Die Exekution selbst hat vielleicht eineinhalb Stunden gedauert. Als die Exekution vorbei war und wir uns in der Nähe der Kuhle sammeln mußten, sah ich, wie zwei Männer in der gleichen Uniform, wie ich sie hatte, auf den Leichen herumsprangen. Beide waren angetrunken. Einer von den beiden sagte: »Der lacht ja noch«, womit er einen in der Grube Liegenden meinte, der stöhnte und noch nicht tot war. Dieser bekam mit der MP einen Nachschuß. Die Kuhle war etwa quadratisch. Sie mag vier bis fünf Meter breit und fünf bis sechs Meter lang gewesen sein und etwa drei Meter tief. In der Kuhle lagen, wie ich selbst gesehen habe, zwei Leichenschichten. Unter den Leichenschichten lagen kreuzweise Baumstämme. Bevor wir wieder zurückfuhren, wurde über die Leichen eine Art Teer aus Kanistern gegossen und angesteckt. Es entstand ein dunkler Rauch, den wir bei unserer Rückfahrt bis über das Gut hinaus sehen konnten.

34. Schreiben an den SS- und Polizei-Gebietsführer von Borisov über die Vernichtung des Dorfes Chatyn

Schutzmannschaftsbataillon 118 O. U., den 12. April 1943

An den
SS- und Polizei-Gebietsführer
Borissow in Pleschtschenize

Abschrift

Zu dem anbei zurück folgenden Schreiben des Gebietskommissars Borissow ist folgendes zu berichten:

Am 22. 3. 1943 war die Fernsprechverbindung zwischen Pleschtschenize und Lagoysk durch Banden zerstört worden. Zur Sicherung des Bautrupps und zur Räumung etwaiger Straßensperren wurden 2 Züge der I. Komp. Sch. Btl. 118 unter Führung von Hauptmann d. Sch. *Woellke* um 9.30 Uhr in Marsch gesetzt. Etwa 600 Meter hinter Guba wurden Arbeiter beim Abholzen des Waldes angetroffen. Auf Befragen gaben sie an, keine Banditen beobachtet zu haben. Als die Truppe etwa 30 Meter vorgerückt war, erhielt sie aus ostwärtiger Richtung starkes MG.- und Gewehrfeuer. Bei dem sich entspinnenden Kampf fielen Hauptmann d. Sch. Woellke und 3 ukr. Schutzmänner. 2 weitere Schutzmänner wurden verwundet. Nach kurzem, aber heftigem Feuergefecht wich der Gegner unter Mitnahme seiner Toten und Verwundeten in ostwärtiger Richtung auf Chatyn aus. Hierauf wurde das Gefecht von dem ukrainischen Zugführer abgebrochen, da die eigenen Kräfte für eine weitere Aktion nicht ausreichten. Beim Rückmarsch wurden die erwähnten Waldarbeiter festgenommen, da sie im dringenden Verdacht standen, den Gegner begünstigt zu haben. Kurz nördlich hinter Guba versuchte ein Teil von ihnen zu entfliehen. Durch unser Feuer wurden dabei 23 Personen getötet. Die übrigen Festgenommenen wurden der Gendarmerie in Pleschtschenize zwecks Vernehmung zugeführt. Da sich ihre Schuld nicht nachweisen ließ, wurden sie entlassen.

Zur Verfolgung des ausweichenden Gegners wurden dann stärkere Kräfte eingesetzt, darunter auch Teile des SS-Bataillons Dirlewanger. Der Gegner hatte sich inzwischen in das als bandenfreundlich bekannte Dorf *Chatyn* zurückgezogen. Das Dorf wurde eingeschlossen und von allen Seiten angegriffen. Der Gegner leistete hierbei nachhaltigen Widerstand und feuerte aus allen Häusern des Dorfes, so daß auch schwere Waffen wie Pak und schwere Granatwerfer eingesetzt werden mußten. Im Laufe der Kampfhandlungen wurden dann neben den ca. 34 Banditen zahlreiche Einwohner getötet. Ein Teil davon kam in den Flammen um.

35. Bericht des Angehörigen des Abwehrkommandos B, Soennecken, vom 24. Oktober 1941 über die Judenerschießungen bei der Räumung des Gettos von Borisov vom 20. bis 21. Oktober 1941

Ich hatte von Freitag, den 17., bis Montag, den 20. Oktober (1941), dienstlich in Borrisow zu tun. Ich hörte bei meiner Ankunft am Freitag vom dort. Leiter der russ. Sicherheitspolizei, Ehof, der vom SD als solcher vor längerer Zeit dort eingesetzt war, daß in der Nacht von Sonntag auf Montag alle Borrisower Juden erschossen werden sollten. Auf meine erstaunte Frage hin, daß es doch unmöglich sei, 8000 Personen im Laufe einer einzigen Nacht einigermaßen ordnungsgemäß ins Jenseits zu befördern, sagte er mir, es wäre nicht das erste Mal, daß er das tue und er würde das mit seinen Leuten schon schaffen, darin sei er kein Laie mehr. – Bei dieser Gelegenheit erfuhr ich auch, daß ca. 1500 Juden von dieser Maßnahme vorläufig verschont bleiben sollten, da sie Spezialisten, wie Schuster, Schneider, Schmiede, Schlosser, mit einem Wort Handwerker seien, die man für den Aufbau des Landes dringend benötigte. Bei dieser Gelegenheit überreicht mir besagter Ehof eine von ihm unterzeichnete Einladung zum »Feste der Deutschen Polizei«, das am Sonntag, den 19. Oktober, in einem Borrisower Speisehaus stattfinden und um 2 Uhr beginnen sollte... Ich besuchte das eingangs erwähnte »Fest der Deutschen Polizei«, weniger deshalb, um dort Bier und Schnaps zu trinken, sondern weil ich von vorneherein wußte, in welch unwürdigem Rahmen dieses besagte Fest steigen würde, mit anderen Worten, um mir die Sache einmal anzusehen.

Von der sogenannten Prominenz waren anwesend: ein Beauftragter des SD – ein Ordensjunker Burg Vogelsang – mit Frau, ein Leutnant der GFP, der Bürgermeister Dr. Stankiewitsch, der Leiter der russ. Sicherheitspolizei, Ehof. Ferner waren anwesend der Gehilfe des Leiters der russ. Sicherheitspolizei, Kowalewski, eine große Anzahl Sicherheitspolizisten mit ihren Frauen, Bräuten oder Mädchen, eine Anzahl deutscher Uffz. und Mannschaften und viel Volk.

Es wurde viel geredet und noch mehr getrunken. Ich zog den angeführten Russen – Kowalewski –, einen alten Polizeimann aus der Zarenzeit, ins Gespräch, ein äußerst sympathischer, ruhiger und besonnener Mann von 62 Jahren, und von dem erfuhr ich, daß dieses Fest um 9 Uhr beschlossen werden sollte, weil ja morgen eine »welikoje delo«, eine große Sache, bevorstände. K. bat mich, nach Schluß der Feier zu ihm in die Wohnung zu kommen, weil er das Bedürfnis hätte, sich einmal auszusprechen. Nachdem ich einige Angehörige unserer Wehrmacht wegen ungebührlichen Benehmens zurechtgestaucht hatte und man mir nicht zumuten konnte, diesen widerlichen Exzessen weiter beizuwohnen, verließ ich gegen 5 Uhr nachm. diese Stätte, um K. gegen 8 Uhr abzuholen und mit ihm in seine Wohnung zu gehen. Ich blieb 2 Stunden bei K. in angeregter Unterhaltung. Wir tauschten Erinnerungen aus der Zarenzeit, aus der Zeit der weißrussischen Kämpfe

gegen den Bolschewismus aus und kamen auf die heutigen Verhältnisse zu sprechen. Die Ansichten des K., übrigens ein ganz großer Verehrer all dessen, was deutsch ist, insbesondere aber Adolf Hitlers und der deutschen Wehrmacht, deckten sich vollkommen mit den meinen. Ein Mann, der wirklich mit dem Herzen dabei ist...
Am kommenden Morgen ergab sich folgendes Bild: Man hatte schon um 3 Uhr morgens mit den Erschießungen begonnen. Man hatte zuerst die Männer fortgeholt. Sie wurden in russischen Autos zur Richtstätte gefahren, begleitet von den hierzu abgestellten Männern der Borrisower russ. Sicherheitspolizei. Da diese Männer jedoch nicht ausreichten, hatte man aus der Umgebung auch Männer der dort. russ. Sicherheitspolizei zur Verstärkung herangeholt. Sie waren mit der bekannten rot-weißen Armbinde versehen und mit Gewehr bzw. Maschinenpistolen bewaffnet. Ich sah auf der Straße, die zum Flugplatz führt, in größeren Abständen diese Wagen mit Frauen und Kindern fahren. Die Wagen waren von Männern der russ. Sicherheitspolizei bewacht. Auf dem Verdeck mit MP im Anschlag saß u. a. ein russ. Polizist. Die darauf befindlichen Frauen und Kinder jeden Alters weinten, wimmerten und schrien um Hilfe, sobald sie einen deutschen Wehrmachtsangehörigen sahen. So fuhr ein Wagen nach dem anderen während des ganzen Tages der Richtstätte zu, die sich im Walde in der Gegend des früheren St. Q. der Heeresgruppe Mitte befand. Außerdem wurden, da die Autos anscheinend nicht ausreichten und die Zeit drängte, fortwährend Züge von Frauen und Kindern die bereits beschriebene Straße heruntergetrieben, zum Teil mit Eisenstangen. Es standen auch an der Peripherie des Gettos Gruppen von Judenweibern und Kindern, auch Säuglinge in den Armen der Mütter, zum Abholen bereit! In der Ferne knatterten den ganzen Tag über die Gewehre, die Frauen und Kinder weinten und schrien, die Autos rasten durch die Straßen und das Getto und holten immer neue Opfer heran, und das alles vor den Augen der Zivilbevölkerung und der deutschen Militärpersonen, die des Weges kamen. Auf den Augen der Nichtjuden stand entweder völlige Apathie oder Entsetzen; denn die Szenen, die sich auf der Straße abspielten, waren grauenhaft! Wenn den Nichtjuden am Vorabend der Exekution das Schicksal der Juden verdient erschien, so war am darauffolgenden Morgen die Stimmung die: »Wer hat das befohlen? Wie kann man 6500 Juden auf einmal abschlachten? Jetzt sind die Juden dran, wann werden wir drankommen? Was haben denn diese armen Juden getan? Sie haben doch nur gearbeitet! Die wahrhaft Schuldigen sitzen doch in Sicherheit!« Die Erschießungen dauerten den ganzen Montag über! Die Schießerei war am späten Abend nicht nur vom Walde her vernehmbar, sondern dehnte sich auch auf das Getto und fast sämtliche Straßen der Stadt aus, da viele Juden, um ihrem Schicksal zu entgehen, aus dem Getto ausgebrochen waren und sich irgendwie in Sicherheit bringen wollten. Es war selbst für einen Wehrmachtsangehörigen an diesem Abend bzw. in der Nacht nicht ratsam, die Straßen zu betreten, um nicht in Gefahr zu laufen, in der allgemein herrschenden Nervosität von den russ. Polizeimännern erschossen, zumindest aber angeschos-

sen zu werden. Gegen 10 Uhr abends wurde die Stadt von einem Brand heimgesucht, begleitet von einer wilden Schießerei. Es brannten einige Häuser im Getto und in der Nähe des Gettos – die Entstehungsursache ist mir unbekannt. Es muß noch nachgetragen werden, daß gegen Abend deutsche Wehrmachtsangehörige zur Absperrung des Gettoblocks angefordert wurden, um das Ausbrechen der Juden zu verhindern. Wie ich von einem Uffz. hörte, sollten auch einige Juden aufgegriffen und der russ. Sicherheitspolizei zur Erschießung übergeben worden sein. Die Schießerei dauerte die ganze Nacht über.

Am Dienstag gegen 8 Uhr morgens war ich wieder Zeuge derselben Begebenheiten wie am Tage zuvor! Es waren noch längst nicht alle Juden erschossen! Vom Wald her kamen viele Russenautos. Auf den Wagen lagen hochgetürmt die Bekleidungsstücke der Erschossenen. Es konnte also jeder sehen, worum es sich handelte! Die Bekleidungsstücke wurden den städt. Lagern zugeführt. An manchen Stellen des Gettos, an der bereits beschriebenen Straße, kauerten Judengruppen, die auf ihre Erschießung warteten. Wie ich gehört habe, sollen einige Juden in der nahen Beresina Selbstmord verübt haben. Die Szenen, die sich im Getto während dieser Aktion abgespielt haben, sollen grauenerregend gewesen sein. Dem Vernehmen nach sollen auch sämtliche Spezialisten erschossen worden sein, mindestens aber der größte Teil von ihnen. Ich betrat in Begleitung von zwei russ. Polizisten die an der Hauptstraße liegenden Häuser eines Schneiders und eines Schusters. Der Stacheldraht war niedergerissen, und ich fand die Wohnung verlassen. Wie es in diesen Wohnungen aussah, ist kaum zu beschreiben! Ich zog diese beiden russ. Sicherheitsmänner ins Gespräch, um Einzelheiten über die Erschießungen zu erfahren, und hörte von ihnen folgendes:

Es waren einige Tage vorher von russ. Kriegsgefangenen im Wald einige Riesenmassengräber in einer Länge von ca. 100 Metern, einer Breite von 5 Metern und einer Tiefe von 3 Metern ausgehoben worden. Die Erschießungen sollen sich nach den Berichten dieser Augenzeugen folgendermaßen zugetragen haben:

Man habe die ersten Delinquenten, so ungefähr 20 Mann, in die Grube springen lassen, nachdem sie ihre Kleider bis auf die Unterwäsche abgelegt hatten. Dann habe man sie von oben zusammengeschossen! Die Toten bzw. Halbtoten, die natürlich vollkommen durcheinandergelegen hätten, habe man durch die nächsten Opfer in Reihe und Glied legen lassen, um möglichst viel Raum zu gewinnen, und habe sodann wie oben fortgefahren. Nachdem die unterste Reihe des Massengrabes voll gewesen wäre, habe man von den Juden eine Lage Sand darauf werfen lassen und habe auf diesem Sand bzw. auf den Toten herumtrampeln lassen. Es sollen sich grauenhafte Szenen auch an diesen Massengräbern abgespielt haben!

Kurz vor meiner Abreise zur Front traf ich zwei deutsche Soldaten, einen Gefreiten und einen Obergefreiten, die aus Neugier diesen Exekutionen aus nächster Nähe beigewohnt hatten und die die von mir angestellten Ermittlungen voll und ganz bestätigten. Sie fügten noch hinzu, daß die russ. Polizisten sehr viel Schnaps bekommen hätten; denn sonst wären sie wohl kaum in der Lage gewesen, ihre schwere Aufgabe durchzuführen!...

gez. *Soennecken*
Oberwachtmeister u. Dolmetscher
f. d. russische Sprache beim
Abw. Kmdo. B

36. Aussage von Generalmajor Gottfried von Erdmannsdorff, Kommandant des Festen Platzes Mogilov, am 17. Januar 1946 während des Minsker Prozesses

Am 26. März 1944 traf ich in Mogilov ein. Ich gab an meinen Adjutanten den Befehl, möglichst viele russische Arbeiter zu beschaffen. Um die Zahl der Arbeitskräfte zu vergrößern, befahl ich, Razzien in Mogilov durchzuführen. So wurden auf den Märkten, auf den Straßen und in den Häusern Menschen festgenommen und in zwei Lager gebracht. Auf diese Weise habe ich fürs erste die Zahl der Arbeitskräfte auf 1000 Mann vergrößert. Eines der Lager befand sich auf dem Gelände eines Durchgangslagers für Kriegsgefangene, und das andere Lager errichteten wir in einer Kaserne der ehemaligen Miliz. Die Arbeiter unterlagen der Kasernenordnung und wurden bewacht. Die Lager habe ich zusätzlich mit Stacheldraht umzäunen lassen. Die Versorgung dieser Arbeiter war sehr schlecht... Ich ließ drei Schutzwälle bauen: den ersten innerhalb der Stadt, den zweiten bei den Vororten und den dritten außerhalb der Stadt. Zum Bau dieser Schutzwälle ließ ich die gesamte arbeitsfähige Bevölkerung der Stadt heranziehen. Außerdem befahl ich – um ein freies Schußfeld für die Artillerie zu haben –, einen Teil der Stadt niederzureißen. Ich ließ dafür etwa 600 Steinhäuser sprengen und etwa 800 Holzhäuser abreißen. Außerdem standen diese Bauten zu nahe an den Schutzlinien. Ich ließ Stützpunkte bauen und die Keller der noch erhaltenen Häuser ausbetonieren und Lager für Munition einrichten. Dann befahl ich, rund um die Stadt im Umkreis von zehn Kilometern eine Schutzzone anzulegen. Diese Schutzzone war fünf Kilometer tief. Die Dörfer in dieser Schutzzone durften nicht bewohnt werden. Alle mußten diese Zone verlassen. Wer sich darin aufhielt, galt als Partisan oder als Verbindungsmann. Für den Bau der drei Schutzlinien setzte ich auch sowjetische Kriegsgefangene ein. Ich befahl, daß nur jene Bürger Lebensmittelmarken bekommen, die an den Schutzwällen mitarbeiten. Damit wollte ich die Zivilbevölkerung zum Bau heranziehen. Und dadurch ist es mir auch gelungen, zu den Festungsarbeiten 3500 bis 4000 Menschen aus der Zivilbevölkerung zu gewinnen. Im Mai 1944 hat man also nach meinem Befehl die Steinhäuser gesprengt und Holzhäuser abgerissen, weil ich das Holz für die Bauten verwenden wollte.

Die nicht arbeitsfähige Bevölkerung von Mogilov, Alte, Kranke und Kinder, ließ ich in solche Orte schaffen, wo sich keine deutschen Truppen befanden. Diese Orte waren weit entfernt von Mogilov. Es war mir klar, daß für die Menschen dort sehr schlechte Lebensbedingungen waren; denn es gab dort keine Wohnungen, in denen sie leben konnten. Auch wurden sie dort nicht verpflegt. Wäre die Rote Armee später vorgedrungen, wäre bestimmt eine große Anzahl dieser nicht arbeitsfähigen Bevölkerung aus Mogilov dort verhungert oder an Krankheiten gestorben...

Ich war auch Träger der Gerichtsbarkeit in Mogilov. Mir wurden die Urteile der Festgenommenen zur Bestätigung vorgelegt. Zwei Tage vor meiner Festnahme und der Besetzung Mogilovs durch die Rote Armee unterschrieb ich noch 150 Todesurteile sowjetischer Bürger und schickte noch 150 Menschen zur Deportation ins Reich.

Am 26. Juni 1944 befahl ich gemäß dem Plan des AOK, die Industrieanlagen von Mogilov zu sprengen, das Eisenbahndepot, die Brücken und alle anderen Einrichtungen, die auf der Liste standen, die ich vom AOK erhalten hatte. Ich ließ außerdem sprengen: das Kraftwerk, das Fleischkombinat, die Brauerei und die Wasserleitungen. Am 28. Juni 1944 ergab ich mich der Roten Armee als Gefangener. – Die Stadt als Festen Platz auszubauen, war strategisch völlig unsinnig.

37. Aussage des Chefs der Sicherheitspolizei und des SD von Orscha, Hans Hermann Koch, am 17. Januar 1946 im Minsker Prozeß

Mir unterstand das Sonderkommando 7b (der Einsatzgruppe B), das der Panzerarmee angegliedert war. Das Kommando umfaßte ca. 150 Mann. Es hatte die Aufgabe, die jüdische Bevölkerung und die Kommunisten zu vernichten. Bei dieser Arbeit haben wir insgesamt etwa 30000 Personen liquidiert. Das ging ziemlich schnell. Wir haben die Juden aus ihren Häusern herausgeholt, trieben sie weiter ins Getto, und darauf wurden sie vernichtet. Dann haben wir das Getto niedergebrannt. Das haben wir so an jedem Ort gemacht. In Slonim, in Baranowici und in Orscha. Neben der Vernichtung der Juden, fingen wir auch sofort damit an, die Kommunisten zu liquidieren. Wir haben sie zuerst in Keller gesperrt, weil wir noch keine Gefängnisse zur Verfügung hatten. Wir haben sie schnell und einzeln verhört. Es reichte schon, wenn der Festgenommene erklärte, er sei Kommunist oder Partisan. Die Prügel und die Folter waren ganz normal bei den Verhören. Wenn der Festgenommene nicht gestehen wollte, wurde er noch mehr mißhandelt. Wir hatten dafür verschiedene Methoden. Die Arme wurden hinten zusammengebunden, dann haben wir ihn über die Tür aufgehängt und Nähnadeln unter die Fingernägel gedrückt. Wir haben mit Stökken geprügelt oder mit der Peitsche. Und wir haben sie auch hungern lassen. So lange, bis sie sagten, daß sie Kommunisten sind, oder die Aussage machten, die

wir haben wollten. Danach wurden sie erschossen oder in die Gaswagen gesteckt.
Bei unseren Verhören haben wir als Folter auch elektrischen Strom angewandt. Elektroschocks, ja. Einmal habe ich auch einem Russen beim Verhör mit dem Gewehrlauf den Bauch durchstoßen. Ich hatte einen Haß gegen die Russen. Die einfachste Art der Vernichtung ohne Verhör war das Erschießen wegen Fluchtversuch...
In der Umgebung von Orscha und Borisov wurden von meinem Kommando ca. 6000 Leichen verbrannt. Sie waren alle von meinem Kommando erschossen worden. (Auf die Frage, ob Koch während der Erschießungen unter dem Einfluß von Alkohol oder Drogen stand:) Ich war bei den Erschießungen immer in einem ganz normalen Zustand.

38. Mitteilung der Außerordentlichen Staatlichen Kommission über die Liquidierung von Kriegsgefangenen und Zivilisten in Smolensk und Umgebung von Juli 1941 bis September 1943 (Auszug)

...Die deutschen Militärbehörden folterten Kriegsgefangene. Auf dem Marsch nach Smolensk und besonders im KZ starben Kriegsgefangene zu Dutzenden und zu Hunderten. Im Kriegsgefangenenlager 126 wurden Sowjetbürger gepeinigt, Kranke zu schweren Arbeiten eingesetzt und ihnen keinerlei ärztliche Hilfe erwiesen. Gefangene im Lager wurden gefoltert, zu schwersten Arbeiten, die über ihre Kräfte gingen, geschickt und erschossen. Täglich starben vor Hunger, an Typhus- und Ruhrepidemien, vor Kälte, wegen der aufreibenden Arbeit und an den Folgen des blutigen Terrors 150 bis 200 Menschen. Die faschistischen deutschen Okkupanten vernichteten im Lager über 60000 Zivilpersonen und Kriegsgefangene... Das Untersuchungsmaterial, die Zahl der Leichen in den geöffneten Massengräbern und die Untersuchung in den Massengrabstätten lassen darauf schließen, daß an den untersuchten Stellen in der Stadt Smolensk und Umgebung die Zahl der Leichen von Sowjetbürgern, die während der zeitweiligen deutschen Besatzung ermordet worden oder gestorben sind, über 135000 hinausgeht; diese Zahl verteilt sich auf einzelne Gegenden wie folgt:

1.	Im Raum der ehem. Smolensker Rundfunkstation bei dem Dorf Gedeonowka	an die 5000	Leichen
2.	Im Raum der Dörfer Magalenstschina und Wjasowenka	3500	"
3.	Im Raum der Obst- und Gemüsegärtnerei bei dem Dorf Readowka	3000	"
4.	Im Raum des Pionerski-(Kiefern-)Gartens	500	"
5.	Im Raum des Hauses der Roten Armee	1500	"
6.	Im Raum des großen Konzentrationslagers 126	45000	"
7.	Im Raum des kleinen Konzentrationslagers 126	15000	"
8.	Im Raum von Medgorodka	1500	"
9.	Im Raum des Dorfes Jassennaja	1000	"

10.	Im Raum des ehem. deutschen Spitals für Kriegsgefangene und des Studentenheims der Medizinischen Hochschule, Roslawler Chaussee	30000 "
11.	Im Raum des Sägewerks und der Spirituosenfabrik	500 "
12.	Im Raum des Konzentrationslagers bei dem Dorf Petscherskaja	16000 "
13.	Im Raum des Dorfs Rakitnja	2500 "
14.	Im Raum des Flugzeugwerks 35 in der Gegend der Bahnstation Krasny Bor, des Staatsguts Passowa, des Dorfs Alexandrowskaja, des Wasserkraftwerks, der Siedlungen Serebrjanka und Dubrowenka	12000 Leichen

39. Mitteilung der Außerordentlichen Staatlichen Kommission über die Zerstörung und Ausplünderung der Stadt Smolensk (Auszug)

Am 15. Juli 1941 brachen die Hitlerhorden in Smolensk ein. 26 Monate und 10 Tage dauerte ihre grauenhafte Herrschaft, die durch unerhörte Greueltaten und Gewaltakte gekennzeichnet war. Mit ungeheuerlicher Grausamkeit und Heimtücke zerstörten sie Tag für Tag Fabriken, Werke, Krankenhäuser, Polikliniken, Hoch-, Fach- und allgemeinbildende Schulen, Museen, Parks und Gärten – die ganze Stadt wurde von ihnen in Schutt und Asche gelegt.

Nach der Befreiung der Stadt wurden allein innerhalb von 10 Tagen durch die Minenräumkommandos mehr als 100000 Kilogramm Fliegerbomben und Zeitminen aus den verschiedensten Gebäuden entfernt.

Sonderkommandos (der Wehrmacht) sprengten und brannten neue große Häuser, ganze Wohnviertel und Straßenzüge nieder, aus Steinbauten wurden mit Schneidbrennern Eisenträger herausgeschnitten und nach Deutschland abtransportiert. Von 8000 Häusern mit über 650000 Quadratmetern Wohnfläche wurden 7300 Häuser zerstört und niedergebrannt. Zerstört wurden: eine 1930–1931 gebaute 3-Bogen-Stahlbetonbrücke mit zweigleisiger Straßenbahnlinie, die die Stadtmitte mit den Stadtteilen jenseits des Dnjepr verband; eine 3-Bogen-Eisenbahnbrücke auf Steinpfeilern mit Granitverkleidung.

Die deutschen Okkupanten vernichteten sämtliche 96 Fabriken und Werke in Smolensk...

Der Schaden, den die deutschen Faschisten der Industrie zugefügt haben, beziffert sich auf mehr als 300 Millionen Rubel.

Der Eisenbahnknotenpunkt Smolensk, der auf dem Verkehrsweg zwischen der Hauptstadt der Sowjetunion und den wichtigsten Wirtschafts- und Industriezentren des Landes liegt und den täglich Dutzende Güter- und Personenzüge nach Moskau, Minsk, Brjansk, Witebsk, Suchinitschi passierten, wurde von den Okkupanten völlig zerstört. Das rollende Material, sämtliche Lokomotiven, die Einrichtungen der Werkstätten und der Kraftzentralen, die Fernmelde- und die Selbstblockanlagen wurden nach Deutschland geschafft...

40. Bericht des Lagerkommandanten des Dulag 240 (Smolensk) vom 25. Oktober 1941 (Auszug)

Geheim!

Dulag Nr. 240
Pp. Nr. 00251
Gruppe Kommandant

O. U., den 25. Oktober 1941

Br. B. Nr. 141/41 geh.

Betr.: Lagerbericht
Bezug: Schr. des Kr. Gef.-Bez.-Kdt. K. v. 17. Oktober 1941

An
Kriegsgefangenen-Bezirkskommandant J.

Zu obigem Bezug wird vom Dulag 240 nachstehend der Lagerbericht in der Zeit vom 22. 9. bis 22. 10. 1941 vorgelegt.

Lagerbericht des Dulag 240 für die Zeit vom 22. 9. bis 22. 10. 1941

1.) *Unterstellungsverhältnis:*
Der Standort des Dulag 240 ist Smolensk. Es ist dem Kdt. des rückw. A.-Geb. 582, bzw. dem A. O. K. 9 unterstellt. Ab 5. 9. 1941 ist es bezüglich des Abtransportes der Kr. Gef. dem Kriegsgefangenen-Bezirkskommandant K unterstellt...

7.) *Besondere Vorkommnisse:*
Verschiedentlich ist es vorgekommen, daß Kr. Gef. von Begleitmannschaften mit übertriebener Härte behandelt wurden. So wurden in der Nacht vom 19. zum 20. ds. Mts. etwa 30000 Kgf., die im Lager Nord keine Aufnahme mehr finden konnten, nach der Stadt weitergeleitet. Am Morgen des 20. wurden allein auf der Strecke vom Bahnhof bis zum Lager Nord 125 tote Kgf. gezählt. Die meisten von ihnen lagen knapp an der Marschstraße und wiesen Kopfschüsse auf. In den meisten Fällen kann es sich also weder um Fluchtversuche noch um tätliche Widersetzlichkeiten, die allein einen Waffengebrauch rechtfertigen könnten, gehandelt haben.

gez.: *Unterschrift*
Oberstleutnant u. Kommandant

41. Befehl zur Zerstörung beim Rückzug der deutschen Truppen vom 7. September 1943

Im Falle von Absetzbewegungen sind alle dem Feind irgendwie nutzbaren Anlagen und Vorräte:
Unterkünfte (Häuser und Wohnbunker), Maschinen, Mühlen, Windmühlen, Brunnen, Heu- und Strohstaken in dem jeweils dafür freigegebenen Abschnitt und Zeitpunkt restlos zu zerstören.
Häuser sind ausnahmslos abzubrennen, Feuerstellen durch Handgranaten zu zersprengen, Brunnen durch Vernichtung der Zieh- und Schöpfanlagen sowie durch Einwerfen von Unrat (Kadaver, Mist, Kuh-Mistbrikett, Benzin) unbrauchbar zu machen, Stroh- und Heustaken sowie Vorräte aller Art in Brand zu setzen, landwirtschaftliche Maschinen sowie festes Gestänge permanenter Leitungen zu sprengen, Fähren und Kähne durch L[e]ckschießen zu versenken.
Zerstörung der Brücken und Sperrung der Wege durch Minen ist Aufgabe der Pioniere.
Jeder einzelne hat die Pflicht, dafür zu sorgen, daß das dem Feind überlassene Gebiet für jede militärische und landwirtschaftliche Nutzung auf absehbare Zeit hinaus ausfällt.

42. Befehl der 281. Sicherungsdivision vom 16. Juli 1943 über den zwangsweisen Einsatz der Zivilbevölkerung zum Minenräumen

Zur Vermeidung der Minengefahr auf den Nachschubstraßen befehle ich auf Grund der gemachten Erfahrungen einer Einheit folgendes:
Die durch Minen verseuchten Nachschubstraßen sind täglich unter Aufsicht durch mehrere hintereinander fahrende Panjefahrzeuge, die von den an den Straßen liegenden Ortschaften zu stellen sind, abzufahren. Die Fahrzeuge sind durch Steine zu erschweren, und hinter den Fahrzeugen sind durch Baumstämme beschwerte Eggen zu schleifen, um ausgelegte Minen zur Detonation oder Freilegung zu bringen.
Es liegt der Verdacht nahe, daß Teile der Zivilbevölkerung mit den Banditen Hand in Hand arbeiten und der Minenverlegung Vorschub leisten. Durch die befohlenen Maßnahmen wird gleichzeitig die Bevölkerung abgeschreckt, den Banditen zu helfen.

gez. *v. Stockhausen*

Anhang

Anmerkungen

1 Vgl. *Dokument 1 und 2*, S. 219, 220.
2 Vgl. *Dokument 3 und 4*, S. 221, 222.
3 Vgl. Hitler-Stalin-Pakt 1939 – Das Ende Mitteleuropas?, hg. von Erwin Oberländer, Frankfurt/M. 1989, S. 51, und *Jan Gross:* Und wehe, du hoffst... Die Sowjetisierung Ostpolens nach dem Hitler-Stalin-Pakt 1939–1941, Freiburg 1988, S. 11f.
4 *Joseph Goebbels:* Tagebücher, München 1988, S. 708ff.
5 Aus: Militärgeographische Angaben über das Europäische Rußland – Weißrußland, Textheft, hg. vom Generalstab des Heeres, Abt. f. Kriegskarten und Vermessungswesen, Berlin 1941, S. 122f. Diese »Militärgeographischen Angaben« oder Beschreibungen waren »Nur für den Dienstgebrauch« bestimmt. Es handelt sich hierbei um eine äußerst umfangreiche Serie, die sämtliche Staaten von Marokko bis Nordwestindien bis in das kleinste Detail beschreibt. Jede Mappe über den jeweiligen Staat oder das Staatsgebiet enthält lexikalische Texthefte, Ortschaftsverzeichnisse, Bildhefte und ein umfangreiches Kartenwerk. Bei größeren Städten sind auch der Anteil der jüdischen Bevölkerung und wehrwichtige und militärische Anlagen angegeben. Beim Einrücken in diese Städte waren also die Truppen bereits informiert, wie viele Juden hier zu liquidieren seien und welche Gebäude, Fabrikanlagen usw. ihnen zur Verfügung standen. Die Mappe E: Weißrußland wurde am 27.3.1941 und die Mappe G: Zentralrußland am 15.5.1941 abgeschlossen. Allein diese ausführlichen Informationsmaterialien über die UdSSR belegen, wie planmäßig der Überfall auf die Sowjetunion vorbereitet wurde. Einzusehen ist diese Reihe der »Militärgeographischen Angaben« in der Staatsbibliothek Preußischer Kulturbesitz, West-Berlin. Vgl. auch *Dokument 5*, S. 222.
6 So der Wortlaut der Bekanntgabe des Überfalls auf die Sowjetunion durch Außenminister Molotow, verlesen durch den Nachrichtensprecher von Radio Moskau am Mittag des 22.6.1941.
7 Vgl. *Werner Haupt:* Heeresgruppe Mitte 1941–1945, Dorheim 1968, S. 32.
8 Vgl. *Dokument 6*, S. 224. Nach diesen Angaben wurden am 10.7.1941 durch das 307. Pol.Batl. ca. 10000 jüdische Männer ab 16 Jahre aus dem Brester Getto erschossen. Vgl. dazu auch *Dokument 7*, S. 226.
9 Vgl. hierzu die Ereignismeldungen UdSSR (im folgenden EM). Danach wurden außer den nachfolgend zit. Ereignismeldungen lt. EM 47 vom 9.8.1941 5210 Personen in Brest liquidiert, lt. EM 56 vom 18.8.1941 1296 Personen, lt. EM 66 vom 28.8.1941 769 Personen, lt. EM 78 vom 9.9.1941 548 Personen.
10 Vgl. *Dokument 8*, S. 226. Diese Zusammenstellung von Ausschnitten aus Ereignismeldungen UdSSR belegt, daß – entgegen allen anderen Behauptungen – Wehrmacht, Polizei und Einsatzgruppen eng zusammenarbeiteten. Das heißt, Wehrmachts- und Polizeieinheiten waren auch aktiv an den Massenerschießungen durch die Einsatzgruppen der Sicherheitspolizei und des SD beteiligt. Die Berichte der jeweiligen Einsatzgruppen A, B, C und D wurden in Berlin beim Chef der Sicherheitspolizei und des SD im Reichssicherheitshauptamt (RSHA) zu den »Ereignismeldungen UdSSR« zusammengestellt. Ab 1.5.1942 hießen sie »Meldungen aus den besetzten Ostgebieten«.

11 Vgl. Kriegstagebuch des Oberkommandos der Wehrmacht/Wehrmachtsführungsstab, Bd. 2, Teilbd. II (im folg. KTB/OKW, Bd. 2/II), hg. von Percy E. Schramm, München 1982, Eintragung 22. 6. 1941, S. 490. Vgl. auch *Franz Halder:* Kriegstagebuch, Bd. III (im folg. Halder, KTB III), Stuttgart 1964, Eintragung 22. 6. 1941, S. 3ff. Generaloberst Halder führte als Chef des Generalstabes des Heeres vom 14. 8. 1939 bis 24. 9. 1942 täglich Aufzeichnungen des Kriegsgeschehens.

12 Am 28. Juli 1944 räumte die deutsche Wehrmacht Brest, drei Jahre, einen Monat und eine Woche, nachdem sie hier den Überfall auf die Sowjetunion begann. Vgl. *Werner Haupt:* Moskau, Rshew, Orel, Minsk. Bildbericht der Heeresgruppe Mitte, Friedberg 3 (Dorheim) 1978, S. 132.

13 Vgl. ZSt 204 ARZ 334/59, Bl. 7.

14 Beim Brester Getto handelte es sich um einen ganzen Stadtteil, der mit Maschen- und Stacheldraht abgeriegelt war. Die Bewachung des Gettos erfolgte durch Angehörige der Polizeikompanie »Nürnberg« und sowjetische Hilfswillige (ZSt 204 ARZ 334/59, Bd. 4, Bl. 732). Nach jüdischen Zeugenaussagen waren im Getto 25 000 Menschen auf engstem Raum zusammengedrängt. Sie erhielten kaum Lebensmittel, keine ärztliche Versorgung. Sie mußten einen Judenfleck und eine Armbinde tragen und durften das streng abgeriegelte Getto nur verlassen, wenn sie als Gesunde zur Zwangsarbeit herausgeführt wurden. Auf unerlaubtes Verlassen des Gettos stand Todesstrafe. Anspruch auf Brot, das zudem nur grammweise zugeteilt wurde, hatten nur arbeitsfähige Personen. Der Rest, insbesondere alte Leute und Kinder, war dem Hungertod ausgeliefert (ZSt 204 ARZ 334/59, Bd. 5, Bl. 1138).

15 Vgl. *Dokument 9*, S. 229. Vgl. auch EM 31 vom 23. 7. 1941: »Da der deutsche Soldat nicht immer ohne weiteres in der Lage ist, den Juden von der ortsansässigen nichtjüdischen Bevölkerung zu unterscheiden, und es deswegen zu mancherlei Unzuträglichkeiten kam, ist überall angeordnet worden, daß alle männlichen und weiblichen Juden über 10 Jahren sofort auf Brust und Rücken den gelben Judenflecken zu tragen haben.«

16 Die Räumung des Brester Gettos erfolgte am 15. und 16. 10. 1942. Vgl. *Dokument 10*, S. 229. In diesem »Lagebericht für den Monat Oktober 1942« steht durch einen Tippfehler irrtümlich 16. 11. 42. Bei dieser sog. »Judenaktion« wurden etwa 20 000 Juden erschossen, was in diesem Bericht mit »umgesiedelt« umschrieben wurde. Nach ZSt 204 ARZ 334/59, Bd. 5, Bl. 1134–1141, sperrten in den frühen Morgenstunden des 15. 10. 1942 deutsche und »fremdvölkische« Einheiten das Getto schlagartig ab, drangen ein und erschossen jeden, der den geringsten Widerstand leistete. Tausende von Juden wurden unter schärfster Bewachung zu einem vom Bahnhof entfernten Abstellgleis getrieben, dort in bereitstehende Güter- und Viehwaggons gepfercht und nach Brona-Gora bei Beresa-Kartuska auf der Strecke Brest–Baranowici transportiert. Dort wurden in einer tagelangen Exekution 10 000 bis 15 000 Juden erschossen und in die vorbereiteten Gruben geworfen. An der Räumung des Gettos war auch die Polizeikompanie »Nürnberg« beteiligt. Sie unternahm die Absperrung, durchkämmte die Häuser und holte die Juden aus ihren Wohnungen (ZSt 204 ARZ 38/70, Bd. 2, Bl. 18). Außerdem waren an der Räumung des Brester Gettos und der Erschießung seiner Bewohner beteiligt: die Sicherheitspolizei und der SD in Brest, die Schutzpolizei-Dienstabteilung von Brest, die dortige Gendarmerie, eine Einheit der Landesschützen der Wehrmacht, der SS- und Polizeistandortführer und der Gebietskommissar von Brest. Vgl. hierzu auch ZSt II 204 ARZ 334/59, Bl. 611 f., Bl. 1165–1172 und Bl. 1546. Ferner ZSt 204 ARZ 38/70, Bl. 22 f.

17 Über die Erschießung von Kindern vgl. *Dokument 11*, S. 230.

18 Vgl. auch die planmäßigen Verfolgungen während der Wochen nach der Räumung des Brester Gettos am 15./16. 10. 1942. Viele Juden hatten sich in Kellern, Kanälen, Hauskaminen versteckt und wurden nun systematisch gesucht und an Ort und Stelle

erschossen oder in das Gefängnis von Brest geschafft. (ZSt 204 ARZ 334/59, Bd. 5, Bl. 1141).

19 Gemeint ist hier der Hof hinter einem Gebäude unweit des Flusses Muchawiec. Während der Getto-Räumung wurden auf einem von Angehörigen der deutschen Polizei umstellten Platz Frauen, Kinder und alte Menschen in diesem Hof auf Befehl eines Polizeioffiziers von »fremdvölkischen« Hilfswilligen erschossen. Bei dieser Exekution mußten sich die neu hinzukommenden Juden vor ihrer Erschießung auf die bereits Getöteten legen (ebd., Bl. 1140).

20 Vgl. ZSt Ereignismeldungen, Ordner 79, Bl. 15 und 16: Ereignismeldung UdSSR Nr. 2 vom 23. Juni 1941. Nach dieser Angabe drangen am ersten Tag des Überfalls die Infanterie 40 Kilometer und die Panzerverbände 70 Kilometer weit ins Land ein.

21 Vgl. *Dokument 12*, S. 230. Veröffentlicht auch in: Verbrecherische Ziele – Verbrecherische Mittel. Dokumente der deutschen Okkupationspolitik des faschistischen Deutschlands auf dem Territorium der UdSSR 1941–44, Moskau 1963, S. 136. Vgl. auch ZSt UdSSR 413, Teil 8, Bl. 31 und 32. Aus ZSt II 204 ARZ 38/70, Bl. 241 f., über die Polizeikompanie »Nürnberg«: »Im August 1941 wurde aus aktiven Polizeibeamten der Stadt Nürnberg sowie aus Reservisten älterer Jahrgänge eine Kompanie zusammengestellt, die aufgrund der Herkunft ihrer Angehörigen in der Folgezeit die Bezeichnung ›Reserve-Polizei-Kompanie Nürnberg‹ führte. Führer dieser Einheit war bis zu seinem Tod 1944 der Oberleutnant und spätere Hauptmann Josef Eisele. Nach einer kurzen Ausbildung wurde die Kompanie im September 1941 nach Brest-Litowsk verlegt. Sie unterstand dem dortigen SS- und Polizeiführer für Wolhynien und fand Verwendung bei der Bewachung von Objekten und Dienststellen sowie später auch bei der Bekämpfung von Partisanen... Im Rahmen dieser Tätigkeit wurde die Kompanie im September 1942 vorübergehend dem Kommandeur des 3. Bataillons des 15. Polizeiregiments zur Partisanenbekämpfung unterstellt und erhielt am 22. 9. 1942 den Einsatzbefehl zur Vernichtung des Dorfes Kortelisi.«

22 Vgl. *Dokument 13*, S. 231, und *Dokument 14*, S. 233.

23 Vgl. *W. F. Romanowskij:* Die nazistische Politik des Völkermords und der verbrannten Erde in Belorußland 1941–1944, Minsk 1984, S. 54. Zusammen mit W. E. Lobanok, I. F. Klimow und A. A. Filimonow hat Romanowskij hier eine einzigartige Dokumentation zusammengestellt. Alphabetisch sind alle Dörfer Belorußlands aufgezählt, die mit der gesamten oder mit einem Teil der Bevölkerung niedergebrannt wurden, mit der genauen Anzahl der zerstörten Häuser und der liquidierten Einwohnerzahl. Aufgezählt sind hier ebenso die großen Durchgangslager (Dulag) und Stammlager (Stalag) für Kriegsgefangene und für die Zivilbevölkerung. Die meisten dieser Lager dienten als Vernichtungslager. Schließlich sind in diesem Band alle Unternehmen der Wehrmacht und der Sicherheitspolizei sowie des Sicherheitsdienstes (Einsatzgruppen) zur Vernichtung von Partisanen und der Zivilbevölkerung registriert, mit Angabe von Zeit, Ort und Anzahl der Opfer. Alle diese Aufstellungen sind nur auf das Gebiet von Belorußland bezogen. Neben diesen Listen enthält dieser Band zahlreiche Fotos und NS-Dokumente.

24 Vgl. ZSt 202 ARZ 22/60, Bl. 1806.

25 Vgl. *W. F. Romanowskij:* Die nazistische Politik, Minsk 1984, S. 227. Über die Zustände und die Verbrechen in dem Konzentrationslager Koldicewo wird ausführlich berichtet in: ZSt VI 319 ARZ 74/70, Bl. 28–43. Vom 27.–29. 6. 1944, kurz vor dem Rückzug der deutschen Truppen, wurden unter der unmittelbaren Leitung des Kommandanten des KZs Koldicewo, Oberscharführer Fritz John, 2000 Gefangene erschossen und die letzten 300 Überlebenden nach Deutschland deportiert. Vgl. hierzu ebd., Bl. 34.

26 Aus: Militärgeographische Angaben über das Europäische Rußland – Weißrußland, Textheft, Berlin 1941, S. 119.
27 Nach Auskunft im Stadtsowjet von Baranowici.
28 Vgl. KTB/OKW, Bd. 2/II, 25. 6. 1941, S. 494; Halder, KTB III, 25. 6. 1941, S. 15.
29 Über die Situation im besetzten Baranowici vgl. ZSt 202 ARZ 94/59.
30 Vgl. ZSt VI 319 ARZ 74/70, Bl. 33f., über die fortlaufenden Erschießungen von ca. 15400 Menschen in und um Baranowici u. a. durch: Waldemar Amelung, Untersturmführer, Chef des SD und der Gestapo in Baranowici; seinen Stellvertreter Alexander Bartel; Oberstleutnant Wilhelm Schröder, Chef der Gendarmerie; die Stellvertreter des Gebietskommissars Oberf. Rudolf Werner, Max Krahnke und Kurt Bertram, auch Inspekteur des Gettos von Baranowici. Hierbei sind vor allem folgende Massenexekutionen zu nennen: Am 4. 3. 1942 sortierten der Leiter des SD von Baranowici, Untersturmführer Waldemar Amelung, und der Leiter der Gendarmerie, Oberstleutnant Wilhelm Schröder, in dem in der Stadt gelegenen Lager 3400 Gefangene aus, ließen sie zum Stadtrand transportieren und dort erschießen (ZSt VI 319 ARZ 74/70, Bl. 33). Vom 22. 9. 42 bis 2. 10. 42 wurden unter der Leitung des Chefs des Baranowicer SD, des Untersturmführers Waldemar Amelung, 3 km von der Stadt entfernt zwischen den Dörfern Grabowiec und Glinischtsche 5000 Menschen erschossen (ZSt VI 319 74/70, Bl. 33). Ebenfalls unter dem Kommando des SD-Chefs Amelung wurden ab 17. 12. 1942 während eines Monats ca. 7000 Baranowicer Bürger erschossen (ZSt VI 319 74/70, Bl. 33, 34). Vgl. ebenso ZSt VI 319 ARZ 74/70, Bl. 36–40: Nach Abzug der Wehrmacht fand man in und um Baranowici 134 Massengräber.
31 Vgl. ZSt VI 319 ARZ 74/70, Bl. 41. Hier ist die Anzahl der aus Baranowici nach Deutschland deportierten Menschen mit 7593 angegeben.
32 Vgl. *W. F. Romanowskij:* Die nazistische Politik, Minsk 1984, S. 223, 227, 228.
Auf dem Gelände des Zentralgefängnisses der Stadt Baranowici befand sich ein Zweiglager des Stalag 337 von Lesnaja. Die ständige Anzahl der Kriegsgefangenen in diesem Lager Baranowici betrug 20000 (ZSt VI 319 ARZ 74/70, Bl. 29). Nach ebd., Bl. 31, kamen in diesem Lager innerhalb von 2 Jahren 17000 Menschen ums Leben. Die Häftlinge wurden mit elektrischem Strom gefoltert, ihnen wurden die Nasen zerbrochen, die Augen ausgeschlagen (ebd., Bl. 32). Dieses Zweiglager des Stalag 337 bestand in Baranowici bis Februar 1944 (ZSt Verschied. Ordn. 189, Bild 5).
33 Vgl. ZSt II 202 ARZ 206/67, Bl. 34f. Vgl. ebenfalls *Dokument 15*, S. 235. Darin kündigt der Generalkommissar für Weißruthenien Wilhelm Kube, am 31. 7. 1942 dem Reichskommissar für das Ostland, Hinrich Lohse, die baldige Vernichtung der in Baranowici lebenden 10000 Juden an.
34 Vgl. ZSt VI 319 ARZ 74/70, Bl. 29.
35 In ZSt 202 ARZ 94/59, Bl. 256f. und Bl. 268ff., wird von 12000 erschossenen Juden berichtet.
36 Vgl. *W. F. Romanowskij:* Die nazistische Politik, Minsk 1984, S. 223.
37 Vgl. ZSt VI 319 ARZ 74/70, Bl. 35.
38 Vgl. ZSt VI 319 ARZ 74/70, Bl. 29. Nach ebd., Bl. 6, wurde das Stalag 337 im November 1941 errichtet und nach ebd., Bl. 15, von der 2. Kp.d.LSchBatl. 861 bewacht.
39 Vgl. ebd., Bl. 34. Hiernach kamen im November 1941 bei −30 Grad viele sowjetische Kriegsgefangene in offenen Güterwaggons an der Bahnstation Lesnaja an, die bereits erfroren waren. Viele der Überlebenden wurden direkt bei den Gruben der Bahnstation Lesnaja erschossen.
40 Vgl. ebd., Bl. 35.
41 Vgl. ebd., Bl. 18–21. Hier sind auch weitere Angaben über die Zustände im Stalag 337 Lesnaja registriert.
42 Vgl. KTB OKW, Bd. 2/II, S. 496, und Halder, KTB III, S. 17.

43 Alle Angaben bis hierher nach mündlicher Mitteilung im Rathaus von Sluzk.

44 Vgl. *Dokument 16*, S. 237. Über das 11. Pol.Batl. vgl. auch ZSt II 202 ARZ 200/67, Bl. 26.

45 Vgl. ZSt II 202 AR 509/70, Bl. 59–62, und ebd., 202 ARZ 282/59, Bd. I, Bl. 84–91: Bei der Liquidierung des Gettos von Sluzk am 8. 2. 1943 wurden 1700 Juden erschossen. Die Getto-Räumung war der Auftakt zum Unternehmen »Hornung« unter der Führung des SSPF von Gottberg und seiner Kampfgruppe. Ziel dieses Unternehmens (8.–26. 2. 1943) war die Vernichtung von Partisanen im Raum Sluzk. Den Befehl zur Liquidierung des Gettos erteilte der KdS Weißrußland in Minsk, Strauch, und beteiligt haben sich an dieser Massenexekution fast alle Dienststellenangehörigen des KdS Minsk und 110 Angehörige einer lettischen Freiwilligen-Kompanie. Die Minsker Dienststelle kam mit 24 Fahrzeugen nach Sluzk und begann ihre Aktion am Morgen des 8. 2. 1943 um 5 Uhr früh. Dem Gebietskommissar von Sluzk, Carl, wurde noch gewährt, 40 bis 50 Facharbeiter auszuwählen und sie am Leben zu erhalten, und dann vollzogen sich die Exekutionen nach einem seit langem praktizierten Schema: Die Juden wurden aus ihren Häusern geholt, mit Lkws zu den Gruben gefahren (zwei vorbereitete Gruben außerhalb der Stadt, an denen je zehn Schützen aufgestellt waren), sie mußten sich ausziehen, an den Grubenrand stellen und wurden durch Genickschuß getötet. Der Kommandobefehl des KdS Minsk (vgl. *Dokument 17*) ist insofern von besonderem Interesse, da hier die »Arbeit« an den »Gruben« genau geregelt ist. Die Gruben werden als »Umsiedlungsgelände« bezeichnet, an der die Gruppen der Schützen sich alle zwei Stunden abwechseln. Da sich viele Juden in den Häusern versteckt hatten, brannte man das gesamte Getto, das überwiegend aus Holzhäusern bestand, nieder und erschoß dann die aus den brennenden Häusern fliehenden Juden. Am Abend des 8. 2. 1943 waren alle ca. 1700 Juden bis auf die wenigen ausgewählten Facharbeiter exekutiert. Die ursprünglich auf zwei Tage bemessene Aktion war damit bereits am ersten Tag beendet. Vgl. zur Liquidation des Sluzker Gettos auch ZSt II 202 ARZ 282/59, Bd. IV, Bl. 43; ebd., 22/60, Bl. 20–25, und 200/67, Bl. 26. Vgl. ebenso *Dokument 18*, S. 240.

46 Aus: Militärgeographische Angaben über das Europäische Rußland – Weißrußland, Textheft, Berlin 1941, S. 140.

47 Vgl. EM 15 vom 7. 7. 1941 (ZSt Ereignismeldungen, Ordn. 79, Bl. 95) und EM 17 vom 9. 7. 1941: »Die bisher angetroffenen Städte, an der Spitze Minsk, sind völlig zerstört« (ZSt, ebd., Bl. 108).

48 Vgl. KTB/OKW, Bd. 2/II, 28. 6. 1941, S. 499. Vgl. auch Halder, KTB III, 28. 6. 1941, S. 22

49 Nach mündlicher Auskunft des Stadtsowjets in Minsk. Vgl. auch Anm. 46.

50 Über die Räumung von Minsk durch die deutschen Truppen vgl. *Dokument 19*, S. 242. Der ehemalige Stadtkommissar von Minsk, Becker, schildert hier am 27. 7. 1944 in einem Abschlußbericht an den Generalkommissar von Weißrußland, Kurt von Gottberg, unter welchen Umständen sich die Deutschen am 2./3. 7. 1944 von der Roten Armee zurückziehen mußten. In diesem Bericht bezeichnet sich Becker über drei Wochen nach seiner Flucht aus Minsk in seinem Zufluchtsort Forbach/Schwarzwald immer noch als »Der Stadtkommissar Minsk, z. Zt. Forbach« und betitelt den ebenfalls geflohenen Gottberg immer noch als »Generalkommissar in Minsk«.

51 Nach mündlicher Auskunft des Stadtsowjets in Minsk.

52 Vgl. *Dokument 15*, S. 235 in dem in seinem Schreiben vom 31. Juli 1942 der Generalkommissar von Weißrußland, Wilhelm Kube, dem Reichskommissar für das Ostland, Hinrich Lohse, über Massenmorde in Minsk berichtet. Vgl. ebenso folgende Ereignismeldungen UdSSR: EM 32 vom 24. 7. 1941: »... In Minsk ist nunmehr die gesamte jüdische Intelligenzschicht (Lehrer, Professoren, Rechtsanwälte usw. mit Ausnahme

der Mediziner) liquidiert worden...« – EM 108 vom 9. 10. 1941: »... In Minsk wurden 632 Geisteskranke sonderbehandelt...« – Diese Aufzählung könnte beliebig fortgesetzt werden.

53 Vgl. dazu die Aussage des SS-Brigadeführers und Kommandeurs der Ordnungspolizei in Minsk, Eberhard Herf, am 22. 1. 1946 im Minsker Prozeß, Minsk 1947, Protokoll S. 215 ff. Über Eberhard Herf Weiteres in: ZSt 202 ARZ 184/67.

54 Vgl. *Dokument 14*, S. 233, und *Dokument 6*, S. 224.

55 Vgl. Gesamtaufstellung der im Bereich des EK 3 bis zum 1. Dez. 1941 durchgeführten Exekutionen von SS-Standartenführer Karl Jäger, Führer des EK 3 in Litauen, am 1. 12. 1941, in: *Adalbert Rückerl:* NS-Prozesse – Nach 25 Jahren Strafverfolgung Möglichkeiten – Grenzen – Ergebnisse, Karlsruhe 1971, Dokumenten-Anhang.

56 Vgl. EM 20 vom 12. 7. 1941: »... Das Zentrum ist durch Bombenbrand völlig zerstört. Teilweise erhalten geblieben sind von den wichtigen Gebäuden: die Universität, das Haus der Roten Armee, die Oper und das Haus der Sowjets...« – Vgl. ebenso Ereignismeldung UdSSR Nr. 23 vom 15. 7. 1941: »... Die... Zerstörung der Stadt durch deutsche Flieger läßt es schwierig erscheinen, daß Minsk als Verwaltungs- und Wirtschaftszentrum des weißruthenischen Gebietes ohne Wiederaufbau in Betracht kommt...«

57 Vgl. EM 169 vom 16. 2. 1942. Über die katastrophale Ernährungslage im besetzten Minsk vgl. auch EM 21 vom 13. 7. 41: »Schließlich ist von den deutschen Truppen wahllos und rücksichtslos requiriert worden. Gültige Requisationsbescheinigungen konnten nicht festgestellt werden. Ebenso ist in den seltensten Fällen bezahlt worden. Diese Reduzierung der Viehbestände hat dazu geführt, daß eine normale Fleischversorgung der Stadtbevölkerung und der Truppen ohne schwerste Gefährdung der Substanz an Viehbestand ausgeschlossen ist.« – Vgl. ebenfalls EM 23 vom 15. 7. 1941: »Die positive Einstellung den Deutschen gegenüber wird durch das allmählich bekannt gewordene rücksichtslose Requirieren durch die Truppen, ferner von einzelnen bekannt gewordenen Vergewaltigungen und durch den schroffen Umgangston der Truppe der Zivilbevölkerung gegenüber beeinträchtigt, die sich als feindliche Bevölkerung behandelt fühlt. Die Ernährungslage in der Stadt zur Zeit noch katastrophal.« – Wenn oben von einer »positiven Einstellung (der Minsker Bevölkerung) den Deutschen gegenüber« gesprochen wird, so ist dies wohl nicht glaubhaft, wenn man bedenkt, daß diese Deutschen kurz davor Minsk total zerbombten und dann besetzten.

58 Über die Großrazzia Ende April 1943 vgl. *Dokument 20*, S. 244, Meldungen aus den besetzten Ostgebieten Nr. 55 vom 21. 5. 1943. Ab 1. 5. 1942 nannte man die Ereignismeldungen »Meldungen aus den besetzten Ostgebieten«. Sie wurden weiter vom Chef der Sicherheitspolizei und des SD (Kommandostab) im RSHA Berlin herausgegeben. – Den Plan für diese Großrazzia stellte der Leiter der Abt. IV (Gestapo und Exekutive) beim KdS Minsk, Georg Heuser, auf, der bei der Durchführung selbst den ersten Sektor (Warschauer Vorstadt) durchkämmte. Es war eine gemeinsame Aktion der Feldkommandantur, des Generalkommissariats, des SSPF und der Ordnungspolizei, d. h. der Wehrmacht, der Polizei, SS und Sicherungseinheiten (ZSt 2 ARZ 282/59, Bl. 499 f. / Handakte Heuser, Ordn. I). Vgl. auch ZSt II 202 ARZ 282/59, Bl. 72: Die Aufgabe von Gauleiter Sauckel, Generalbevollmächtigter für den Arbeitseinsatz, bestand darin, durch tagelange »Durchkämmung« von Minsker Stadtvierteln zwangsweise russische Arbeitskräfte zusammenzutreiben und sie als »Ostarbeiter« für die Rüstungsbetriebe nach Deutschland zu schicken. Eine dieser »Sauckel-Aktionen« war die oben erwähnte Großrazzia in Minsk Ende April 1943.

59 Vgl. ZSt 319 AR 985/73, Beiheft 2, Bl. 785.

60 *W. F. Romanowskij:* Die nazistische Politik, Minsk 1984. – *Karl Loewenstein:* Minsk

– Im Lager der deutschen Juden, in: Beilage zur Wochenzeitung »Das Parlament«, B XXXXV/56 vom 7. 11. 1956, S. 705–718. – Karl Loewenstein wurde am 8. 11. 1941 in Berlin verhaftet und traf am 18. 11. 1941 im Minsker Getto ein. Hier wurde er Chef des »Sicherheitswesens«. Ihm war eine Ordnerwache innerhalb des Gettos unterstellt, die er selbst ausgebildet hatte. Und er leitete das Büro für den Arbeitseinsatz in den umliegenden Betrieben. Da Loewenstein weitläufig mit dem Generalkommissar Kube verwandt war und Loewenstein selbst bis zu seiner Deportation Verbindung mit dem deutschen Kronprinzen hatte, veranlaßte Kube die Entlassung Loewensteins. So konnte Loewenstein nach sechs Monaten das Minsker Getto am 13. 5. 1942 verlassen.
– *Heinz Rosenberg:* Jahre des Schreckens, Göttingen 1985. – Heinz Rosenberg, geboren 1921, wurde am 8. 11. 1941 mit seiner Familie im ersten Zug, in dem deutsche Juden aus dem Reich nach Minsk deportiert wurden, in das Minsker Getto transportiert. Er schildert den Alltag im deutschen Teil des Minsker Gettos, welche Arbeiten sie in den Kommandos verrichten mußten, wie sie dahinvegetierten und jeden Tag ums Überleben kämpfen mußten, wie Wehrmacht und Polizei mit ihnen umgingen und wie er der Erschießung in Trostenez entkam. Heinz Rosenberg lebt heute in New York.
– »Prozeß gegen die Verbrechen der deutsch-faschistischen Aggressoren in Bjelorußland« (im folgenden »Minsker Prozeß« genannt). Dieser Prozeß gegen 18 Angeklagte der Wehrmacht, der Sicherheitspolizei, des SD und der Polizei fand in Minsk vom 15. bis 19. 1. 1946 statt. 14 der Angeklagten wurden am 30. 1. 1946 zum Tode durch Erhängen verurteilt und am selben Tag in der Minsker Trabrennbahn hingerichtet. Vier der Angeklagten erhielten langjährige Haftstrafen in Arbeitslagern. Die Protokolle dieses Prozesses wurden 1947 in Minsk als Buch veröffentlicht. Die deutschen Originale befinden sich beim KGB Moskau, Sig. H-18763, 18 Bde.

61 Vgl. *Dokument 21,* S. 246.

62 Vgl. ZSt 319 AR 985/73, Beiheft 2, Bl. 785. Nach ZSt II 202 AR 657/73, Bl. 16, ist das Minsker Getto am 1. 8. 1941 für 100000 Juden errichtet worden.

63 Vgl. *Dokument 15,* S. 235. In diesem Schreiben des Generalkommissars von Weißrußland, Wilhelm Kube, erwähnt dieser die Züge aus Berlin, Brünn, Bremen und Wien. Über die Transporte von deutschen Juden aus dem Reich nach Minsk und ab August 1942 direkt nach Trostenez vgl. auch ZSt 202 ARZ 282/59, Bd. I, Bl. 64, und ebd., Bd. IV, Bl. 20. Hiernach wurden nach Minsk deportiert aus:

Herkunft der Transporte	*Personenzahl*
1. Hamburg (ab 8. 11. 1941)	990
2. Düsseldorf (ab 10. 11. 1941)	993
3. Frankfurt (ab 11. 11. 1941)	1042
4. Berlin (ab 14. 11. 1941)	1030
5. Brünn (ab 16. 11. 1941)	999
6. Hamburg und Bremen (ab 18./19. 11. 1941) 408 und etwa 500	908
7. Wien (ab 28. 11. 1941)	1001
	6963

64 Vgl. ZSt II 202 ARZ 206/67, Bl. 121. Hiernach wurden vom 7. bis 11. 11. 1941 auf Befehl des Stabes der EGr. A vom SK 1b über 6000 russische Juden aus dem Minsker Getto erschossen, um Platz für die deutschen Juden zu schaffen, deren Ankunft unmittelbar bevorstand. Diese Massenexekution wurde von der Ordnungspolizei, SD-Angehörigen und ukrainischen Hilfswilligen durchgeführt. Beteiligt an diesen Erschießungen waren der SSPF von Weißruthenien, der SS-Brigf. und Gen. Maj. der Polizei, Zenner, und SS-Stubaf. Remmers. Vgl. auch ZSt 202 ARZ 282/59, Bd. I, Bl. 62. Vgl. ebenso EM 140 vom 1. 12. 1941: »Vom Sonderkommando 1b wurden in Minsk in der Zeit vom 7.–11. 11. 1941 insgesamt 6624 Juden erschossen.« – Nach

anderen Angaben (vgl. hierzu ZSt II 319 AR 985/73, Bl. 787) wurden bei dieser Massenliquidierung im Minsker Getto über 10000 und nach Auskunft der sowjetischen Außerordentlichen Untersuchungs-Kommission etwa 12000 russische Juden erschossen.

65 Vgl. EM 108 vom 9. 10. 1941: ». . . In Minsk wurden von eingesetzten Stadtkontrollen 142 jüdische Personen festgenommen und erschossen, da sie sich außerhalb des Gettos herumtrieben und nicht die vorgeschriebenen Kennzeichen trugen . . .« – Und EM 124 vom 25. 10. 1941: »Das noch bis 3. 10. 41 in Minsk stationierte Nachkommando des EK 8 exekutierte in Minsk weitere 42 Personen. Es handelte sich dabei vorwiegend um Juden, die entgegen den erlassenen Anordnungen nicht ins Getto eingezogen waren oder es abgelehnt hatten, die befohlenen Kennzeichen zu tragen.«

66 Die Zahl der russischen Juden ergibt sich aus einem Bericht des SS-OStuf. Burkhardt. Burkhardt war beim KdS in Minsk Judensachbearbeiter und befaßte sich dadurch auch mit Getto-Angelegenheiten (vgl. ZSt 202 ARZ 282/59, Bd. I, Bl. 93).

67 Vgl. ZSt II 202 ARZ 282/59, Bd. IV, Bl. 43. Darin ist folgende Aufstellung über Züge enthalten, mit denen 1942 Juden aus dem Reich nach Minsk und nach Trostenez zur Liquidierung deportiert wurden:
Es trafen ein:

am 11. 5. 1942 aus Wien	1000 Juden in Minsk
am 26. 5. 1942 aus Wien	1000 Juden in Minsk
am 1. 6. 1942 aus Wien	998 Juden in Minsk
am 5./9. 6. 1942 aus Wien	999 Juden in Minsk
am 15. 6. 1942 aus Wien	1000 Juden in Minsk
am 26. 6. 1942 aus Königsberg	465 Juden in Minsk
am 18. 7. 1942 aus Theresienstadt	1000 Juden in Minsk
am 24. 7. 1942 aus Köln	1000 Juden in Minsk
am 10. 8. 1942 aus Th'stadt	995 Juden bei Trostenez
am 21. 8. 1942 aus Wien	1000 Juden bei Trostenez
am 28. 8. 1942 aus Th'stadt	1000 Juden bei Trostenez
am 4. 9. 1942 aus Wien	1000 Juden bei Trostenez
am 12. 9. 1942 aus Th'stadt	1000 Juden bei Trostenez
am 18. 9. 1942 aus Wien	1000 Juden bei Trostenez
am 25. 9. 1942 aus Th'stadt	1000 Juden bei Trostenez
am 9. 10. 1942 aus Wien	547 Juden bei Trostenez.

Getötet wurden von diesen mindestens 15000 Menschen insgesamt mindestens 13500. Die Angaben über die Transporte stammen aus den Reichsbahnakten der Haupteisenbahndirektion Mitte in Minsk. Vgl. ebenso ZSt II 202 ARZ 206/67, Bl. 132.

68 Vgl. EM 92 vom 23. 9. 1941: »Unter Hinzuziehung der Ordnungspolizei und mit Unterstützung der Feldgendarmerie wurde eine Großaktion im Getto (von Minsk) durchgeführt. Es kamen annähernd 2500 Juden, darunter eine Anzahl Frauen, zur Festnahme. Von diesen wurden an 3 Tagen insgesamt 2278 Personen exekutiert. Bei den Exekutierten handelt es sich ausschließlich um Saboteure und jüdische Aktivisten. Unter ihnen befanden sich u. a. sehr viele, die das vorgeschriebene Kennzeichen nicht an der Kleidung trugen.«

69 Siehe Anm. 64. Vgl. auch ZSt II 202 AR 657/73, Bl. 16.

70 Vgl. Minsker Prozeß, Minsk 1947, Protokoll S. 201.

71 Vgl. Minsker Prozeß, Minsk 1947, Protokoll S. 179 f. Der Angeklagte Franz Hess war Mitglied des Sonderkommandos 8 und berichtet im Verhör vom 20. 1. 1946, wie er an diesen Erschießungen teilnahm.

72 Vgl. ZSt II 202 ARZ 282/59, Bd. I, Bl. 65, und ebd., Bd. IV, Bl. 43.

73 Vgl. EM 178 vom 9. 3. 1942: »... Bei der am 2. und 3. 3. durchgeführten Judenaktion wurden in Minsk 3412 Juden... exekutiert. – Vgl. auch ZSt 202 ARZ 282/59, Bd. I, Bl. 8, 66 ff. und 100, und ebd., Bd. IV, Bl. 43. Hiernach sollten am 1. 3. 1942 5000 Juden aus dem Minsker Getto zum Erschießen herausgeholt werden. Die Juden weigerten sich jedoch, ihre Häuser zu verlassen und wurden darauf mit Gewalt zusammengetrieben. Viele erschoß man an Ort und Stelle, jedoch den größten Teil der russischen Juden verlud man im Minsker Güterbahnhof in Waggons und fuhr sie 30 Kilometer südwestlich von Minsk an der Bahnstrecke Minsk–Baranowici nach Kaidanowa. Dort wurden am 2. und 3. 3. 1942 an vorbereiteten Gruben 3412 Juden erschossen. Vgl. auch ZSt II 202 AR 657/73, Bl. 16.

74 Vgl. *Dokument 15*, S. 235. Vgl. ebenso ZSt 202 ARZ 184/67, Bl. 2; ebd. 206/67, Bl. 34 f., und ebd. 282/59, Bd. IV, Bl. 43, sowie ebd. II 202 AR 657/73, Bl. 16.

75 Beim Vorwerk Petraschkiewic wurden acht Gruben mit 53700 zum Teil verbrannten Leichen gefunden. Vgl. hierzu ZSt 319 ARZ 43/70, Bl. 132–138 und 142–147. Vgl. auch Anm. 132.

76 Vgl. *Dokument 15*, S. 235.

77 Vgl. ZSt 202 ARZ 22/60, Bl. 30 f., und ebd. 282/59, Bd. V, Bl. 25.

78 Vgl. ZSt 202 ARZ 282/59, Bd. V, Bl. 42.

79 Vgl. ebd., 282/59, Bd. V, Bl. 25, und 202 ARZ 22/60, Bl. 32.

80 Nach mündlicher Information von W. F. Romanowskij. Auch hier gibt es in den Quellenangaben sehr unterschiedliche Zahlen. Die Nennung einer genauen Zahl ist deshalb nicht möglich, da durch die sog. »Leerungen« ständig Juden aus dem Getto zum Erschießen abgeholt wurden und das Getto durch Transporte von Neuankommenden immer wieder gefüllt wurde. Nach ZSt II 202 AR 657/73, Bl. 16, ist das Getto für 100000 Juden errichtet worden.

81 Siehe Anm. 60.

82 Vgl. ZSt 202 ARZ 282/59 Bd. I, Bl. 99.

83 Über die Beteiligung von Wehrmachts- und Polizeieinheiten an den Massenexekutionen vgl. *Dokument 8*, S. 226. Eine Aufstellung von einigen lettischen, litauischen und estnischen SS- und Polizeioffizieren findet sich in: ZSt USA Film 3, Ordn. 12, Bild 1045–1948.

84 Vgl. ZSt 202 ARZ 282/59, Bl. 72 f., und ebd., Bd. V, Bl. 23. Nach eigenen Angaben kam Adolf Rübe Ende März/Anfang April 1943 zur Abt. IV des KdS in Minsk und hatte von dieser Zeit an konkret mit dem Getto zu tun. Nach seinen Aussagen hatte die Abt. IV des KdS Minsk und damit Georg Heuser und dessen Judensachbearbeiter Obersturmführer Otto Müller die Befehlsgewalt über das Getto (ZSt 202 ARZ 22/60, Bl. 25 und 27).

85 Siehe Anm. 73.

86 Vgl. ZSt 202 ARZ 22/60, Bl. 25, und ebd., 282/59, Bl. 77.

87 Vgl. KTB/OKW, Bd. 2/II, 28. Juni 1941, S. 422. Vgl. auch Halder, KTB III, 28. Juni 1941, S. 22.

88 Ministerialrat Xaver Dorsch war ab 1941 Chef der Zentrale der Organisation Todt in Berlin und wurde nach dem tödlichen Absturz von Fritz Todt am 8. 2. 1942 der Stellvertreter des neuen Chefs der OT, Albert Speer. Nach 1945 unterhielt Dorsch ein Ingenieurbüro. Dieses Lager an der Daumannstraße wurde von Truppen des AOK 4 (GFM von Kluge) errichtet und von einer Landesschützenkompanie bewacht. Die Landesschützen waren für den Transport und die Bewachung von Kriegsgefangenen eingesetzt. Nach ZSt II 202 AR 657/73, Bl. 18 und 19, ordnete der Minsker Stadtkommandant Bernsdorf Anfang Juli 1941 an, alle Männer im Alter von 18 bis 45 Jahren zu registrieren. Wer sich der Registrierung entzog, dem drohte Todesstrafe durch Erschießen. Vgl. EM 21 vom 13. 7. 1941: »In Minsk ist von den zuerst durchziehenden Truppen ein Zivilgefangenenlager errichtet worden, in dem nahezu alle männlichen

Einwohner der Stadt untergebracht waren. Die Einsatzgruppe wurde gebeten, gemeinsam mit der Geheimen Feldpolizei das Lager durchzukämmen. Zur Entlassung gelangten bisher nur Personen, die sich einwandfrei ausweisen konnten und die weder politisch noch kriminell belastet sind. Der im Lager verbleibende Rest wird einer sorgfältigen Überprüfung unterzogen und jeweils nach Maßgabe des Ermittlungsergebnisses behandelt werden. 1050 Juden wurden zunächst liquidiert. Weitere werden täglich laufend zur Exekution gebracht. Hinsichtlich der noch im Lager verbliebenen Nichtjuden wurde mit der Liquidierung der Kriminellen, der Funktionäre, der Asiaten usw. begonnen.« Vgl. auch *Dokument* 22, S. 247.

89 Auf Bitten der zuständigen Wehrmachtsdienststellen führte die Einsatzgruppe B gemeinsam mit der Geheimen Feldpolizei mehrere »Säuberungsaktionen« in diesem KZ durch, wobei sie Tausende von Juden, Kommunisten, »Asiaten« und »Kriminellen« aus dem Lager holte und erschoß. Hierüber eine Auswahl aus Ereignismeldungen: »In Minsk werden bis auf weiteres täglich etwa 200 Personen liquidiert. Es handelt sich dabei um bolschewistische Funktionäre, Agenten, Kriminelle, Asiaten usw., die aus dem Zivilgefangenenlager aussortiert werden« (EM 36 vom 28. 7. 1941). – »In Minsk wurde die Wehrmacht in umfassender Weise bei der Durchkämmung der von ihr errichteten Zivilgefangenenlager unterstützt. Die Aussortierung erfolgte einmal unter dem Gesichtspunkt, der Wirtschaft dringend benötigte Kräfte zuzuführen, zum anderen zu dem Zweck, die politisch und kriminell belasteten Personen unschädlich zu machen« (EM 43 vom 5. 8. 1941). –

90 »In Minsk geht die Durchkämmung des Zivilgefangenenlagers und die Liquidierung der als politisch oder kriminell belasteten Personen laufend weiter« (EM 50 vom 12. 8. 1941). – »In Minsk kamen bei der Durchkämmung des Zivilgefangenenlagers noch weitere 615 Personen zur Liquidierung. Bei sämtlichen Exekutierten handelt es sich um rassisch vollkommen minderwertige Elemente« (EM 67 vom 29. 8. 1941). – »Die Durchkämmung von Zivilgefangenenlagern in Minsk wurde fortgesetzt. Zur Überstellung kamen weitere 733 Zivilgefangene, die sämtlich liquidiert wurden. Bei allen Erschossenen handelt es sich um durchaus minderwertige Elemente mit vorwiegend asiatischem Einschlag« (EM 73 vom 4. 9. 1941). – »Im Zivilgefangenenlager Minsk wurden in der Berichtszeit weitere 2000 Zivilgefangene überprüft. Bei der Mehrzahl handelte es sich um Personen, die für den Arbeitseinsatz im Aufbaugebiet als brauchbar erkannt wurden. Insgesamt kamen 377 Mann zur Überstellung und wurden erschossen. Bei den Exekutierten handelt es sich durchwegs um minderwertige Elemente, deren Verbleib im Aufbaugebiet nicht vertretbar war« (EM 92 vom 23. 9. 1941).

91 »Beim letzten Transport von Bobruisk nach Minsk sind 20% der Gefangenen gestorben (von 5000 Mann = 1000 Mann).« Aus dem Inspektionsbericht des Kriegsgefangenen-Bezirks-Kommandanten J Oberst Marschall, am 20./21. 11. 1941 (RH 22/v. 220).

92 Vgl. ZSt 202 ARZ 184/67, Bl. 516.

93 Vgl. den Bericht der Propaganda-Abt. B beim Wehrmachtsbefehlshaber Ostland: Es lagen die Leichen »in großer Zahl auf dem mehrere Kilometer langen Marschwege. Erst am Abend wurden die zum Teil arg zerschossenen Leichen weggeräumt«, in: Anlage 1 zum Lagerbericht Nr. 12 der Prop. Abt. B Ostland (etwa 30. 1. 1942; RH 22/v. 234), auch in: ZSt II 202 AR 657/73, Bl. 22 f.

94 Vgl. ZSt 202 ARZ 184/67, Bl. 524.

95 Vgl. ebd., Bl. 528.

96 Vgl. ebd., Bl. 518.

97 Vgl. ZSt I 319 AR 985/73, Bl. 6–28. Hierin befinden sich auch die Angaben über die zuvor erwähnten Erschießungen.

98 Arthur Guenther war von Juli 1942 bis zum 6. 12. 1943 Strafanstaltsverwalter des

Gerichtsgefängnisses Minsk. Unter dem Vorwurf der Gefangenenbegünstigung wurde Guenther am 7. 12. 1943 von der Sipo verhaftet, saß bis Januar 1944 sozusagen in seinem eigenen Bau im SD-Gefängnis, wurde im März 1944 zu 8 Monaten Haft verurteilt, durch den Rückzug der deutschen Truppen vorzeitig entlassen und zu seinem Heimatort Vechta/Oldenburg zurückbeordert. Ab Dezember 1956 war Guenther wieder im Justizdienst tätig, und zwar als Hptw. im Strafvollzugsdienst im Strafgefängnis Vechta. – Der erste Leiter des Gerichtsgefängnisses in Minsk war bis Juli 1942 Hptw. Bayer. Dann folgte Guenther und ab 7. 12. 1943 bis zum Rückzug Hptw. Schönhausen, der nach dem Kriege Verwalter im Landgerichtsgefängnis Osnabrück wurde (ZSt 202 ARZ 3/61, Bl. 4128 f.).

99 Vgl. ZSt 202 ARZ 22/60, Bl. 2297.

100 Vgl. ebd., Bl. 41, und ebd. 3/61, Bl. 4129–4133.

101 Vgl. ZSt 202 ARZ 282/59, Bd. I, Bl. 95.

102 Vgl. ebd., Bl. 37 ff.

103 Vgl. Minsker Prozeß, Minsk 1947, Protokoll S. 178.

104 Vgl. *Dokument 23*, S. 248. Die Goldbrücken, Kronen und Plomben riß das jüdische Zahnarztehepaar Tichauer im Auftrag der Sipo den Juden ein bis zwei Stunden vor ihrer Exekution – natürlich ohne Betäubung – in den Kellerzellen des Minsker Gefängnisses heraus.

105 Vgl. *W. F. Romanowskij:* Die nazistische Politik, Minsk 1984, S. 228.

106 Der große Gebäudekomplex, in den sich die Minsker KdS-Dienststelle einquartiert hatte, war einer der wenigen unzerstörten Bauten der Stadt. Er befindet sich beim Bahnhof an der heutigen Bobruisker Straße, war vor dem Krieg das Universitätsgebäude und ist es heute wieder. Auf der linken Seite des Bahnhofsplatzes öffnet sich parkähnlich der Hof des damaligen SD-Gebäudes, auf dem noch einige Bauten aus jener Zeit stehen.

107 Als Attentäter ermittelte man einen auf der Dienststelle beschäftigten polnischen Juden aus dem Getto. Er wurde nach einigen Tagen im Hof der KdS-Dienststelle erhängt. Als Hintermänner und Helfer erschoß man Anfang November 1943 30 Minsker Einwohner am Enterdungsplatz Blagowschtschina bei Trostenez und verbrannte drei Personen auf Weisung des RSHA Berlin dort bei lebendigem Leib (vgl. ZSt 202 ARZ 282/59, Bd. I, Bl. 161).

108 Vgl. ZSt II 202 AR 657/73, Bl. 23–27, und ZSt 319 AR 985/73, Beiheft 2.

109 Gauleiter Wilhelm Kube war ab 1. 9. 1941 Generalkommissar von Weißruthenien. Am 22. 9. 1943 wurde er durch ein Attentat getötet. Eines seiner Dienstmädchen, Jelena Masanik, hatte eine Haftmine unter seinem Bett befestigt, die ihn bei der Explosion zerriß. Das Haus des Generalkommissars, in dem Kube zusammen mit seiner Familie wohnte, befand sich in Minsk an der Ecke Friedrich-Engels-/Karl-Marx-Straße. Kube wird des öfteren als »Beschützer der Juden« und »Judenfreund« bezeichnet. Dies ist insofern unzutreffend, da er sich mehrfach ausdrücklich zur Vernichtung des Judentums bekannte und diese auch systematisch durch seine Befehle betrieb.

110 Vgl. *Dokument 24*, S. 248.

111 Über den Einsatz von Gaswagen in Minsk vgl. ZSt II 202 ARZ 287/60, Bl. 2273 ff. Vgl. auch ZSt 202 ARZ 3/61, Bl. 4131 ff.

112 Über die Funktionsweise der Gaswagen vgl. *Dokument 25*, S. 251.

113 Vgl. ZSt 202 ARZ 282/59, Bd. I, Bl. 75 f.

114 Vgl. *Dokument 29*, S. 257.

115 Vgl. ZSt 202 ARZ 22/60, Bl. 1508.

116 Vgl. *Christopher Simpson:* Der amerikanische Bumerang. NS-Kriegsverbrecher im Sold der USA, Wien 1988, S. 120 ff. Vgl. ebenso DER SPIEGEL Nr. 4 vom 23. 1. 1963 und Nr. 21 vom 21. 5. 1984.

117 Vgl. ZSt 202 ARZ 282/59, Bl. 24 und 73.
118 Über das SS-Arbeitslager vgl. ZSt 202 ARZ 282/59, Bd. V, Bl. 24f., und ZSt 202 ARZ 22/60, Bl. 2297.
119 Als auch am 2. Tag die OT Gefangene für den Straßenbau aussortieren wollte, untersagte dies GMF von Kluge mit dem Hinweis, daß er sich selbst die Entscheidung über die Verwendung der Zivilgefangenen vorbehielt (vgl. Bericht des Min. Rat Xaver Dorsch über das Gefangenenlager Minsk in: SZAOR der UdSSR, Fonds 7445, Liste 2, Akte 138, Bl. 180–182). Vgl. auch ZSt II 202 AR 657/73, Bl. 18, 19 und 22, wonach das Lager Drosdy vom 30. 6. 1941 an 10 Tage lang bestand und 50000 bis 100000 Männer im Alter von 18 bis 50 Jahren einschloß. Vermerkt wird in diesen Unterlagen auch, daß auf jeden, der sich bewegte, geschossen wurde.
120 Vgl. ZSt 319 20/19, Bl. 9ff.: Nach diesen Angaben befanden sich im Dulag 127 in Drosdy unter den 100000 Kriegsgefangenen etwa 20000 Zivilgefangene. Alle mußten unter freiem Himmel kampieren und erhielten so gut wie keine Verpflegung. Bewacht wurde das Dulag 127 zusammen mit einem Nebenlager am Nordost-Ausgang der Stadt Minsk von zwei Bataillonen der Sicherungsdivision 286. Ende August 1941 wurde das Dulag 127 nach Orscha verlegt. Über die Erschießungen im Dulag 127 Drosdy vgl. auch ZSt 202 ARZ 184/67, Bl. 9, wonach nordöstl. des Lages ein 400 Meter langer, 2,50 Meter breiter und 2,50 Meter tiefer Graben entdeckt wurde, in dem ca. 10000 Leichen lagen.
121 Über das Stalag 352 vgl. ZSt 9–31/439 und ZSt 319 ARZ 43/70, Bl. 132–138 und 142–147. Vgl. auch ebd., Sonderband I, Bl. 59. Nach ZSt 319 ARZ 43/70, Bl. 132–138, existierte das Stalag 352 ab 7. 9. 1941.
122 Über den Friedhof des Stalag 352 bei der Siedlung Glinischtscha vgl. ZSt 202 ARZ 184/67, Bl. 7f.
123 Vgl. *W. F. Romanowskij:* Die nazistische Politik, Minsk 1984, S. 228. Hier gibt Romanowskij 22 Nebenlager an und 90 Lager auf den Bahnhöfen Weißrußlands.
124 Nach der Doppelschlacht bei Bialystok und Minsk waren nach dem 10. 7. 1941 im Stalag 352 über 100000 Gefangene zusammengepfercht (vgl. ZSt Dok. Slg. 301, Serie I, Bd. 2, Bl. 390f.).
125 Vgl. ZSt 319 ARZ 43/70, Bl. 146.
126 Vgl. hierzu das Merkblatt des OKW 69/2 »Bandenbekämpfung« über die Behandlung der Bevölkerung vom 6. Mai 1944, Weisung des OKW/Wehrmachtsführungsstabes/Op., Nr. 03268/44, gezeichnet von I. A. Jodl. Darin heißt es u. a.: »... Als Kriegsgefangene sind grundsätzlich alle... Personen (zu behandeln), die im unmittelbaren Kampfgebiet angetroffen werden und als Bandenhelfer anzusehen sind, auch wenn ihnen keine Kampfhandlungen nachgewiesen werden können...«
127 »Auf der Grundlage der Geheimen Reichssache des OKW Nr. 03409/43 wird befohlen: Alle Personen, die sich in unmittelbarer Nähe zum Kampfgebiet befinden, sollen als Kriegsgefangene behandelt werden. Alle arbeitsfähigen Männer dieser Gebiete im Alter von 16–55 Jahren sollen als Kriegsgefangene gelten.«
128 Über die Massenerschießungen im Stalag 352 vgl. ZSt I 319 AR 985/73, Bl. 6–28.
129 Vgl. ZSt 9–31/439 und ZSt 319 ARZ 43/70, Sonderband I, Bl. 59. Für die Zahlenangaben vgl. ZSt 319 ARZ 43/70, Bl. 133ff., ZSt 202 ARZ 184/67, Bl. 536, und ZSt I 319 AR 985/73, Bl. 6–28.
130 Vgl. ZSt VI 319 ARZ 43/70, Bl. 8–10, 19 und 132–138. Hiernach war Heinrich Lipp von April 1942 bis Ende Juni 1944 stellvertretender Lagerkommandant und Lageroffizier. Als Hauptmann gehörte er dem 332. Landesschützenbataillon an. Heinrich Lipp starb 1948 in Berlin. Über die Wachmannschaften vgl. auch ZSt I 319 AR 985/73, Bl. 6–8, und ZSt 202 ARZ 184/67, Bl. 517.
131 Vgl. hierzu ZSt 319 AR 985/73.
132 Eine genaue Aufstellung der vorgefundenen Massengräber um das Stalag 352 findet

sich in: ZSt 319 ARZ 43/70, Bl. 132–138 und 142–147 sowie in: ZSt 202 ARZ 184/67, Bl. 7 ff. Danach wurden von der Außenordentlichen Staatlichen Untersuchungskommission gefunden: Außer dem Friedhof an der Saslawler Chaussee bei Glinischtscha mit seinen fast 200 Gräbern, in denen 45000 Menschen lagen, 1.) 300 Meter nordwestl. vom Lager 3 riesige Gruben von durchschnittlich 15 Metern Länge, 12 Metern Breite und 2 Metern Tiefe mit 11000 Leichen; 2.) 100 Meter südl. des Lagers 2 Gruben mit 10000 Leichen; 3.) nordöstl. des Lagers Drosdy eine Grube von 400 Metern Länge, 2,50 Breite und 2,50 Tiefe mit 10000 Leichen; 4.) eineinhalb Kilometer südwestl. des Lagers beim Vorwerk Petraschkiewic 8 große Gruben von 21 Metern Länge, 8 Metern Beite und 4 Metern Tiefe mit insgesamt 54000 Leichen. Hier befand sich auch eine Exekutionsstätte. Vor jeder dieser Gruben waren nach Kriegsende 1944 kahle, unbewachsene Ascheflächen von 5–6 Metern Durchmesser zu sehen. Es waren die Stellen der Scheiterhaufen, wo im Herbst 1943 das Sonderkommando 1005-Mitte im Rahmen ihrer »Enterdungs«-Aktion die aus den Gruben herausgeholten Leichen verbrannt hatte. Als Überreste fand man noch Schädel, Knochen, auch von Kindern, Haarbüschel, Hautfetzen, Metallteile von Kleidern wie Knöpfe, Gürtelspangen, auch Schlüssel, Taschenmesser usw. Die Anzahl der hier verbrannten und begrabenen Leichen (54000) konnte – wie bei fast allen Massengräbern – nur dadurch ungefähr bestimmt werden, indem man, wie in diesem Fall, pro Kubikmeter 20 (verbrannte) Leichen rechnete und diese Zahl mit der Kubikmeterzahl der Gruben multiplizierte. Über Erschießungen in den Minsker Kriegsgefangenenlagern sind auch in: ZSt 202 ARZ 184/67 in 6 Leitz-Ordnern ausführliche Informationen zu finden.

133 Vgl. *W. F. Romanowskij:* Die nazistische Politik, Minsk 1985, S. 228.

134 Vgl. ZSt 2 AR 21/58, Bl. 1527 und 1873.

135 Vgl. *Dokument* 26, S. 252.

136 Über die Exekutionsstätte Blagowschtschina vgl. *Dokument* 54, S. 254, und *Dokument* 28, S. 255. Vgl. ebenso ZSt 2 ARZ 282/59, Bl. 492–510/Handakte Heuser, Ordn. I, und ebd., Bd. I, Bl. 71–75.

137 Vgl. Anm. 67.

138 Vgl. *Dokument* 29, S. 257 und *Dokument* 30, S. 258. Vgl. auch ZSt II 202 ARZ 282/59, Bd. IV, Bl. 77 f.; ebd., 202 ARZ 287/60, Bl. 2275 f.

139 Vgl. ZSt 2 ARZ 3/61, Bl. 1329.

140 Vgl. ZSt II 202 ARZ 282/59, Bd. IV, Bl. 45.

141 Vgl. ZSt 202 ARZ 22/60, Bl. 2305.

142 Vgl. ZSt 2 ARZ 3/61, Bl. 533.

143 Vgl. auch ZSt 202 ARZ 282/59, Bl. 491, und ZSt 202 ARZ 22/60, Bl. 1805.

144 Vgl. ZSt 202 ARZ 22/60, Bl. 618.

145 Vgl. ZSt 22/60, Bl. 12. – SS-Ostuf. und Kriminalkommissar Georg *Heuser* kam mit dem Sonderkommando 1 b der EGr A am 1. 12. 1941 von Tosno zur Sipo und SD nach Minsk. Diese hatten ihre Dienststelle im früheren, nicht zerstörten Universitätsgebäude nahe dem Bahnhof. Dem KdS Minsk gehörte Georg Heuser vom Januar 1942 bis Frühsommer 1943 an und dem BdS Minsk vom Herbst 1943 bis Anfang Juli 1944 (vgl. ZSt II 204 ARZ 21/58, Bd. 6, Bl. 3501–3553). Heuser war Leiter der Abt. IV (Gestapo und Exekutive) des KdS/BdS Minsk und war bei den Erschießungen in Blagowschtschina als Schütze eingesetzt, hatte zeitweise als Leiter Aufsicht beim Ausladen der Juden am Gleis, bei der Führung der Juden in Gruppen zum Sammelplatz, beim Abtransport des Gepäcks, bei der Absperrung, war Leiter an der Grube und verantwortlich für Ordnung und für die Ablösung der Schützen. Über Heuser vgl. auch die ausführliche Akte ZSt 202 ARZ 282/59, Handakte Heuser, Ordn. I. In dieser Akte sind zahlreiche der hier wiedergegebenen Informationen enthalten.

146 Über die Enterdungsaktionen in Orscha, Mogilov und Borisov wird ausführlich berichtet in ZSt 202 ARZ 287/60, Bl. 2317–2372.

147 Vor seiner Ernennung zum Chef des SK 1005 war *Paul Blobel* als Führer des SK 4a in der Einsatzgruppe C maßgeblich an der Erschießung von 33700 Juden in der Schlucht von Babi Jar bei Kiew am 29. und 30. 9. 1941 beteiligt. Blobel wurde im Einsatzgruppen-Prozeß am 10. 4. 1948 zum Tode verurteilt und am 8. 6. 1951 hingerichtet. Über Paul Blobel vgl. auch ZSt 201 ARZ 76/59, Sonderband I, S. 180 f.

148 Von November 1941 bis Oktober 1943 existierte die Dienststelle des KdS für Weißrußland in Minsk und zugleich die Dienststelle des BdS für Rußland-Mitte. Wegen des Zurücktreibens der Heeresgruppe-Mitte durch die Rote Armee wurde der BdS Rußland-Mitte von der Front rückwärts nach Minsk verlegt. Am 18. 10. 1943 wurden KdS und BdS unter dem neuen Namen »BdS Rußland-Mitte und Weißruthenien in Minsk« zu einer Dienststelle verschmolzen. Chef dieses neu geschaffenen BdS war vom 18. 10. 1943 bis 1. 4. 1944 SS-Staf. *Erich Ehrlinger*. Ehrlinger war von Juni 1941 bis 8. 12. 1941 Führer des SK 1b der EGr. A, darauf von Ende 1941/Anfang 1942 bis Oktober 1943 KdS in Kiew, ab 22. 8. 1943 Chef der EGr. B. 1. 9. 1943: SS-Standartenführer. Nach seiner Dienstzeit als BdS beim HSSPF Rußland-Mitte und Weißruthenien in Minsk ab 1. 4. 1944 im RSHA Berlin Chef des Amtes I (Personalangelegenheiten). 27. 6. 1944: Oberst der Polizei, 9. November 1944 SS-Oberführer. 1954 Festnahme wegen Verdachts der Beteiligung an NS-Verbrechen. Nach verschiedenen Prozessen das Verfahren gegen ihn am 3. 12. 1969 wegen dauernder Verhandlungsunfähigkeit eingestellt. Ehrlinger war damals 59 Jahre alt. Über Ehrlinger vgl. ZSt 201 ARZ 76/59, Sonderb. I, Bl. 172. BdS-Nachfolger in Minsk war vom 1. 4. bis zum 3. 7. 1944 SS-Staf. Seetzen. Ebenso wurden Mitte Oktober 1943 die Dienststellen des KdO in BdO umgewandelt.

149 Vgl. den Bericht der Außerordentlichen Staatlichen Untersuchungskommission in ZSt 202 ARZ 184/67, Bl. 10.

150 SS-HStuf. Artur *Harder* war der Adjutant Blobels und leitete das SK 1005-Mitte vom 27. 10. bis Mitte November 1943.

151 SS-Stuf. Friedrich Seekel gehörte bereits zum BdS Minsk und leitete das SK 1005-Mitte von Mitte November bis zum 7. 12. 1943.

152 *Max Krahner* war zuvor Führer des SK 4a der EGr C, leitete das SK 1005-Mitte vom 8. bis zum 15. 12. 1943 und war weiter Kdr. dieses Sonderkommandos bis zu dessen Auflösung in Salzburg im Herbst 1944.

153 SS-Hschaf. *Adolf Rübe* war ab Ende März/Anf. April 1943 Verwalter des Minsker Gettos und gehörte seit dieser Zeit zur Abt. IV (Judenreferat) des KdS Minsk. Vgl. hierzu ZSt 202 ARZ 22/60, Bl. 25. Da mit der Getto-Räumung im Oktober 1943 sein dortiges Arbeitsgebiet wegfiel, wurde er beim SK 1005-Mitte eingesetzt. Vgl. auch *Dokument 31*, S. 259, wo Adolf Rübe über die Verbrennung der Attentäter auf das SD-Kasino bei lebendigem Leib berichtet.

154 Vgl. ZSt 202 ARZ 22/60, Bl. 2300, und ebd., 282/59, Bl. 59.

155 Über den Prozeß gegen Krahner, Goldapp und Drews im Oktober und November 1967 beim Hamburger Schwurgericht vgl. »Eine Lage Holz«, in: »DER SPIEGEL«, Nr. 48 vom 20. 11. 1967, S. 86.

156 Über die Verbrennung bei lebendigem Leib vgl. auch ZSt 202 ARZ 282/59, Bd. I, Bl. 159–161. Über den allgemeinen Vorgang der Verbrennungen vgl. ebd., Bl. 157–161, 170.

157 Über *Artur Harder* vgl. *Dokument 32*, S. 260.

158 Vgl. *Dokument 32*, S. 260. Vgl. auch ZSt 202 ARZ 22/60, Bl. 17 f.

159 Über das gesamte Unternehmen des SK 1005-Mitte vgl. ZSt 202 ARZ 282/59, Bd. I, Bl. 157–161. Vgl. ebd., 184/67, Bl. 10, und vor allem die umfangreiche Urteilsbegründung des Landgerichts Hamburg Schwurgericht vom 9. 2. 1968 in der Strafsache gegen Max Krahner, Otto Goldapp und Otto Drews in ZSt 202 ARZ 22/60.

160 Vgl. ebd., Bl. 621.

161 Vgl. ZSt 202 ARZ 22/60, Bl. 1835 ff.
162 Über den Ofen von Schaschkowka vgl. ZSt 202 ARZ 184/67, Bl. 10. Vgl. ebenso *Dokument 33*, S. 262.
163 Vgl. ZSt 202 ARZ 282/59, Bd. I, Bl. 97.
164 Vgl. ZSt 202 ARZ 22/60, Bl. 623. Über den gesamten Vorgang der Erschießungen und Verbrennung mitsamt der Scheune vgl. auch ZSt 202 ARZ 184/67, Bl. 11.
165 Vgl. ZSt 202 ARZ 22/60, Bl. 1844.
166 Vgl. *W. F. Romanowskij:* Die nazistische Politik, Minsk 1984, S. 49.
167 Vgl. *W. F. Romanowskij:* Die nazistische Politik, Minsk 1984, S. 53.
168 Vgl. *Dokument 34*, S. 263.
169 Vgl. ZSt 202 ARZ 213/67, Bd. 1, Bl. 25.
170 Vgl. *Hellmuth Auerbach:* Die Einheit Dirlewanger, in: Vierteljahreshefte für Zeitgeschichte, 10/1962, S. 250–263.
171 Über Oskar Dirlewanger vgl. ZSt Sonderband Dirlewanger 489 und 493.
172 Über die Beteiligung Dirlewangers und seiner SS-Brigade an der Niederschlagung des Warschauer Aufstandes vom 5. 8.–2. 10. 1944 vgl. ZSt Sonderband Dirlewanger 493, Bl. 52 ff., und *Erich Kuby:* Als Polen deutsch war, München 1986, S. 298 f.
173 Vgl. ZSt 204 ARZ 334/59, Bd. 4, Bl. 742 f. Der vollständige Wortlaut über die Erschießung von Kindern aus dem Kinderheim Domatschew bei Brest befindet sich im Staatsarchiv Nürnberg. Bei der Zahl 54 der erschossenen Kinder handelt es sich nur um die Aktion am 23. 9. 1942. Auch zu anderen Zeiten wurden immer wieder Kinder aus diesem Heim zur Tötung abgeholt. Verantwortlich für diese Morde waren der SD-Chef von Brest, seine Stellvertreter, der Gebietskommissar und der Gendarmeriechef des Gebietskommissariats Brest.
174 Vgl. ZSt 319 ARZ 211/69, Bl. 112.
175 Über die Bewachung und die Zustände im Stalag 351 (Glubokoje) vgl. ZSt I/319 AR 985/73, Bl. 6–28, und ZSt 319 ARZ 211/69.
176 Der hier beschriebene »Zerstörungskalender« des Wehrmachtsbefehlshabers Weißruthenien mit den in Glubokoje zu vernichtenden Betrieben und Einrichtungen vom Frühjahr 1944 findet sich im BA/MA, Freiburg i. Br., H 07.13.11/37, Bl. 854–858 und 873–875.
177 Vgl. ZSt UdSSR Ordn. 110, Bild 44.
178 Über die Liquidationen im Umkreis von Glubokoje vgl. ZSt 202 ARZ 37/60.
179 Vgl. auch *Dokument 15*, S. 235. In diesem Brief des Generalkommissars von Weißruthenien, Wilhelm Kube, in Minsk an den Reichskommissar Hinrich Lohse in Riga vom 31. 7. 1942 erwähnt Kube die Tötung von 10000 Juden durch den Befehlshaber des rückwärtigen Heeresgebietes.
180 Über die Räumung des Gettos von Glubokoje am 20. August 1943 vgl. ZSt 202 ARZ 3/61 und ZSt UdSSR, Ordn. 110, Bild 41–45.
181 Aus: Militärgeographische Angaben über das Europäische Rußland – Weißrußland, Textheft, hg. vom Generalstab des Heeres, Abt. f. Kriegskarten und Vermessungswesen, Berlin 1941, S. 122.
182 Ortskommandant von Borisov war Walter Kral, Hptm. der Res. z. V. Vgl. ZSt II 202 ARZ 9/66, Bl. 457.
183 Über Stanislaw Alexander Stankiewitsch (geb. 1883 in Lettland) vgl. ZSt II 202 ARZ 9/66, Bl. 253 und 462. Stankiewitsch war nach dem Kriege führendes Mitglied des »Instituts für Studien über die UdSSR« in München, das von der CIA finanziert wurde, und er arbeitete für die amerikanischen Sender Radio Free Europe (RFE) und Radio Liberty (RL), ebenfalls in München. Vgl. hierzu *Christopher Simpson:* Der amerikanische Bumerang. NS-Kriegsverbrecher im Sold der USA, Wien 1988, S. 171 und 295.
184 Vgl. KTB/OKW, Bd. 2/II, 2. 7. 1941, S. 503.

185 Diese Zahlenangaben beruhen auf Informationen der Stadtverwaltung von Borisov.

186 Vgl. EM 43 vom 5. 8. 1941: »In Borisow wurden erfolgreiche Fahndungen nach kommunistischen Funktionären, darunter dem Vorsitzenden des Stadtrates von Borisow, nach Kriminellen, Asozialen und mit ansteckenden Krankheiten behafteten Asiaten durchgeführt.« Vgl. auch den Bericht des russischen Chefs der Borisover Sicherheitspolizei, Ehof, vom 28. 2. 1947 (ZSt 202 ARZ 9/66, Bl. 263) und Minsker Prozeß, Minsk 1947, Protokoll S. 121. Vgl. ebenso ZSt UdSSR Ordn. 110, Bild 26.

187 Vgl. EM 92 vom 23. 9. 1941: »In Borrissow wurden weitere 176 Juden erschossen, weil sie gegen die Einrichtung des Ghettos opponierten.«

188 Vgl. ZSt II 202 ARZ 9/66: Diese gesamte Akte befaßt sich mit der Liquidierung des Gettos von Borisov am 20. und 21. Oktober 1941. Vgl. dazu auch *Dokument 35*, S. 264.

189 Es handelt sich hier um Dulag 231 und Dulag 240, die beide der 286. Sich.Div. unterstanden (vgl. ZSt VI 319 AR 1592/72, Bl. 480 und 482; vgl. auch ZSt Verschied. 301 Dc, Bd. 187, Bl. 321, und ZSt VI 319 ARZ 95/70, Bl. 938 und 940).

190 Die Angabe der Anzahl der Lager erfolgt nach mündlicher Mitteilung der Stadtverwaltung von Borisov. Das erwähnte Kriegsgefangenenlager wurde am 16. 10. 1941 von der 286. Sich.Div. in den Kasernenblöcken einer sowjetischen Panzerkaserne errichtet und erst im April 1942 in Stalag 382 (Borisov) umbenannt. Bis zur Auflösung im September 1943 war es durchgehend mit 30000 bis 50000 sowjet. Kriegsgefangenen belegt. Die Bewachung erfolgte durch die 2. Kp.d.LSchBtl. 495, die auch an den Erschießungen der Kriegsgefangenen teilgenommen hat (vgl. ZSt 319 ARZ 62/70, Bl. 7, 8 und 20, und ZSt VI 319 AR 1592/77, Bl. 1282 und 1284).

191 Vgl. Minsker Prozeß, Minsk 1947, Protokoll S. 122 f.

192 Die Zahlenangaben erfolgen nach mündlicher Mitteilung der Stadtverwaltung von Borisov.

193 Aus: Militärgeographische Angaben über das Europäische Rußland – Weißrußland, Textheft, Berlin 1941, S. 141.

194 Vgl. Halder, KTB, 28. 7. 1941, Bd. III, S. 127.

195 Vgl. EM 133 vom 14. 11. 1941: »Am 19. 10. 1941 wurden auf dem Kommandanturplatz in Mogilew 3 sowjetrussische Kriegsärzte vom Kriegsgefangenenlazarett Mogilew, unter Bekanntgabe des Exekutionsgrundes an die Bevölkerung mittels Lautsprecher, erhängt. Am gleichen Tage wurde (ein) Hauptmann der Roten Armee, der den Bürgermeister von Mogilew zur Mitwirkung auf seiten der Partisanen hatte bewegen wollen, ebenfalls auf dem Kommandanturplatz in Mogilew erhängt und der Exekutionsgrund an die Bevölkerung mittels Lautsprecher bekanntgegeben.«

196 Vgl. EM 124 vom 25. 10. 1941: »Auch in Mogilew versuchten die Juden ihre Übersiedlung in das Getto zu sabotieren, indem eine allgemeine Abwanderung nach auswärts einsetzte. Das EK 8 riegelte daher unter Hinzuziehung von Ordnungspolizei die Ausfallstraßen ab und brachte 113 Juden zur Liquidierung.« – Vgl. auch EM 125 vom 26. 10. 1941: »Das EK 8 brachte die Einrichtung des Gettos in Mogilew zum Abschluß... Außerdem wurde angeordnet, das Getto von dem übrigen Stadtbezirk durch einen Stacheldrahtzaun abzugrenzen. Die Zahl der noch im Getto verbliebenen Juden beträgt (nach der Erschießung von 3726 Juden am 19. 10. 1941) einschließlich Frauen und Kindern nur noch knapp 1000 Personen.«

197 Vgl. EM 133 vom 14. 11. 1941: »Am 19. 10. 1941 wurde mit Unterstützung durch das Pol.-Regt. Mitte in Mogilew eine Judenaktion größeren Ausmaßes durchgeführt, bei der 3726 Juden beiderlei Geschlechts und jeden Alters liquidiert wurden. Diese Maßnahme war erforderlich, weil die Juden seit Besetzung der Stadt Mogilew durch deutsche Truppen die Belange der Besatzungsbehörden und trotz der gegen sie bereits durchgeführten Maßnahmen von diesem Treiben nicht nur nicht Abstand nahmen,

sondern ihre deutschfeindliche Betätigung (Sabotage, Unterstützung von Partisanen, Arbeitsverweigerung usw.) in einem Umfange und mit einer Beharrlichkeit fortsetzten, daß es im Interesse der Befriedung der rückwärtigen Gebiete nicht länger geduldet werden konnte... Das vom EK 8 in Mogilew eingerichtete Getto konnte zum größten Teil der Stadtverwaltung wieder zur Verfügung gestellt werden, da Mogilew nach den Aktionen als fast judenfrei bezeichnet werden kann. Die wenigen noch vorhandenen Juden sind in einem Zwangslager untergebracht und stehen dort als gelernte Handwerker zum Arbeitseinsatz zur Verfügung.«

198 Die genannten Zahlen stammen aus mündlichen Informationen der Stadtverwaltung von Mogilov. Über die Einwohnerzahl vgl. Anm. 193. Über Massenexekutionen in Mogilov, an denen auch Erich von dem Bach-Zelewski und seine Einheiten maßgeblich beteiligt waren, vgl. ZSt 202 AR 1319/62, Bd. 2, Bl. 424 f. – Hier eine Auswahl aus Ereignismeldungen UdSSR, in denen Erschießungen in Mogilov registriert sind: EM 67 vom 29. 8. 1941: »In Mogilov wurden die Fahndungen nach kommunistischen Funktionären fortgesetzt. Außer den bereits Liquidierten wurden weitere 80 Juden exekutiert.« – EM 108 vom 9. 10. 1941: »Auch in Mogilov machte sich in stärkerem Maße eine Widerstandsbewegung der Juden bemerkbar, so daß durch Erschießung von 80 Juden und Jüdinnen energisch durchgegriffen werden mußte. Als auch diese Maßnahmen nicht halfen und weiterhin von jüdischer Seite falsche Gerüchte verbreitet und die Anordnungen der deutschen Besatzungstruppen sabotiert wurden, wurden 215 Juden und 337 Jüdinnen erschossen... In Mogilev wurden 836 Geisteskranke sonderbehandelt...« – EM 125 vom 26. 10. 1941: Es wurden erschossen »...8 Juden und Jüdinnen, die sich außerhalb des Ghettos in Mogilov versteckt gehalten hatten, 62 Juden und Jüdinnen, die gegen die Anordnung über das Tragen des Kennzeichens verstoßen hatten...« – EM 133 vom 14. 11. 1941: »Von mehreren Hundert Insassen des Zwangsarbeitslagers in Mogilev wurden 83 am 15. 10. 1941 liquidiert, da es sich bei ihnen um rassisch minderwertige Elemente mit asiatischem Einschlag handelte, deren weitere Belassung im rückwärtigen Heeresgebiet nicht zu verantworten war... Am 23. 10. 1941 wurden in Bekämpfung der Partisanen und zwecks weiterer Verhinderung von Sabotageakten weitere 279 Juden beiderlei Geschlechts von Mogilew und Umgebung liquidiert. Das SK 7a hat in der Berichtszeit 173 Liquidierungen durchgeführt.« – EM 148 vom 19. 12. 1941: »Bei einer Durchkämmung des Zwangsarbeitslagers beim Stützpunkt Mogilew wurden 180 Juden erfaßt, die sich aufwieglerisch betätigt hatten. Sie wurden erschossen. Bei unter Hinzuziehung von Ordnungspolizei durchgeführten Kontrollen der Ausfallstraßen von Mogilew wurden insgesamt 135 Personen – zum größten Teil Juden – ergriffen. Die Juden trugen nicht das für sie vorgeschriebene Kennzeichen, andere Personen befanden sich ›auf Wanderschaft‹, ohne die vorgeschriebenen Papiere bei sich zu haben. 127 Personen wurden erschossen.«

199 Gemeint sind die Kriegsgefangenenlager Dulag 185 (ZSt VI 319 AR 1592/72, Bl. 480 und 482), das später zum Stalag 341 wurde (ZSt VI 319 ARZ 95/70, Bl. 938 und 941) und darauf zum Dulag 203. Dann gab es noch das Dulag 127, das im Februar/März 1942 errichtet wurde (ZSt 319 ARZ 20/69, Bl. 10). Sie unterstanden alle der 286. Sich. Div.

200 Vgl. EM 148 vom 19. 12. 1941: »Im Einvernehmen mit dem Kommandanten wurde das Dulag in Mogilew nach Juden und Funktionären überholt. 196 Personen wurden überstellt und erschossen.«

201 Über das Kriegsgefangenenlager Stalag 341 (Mogilov) vgl. ZSt VI 319 ARZ 95/70, Bl. 100, und ZSt V 319 AR 327/77, Bl. 626 f., wo ausführlich über dieses Lager berichtet wird: Es wurde am 15. 8. 1941 als Dulag 185 errichtet und von der 4. Kp. des LSchBatl. 230 bewacht. Zum Stalag 341 wurde es ab Winter 1941, bewacht von der 4. Kp. des LSchBtl. 861 und von 150 russischen Hilfswilligen. Die Kommandanten

dieses Stalag 341 waren Rudolf Burger und Mj. Graf von Luckner (ZSt VI 319 AR 1592/72, Bl. 480 und 482). Zur Jahreswende 1942/43 wurde Stalag 341 zum Dulag 203, bewacht vom 529. Sich.Batl.

202 Über die Verpflegung im Dulag 185/Stalag 341 (Mogilov) vgl. den Inspektionsbericht des Kriegsgefangenen-Bezirkskommandanten J, Oberst Marschall, vom 18. 11. 1941: »... In den letzten 4 Wochen betrug die Sterblichkeit unter Zugrundelegung eines Gefangenenbestandes von 30000 5% = 1500 (Anm.: das heißt immerhin täglich 50 Menschen). Die Verpflegung besteht nur noch aus Kartoffeln, Hirse, Kartoffelmehl und Salz... Die Gefangenen bekommen zur Zeit nur etwa 10 Gramm Pferdefleisch in 3 Tagen... Das Lager ist in vorbildlichem Zustande. Ganz besonders hervorgehoben zu werden verdienen die aufs praktischste eingerichteten Wachtürme...« (Bundesarchiv-Militär-Archiv Freiburg i. Br., RH 22/v. 220).

203 Gen.Maj. *Gottfried von Erdmannsdorff*, geb. 1893, war vom 22.3. bis zum 30. 6. 1944 Kdt. des Festen Platzes Mogilov. Erdmannsdorff wurde im Minsker Prozeß am 30. 1. 1946 zum Tode verurteilt und am selben Tag in Minsk durch Erhängen hingerichtet. Von Erdmannsdorff erhielt am 1. 6. 1939 den Rang eines Oberst, wurde am 1. 10. 1939 Kdr. des 171. Inf.Rgt., war vom 5. 10. 1942–18. 3. 1944 Kdr. der 465. Div., 1. 12. 1942 Gen.Maj. und wurde mit dem Deutschen Kreuz in Gold und dem Ritterkreuz ausgezeichnet (vgl. *Wolf Keilig:* Die Generale des Heeres, Friedberg 3 1983, S. 83). – In seinem Führerbefehl Nr. 11 vm 8. 3. 1944 hatte Hitler befohlen, für die HGr Mitte die Städte Vitebsk, Orscha, Bobruisk, Minsk, Pinsk, Luniniec, Sluzk, Borisov und Mogilov zu Festen Plätzen, d. h. zu Verteidigungsfestungen, auszubauen, die bis zum letzten Mann gehalten werden sollten und nur durch Hitlers persönliche Erlaubnis aufgegeben werden durften. Über den Ausbau von Mogilov zum Festen Platz durch Gen.Maj. Gottfried von Erdmannsdorff vgl. *Dokument 36*, S. 267.

204 Aus: Militärgeographische Angaben über das Europäische Rußland – Weißrußland, Textheft, Berlin 1941, S. 144.

205 Gemeint ist hier das Dulag 127, das der 286. Sich.Div. unterstand (ZSt VI 319 AR 1592/72, Bl. 480 und 482). Vgl. auch ZSt 319 ARZ 20/69, Bl. 9.

206 Über das Stalag 353 (Orscha), das der 286. Sich.Div. unterstand, vgl. ZSt VI 319 AR 1592/72, Bl. 461 f.

207 Paul Eick war von Juli 1941 bis Januar 1942 unter der 286. Sich.Div. Stellvertr.Ortskdt. von Orscha. Ihm unterstand das von ihm gegründete Getto, das drei Monate lang existierte, er war Leiter des Gefängnisses von Orscha und war als Offizier z. b. V. für die Beschaffung von Arbeitskräften zuständig. Paul Eick wurde im Minsker Prozeß am 30. 1. 1946 zum Tode verurteilt und am selben Tag in Minsk durch Erhängen hingerichtet. Vgl. über Paul Eick: Minsker Prozeß, Minsk 1947, Protokoll S. 150–173.

208 In dem 1987 fertiggestellten und auf Drängen von Michail Gorbatschow kurz darauf im Moskauer Fernsehen gezeigten Dokumentarfilm »Das Risiko« von Dmitrij Barschewskij wird dagegen behauptet, daß die längst konstruierte »Katjuscha«-Rakete auch dann immer noch nicht eingesetzt wurde, als die deutschen Truppen im Winter 1941 bereits kurz vor Moskau standen. Der Grund hierfür lag darin, daß der Konstrukteur der »Katjuscha«, Michail Tuchaschewskij, von Stalin zum »Volksfeind« erklärt wurde. Tuchaschewskij wurde wegen »Landesverrat« verhaftet und erschossen. Vgl. auch *Elfie Siegl:* »Sowjetischer Film beseitigte ›Weiße Flecken‹ der Geschichte«, in: Frankfurter Rundschau vom 28. 10. 1987.

209 Vgl. hierzu Minsker Prozeß, Minsk 1947, Protokoll S. 104–124. Hans Hermann Koch unterstand das in Orscha stationierte SK 7b der EGr. B, das der 2. Panzerarmee angegliedert war. Koch war auch Chef der Sipo und des SD Orscha, Orel, Borisov und Slonim und Kdt. des Lagers Orechi nördl. von Orscha. Über Hans Hermann Koch vgl.

ebenso ZSt 202 ARZ 184/67 und ZSt II 202 ARZ 287/60, Bl. 2334. Vgl. auch *Dokument 37*, S. 268.

210 Aus: Militärgeographische Angaben über das Europäische Rußland – Weißrußland, Textheft, Berlin 1941, S. 159. Der Anteil der Juden an der Bevölkerung ist hier bereits mit 45% angegeben: ein Hinweis für die einrückenden Einsatz- und Sonderkommandos über die zu liquidierende Anzahl der Vitebsker Bewohner.

211 Vgl. Minsker Prozeß, Minsk 1947, 18. 1. 1946, Protokoll S. 109. Darin berichtet Hans Hermann Koch u. a.: »Die Lagerordnung war darauf ausgerichtet, die Gefangenen systematisch zu vernichten. Wer nicht mit dem Gaswagen abgeholt wurde, bekam eine so kleine Tagesration an Essen, daß man damit normalerweise verhungerte. Die Kinder verhungerten zuerst. Die Erwachsenen mußten Panzergräben ausheben. Nach der Fertigstellung dieser Panzergräben wurden die meisten darin erschossen. Die Frauen und Kinder wurden im September 1943 nach Majdanek geschickt.« – Hans Hermann Koch, Chef der Sipo und des SD von Orscha, Slonim, Borisov und Orel, wurde im Minsker Prozeß am 30. 1. 1946 zum Tode verurteilt und am selben Tag in Minsk durch Erhängen hingerichtet.

212 Vgl. KTB/OKW, Bd. 2/II, 9. 7. 1941, S. 516. – Halder, KTB, III, 9. 7. 1941, S. 56.

213 Vgl. *Werner Haupt:* Moskau, Rshew, Orel, Minsk, Friedberg 3, o. J., S. 24.

214 Nach mündlicher Information in der Stadtexekutive von Vitebsk. Vgl. zur Einwohnerzahl auch Anm. 210. – Nach einer Weisung des Generalmajors Walter Warlimont, Chef der Abteilung L im Wehrmachtsführungsstab des OKW, vom 14. 3. 1943, bestand die Möglichkeit, jeden Vitebsker Bürger in ein KZ einzuliefern. So wurden im September und Oktober 1943 3000 Vitebsker Bewohner nach Lublin und Auschwitz deportiert. Die Methode, sowjetische Zivilisten in KZs einzuliefern, praktizierte die deutsche Wehrmacht schon sehr früh. So heißt es in einem Befehl des XXX. Armeekorps vom 26. November 1941 u. a.: ». . . 2. Es sind daher in allen mit Truppen belegten Orten sofort als Geiseln festzunehmen:
a) Personen, deren Angehörige Partisanen sind;
b) Personen, die verdächtig sind, mit Partisanen in Verbindung zu stehen;
c) Parteimitglieder, Komsomolzen sowie Parteianwärter;
d) Personen, die Parteimitglieder waren;
e) Personen, die vor dem Einrücken der deutschen . . . Truppen irgendwelche öffentlichen Ämter bekleidet haben, z. B. Ortsvorsitzende und Stellvertreter, Mitglieder der Ortssowjets, Parteifunktionäre jeder Art, Direktoren von staatl. Einrichtungen jeder Art, Sanatorien usw.;
f) Personen, die ohne besonderen Ausweis des Ortskommandanten außerhalb der geschlossenen Ortschaften angetroffen werden.
3. Diese Geiseln sind in *Konzentrationslagern* unterzubringen« (ZStA Potsdam, Fall 12, Bd. 135, Bl. 85–86, Dok. NOKW–2538; Hervorhebung in Kursiv im Original).

215 Die Stimmung in Vitebsk während der Okkupation veranschaulichen Ausschnitte aus diesen Ereignismeldungen: EM 67 vom 29. 8. 1941: »In Witebsk wurden die Aktionen gegen die jüdische Intelligenz fortgesetzt. Eine Jüdin, die einen deutschen Soldaten hinterhältig um Öffnung einer Tür gebeten hatte, wobei diesem durch eine Sprengladung der Unterarm abgerissen wurde, konnte durch Ermittlungen des Einsatzkommandos festgenommen werden. Die Jüdin wurde alsdann öffentlich erhängt.« – EM 178 vom 9. 3. 1942: »Die Lage und Stimmung im Witebsker Bezirk erfuhr eine wesentliche Verschlechterung: In der Nacht zum 29./30. Januar wurde der zweite Bürgermeister der Stadt Witebsk ermordet . . . Die durch diesen Mord hervorgerufene Beunruhigung steigerte sich besonders in Witebsk beinahe zur Panik, als die Bevölkerung von den Maßnahmen der deutschen Militärbehörden zur Verteidigung Witebsks gegen den befürchteten Durchbruch der Bolschewisten Kenntnis erhielt. Die

Folge war, daß ca. 8000 Personen aus der Stadt flüchteten. Die Stadt selbst schien tagelang wie ausgestorben, insbesondere deshalb, da in Befürchtung des ›erwarteten Russeneinfalls‹ sich jeder in seiner Wohnung aufhielt. Beide Gründe führten zu Arbeitsstockungen in den verschiedensten Betrieben.«

216 Über die Unternehmen »Cottbus«, »Hermann«, »Fritz«, »Nürnberg«, »Hamburg«, »Erntefest« und »Hornung« vgl. ZSt Sonstiges / »Dirlewanger«, Ordn. 490, Bl. 1–82. Vgl. ebenso ZSt UdSSR Ordn. 108, Bl. 495–506; ZSt UdSSR Ordn. 245 Aa, Bl. 128–145, und ZSt USA Film 9, Ordn. 31, Bl. 405–421. Darin auch Angaben über Artur Wilke. Außerdem insbesondere über Artur Wilke in: ZSt 2 ARZ 3/61, Bl. 1995–2017, und vor allem der Sonderband über Artur Wilke.

217 Über dieses Zivilgefangenenlager und über die Freizügigkeit, mit der die Wehrmacht den Einsatzkommandos gestattete, daraus Menschen zum Erschießen herauszuholen, vgl. EM 73 vom 4. 9. 1941: »In Witebsk wurden dem EK 9 von der Wehrmacht bei der Durchkämmung des Zivilgefangenenlagers 397 Juden übergeben.«

218 Gemeint ist hier das Stalag 313 (Vitebsk), das der 403. Sich.Div. und der 201. Sich. Brig. unterstellt war (ZSt VI 319 AR 1592/72, Bl. 461 und 462, 3057, 3058). Über das Stalag 131 (Vitebsk) vgl. auch ZSt Ordn. 419, Bl. 2 ff., und die gesamte Akte ZSt 319 ARZ 56/59, worin auch die Anzahl der getöteten sowjetischen Kriegsfangenen von 76000 bestätigt wird. Daß die Wehrmacht den Einsatzkommandos auch in den Kriegsgefangenenlagern Zutritt gewährte, um Menschen zum Erschießen herauszuholen, belegt EM 149 vom 22. 12. 1941: »Bei der Überprüfung des Kriegsgefangenenlagers in Witebsk wurden 207 Juden festgestellt. Sie wurden erschossen.«

219 Vgl. ZSt 202 AR 72/60, Bl. 156 ff. Über die Räumung des Vitebsker Gettos vgl. EM 124 vom 25. 10. 1941: »Wegen höchster Seuchengefahr wurde am 8. 10. 1941 mit der restlosen Liquidierung der im Ghetto von Witebsk befindlichen Juden begonnen. Die Zahl der zur Sonderbehandlung gelangenden Juden beläuft sich auf etwa 3000.« – Vgl. auch EM 148 vom 19. 12. 1941: »In Witebsk wurde das Getto geräumt, wobei insgesamt 4090 Juden beiderlei Geschlechts erschossen wurden.«

220 Vgl. Führerbefehl Nr. 11 vom 8. 3. 1944, in dem Hitler anordnete, auch Vitebsk zu einem Festen Platz auszubauen.

221 Vgl. Militärgeographische Angaben über das Europäische Rußland, Zentral-Rußland, Ortschaftsverzeichnis, Berlin 1941, S. 72 f.

222 Siehe Anm. 221.

223 Nach Auskunft des Stadtsowjets von Smolensk.

224 Vgl. KTB/OKW, 2/II, 16. 7. 1941, S. 525. Vgl. auch Halder, KTB III, 16. 7. 1941, S. 83. Vgl. ebenso EM 70 vom 1. 9. 1941: »Aus der Stadt Smolensk sind von den Bolschewisten 100 bis 120000 Einwohner evakuiert worden. Die Evakuierung begann nach der ersten Bombardierung in der Nacht zum 26. Juni d. J. ... Alle arbeitslosen Einwohner von Smolensk im Alter von 16–50 Jahren werden zu Pflichtarbeitskolonnen zusammengefaßt, um zunächst die zahlreichen unter den Trümmern liegenden Toten zu beerdigen und die Kloaken der zerstörten Häuser zuzuschütten ... Bisher eröffneten ein Friseur, zwei Schneider und ein Uhrmacher ihre Werkstätten und drei Gemüsehändler ihre Läden. Drei weitere Gemüsehändler und ein Fleischer sollen ihre Konzession erhalten ... Die Bevölkerung ist notdürftig untergebracht. Z. Zt. handelt es sich darum, die täglich aus der Umgebung neu hinzukommenden Einwohner mit Wohnraum zu versorgen. Es werden Straßenkommandanten ernannt, die alle Wohnungsangelegenheiten ihres Abschnittes in Ordnung zu halten haben ...«

225 Vgl. *Dokument 38*, S. 269.

226 Vgl. Tätigkeits- und Lagebericht des Chefs der Sicherheitspolizei und des SD, Berlin, Nr. 1 vom 31. 7. 1941: »Ein Vorauskommando für Moskau befindet sich z. Zt. in Smolensk. Die Stadt ist ebenso zerstört wie Minsk und liegt unter starker Artillerie- und Fliegerwirkung.« Vgl. auch *Dokument 39*, S. 270.

227 Vgl. *Werner Haupt:* Heeresgruppe Mitte 1941–1945, Dorheim 1968, S. 61–65, und *ders.:* Moskau, Rshew, Orel, Minsk. Bildbericht der Heeresgruppe Mitte 1941–1944, Dorheim 1978, S. 27 und 29.

228 Vgl. EM 144 vom 10. 12. 1941: »Einsatzgruppe B. Standort Smolensk. Allgemeine Lage in den neubesetzten Gebieten: Auf die Landbevölkerung beunruhigend wirken die Leichen russischer Gefangener, die in größerer Anzahl auf allen Anmarschstraßen herumliegen und die aus den Gefangenentransporten vor Erschöpfung oder wegen Krankheit herausgefallen sind.«

229 Vgl. *Dokument 38,* S. 269. Vgl. auch EM 148 vom 19. 12. 1941: »In Rudnja bei Smolensk war eine größere Judenaktion erforderlich, da die Juden Partisanen weitestgehend unterstützten, Hetzpropaganda trieben, zum Teil die Arbeit verweigerten und auch das vorgeschriebene Kennzeichen nicht trugen. Es wurden insgesamt 835 Juden beiderlei Geschlechts erschossen.«

230 Vgl. EM 67 vom 29. 8. 1941: »In Smolensk wurden einige Viertel der Stadt systematisch nach Funktionären und Agenten, Kriminellen, jüdischen Intelligenzlern usw. durchkämmt. 74 Personen wurden dabei erfaßt und liquidiert... Die Durchkämmung der übrigen Teile der Stadt wird fortgesetzt. Dabei muß jedoch berücksichtigt werden, daß Smolensk nach wie vor nur einen geringen Bruchteil seiner bisherigen Bevölkerung beherbergt.«

231 Vgl. EM 73 vom 4. 9. 1941: »Das Vorkommando Moskau mußte weitere 46 Personen zur Exekution bringen, darunter 38 intellektuelle Juden, die versucht hatten, in dem neu errichteten Ghetto von Smolensk Unruhe und Unzufriedenheit hervorzurufen.«

232 Das Dulag 126 wurde im Süden von Smolensk in den Baracken der ehemaligen sowjetischen Narwa-Kaserne eingerichtet und war der 286. Sich.Div. unterstellt. Bewacht wurde das Dulag 126 von den LSchBtl. 285, 286 und 578. Außer dem Dulag 126 und 240 gab es in Smolensk noch das Dulag 121, 161 und 231. Vgl. hierzu ZSt Verschied. Ordn. 118, Bild 160; ebenso ZSt Verschied. 301 AAK, Bd. 118, Bl. 182 f.; ferner ZSt VI 319 AR 1592/72, Bl. 461 f. und 480 f.

233 Vgl. den Lagerbericht des Kdt. des Dulag 240 vom 25. 10. 1941, dem folgende Informationen entnommen sind: Unmittelbar nach dem Einmarsch der deutschen Truppen wurde in Smolensk auf dem Gelände eines ehemaligen russischen Lagers in den noch zum Teil erhaltenen Baracken die Kriegsgefangenen-Sammelstelle 7 errichtete. Diese wurde am 10. 8. 1941 vom Dulag 240 übernommen und weiter ausgebaut. Das Dulag 240, das dem Kdt. des rückw. Armee-Gebietes 582 bzw. dem AOK 9 unterstellt war, bestand aus zwei Lagern: dem Lager Smolensk-Nord an der Kreuzung der Verbindungsstraße von Smolensk zur Autobahn und das Lager Smolensk-Süd am Südost-Ausgang von Smolensk, Roslawlstraße. Das Lager Nord faßte 12 000 bis 15 000 Kriegsgefangene, die meist im Freien lagen. Trinkwasser für die Gefangenen gab es nicht, die Küche bestand zeitweilig aus Kesseln, die in Erdlöchern eingebaut waren. Das Lager Süd war in den Kellerräumen des ansonsten völlig zerstörten medizinischen Fakultätsgebäudes untergebracht. Hier hausten 20 000 bis 35 000 Kriegsgefangene teils im Freien, teils in den Kellerräumen auf Betonböden und auf Holzpritschen, die bis zu fünf Etagen übereinander lagen (ZSt Verschied. Ordn. 118, Bild 157–164). Vgl. auch *Dokument 40,* S. 271.

234 Vgl. ZSt VI 319 AR 1592/72, Bl. 461 f. und 480 f.

235 Vgl. *Dokument 38,* S. 269.

236 Vgl. Militärgeographische Angaben über das Europäische Rußland, Zentral-Rußland, Ortschaftsverzeichnis, Berlin 1941, S. 87.

237 Vgl. KTB/OKW, 2/II, 7. 10. 1941, S. 685.

238 Es waren dies die Dulag 184, 230 und 231. Dulag 184 unterstand dem PzAOK 3. Die OT entnahm aus diesem Lager ihre Arbeiter und behandelte sie so schlecht, daß die

meisten von ihnen an Erschöpfung starben. Allein im September 1942 starben im Dulag 184 täglich 50 bis 60 Kriegsgefangene. Dulag 230 war dem PzAOK 4 und Dulag 231 der 255. Inf.Div. unterstellt. Vgl. hierzu ZSt VI 319 ARZ 95/70, Bl. 938 und 940, und ZSt Verschied. 301 AAK, Bd. 118, Bl. 182 f.

239 Vgl. Tätigkeitsbericht der Ortskommandantur Vjasma vom 2. 11. 1941 für die Zeit vom 18. 10. bis 1. 11. 1941: »Dulag 231 überfüllt, 34000 Gefangene, Bewachung im Lager viel zu schwach, daß viele Gefangene flüchten...« (ZSt Dok. Sgl. 301, Serie I, Ordn. 1, Bl. 242 ff.). Vgl. auch den Bericht des Gefangenen-Bezirkskommandanten J, Oberst Marschall, vom 17./18. 1. 1942. Danach waren Mitte Januar 1942 im Dulag 230 von 5000 Gefangenen 4200 (83%) arbeitsunfähig, d. h. krank oder für Arbeiten zu geschwächt. Das Lager hatte keine Wintervorräte und erhielt von den zuständigen Wehrmachtsstellen keinerlei Verpflegung. In diesem Dulag 230 starben im Januar 1942 täglich 60 bis 100 Kriegsgefangene (Bundesarchiv-Militärarchiv Freiburg i. Br., RH 22/v. 220). Auch hier – wie in allen anderen Kriegsgefangenenlagern – gewährten die Wehrmachtdienststellen den Einsatz- und Sonderkommandos der Einsatzgruppen Einlaß in die Lager, um Kriegsgefangene zum Erschießen herauszuholen. Vgl. EM 149 vom 22. 12. 1941: »Bei der Überprüfung des Kriegsgefangenenlagers in Wjasma wurden insgesamt 117 Juden erfaßt. Sie wurden erschossen.«

240 Informationen und Zahlenangaben nach dem Untersuchungsbericht der Außerordentlichen Staatlichen Kommission 1943.

241 Zahlenangaben ebenfalls nach dem Untersuchungsbericht der Außerordentlichen Staatlichen Kommission und nach DZA Potsdam, Fall 12, ADB 183, Bl. 166, in: *Norbert Müller:* Wehrmacht und Okkupation 1941–44, Berlin 1971, S. 257.

242 Vgl. *Dokument 41*, S. 272.

243 Vgl. Militärgeographische Angaben über das Europäische Rußland, Zentral-Rußland, Ortschaftsverzeichnis, Berlin 1941, S. 20.

244 Der Raketenbauer Sergeij Korojow, der sowjetische Gegenpart zum US-Raketenkonstrukteur Wernher von Braun, war von Stalin jahrelang in Gefängnissen und im Kolyma-Lager gefangen. Er wurde erst nach Stalins Tod rehabilitiert: 1957, als der erste von ihm gebaute Sputnik startete, und ein Jahr, nachdem er die erste Interkontinentalrakete konstruierte. Diese Angaben stammen aus dem sowjetischen Dokumentarfilm »Das Risiko« von Dmitrij Barschewskij, der 1987 im Moskauer Fernsehen gezeigt wurde. In diesem Film wird auch geschildert, wie Jurij Gagarin nach seinem ersten Weltraumflug 1961 über einen roten Teppich auf Nikita Chruschtschow zugeht, der ihn herzlich umarmt und küßt. In bisherigen »Dokumentar«-Aufnahmen war Chruschtschow an dieser Stelle wegretuschiert, so daß Gagarin auf dem roten Teppich ins Leere ging. Vgl. auch »Frankfurter Rundschau« vom 28. 10. 1987.

245 Vgl. DZA Potsdam, Fall 12, ADB 183, Bl. 166, in: *Norbert Müller:* Wehrmacht und Okkupation 1941–1944, Berlin 1971, S. 257.

246 Das Dulag 124 (Gschatsk) unterstand dem PzAOK 4 Mitte (ZSt VI 319 ARZ 95/70, Bl. 938 und 940). Über Dulag 124 vgl. auch ZSt Dok.Slg. 301, Serie I, Ordn. 2, Bl. 463), und den Bericht des Kriegsgefangenen-Bezirkskommandeurs J, Oberst Marschall, vom 17./18. 1. 1942 (BA/MA Freiburg i. Br., RH 22/v. 220).

247 Vgl. Militärgeographische Angaben über das Europäische Rußland, Zentral-Rußland, Ortschaftsverzeichnis, Berlin 1941, S. 63.

248 Vgl. DZA Potsdam, Fall 12, ADB 183, Bl. 166, in: *Norbert Müller:* Wehrmacht und Okkupation 1941–1944, Berlin 1971, S. 257.

249 Johannes Frießner: 1939: Inspekteur des Erziehungs- und Bildungswesens des Heeres; 1. 5. 1942 Kdr. der 102. Inf.Div.; 1. 10. 1942 Gen.Lt.; 19. 1. 1943–11. 12. 1943 Kdr. des XXIII. A. K.; 2. 2. 1944 Kdr. der Armeegr. Frießner; 1. 7. 1944 Gen.Oberst; Ritterkreuz mit Eichenlaub (vgl. *Wolf Keilig*: Die Generale des Heeres, Friedberg 3 1983, S. 97). Vgl. ebenso *Dokument 42*, S. 272.

250 Vgl. KTB/OKW, Bd. 2/II, 15. 10. 1941, S. 702.
251 Die Wehrmacht mußte am 3. 3. 1943 Rschew räumen. Vgl. *Horst Großmann:* Rschew – Eckpfeiler der Ostfront, Friedberg 1963, S. 138. Horst Großmann war als Kdr. der 6. Inf.Div. von Anfang an mit an den Kämpfen um Rschew beteiligt. Während der knapp 17 Monate langen Besetzung wurde die Stadt sechsmal von der Wehrmacht und der Roten Armee erobert bzw. zurückerobert.
252 Vgl. *Horst Großmann:* Rshew – Eckpfeiler der Ostfront, S. 75: »Tag für Tag Kampf um Rshew! Die Wucht und Gewalt des auf die Stadt... niederprasselnden Granaten- und Bombenregens erkannte man deutlich auf den Fliegeraufnahmen. Innerhalb von vier Wochen konnte man kein Haus und keine Straße mehr erkennen. Eine Kraterlandschaft entstand, wie im Ersten Weltkrieg an der Somme. So endete der August (1942), und so ging es in den September hinein.«
253 Hugo Höfl, geb. 16. 6. 1878. 1. 6. 1939 Gen.Maj.; 1. 9. 1939 Kdr. der 206. Inf.Div.; 1. 7. 1941 Gen.Lt.; 10. 7. 1942 Kdr. der 39. Inf.Div.; 18. 12. 1942 Kdr. (m. d. F. b.) des LXXXIX. A. K. Ritterkreuz (vgl. Woilf Keilig, Die Generale des Heeres, Friedberg 3 1983, S. 144).
254 Walter Weiß, geb. 5. 9. 1890. 1. 9. 1939 Chef des Gen.St. des I. A. K.; 1. 9. 1940 Gen. Maj.; 15. 12. 1940 Kdr. der 97. leicht.Div.; 15. 1. 1941 Kdr. der 26. Inf.Div.; 1. 7. 1942 Kdr. des XXVII. A. K.; 1. 8. 1942 Gen.Lt.; 3. 2. 1943 Kdr. der 2. Armee; 1. 2. 1944 Gen.Oberst; Deutsches Kreuz in Gold, Ritterkreuz mit Eichenlaub (vgl. Wolf Keilig, Die Generale des Heeres, Friedberg 3 1983, S. 366).
255 Nach DZA Potsdam, Fall 12, ADB 183, Bl. 166, wurden aus Vjasma, Gschatsk und Rschew insgesamt 15 000 Einwohner als Zwangsarbeiter ins Reich deportiert.
256 Vgl. *Bernt Engelmann:* Wie wir wurden, was wir sind, München 1982, S. 225 f. und 273 f. Hier ist auch zitiert, was Ludger Westrick in »Der Deutsche Volkswirt« im November 1941 schrieb: »Solange noch die Kriegsfanfaren dröhnen, hat die deutsche Leichtmetallindustrie nur eine Aufgabe und ein Ziel, worauf alle Maßnahmen gerichtet sind und sein müssen: Deutschlands Endsieg!«
257 Vgl. Braunbuch, Berlin 1968, S. 40 f.
258 Gemeint ist das Dulag 240, das dem AOK 9 unterstellt war (ZSt Verschied. 301 AAK, Bd. 118, Bl. 182 f.). Über das Dulag 240 (Rschew) vgl. die Berichte des Lagerkommandanten an Korück 582 vom 4., 14. und 19. 12. 1941. Daraus geht u. a. hervor, daß die Sterblichkeit in diesem Dulag besonders hoch war. Allein zwischen dem 25. 11. und 14. 12. 1941 starben 1191 Gefangene. Das waren 22% der über 5000 Gefangenen in diesem Lager. Erst Ende November 1941 hatte man in diesem Dulag 240 für die Gefangenen notdürftig Baracken errichtet, nach 3 Wochen Dauerfrost und Schneefall (BA/MA Freiburg i. Br., RH 23/v. 238).
259 Friedrich Bayer, geboren am 11. 11. 1887, verstorben 1954 in russ. Kgf.; 1. 10. 1940 Gen.Lt.; 15. 3. 1941 Kdr. der 281. Sich.Div.; 15. 4. 1942 Kdr. der 217. Inf.Div.; 27. 9. 1942 347. Inf.Div.; 20. 11. 1943 Kdr. der Div. 408; 15. 6. 1944 Kdr. der 153. Feld-Ausb.Div.; 11. 9. 1944 russ. Kgf. (vgl. *Wolf Keilig:* Die Generale des Heeres, Friedberg 3 1983, S. 23).
260 Der Befehl befindet sich im Stadtmuseum von Rschew.
261 Vgl. DZA Potsdam, Fall 12, ADB 183, Bl. 166, in: *Norbert Müller:* Wehrmacht und Okkupation 1941–1944, Berlin 1971, S., 257.
262 Nach mündlicher Auskunft im Stadtmuseum von Rschew.
263 Vgl. Militärgeographische Angaben über das Europäische Rußland, Zentral-Rußland, Ortschaftsverzeichnis, Berlin 1941, S. 26.
264 Vgl. KTB/OKW, 2/II, 14. 10. 1941, S. 700.
265 Plakat im Museum des Großen Vaterländischen Krieges in Kalinin.
266 SS-OStubaf. Eugen Karl Steimle war von September bis Dezember 1941 Führer des SK 7a der EGr.B und von August 1942 bis 15. 1. 1943 Führer des SK 4a der EGr.C.

Steimle wurde zwar im Einsatzgruppen-Prozeß in Nürnberg 1948 zum Tode verurteilt, dann aber vom US-Hochkommissar John McCloy 1951 zu 20 Jahren begnadigt und schließlich unter Bundeskanzler Adenauer im Juni 1954 aus der Haft entlassen (vgl. *Adalbert Rückerl:* NS-Verbrecher vor Gericht, Heidelberg 1984, S. 131).

267 Heinrich Recke, geboren am 25. 8. 1890; 1. 9. 1939 Kdr. des 466. Inf.Rgt.; 1. 6. 1940 Gen.Maj.; 14. 11. 1940 Kdr. der 332. Inf.Div.; 17. 9. 1941 Kdr. der 161. Inf.Div.; 1. 6. 1942 Gen.Lt.; ab 15. 8. 1943 vermißt. Deutsches Kreuz in Gold, Ritterkreuz (vgl. *Wolf Keilig:* Die Generale des Heeres, Friedberg 3 1983, S., 269).

268 Nach Dokumenten im Museum von Kalinin.

269 Vgl. *Bernd Eichmann:* Versteinert, verharmlost, vergessen, Frankfurt/M. 1985, S. 51 ff.

270 Vgl. *Heinrich Albertz:* Blumen für Stukenbrock, Hamburg 1983.

271 Vgl. KTB/OKW, Bd. 2/II, 23. 11. 1941, S. 773, und Halder, KTB III, 23. 11. 1941, S. 308.

272 Vgl. *Werner Haupt:* Heeresgruppe Mitte 1941–1945, Dorheim 1968, S. 116.

273 Vgl. KTB/OKW, 2/II, 28. 11. 1941, S. 782.

274 Vgl. KTB/OKW, 2/II, 29. 11. 1941, S. 783. Vgl. auch *Werner Haupt:* Heeresgruppe Mitte 1941–1944, Dorheim 1968, S. 103.

275 Vgl. KTB/OKW, 2/II, 28. und 29. 11. 1941, S. 781 ff.

276 Vgl. KTB/OKW, 2/II, 26. 11. 1941, S. 778.

277 Vgl. *Werner Haupt:* Moskau, Rshew, Orel, Minsk, Friedberg 3 1978, S. 30, und *ders.:* Heeresgruppe Mitte 1941–1944, Dorheim 1968, S. 104.

278 Vgl. KTB/OKW, 2/II, 5. 12. 1941, S. 795.

279 Halder KTB III, 3. 7. 1941, S. 38: »Es ist wohl nicht zuviel gesagt, wenn ich behaupte, daß der Feldzug gegen Rußland innerhalb (von) 14 Tagen gewonnen wurde.«

280 Vgl. *Lew Besymenski:* Die Schlacht um Moskau 1941, Köln 1981, S. 94, 98 f. und 214. Vgl. auch *Werner Haupt:* Heeresgruppe Mitte 1941–1944, Dorheim 1968, S. 94 ff.

281 Vgl. *Lew Besymenski:* Die Schlacht um Moskau 1941, Köln 1981, S. 19 f. Hiernach waren die in der Ukraine gebrochenen Steinquader vom »Stab Speer« für den Neubau der Reichskanzlei und für die große Kuppelhalle in Berlin vorgesehen.

282 Vgl. *Fabian von Schlabrendorff:* Offiziere gegen Hitler, Zürich 1946, S. 75. Hier schildert von Schlabrendorff, Adjutant des Chefs der Operationsabt. im Stab von Bocks, wie Hitler sich bei einem Besuch in Borisov im Herbst 1941 über die Überflutung Moskaus äußerte: »Kein Soldat, kein Zivilist, ob Mann, Frau oder Kind, dürfe sie (die Stadt Moskau) verlassen. Jeder Versuch sei mit Waffengewalt zurückzuweisen. Er (Hitler) habe Vorkehrungen getroffen, um Moskau und seine Umgebung mittels riesiger Anlagen zu fluten und im Wasser zu ertränken. Wo bisher Moskau stehe, werde ein gewaltiger See gebildet, der die Metropole des russischen Volkes den Blikken der zivilisierten Welt für immer entziehen werde.« – Über die geplante Vernichtung Moskaus vgl. auch Halder KTB III, 8. 7. 1941, S. 53: »Feststehender Entschluß des Führers ist es, Moskau und und Leningrad dem Erdboden gleichzumachen, um zu verhindern, daß Menschen darin bleiben, die wir dann im Winter ernähren müssen. Die Städte sollen durch die Luftwaffe vernichtet werden. Panzer dürfen dabei nicht eingesetzt werden. ›Volkskatastrophe, die nicht nur den Bolschewismus, sondern auch das Moskowitertum der Zentren beraubt‹ (Äußerung Hitlers).« – Am 12. 10. 1941 gab das OKH an die HGr. Mitte die Führerweisung, eine Kapitulation Moskaus auf jeden Fall abzulehnen, u. a. mit dem Argument, daß es nicht zu verantworten sei, Moskau »auf Kosten der deutschen Heimat zu ernähren« (KTB/OKW, 2/II, S. 1070).

283 Vgl. *Lew Besymenski:* Sonderakte Barbarossa, Stuttgart 1968, S. 231 f.

284 Über die einzelnen Daten der Luftangriffe auf Moskau vgl. KTB/OKW, 2/II, 21./22. 7. 1941, S. 1219. Vgl. auch *Lew Besymenski:* Die Schlacht um Moskau 1941, Köln

1981, S. 94f.; ferner *Werner Haupt:* Moskau, Rschew, Orel, Minsk, S. 36, und *ders.:* Sturm auf Moskau, S. 231.

285 Bei diesen Besetzungsmaßnahmen stützt sich die Heeresgruppe Mitte wiederholt auf die »Militärgeographischen Angaben über das Europäische Rußland – Moskau, Textheft«, Mappe H, abgeschlossen am 20. 6. 1941 (also zwei Tage vor Beginn des Überfalls auf die UdSSR), hg. vom Generalstab des Heeres, Abt. für Kriegskarten und Vermessungswesen (IV. Mil-Geo.), Berlin 1941. Siehe hierüber auch Anm. 5.

286 Über Rudolf-Christoph Frhr. von Gersdorff vgl. *Wolf Keilig:* Die Generale des Heeres, Friedberg 3 1983, S. 106.

Abkürzungsverzeichnis

Ia	1. Generalstabsoffizier (Leiter der Führungsabteilung)
Ia WA	Führungsabteilung Wehrmacht Abwehr (Amt Ausland/ Abwehr des OKW)
Ib	2. Generalstabsoffizier (Leiter der Quartiermeisterabteilung)
Ic	3. Generalstabsoffizier (Feindaufklärung und Abwehr)
Ic/AO	Abwehroffizier in der Abteilung Ic
Id	Ausbildung
IIa	1. Adjutant (Offizier-Personalien)
IIb	2. Adjutant (Unteroffiziere und Mannschaften)
III	Gericht
IVa	Intendant (Rechnungswesen, allgemeine Verwaltung)
IVb	Arzt
IVc	Veterinär
IVd	Geistlicher (evangelisch/katholisch)
IVWi	Wehrwirtschaftsführer
V	Kraftfahrtwesen
AA	Auswärtiges Amt
Abt.	Abteilung
Abw.	Abwehr
Adj.	Adjutant
AG	Aktiengesellschaft
AHA	Allgemeines Heeresamt
AHQu.	Armeehauptquartier
AK	Armeekorps
Anl.	Anlage
Anm.	Anmerkung
AO	Abwehroffizier
AOK	Armeeoberkommando
Arb.-Ämter	Arbeitsämter
Arb. Krft.	Arbeitskräfte
Arko	Artilleriekommandeur
Artl.	Artillerie
Art. Rgt.	Artillerieregiment
Aufkl.	Aufklärung
Ausb. Btl.	Ausbildungsbataillon
Ausb. Rgt.	Ausbildungsregiment
Ausl/Abw	Ausland/Abwehr
AWA	Allgemeines Wehrmachtsamt (im OKW)

BA	Bundesarchiv, Koblenz
BAMA	Bundesarchiv-Militärarchiv, Freiburg/Br.
Batl., Btl.	Bataillon
Battr.	Batterie
Bau-Btl.	Baubataillon
Bd.	Band
BDC	Berlin Document Center, jetzt Bundesarchiv
B. d. E.	Befehlshaber des Ersatzheeres
BdO	Befehlshaber der Ordnungspolizei
BdS	Befehlshaber der Sicherheitspolizei und des SD
Beauftr.	Beauftragter
Befh.	Befehlshaber
Befh. rückw. H. Geb.	Befehlshaber des rückwärtigen Heeresgebietes
Bef. St.	Befehlsstelle
bes.	besondere
Bes. Gr.	Besatzungsgruppe
bes. Ostgeb.	besetzte Ostgebiete
bev. Gen.	bevollmächtigter General
bew.	bewaffnet
Bez.	Bezirk
Bhf.	Bahnhof
Bibl.	Bibliothek
Bl.	Blatt
bodenst.	bodenständig
Brif.	Brigadeführer
Brig.	Brigade
Btl., Btle.	Bataillon, Bataillone
Btl. Kdr.	Bataillonskommandeur
ca.	circa
Chef Ausl.	Chef der Auslandsabteilung im Amt Ausland/Abwehr des OKW
Chef d. GenSt.	Chef des Generalstabes
Chef d. H. Rüst u. BdE	Chef der Heeresrüstung und Befehlshaber des Ersatzheeres
CdO	Chef der Ordnungspolizei
CdS	Chef der Sicherheitspolizei und des SD
Chef d. St.	Chef des Stabes
CdZ	Chef der Zivilverwaltung
ChefIng.	Chefingenieur
Chefs.	Chefsache
DAF	Deutsche Arbeitsfront
d. G.	des Generalstabes
d. h.	das heißt
d. Inf.	der Infanterie
dienstl.	dienstlich
Dienstst.	Dienststelle
Dipl.-Ing.	Diplomingenieur
Div.	Division
Div. Gr.	Divisionsgruppe
Dok.	Dokument

Dok. Slg.	Dokumentensammlung
d. R.	der Reserve
dt.	deutsch
Dulag	Durchgangslager
DV	Dienstverordnung
DZA	Dt. Zentralarchiv (Potsdam)
eb.	einsatzbereit
ebd.	ebenda
EBD	Eisenbahndirektion
EGr	Einsatzgruppe der Sicherheitspolizei und des SD
eig.	eigene
Einh.	Einheit
Einsatzst.	Einsatzstab
einschl.	einschließlich
EK	Einsatzkommando der Sicherheitspolizei und des SD
EM	Ereignismeldung UdSSR des Reichssicherheitshauptamtes Berlin
Erg.	Ergänzungs(-Staffel usw.)
Ers.	Ersatz
estn.	estnisch
E-Transp.	Eisenbahntransport
Evak.	Evakuierte, Evakuierung
f.	folgende (Seite), für
F.	Feuer
feindl.	feindlich
Feld-Ausb. Div.	Feldausbildungsdivision
FeldBtl.	Feldbataillon
FeldGend.	Feldgendarmerie
FeldG. Abt.	Feldgendarmerie-Abteilung
FeldG. Trupp	Feldgendarmerie-Trupp
FeldKdtr.	Feldkommandantur
FeldKdtren.	Feldkommandanturen
Feld. Pol.	Feldpolizei
Fest. Btle.	Festungsbataillone usw.
ff.	fortfolgende (Seiten)
FHQu.	Führerhauptquartier
Flak	Fliegerabwehrkanone
Flamm.	Flammenwerfer
Fn.	Fußnote
Fp. Nr.	Feldpost-Nummer
Freiw.	Freiwillige
Fr. H.	Freiwillige Heere (-West oder -Ost: Abteilung im GenSt. d. H.)
Fü. Abt.	Führungsabteilung
FüHA	SS-Führungshauptamt
FüStab	Führungsstab
FWA	Feld-Wirtschaftsamt

G (d. G., i. G.)	Geschwader (des bzw. im Generalstab)
GB	Generalbevollmächtigter
GBA	Generalbevollmächtigter für den Arbeitseinsatz
GBW	Generalbevollmächtigter für die Wirtschaft und den Vierjahresplan (Göring)
Geb. Kdo.	Gebietskommando
Geb. Komm.	Gebietskommissar(iat)
Gef.	Gefangener
Gef. St.	Gefechtsstand
geh.	geheim (dritthöchster militärischer Geheimhaltungsgrad)
geh. Kdos.	geheime Kommandosache (zweithöchster militärischer Geheimhaltungsgrad)
geh. Kdos. Chefs.	geheime Kommandosache / Chefsache / Nur durch Offizier (höchster militärischer Geheimhaltungsgrad)
geh. Rs.	geheime Reichssache (höchster nichtmilitärischer Geheimhaltungsgrad)
Gen.	General
Gen. Bev.	Generalbevollmächtigter
Gen. Bez.	Generalbezirk
Gend.	Gendarmerie
Gen. d. Art.	General der Artillerie
Gen. d. Inf.	General der Infanterie
Gen. d. Kav.	General der Kavallerie
Gen. d. Pi.	General der Pioniere und Festungen
Gen. d. Pz. Tr.	General der Panzertruppe
Gen. Freiw. Verb. i. OKH	General der Freiwilligenverbände im OKH
Gen. Gouv. (GG)	Generalgouvernement (Polen)
Gen. Insp.	Generalinspekteur
Gen. Kdo.	Generalkommando
Gen. Komm.	Generalkommissar(iat)
Gen. Lt.	Generalleutnant
Gen. Maj.	Generalmajor
Gen. Oberst	Generaloberst
Gen. Qu.	Generalquartiermeister
GenStab	Generalstab
GenStab d. H.	Generalstab des Heeres
Gen z. b. V. b. Ob. d. H.	General zur besonderen Verwendung beim Oberbefehlshaber des Heeres
Gesch.	Geschütz
Geschw.	Geschwader
Gestapa	Geheimes Staatspolizeiamt
Gestapo	Geheime Staatspolizei
gez.	gezeichnet
GFM	Generalfeldmarschall
GFP	Geheime Feldpolizei
Gfr.	Gefreiter
GL	Gauleiter
gem.	gemäß
GPU	Staatliche Politische Verwaltung der UdSSR (Gosudarstwennoje Politscheskoje Uprawlenie), politische Staatspolizei in der UdSSR

Gr.	Gruppe
Gr.D.(GD)	»Großdeutschland« (Rgt. / Div.)
Gren.	Grenadier
Gruf.	Gruppenführer
H	Heer
HA	Hauptamt
Haub.	Haubitze
HD	»Hoch- und Deutschmeister«-Division
H.Dv.	Heeresdienstvorschrift
HG	»Hermann Göring«-Division
hg.	herausgegeben
H.Geb.	Heeresgebiet
HGr.	Heeresgruppe
HGr.Kdo.	Heeresgruppenkommando
Hipo	Hilfspolizei
Hiwi	Hilfswillige (tendenziöse Bezeichnung für zum Arbeitseinsatz bei den deutschen Truppen herangezogene sowjetische Gefangene)
HKL	Hauptkampflinie
HLKO	Haager Landkriegsordnung
HPA	Heerespersonalamt
Hptm.	Hauptmann
Hptw.	Hauptwachtmeister
H.Qu.	Hauptquartier
H.Rüst.	Heeresrüstung
hs.	handschriftlich
HSSPF	Höherer SS- und Polizeiführer
HStuf.	Hauptsturmführer
i. A.	im Auftrag
IdO	Inspekteur der Ordnungspolizei
IdS	Inspekteur der Sicherheitspolizei und des SD
IfZ	Institut für Zeitgeschichte, München
IfZ,MA	Institut für Zeitgeschichte, Mikrofilm
i. G.	im Generalstab
IMT	Internationales Militärtribunal, Nürnberg
Inf.	Infanterie
Inf.Div.	Infanterie-Division
Inf.Rgt.	Infanterie-Regiment
insbes.	insbesondere
insges.	insgesamt
Insp.	Inspekteur
Intend.	Intendant
IRK	Internationales Rotes Kreuz
i. V.	in Vertretung
Kav.	Kavallerie
Kav.Div.	Kavalleriedivision
Kdo.	Kommando
KdO	Kommandeur der Ordnungspolizei
Kdr.	Kommandeur

KdS	Kommandeur der Sicherheitspolizei und des SD, dem BdS unterstellt
Kdt.	Kommandant
Kdtr.	Kommandantur
KFP	Kommandant des Festen Platzes
Kfz.	Kraftfahrzeug
KGB	Komitee für Staatssicherheit (Komitet Gosudarstwennoj Bespatschnosti)
Kgf., Kr. Gef.	Kriegsgefangener, Kriegsgefangene
Kgf. Bez. Kdt.	Kriegsgefangenenbezirkskommandant
KGr.	Kampfgruppe
KL	Konzentrationslager
km	Kilometer
Kol.	Kolonne
Komp.	Kompanie
Komp. Gef. Stand	Kompaniegefechtsstand
Komsomol	Kommunistischer Jugendverband (Kommunistitscheskij Sojuz Molodesch)
Korück	Kommandant des rückwärtigen Armeegebietes
Kp.	Kompanie
KP	Kommunistische Partei
KPdSU	Kommunistische Partei der Sowjetunion
Kps.	Korps
Krim. Komm.	Kriminalkommissar
Kripo	Kriminalpolizei
Kripoleit	Kriminalpolizei-Leitstelle
Kr. Laz.	Kriegslazarett
KTB	Kriegstagebuch
kv.	kriegsverwendungsfähig
K. V. K.	Kriegsverdienstkreuz
K. Verw.	Kriegsverwaltung
KZ	Konzentrationslager
La.	Landwirtschafts-
Laz.	Lazarett
Lds. Sch. Btl.	Landesschützenbataillon
lett.	lettisch
lfd.	laufend
lit.	litauisch
Lkw	Lastkraftwagen
LMG	Leichtes Maschinengewehr
lt.	laut
Lt., Ltn.	Leutnant
Ltr.	Leiter
Maj.	Major
Mannsch.	Mannschafts-
mech.	mechanisiert
MG	Maschinengewehr
MGFA	Militärgeschichtliches Forschungsamt, Freiburg/Br., jetzt Potsdam
mil.	militärisch

Mil.	Militär
Mil. Befh.	Militärbefehlshaber
Mil. Geo.	Militärgeographie
Mil. Verw.	Militärverwaltung
Min. Dir.	Ministerialdirektor
Min. Rat	Ministerialrat
mob.	mobil
mögl.	möglichst
mot.	motorisiert
mot. mech.	motorisiert-mechanisiert (Brigade)
MP	Maschinenpistole
MTS	Maschinen-Traktoren-Station
Mun.	Munition
Nbg. Dok.	Nürnberger Dokument
NKGB	Volkskommissariat für Staatssicherheit (Narodnij Kommissariat Gosudarstwennoj Bespatschnosti)
NKVD, NKWD	Volkskommissariat für Innere Angelegenheiten (Narodnij Kommissariat Wnutrennich Djel) – Geheimdienst
NO	Nachrichtenoffizier
NS	Nationalsozialistisch
NSFO	Nationalsozialistischer Führungsoffizier
NSDAP	Nationalsozialistische Deutsche Arbeiterpartei
NSKK	Nationalsozialistisches Kraftfahrerkorps
o.	ohne
OB	Oberbefehlshaber
Ob. d. H., ObdH	Oberbefehlshaber des Heeres
ObdW	Oberbefehlshaber der Wehrmacht
Ob. Kdo.	Oberkommando
Obkdo. HGr.	Oberkommando der Heeresgruppe
ObLt.	Oberleutnant
OberstLt.	Oberstleutnant
Obfw.	Oberfeldwebel
ObLt.	Oberleutnant
Ob. Ost	Oberbefehlshaber Ost
Ob. Reg. Rat	Oberregierungsrat
OFü, Oberf.	Oberführer
OStubaf	Obersturmbannführer
o. D.	ohne Datum
OD	Ordnungsdienst
Offz.	Offizier
Oflag.	Offizierslager
OGruf.	Obergruppenführer
o. J.	ohne Jahr
OK	Ortskommandantur
OKH	Oberkommando des Heeres
OKHGr.	Oberkommando der Heeresgruppe
OKW	Oberkommando der Wehrmacht
OKW/WPr.	Abt. für Wehrmachtspropaganda im OKW
o. O.	ohne Ort
Op.	Operation

Op.Abt.	Operationsabteilung im Generalstab des Heeres
OQu.	Oberquartiermeister
Ordn.	Ordner
Ord.Offz.	Ordonnanzoffizier
Orpo	Ordnungspolizei
örtl.	örtlich
OSchaf	Oberscharführer
Ostl.	Ostland
Ostmin.	Ostministerium
Ostubaf.	Obersturmbannführer
Ostuf.	Obersturmführer
OT	Organisation Todt
O.U.	Ortsunterkunft
OvD	Offizier vom Dienst
PA	Personalamt
PA AA	Politisches Archiv des Auswärtigen Amtes, Bonn
Pak	Panzerabwehrkanone
Part.	Partisanen
Pers.	Personen
PersHA	SS-Personalhauptamt
pers.Ref.	persönlicher Referent
Pers.Stab.	Persönlicher Stab Reichsführer-SS
Pi.	Pioniere
Pi.Kdo.	Pionierkommando
Pi.Rgt.	Pionierregiment
Pist.	Pistole
PiSt.	Pionierstab
Pkw	Personenkraftwagen
Pol.	Polizei
Pol.Btl.	Polizeibataillon
Pol.Ers.Kp.	Polizeiersatzkompanie
Politruk	politischer Offizier einer sowjet. Truppeneinheit
Pol.Präs.	Polizeipräsident
Pol.Rgt.	Polizeiregiment
Prop.	Propaganda
Prop.Kp.	Propagandakompanie
Prot.	Protokoll
Pz	Panzer
PzAOK	Panzerarmeeoberkommando
Pz.Div.	Panzerdivision
Pz.Gr.	Panzergruppe
Pz.Gren.	Panzergrenadiere
Pz.K.	Panzerkorps
Qu.	Quartiermeister
Quart.	Quartier
R	Reichs-
RAD	Reichsarbeitsdienst
RAM	Reichsaußenminister
Ref.	Referat

Reg. Dir.	Regierungsdirektor
Reg. Präs.	Regierungspräsident
Reg. Rat	Regierungsrat
Reichss., Rs.	Reichssache
ReichsLtr.	Reichsleiter
Res.	Reserve
RFSS	Reichsführer SS
RFSSuChdtPol, RFSS u. Ch. d. dt. Pol.	Reichsführer SS und Chef der deutschen Polizei
Rgt.	Regiment
Rgt. Gr.	Regimentsgruppe
Rgt. Stab	Regimentsstab
RK	Reichskommissar(iat)
RKO	Reichskommissar(iat) Ostland
RKU	Reichskommissar(iat) Ukraine
RM	Reichsmark, Reichsmarschall, Reichsminister
RMfbO	Reichsminister für die besetzten Ostgebiete
RMfBuM	Reichsminister für Bewaffnung und Munition
R. Min.	Reichsminister, Reichsministerium
RSHA	Reichssicherheitshauptamt
RuSHA	Rasse- und Siedlungshauptamt
rückw. A. Geb.	rückwärtiges Armeegebiet
rückw. H. Geb.	rückwärtiges Heeresgebiet
rum.	rumänisch
R. u. V.-Kalender	Räumungs- und Vernichtungskalender
R. u. Z.-Maßnahmen	Räumungs- und Zerstörungsmaßnahmen
russ.	russisch
S.	Seite
s.	siehe
SA	Sturmabteilung der NSDAP
sämtl.	sämtlich
San.	Sanitäts-
SB	Sonderbeauftragter
Sch. Div.	Schützendivision
Sch. Korps	Schützenkorps
Schütz.	Schützen
Schuma	Schutzmannschaft
Schupo	Schutzpolizei
SD	Sicherheitsdienst
SD-Leit.	Sicherheitsdienst-Leitstelle
SD-Kdo.	SD-Kommando
Sich. Btl.	Sicherungsbataillon
Sich-Div.	Sicherungsdivision
Sipo	Sicherheitspolizei
SK	Sonderkommando
s. o.	siehe oben
sog.	sogenannt
Sonderbev.	Sonderbevollmächtigter
sowj.	sowjetisch
Spr.	Sprengung
Sprengst.	Sprengstoff

SS	Schutzstaffel der NSDAP
SS »AH«	SS-Leibstandarte »Adolf Hitler«
SS-Brif.	SS-Brigadeführer
SS-FHA	SS-Führungshauptamt
SS-Gruf	SS-Gruppenführer
SS-HA	SS-Hauptamt
SS-Hstuf	SS-Hauptsturmführer
SS-Oberf.	SS-Oberführer
SS-OGruf.	SS-Obergruppenführer
SS-Oschaf.	SS-Oberscharführer
SS-OStubaf.	SS-Obersturmbannführer
SS-OStuf.	SS-Obersturmführer
SSPF	SS- und Polizeiführer
SSPolStandortF	SS- und Polizeistandortführer
SS »R«	SS-Pz. Div. »Das Reich«
SS-Staf.	SS-Standartenführer
SS-Stubaf.	SS-Sturmbannführer
SS »T«	SS-Pz. Div. »Totenkopf«
SS-Uschaf.	SS-Unterscharführer
SS-Ustuf.	SS-Untersturmführer
SS »V«	SS-Verfügungsdivision
SS »W«	SS-Pz. Div. »Wiking«
SS-WVHA	SS-Wirtschafts-Verwaltungshauptamt
St.	Stelle
St., Stb.	Stab
StA	Staatsarchiv
staatl.	staatlich
städt.	städtisch
Staf.	Staffel, Standartenführer
Stalag	Stammlager
Stapo	Staatspolizei
Stapoleit	Staatspolizei-Leitstelle
Starost	Dorfbürgermeister
Stellv.	Stellvertreter
Stellv. Kdt.	Stellvertretender Kommandant
St. / H.	Stein / Holz
Stubaf.	Sturmbannführer
S.U.	Sowjetunion
SZAOR	Staatliches Zentralarchiv der Oktoberrevolution
takt.	taktisch
Tät. Ber.	Tätigkeitsbericht
T. Ber.	Tagesbericht
techn.	technisch
techn. Abt.	technische Abteilung
techn. Btl.	technisches Bataillon
techn. Brig.	technische Brigade
teilw.	teilweise
Tgb.	Tagebuch
Tgb. Nr.	Tagebuch-Nummer
t-mot.	teilmotorisiert
Tr.	Truppe

Trsp. (O)	Transport(-Offizier)
Trspw.	Transportwesen
TV	Totenkopfverbände
UdSSR	Union der Sozialistischen Sowjetrepubliken
Uffz.	Unteroffizier
uk	unabkömmlich
ukr.	ukrainisch
Unterk.	Unterkunft
Uschaf.	Unterscharführer
UStuf.	Untersturmführer
Verb.	Verbindung
Verf.	Verfasser
Verfg.	Verfügung
verm.	vermißt
Verschied.	Verschiedenes
verst.	verstärkt
Verw.	Verwundete
Vet.	Veterinär-
vgl.	vergleiche
VfZG	Vierteljahreshefte für Zeitgeschichte
VO	Verbindungsoffizier, Verordnung
V.P.	Vierjahresplan
V.S.	Verschlußsache
W	Wehrmacht
Wachbtl.	Wachbataillon
Wachkp., Wachkomp.	Wachkompanie
Wachm.	Wachtmeister
Wehrm.	Wehrmacht
Wehrm. Befh.	Wehrmachtsbefehlshaber
Weißruth.	Weißruthenien
WFSt	Wehrmachtsführungsstab (im Oberkommando der Wehrmacht)
Wi	Wirtschaft
WiAmt	Wehrwirtschaftsamt (im Oberkommando der Wehrmacht)
WiFüStabOst	Wirtschaftsführungsstab Ost
WiRüAmt	Wehrwirtschafts- und Rüstungsamt (im Oberkommando der Wehrmacht)
WiStabOst	Wirtschaftsstab Ost
WPr	Abteilung Wehrmachtspropaganda (im Wehrmachtsführungsstab)
z. b. V.	zur besonderen Verwendung (Verfügung)
zerst.	zerstört
Zivilgef.	Zivilgefangene
ZK	Zentralkomitee
ZSt	Zentrale Stelle der Landesjustizverwaltungen zur Aufklärung nationalsozialistischer Verbrechen, Ludwigsburg
z. T.	zum Teil

Literaturverzeichnis

Adamowitsch, Ales: Stätten des Schweigens, Roman, Köln 1985.
Albertz, Heinrich: Blumen für Stukenbrock. Biographisches, Stuttgart 1981 und Hamburg 1983 und 1985.
Artzt, Heinz: Mörder in Uniform. Nazi-Verbrecher-Organisationen, München 1979 und Rastatt 1987.
Bartsch, Michael, Hans-Frieder Schebesch und Rainer Scheppelmann: Der Krieg im Osten 1941–1945, Köln 1981.
Besymenski, Lew: Die Schlacht um Moskau 1941. Kleine Bibliothek 216, Köln 1981.
Birn, Ruth Bettina: Die Höheren SS- und Polizeiführer. Himmlers Vertreter im Reich und in den besetzten Gebieten, Düsseldorf 1986.
Brackmann, Karl-Heinz und Renate Birkenhauer: NS-Deutsch. »Selbstverständliche« Begriffe und Schlagwörter aus der Zeit des Nationalsozialismus, Straelen 1988.
Braunbuch. Kriegs- und Naziverbrecher in der Bundesrepublik und in Westberlin. Staat, Wirtschaft, Verwaltung, Armee, Justiz, Wissenschaft. Hg. vom Nationalrat der Nationalen Front des Demokratischen Deutschland, Dokumentationszentrum der Staatlichen Archivverwaltung der DDR, Berlin (DDR) 1968.
Bykau, Wassil: Zeichen des Unheils, Roman, Berlin (DDR) 1984.
– Die Kiesgrube, Roman, Berlin (DDR) 1988, Köln 1989.
– Romane und Novellen, 2 Bde.
Dallin, Alexander: Deutsche Herrschaft in Rußland 1941–1945. Eine Studie über Besatzungspolitik, Düsseldorf.
Das Deutsche Reich und der Zweite Weltkrieg, Bd. 4: *H. Boog, J. Förster, J. Hoffmann, E. Klink, R.-D. Müller und G. R. Ueberschär:* Der Angriff auf die Sowjetunion, Stuttgart 1983.
Deutschland im Zweiten Weltkrieg, Bd. 2: Vom Überfall auf die Sowjetunion bis zur sowjetischen Gegenoffensive bei Stalingrad (Juni 1941 bis November 1942), Leitung: Karl Drechsler, Berlin (DDR) 1975.
Eickhoff, Michael, Wilhelm Pagels und Willy Reschl: Der unvergessene Krieg. Hitler-Deutschland gegen die Sowjetunion 1941–1945, Köln 1981.
Eine Schuld, die nicht erlischt: Dokumente über deutsche Kriegsverbrechen in der Sowjetunion, Köln 1987.
Fish, Rady und Michael Schneider: Iwan der Deutsche. Eine deutsch-sowjetische Reise aus der Vergangenheit in die Gegenwart, Frankfurt/M. 1989.
Friedrich, Jörg: Die kalte Amnestie. NS-Täter in der Bundesrepublik, Frankfurt/M. 1984 und 1985.
Gerns, Ditte: Hitlers Wehrmacht in der Sowjetunion. Legenden – Wahrheit – Traditionen – Dokumente, Frankfurt/M. 1985.
Giordano, Ralph: Die zweite Schuld – oder: Von der Last, Deutscher zu sein, Hamburg 1987.
– Wenn Hitler den Krieg gewonnen hätte. Die Pläne der Nazis nach dem Endsieg, Hamburg 1989.
Goldschmidt, Dietrich (Hg.): Frieden mit der Sowjetunion – eine unerledigte Aufgabe, Gütersloher Taschenbücher/Siebenstern 582, Gütersloh 1989.

Gross, Jan: Und wehe, du hoffst... Die Sowjetisierung Ostpolens nach dem Hitler-Stalin-Pakt 1939–1941, Freiburg im Br. 1988.
Henkys, Reinhard: Die nationalsozialistischen Gewaltverbrechen. Geschichte und Gericht, Stuttgart/Berlin 1965.
Hesse, Erich: Der sowjetische Partisanenkrieg 1941–1944 im Spiegel deutscher Kampfanweisungen und Befehle, Göttingen 1969.
Hitler-Stalin-Pakt 1939. Das Ende Ostmitteleuropas? Hg. von Erwin Oberländer, Frankfurt/M. 1989.
Hubatsch, Walther: Hitlers Weisungen für die Kriegsführung 1939–1945, Dokumente des Oberkommandos der Wehrmacht, Frankfurt/M. 1962.
In den Wäldern Belorußlands, Erinnerungen sowjetischer Partisanen und deutscher Antifaschisten. Hg. von Heinz Kühnrich und Karlheinz Pech, Berlin (DDR) 1976, 3. Aufl. 1984.
Klee, Ernst und Willi Dreßen (Hg.): »Gott mit uns«. Der deutsche Vernichtungskrieg im Osten 1939–1945, Frankfurt/M. 1989.
Klee, Ernst, Willi Dreßen und Volker Rieß (Hg.): »Schöne Zeiten«. Judenmord aus der Sicht der Täter und Gaffer, Frankfurt/M. 1988.
Koenen, Gerd: Der unerklärte Frieden. Deutschland – Polen – Rußland. Eine Geschichte, Frankfurt/M. 1985.
Krausnick, Helmut und Hans-Heinrich Wilhelm: Die Truppe des Weltanschauungskrieges. Die Einsatzgruppen der Sicherheitspolizei und des SD 1938–1942, Stuttgart 1981.
Krausnick, Helmut: Hitlers Einsatzgruppen. Die Truppen des Weltanschauungskrieges 1938–1942, Frankfurt/M. 1985 (Es handelt sich hier um die Taschenbuchausgabe des 1. Teils von *Krausnick/Wilhelm:* Truppe des Weltanschauungskrieges, Stuttgart 1981).
Lenhard, Hartmut (Hg.): »Lebensraum im Osten« – Deutsche in Belorußland 1941–1944. Material- und Medienmappe für Unterricht und Erwachsenenbildungsarbeit, Düsseldorf 1991.
Lichtenstein, Heiner: Himmlers grüne Helfer. Die Schutz- und Ordnungspolizei im »Dritten Reich«, Köln 1990.
Loewenstein, Karl: Minsk – Im Lager der deutschen Juden, in: Das Parlament, Beilage B 45/56 vom 7. 11. 1956.
Moritz, Erhard: Fall Barbarossa. Dokumente zur Vorbereitung der faschistischen Wehrmacht auf die Aggression gegen die Sowjetunion (1940/41), Berlin (DDR) 1970.
Müller, Norbert (Hg.): Deutsche Besatzungspolitik in der UdSSR 1941–1944. Dokumente, Köln 1982.
– Wehrmacht und Okkupation 1941–1944. Zur Rolle der Wehrmacht und ihrer Führungsorgane im Okkupationsregime des faschistischen deutschen Imperialismus auf sowjetischem Territorium, Berlin (DDR) 1971.
Müller, Rolf-Dieter: Hitlers Ostkrieg und die deutsche Siedlungspolitik. Die Zusammenarbeit von Wehrmacht, Wirtschaft und SS, Frankfurt 1991.
Reitlinger, Gerald: Ein Haus auf Sand gebaut. Hitlers Gewaltpolitik in Rußland 1941–1944, Hamburg.
– Die SS. Tragödie einer deutschen Epoche, München 1956.
Rosenberg, Heinz: Jahre des Schreckens... und ich blieb übrig, daß ich Dir's ansage, Göttingen 1985.
Rückerl, Adalbert (Hg.): NS-Prozesse – Nach 25 Jahren Strafverfolgung: Möglichkeiten – Grenzen – Ergebnisse, Karlsruhe 1971.
– Die Strafverfolgung von NS-Verbrechen 1945–1978, Karlsruhe 1979.
– NS-Verbrechen vor Gericht. Versuch einer Vergangenheitsbewältigung, Heidelberg 1984.

Rürup, Reinhard (Hg.): Topographie des Terrors. Gestapo, SS und Reichssicherheitshauptamt auf dem »Prinz-Albrecht-Gelände«. Eine Dokumentation, Berlin 1987.

Rüter-Ehlermann, Adelheid L., H. H. Fuchs und C. F. Rüter: Justiz und NS-Verbrechen. Sammlung deutscher Strafurteile wegen nationalsozialistischer Tötungsverbrechen 1945–1966, Bde. I–XXI, Amsterdam 1968.

Schnabel, Reimund: Macht ohne Moral. Eine Dokumentation über die SS, Frankfurt/M. 1957.

Schneider, Michael: Das »Unternehmen Barbarossa«. Die verdrängte Erblast von 1941 und die Folgen für das deutsch-sowjetische Verhältnis, Frankfurt/M. 1989.

Simpson, Christopher: Der amerikanische Bumerang. NS-Kriegsverbrecher im Sold der USA, Wien 1988.

Stein, Georg H.: Geschichte der Waffen-SS, Düsseldorf 1978.

Streim, Alfred: Sowjetische Gefangene in Hitlers Vernichtungskrieg. Berichte und Dokumente 1941–1945, Heidelberg 1982.

Stolten, Inge: Das alltägliche Exil. Leben zwischen Hakenkreuz und Währungsreform, Köln 1985.

Streit, Christian: Keine Kameraden. Die Wehrmacht und die sowjetischen Kriegsgefangenen 1941–1945, Stuttgart 1978, 2. Aufl. 1980.

Thomas, Siegfried: Zwischen Wehrmacht und Bundeswehr. Die Remilitarisierung der BRD, Berlin (DDR) 1981.

Tuchel, Johannes und Reinold Schattenfroh: Zentrale des Terrors. Prinz-Albrecht-Straße 8. Das Hauptquartier der Gestapo, Berlin 1987.

Ueberschär, Gerd R. und Wolfram Wette (Hg.): »Unternehmen Barbarossa«. Der deutsche Überfall auf die Sowjetunion 1941. Berichte, Analysen, Dokumente, Paderborn 1984 und Frankfurt/M. 1991.

Unsere Ehre heißt Treue. Kriegstagebuch des Kommandostabes Reichsführer SS. Tätigkeitsberichte der 1. und 2. SS-Infanterie-Brigade, der 1. SS-Kavallerie-Brigade und von Sonderkommandos der SS, Wien 1984.

Wistrich, Robert: Wer war wer im Dritten Reich? Ein biographisches Lexikon. Anhänger, Mitläufer, Gegner aus Politik, Wirtschaft und Militär, Kunst und Wissenschaft, München 1983 und Frankfurt/M. 1987.

Wolfram Wette
Sowjetische Erinnerungen an den deutschen Vernichtungskrieg

Für die Entwicklung des historisch-politischen Bewußtseins in der Bundesrepublik wäre es wichtig, daß dieses Buch wahrgenommen und gelesen würde. Wir brauchen die ungeschminkte Wahrheit über diesen Krieg[1], über seine Vorgeschichte, seinen Verlauf, seinen besonderen Charakter, seine Nachwirkungen bis heute. Nur auf der Grundlage solider Kenntnisse der historischen Fakten können wir den richtigen Beitrag zur Verbesserung der Beziehungen zwischen der Sowjetunion und der Bundesrepublik leisten. Bekanntlich ist der Frieden mit der Sowjetunion noch immer »eine unerledigte Aufgabe«[2].

Zur Wahrheit über diesen Krieg gehört auch die Sicht der anderen, die hierzulande bislang nur wenig Aufmerksamkeit gefunden hat. Genau dies bietet das Buch von Paul Kohl: Es schildert Berichte sowjetischer Augenzeugen, die in den Jahren 1941–45 den deutschen Eroberungs- und Vernichtungskrieg erlebten, ihn überlebten und nun, mehr als vierzig Jahre später, ihre Erinnerungen an die schreckliche Zeit von damals dem deutschen Besucher ins Mikrophon sprachen.

Zum besseren Verständnis der Augenzeugenberichte sollen dem Leser in diesem historischen Beitrag einige Sachinformationen und Überlegungen angeboten werden, und zwar

- über den deutsch-sowjetischen Krieg insgesamt;
- über die Heeresgruppe Mitte und
- über die in ihrem Bereich operierende Einsatzgruppe B der SS, welche die meisten der in diesem Buch geschilderten Mordaktionen verübte;
- über den historiographischen Wert von Augenzeugenberichten, und schließlich
- über die Hindernisse, die möglicherweise auch heute noch einer konstruktiven Rezeption der hier dargebotenen Erlebnisschilderungen im Wege stehen.

Nicht ohne Skepsis müssen wir nämlich fragen, ob die Zeit denn wirklich vorbei ist, in der hierzulande Informationen östlicher Provenienz pauschal als Propaganda und damit als unglaubwürdig abgetan werden konnten. Sind wir heute endlich bereit, nicht bloß von den eigenen Bedrohtheitsgefühlen zu reden, sondern uns auch einmal in die Lage der anderen hineinzuversetzen? Können wir Verständnis dafür aufbringen, wie sie den Zweiten Weltkrieg erlebt haben, welche Ängste und welche Hoffnungen sich bei ihnen noch immer mit diesem Erlebnis verbinden und welche Konsequenzen sie daraus gezogen haben? Was also war dieser Krieg?

Thesen zum deutschen Krieg von 1941

Auf der Grundlage der breitgefächerten historischen Forschung in der Bundesrepublik und in anderen westlichen Ländern lassen sich die Charakeristika dieses Krieges in den folgenden 7 Thesen[3] zusammenfassen:

1. These: Der deutsch-sowjetische Krieg begann am 22. Juni 1941 mit einem *Überfall* der deutschen Wehrmacht auf die Sowjetunion. Es handelte sich um den klassischen Fall eines *Angriffskrieges*. Diese Aggression stellte einen eklatanten Bruch des Völkerrechts dar. Zum einen verbot der Briand-Kellogg-Pakt von 1928 – der sog. Kriegsächtungspakt –, den auch das Deutsche Reich ratifiziert hatte, jeden Angriffskrieg. Zum anderen hatten Hitler und Stalin am 23. August 1939 einen speziellen deutsch-sowjetischen Nichtangriffsvertrag geschlossen und die beiden Länder darin verpflichtet, sich »jeder aggressiven Handlung gegeneinander zu enthalten«, und sie hatten im September 1939 noch zusätzlich einen Freundschaftsvertrag unterzeichnet.
Die von der NS-Propaganda 1941 zur eigenen Entlastung sogleich verbreitete Behauptung, man sei selbst einem Angriff der sowjetischen Armee nur zuvorgekommen und führe daher einen »Präventivkrieg«, sollte – wie zuvor schon am Beginn des Krieges gegen Polen – das Faktum der deutschen Aggression kaschieren. Die Vernebelungstaktik der Nazi-Propaganda tut gelegentlich noch bis zum heutigen Tage ihre Wirkung, obwohl ihre Wahrheitswidrigkeit hundertmal nachgewiesen worden ist.
Um einen deutschen Aggressionskrieg handelte es sich nicht nur in einem militärischen Sinne – Ausnutzung des Überraschungsmoments –, sondern in vollem Umfang auch im politischen Sinne. Damit ist gemeint, daß die Ursache dieses Krieges eindeutig zu identifizieren ist. Sie besteht, langfristig gesehen, in Hitlers Programm sowie in ähnlichen ostpolitischen Vorstellungen eines Teils der deutschen Machteliten und, kurzfristig gesehen, in der konkreten Planung und Durchführung des Angriffskrieges durch die politische und militärische Führung des Deutschen Reiches.
Bei dem aktuellen Entschluß Hitlers zum Krieg gegen die Sowjetunion spiel-

ten vermeintliche oder tatsächliche Absichten Stalins keine Rolle. Insofern sind neuerliche Versuche, mit Hilfe einer überdehnten Totalitarismustheorie das Bild von zwei angeblich gleichermaßen aggressiven Diktatoren zu zeichnen[4], nicht geeignet, unser Wissen über die Ursachen dieses Krieges zu bereichern.

2. These: Es handelte sich um einen *Eroberungskrieg*. Mit ihm wurde nicht etwa das von der NS-Propaganda behauptete Ziel verfolgt, Europa vor dem Bolschewismus zu schützen und die Völker der Sowjetunion zu befreien. Das zentrale politische und wirtschaftliche Kriegsziel lautete vielmehr, den europäischen Teil der Sowjetunion zu erobern – »Eroberung von Lebensraum im Osten«, wie es in Hitlers Sprache hieß – und ihn wie ein Kolonialgebiet an das Großgermanische Deutsche Reich anzugliedern. Auf diese Weise sollte ein autarker, blockadefester Großraum Kontinentaleuropa unter deutscher Herrschaft entstehen. Die in dem eroberten Raum lebenden Völker der Sowjetunion sollten unterworfen, beherrscht und ausgebeutet werden. Ihnen war das Schicksal von Arbeitssklaven zugedacht, welche die Ernährung des gesamten Großraums sicherstellen sollten.
Die mit der Planung des Unternehmens »Barbarossa« – so lautete der Deckname für den Angriffskrieg – befaßten Offiziere im Oberkommando der Wehrmacht und im Oberkommando des Heeres wußten, daß sie einen Eroberungskrieg planten.

3. These: Die politische und die militärische Führung des Deutschen Reiches planten den Krieg gegen die Sowjetunion von vornherein nicht als einen militärischen Normalkrieg, sondern zugleich als eine Auseinandersetzung unter herrschaftspolitischen, ideologischen und rassistischen Vorzeichen; genauer gesagt, als einen Krieg, in dem es neben dem militärischen Kampf gegen die Rote Armee der Sowjetunion auch um die »Vernichtung«, d. h. massenhafte völkerrechtswidrige Tötung ganzer Gruppen der sowjetischen Bevölkerung gehen sollte: nämlich der bolschewistischen Führungsschicht des Landes, der jüdischen Bevölkerung, aber auch aller, die sich als »Hetzer«, Freischärler, Saboteure, Partisanen, Träger eines aktiven oder passiven Widerstandes gegen die deutschen Aggressoren der Wehrmacht entgegenstellen. Eine Dezimierung der als minderwertig eingestuften slawischen Bevölkerung galt als wünschenswert.

Die **4. These** befaßt sich mit den *verbrecherischen Befehlen*. Zur Durchführung des Vernichtungskrieges wurden bereits vor dem Überfall völkerrechtswidrige Befehle ausgearbeitet und erlassen, die wir heute als »verbrecherische Befehle« bezeichnen. Das bedeutet, daß Hitler das Programm des Vernichtungskrieges nicht etwa als ein Staatsgeheimnis hütete und erst kurz vor dem Angriff an wenige ausgewählte Vollstrecker – etwa die Einsatzgruppen der SS – weiterleitete. Vielmehr verhielt es sich so, daß Hitler bereits Monate vor dem Überfall, nämlich am 30. März 1941, jenen Teil der militärischen Führungsschicht, der das deutsche Ostheer in den Krieg gegen die Sowjetunion führen sollte, in seine Vernichtungskriegspläne einweihte. Die dabei benutzte Sprache ließ Mißverständnisse nicht zu. Hitler sagte den etwa 250 Generälen der Wehrmacht, es handle sich um einen »Vernichtungskampf«, in dem es nicht darum gehe, »den Feind zu konservieren«, sondern in dem es auf die »Vernichtung der bolschewistischen Kommissare und der kommunistischen Intelligenz« ankomme. Vom sonst üblichen »Standpunkt des soldatischen Kameradentums« müsse die Wehrmacht in diesem Kampf abrücken.

Es muß festgestellt werden, daß die Umsetzung dieser Vernichtungsideen in konkrete Befehle hernach von der Wehrmacht- und Heeresführung selbständig, ohne weitere Einflußnahme Hitlers, in der üblichen geschäftsmäßigen Verfahrensweise vollzogen wurde. Nachhaltige Proteste oder Weigerungen sind nicht bekanntgeworden. Den Soldaten des Ostheeres wurde die Absicht des Vernichtungskrieges erst später vermittelt. In den »Mitteilungen für die Truppe« vom Juni 1941, die vermutlich im Juli in den Kompanien verlesen wurde, hieß es: »Es geht darum, das rote Untermenschentum, welches in den Moskauer Machthabern verkörpert ist, auszulöschen.«

Die verbrecherischen Befehle, auf die hier nicht näher eingegangen werden kann[5], hatten eine bislang unbekannte Brutalisierung der Kriegführung zur Folge. Es wurden etwa 1000 bis 2000 Politkommissare der Roten Armee, die in die Hände der Wehrmacht geraten waren, liquidiert; es wurden mehrere hunderttausend zivile kommunistische Funktionäre ermordet; viele hunderttausend Sowjetbürger wurden – außerhalb der eigentlichen Kampfhandlungen – als »Partisanenverdächtige«, als Geiseln oder Freischärler erschossen oder im Zuge kollektiver Gewaltmaßnahmen, wie z. B. dem Niederbrennen ganzer Ortschaften, zu Tode gebracht. Weiterhin wurden etwa zwei Millionen jüdischer Sowjetbürger ermordet, außerdem ungezählte Zigeuner und Geisteskranke.

Der Kriegsgerichtsbarkeitserlaß, auch als »Barbarossa-Erlaß« bekannt, vermittelte den Wehrmachtsangehörigen in ziemlich allgemeiner Weise die Ansicht der politischen und militärischen Führung, daß kein deutscher Soldat zur Rechenschaft gezogen würde, der Russen auch außerhalb von Kampfhandlungen umbrachte, die nicht zur Zusammenarbeit mit den deutschen Invasoren bereit waren.

5. These, betreffend den *Massenmord an den sowjetischen Juden*. Der Massenmord an den sowjetischen Juden war ein integraler Bestandteil des rassenideologischen Vernichtungskrieges gegen die Sowjetunion. Obwohl es einen schriftlichen Befehl Hitlers offenbar nicht gegeben hat, müssen wir davon ausgehen, daß von seiten der politischen Führung des Deutschen Reiches vom Beginn des Rußlandkrieges an die Absicht bestand, sämtliche Juden im von der deutschen Wehrmacht besetzten Teil der Sowjetunion systematisch auszurotten. Weiterhin war vorgesehen, die besetzten UdSSR-Gebiete als Vernichtungsraum für die Juden Europas zu benutzen.
Organisatorisch wurde der Krieg gegen die Juden so geplant und auch durchgeführt, daß spezielle Vernichtungskommandos der SS, die »Einsatzgruppen«, »im Verbande des Heeres« (Übereinkunft der Wehrmacht/SS vom 28. April 1941[6]) operieren sollten. So kam es – um das bekannteste Beispiel für die mörderische Zusammenarbeit von SS und Wehrmacht zu erwähnen – zu den Massakern in der Schlucht von Babi Yar westlich der ukrainischen Hauptstadt Kiew: Nach der Eroberung durch deutsche Truppen wurden am 29. und 30. September 1941 33771 jüdische Einwohner von Kiew unter Vorspiegelung falscher Tatsachen (Umsiedlung) in die genannte Schlucht getrieben und dort von Sonderkommandos der SS durch Maschinengewehrfeuer umgebracht. Das Oberkommando der 6. Armee in Kiew war über die Mordaktion in vollem Umfang informiert und unterstützte sie. Das Beispiel steht für andere.
Der Sache nach hatte Norbert Blüm daher recht, als er – mit dem Blick auf die Stabilisierung des NS-Regimes und die Kriegsverlängerung – sagte, die Vernichtungslager und die KZs hätten schließlich nur so lange funktioniert, als die Wehrmacht kämpfte, und insoweit mache es nur einen graduellen Unterschied aus, ob jemand als SS-Mann oder in der Uniform der Wehrmacht Hitler gedient habe.
So schwer es vielen fällt, das zu begreifen und als Last zu akzeptieren: Die Vorstellung, die Wehrmacht habe nichts als ihren militärischen Krieg geführt und die Vernichtungsarbeit den Einsatzgruppen der SS überlassen, trifft den wahren Sachverhalt nicht. Gewiß, die Vernichtungsexzesse fanden nicht im unmittelbaren Zusammenhang mit Kampfhandlungen statt, sondern hinter der Front. Aber Teile der Wehrmacht wußten nicht nur davon, sie halfen auch.

6. These: Zu der schweren historischen Bürde des deutschen Krieges gegen die Sowjetunion gehört auch das *Massensterben kriegsgefangener Rotarmisten* in deutschem Gewahrsam. Von den etwa 5,7 Millionen gefangengenommenen Sowjetsoldaten starben etwa 3,3 Millionen, d. h. 57 Prozent der

Gesamtzahl. Auch wenn, wie einige Autoren behaupten, die Schreckenszahl etwas geringer gewesen sein sollte (»nur« 2,5 Millionen): An dem Tatbestand des Massensterbens von Millionen Rotarmisten gibt es keinen Zweifel. An der Datendiskussion mögen sich andere beteiligen. Mir scheint sie der Sache nach weder erforderlich noch ihr angemessen zu sein.

Strittig ist, ob die zum Massensterben führende Behandlung sowjetischer Kriegsgefangener lediglich die Folge von Planungsfehlern war oder aber, ob es sich um eine im vollen Bewußtsein der Konsequenzen hingenommene Politik handelte, die im Kontext des Vernichtungskrieges gedeutet werden muß, wie es neuere Forschungen nahelegen.

Alleine im Winter 1941/42 (bis Februar) kamen etwa zwei Millionen sowjetische Kriegsgefangene um. Man muß das am besten an einem Einzelschicksal verdeutlichen: Der 20jährige wehrpflichtige Rotarmist Wladimir B. aus Leningrad, der im August 1941 – also in der Phase des deutschen Blitzkrieges – gefangengenommen wurde, hatte keine allzu große Chance, die Kriegsgefangenschaft zu überleben. Er wurde nach seiner Gefangennahme zu einem mehrwöchigen Fußmarsch in ein Lager nach Ostpreußen gezwungen. Als er dort, schlecht ernährt und entkräftet, ankam, fand er nicht einmal Baracken vor, sondern nur Stacheldrahtzäune. Er mußte sich selbst eine Erdhöhle graben und bei unzureichender Bekleidung und Ernährung sowie unter katastrophalen hygienischen Verhältnissen dahinvegetieren. Als der Winter kam, starb er, total erschöpft durch Hunger, Kälte und Seuchenkrankheit. Sein Tod wurde nicht einmal namentlich registriert und dem Internationalen Roten Kreuz gemeldet, da die entsprechenden Schutzvorschriften des Kriegsvölkerrechts außer Kraft gesetzt worden waren. Der Rotarmist, auch der gefangene, war »kein Kamerad«, wie Hitler sich ausgedrückt hatte, sondern galt als rassisch minderwertiger Russe, der nicht »konserviert« zu werden brauchte.

7. These: Der Faschismus-Forscher Ernst Nolte hat den deutschen Krieg gegen die Sowjetunion schon 1963 *zusammenfassend* so charakterisiert: Er sei der »ungeheuerlichste Eroberungs-, Versklavungs- und Vernichtungskrieg, den die moderne Geschichte kennt«[7]. Diese Einschätzung hat ihre Gültigkeit nicht verloren.

Es war ein völkerrechtswidriger Angriffskrieg, welcher der Eroberung von Lebensraum im Osten dienen sollte, der Vernichtung des »jüdischen Bolschewismus«, also der Ausrottung der Juden und der kommunistischen Führungsschicht, sowie der Dezimierung der als rassisch minderwertig geltenden russischen Bevölkerung. In dem eroberten Raum sollten die deutschen Herrenmenschen die slawische Bevölkerung in einem sklavenähnlichen Zustand halten und sie wirtschaftlich ausbeuten. Die in diesem Krieg praktizierten Gewalthandlungen waren nur verschiedene Seiten des staatlich geplanten, großen Vernichtungskrieges.

Die Heeresgruppe Mitte

Paul Kohl recherchierte »auf den Spuren der Heeresgruppe Mitte«. Was haben wir uns unter dieser Heeresgruppe vorzustellen? Es handelte sich um einen militärischen Großverband[8], der im Gesamtrahmen des deutschen Ostheeres an zentraler Stelle, nämlich in der Mitte zwischen den Heeresgruppen Nord und Süd, den Angriffskrieg gegen die Sowjetunion führte. Zum Zeitpunkt des Überfalls hatte Feldmarschall Fedor von Bock den Oberbefehl über die Heeresgruppe Mitte inne[9]. Als Kernstück des deutschen Ostheeres sollte diese Heeresgruppe in einer Blitzoffensive von der Weichsel bis zur Hauptstadt der Sowjetunion vorstoßen und sie erobern.
Fast wäre dieses Ziel erreicht worden. Aber im Winter 1941/42 blieb der deutsche Angriff vor Moskau stecken. Die sowjetische Gegenoffensive begann und zwang die Heeresgruppe Mitte, sich aus Zentralrußland nach Weißrußland zurückzuziehen, genauer gesagt, auf das Gebiet der Weißrussischen Sozialistischen Sowjet-Republik mit den vier Großstädten Minsk, Witebsk, Mogilew und Bobriusk[10]. Dort herrschte die Wehrmacht fast zweieinhalb Jahre lang als Okkupationsmacht, führte erst einen Stellungskrieg gegen die Rote Armee, wurde dann seit 1943 Zug um Zug zurückgedrängt, schließlich bis hinter die alten Reichsgrenzen und bis nach Berlin. Der Sieg der Roten Armee führte Mitte 1944 zum vollständigen Zusammenbruch der Heeresgruppe Mitte[11].
Als militärischer Großverband stellte die Heeresgruppe Mitte eine gewaltige Streitmacht dar. Sie setzte sich – um dies zunächst einmal in der militärischen Nomenklatur auszudrücken – aus mehreren Armeen und Panzergruppen zusammen, die ihrerseits aus mehreren Armeekorps bestanden und diese wiederum jeweils aus mehreren Divisionen.
Für den militärischen Laien stellen Fachtermini dieser Art naturgemäß leere Begriffshülsen dar, mit denen er wenig anfangen kann. Hier mag der Hinweis weiterhelfen, daß das gesamte deutsche Ostheer – zur Zeit des Überfalls im Sommer 1941 – aus mehr als drei Millionen Soldaten bestand. Man muß sich die Heeresgruppe Mitte also als eine Ansammlung von ungefähr einer Million Soldaten vorstellen. Etwa ebenso viele Soldaten wurden übrigens an der Ostfront im Laufe des Krieges getötet[12].
Tatsächlich sind jedoch Zahlen dieser Größenordnung wenig dazu angetan,

uns die damalige Wirklichkeit näherzubringen. Denn sie übersteigen das normale Vorstellungsvermögen. Auch der Zeitgenosse – zum Beispiel der einfache deutsche Soldat, der im Rahmen dieser Heeresgruppe Mitte kämpfte – hatte keine rechte Vorstellung von der Struktur und Schlagkraft dieses Großverbands. Der »Landser« lebte primär in einer Kleingruppe von vielleicht 100 Menschen. Er kannte die Kameraden in seiner Einheit, der Kompanie oder Batterie, vielleicht noch einige Vorgesetzte des Bataillons oder Regiments. Seiner Division, die aus etwa 12000 bis 15000 Mann bestand – und in der Heeresgruppe Mitte waren zur Zeit des Angriffs nicht weniger als 52 solcher Divisionen zusammengefaßt –, mochte er sich noch irgendwie zugehörig fühlen, zumal wenn sie landsmannschaftlich homogen war; aber letztlich stellte sie für ihn doch bereits eine ziemlich anonyme Größe dar.

Die traditionelle Kriegsgeschichtsschreibung hat ihrerseits wenig dazu beigetragen, Licht in die in vieler Hinsicht heterogene Zusammensetzung eines so großen Sozialkörpers, wie ihn die Heeresgruppe Mitte darstellte, zu bringen. In dieser Art der Geschichtsschreibung treten gewöhnlich Generale und Generalstabsoffiziere als Akteure auf, die Operationen von Heeresgruppen, Armeen, Armeekorps oder Divisionen planen und von anderen durchführen lassen. Dabei wird nicht nur mit großer Akribie vorgegangen, sondern gelegentlich auch mit erstaunlicher Identifikationslust, und nicht zuletzt wird die Absicht deutlich, aus den Schlachten vergangener Tage praktische Lehren für die Gegenwart und Zukunft zu ziehen, vornehmlich für den Bereich der operativen Führungslehre. Dies hat zur Folge, daß »die anderen«, die den Krieg an der Front zu führen hatten, nur selten aus dem anonymen Status der »grauen Masse« heraustreten.

Eine »Militärgeschichte von unten«, die es bislang kaum gibt, müßte eine ganz neue Perspektive wählen, um in Erfahrung bringen zu können, wie die Einstellung dieser Soldaten zum Nationalsozialismus, zum Krieg gegen die Sowjetunion, zu den Menschen in diesem mit Krieg überzogenen Lande und zu anderen wichtigen Fragen war. Die von Paul Kohl präsentierten sowjetischen Augenzeugenberichte lassen – erstaunlich genug – immer wieder erkennen, daß die Zeitgenossen die Deutschen durchaus nicht als »graue Masse« wahrnahmen, sondern zu differenzieren wußten[14].

Schließlich muß noch auf einige Spezifika der Heeresgruppe Mitte im Vergleich zu den beiden anderen Heeresgruppen im Norden und im Süden hingewiesen werden. Ihr war, wie erwähnt, die Aufgabe zugedacht, den Hauptschlag gegen die sowjetischen Streitkräfte zu führen und Moskau zu erobern, also letztlich den Rußlandkrieg zu entscheiden. Dieser Kampfauftrag führte die Heeresgruppe Mitte in das Kerngebiet der Sowjetunion mit einer genuin russischen Bevölkerung, die – stärker noch als die teilweise zunächst sogar deutschfreundlich eingestellte Bevölkerung in den Kampfregionen der Heeresgruppen Nord und Süd – dem rassenideologisch motivierten Vernichtungsstreben der deutschen Aggressoren in besonderer Weise ausgesetzt war. In Mittelrußland fanden die größten Kesselschlachten statt. Hier fielen die meisten sowjetischen Kriegsgefangenen an. Hier lebten die meisten sowjetischen Juden. Insofern ist es kein Zufall, daß Wehrmacht und SS gerade in diesem mittelrussischen Raum ihre größte Vernichtungsaktivität entfalteten und daß hier die Hungerpolitik und die wirtschaftliche Ausbeutung am ausgeprägtesten waren. Im Bereich der Heeresgruppe Mitte wurde auf der anderen, der sowjetischen Seite auch der Partisanenkrieg am härtesten geführt. Das lag keineswegs nur an den geographischen Voraussetzungen (ausgedehnte Wald- und Sumpfgebiete), sondern war zugleich eine Reaktion auf die deutsche Kriegführung. Wahrscheinlich muß man auch den Tatbestand, daß sich im Bereich der Heeresgruppe Mitte in der mittleren militärischen Führungsschicht der Widerstand zu formieren begann, auf das besondere Ausmaß der hier begangenen deutschen Verbrechen zurückgeführt werden. Claus Schenk Graf von Stauffenberg (OKH), Henning von Tresckow und Rudolf-Christoph Frhr. von Gersdorff sind hier ebenso zu nennen wie Hellmuth James Graf von Moltke, der im OKW arbeitete, aber mit den Widerständlern in den Stäben der Heeresguppe Mitte in enger Verbindung stand. Die besondere Bedeutung der Heeresgruppe Mitte zeigte sich schließlich noch einmal Ende des Krieges: Mit ihrer Niederlage war die deutsche Besatzungsherrschaft in der Sowjetunion beendet und der Zusammenbruch der gesamten deutschen Ostfront besiegelt.

Einsatzgruppe B

In der oben formulierten 5. These wurde bereits darauf hingewiesen, daß die Massenexekutionen in den von der Wehrmacht besetzten Gebieten der Sowjetunion in erster Linie von den »Einsatzgruppen« der SS durchgeführt wurden. Dies konnte, wie die Planer schon vor dem Beginn des Ostkrieges wußten, nicht völlig losgelöst von der Wehrmacht geschehen, sondern nur in Zusammenarbeit mit ihr. Die Art der Kooperation von Wehrmacht und SS wurde in einer Übereinkunft vom 28. April 1941 festgelegt und den an der Ostfront eingesetzten Wehrmachttruppen durch einen Befehl des Oberkommandos des Heeres, der von Generalfeldmarschall Walther von Brauchitsch unterzeichnet war[15], bekanntgemacht.
Wie sich die Abgrenzung der Aufgaben einerseits und die Zusammenarbeit

von Heer und Einsatzgruppen andererseits in der Praxis einspielte, beschreibt Andreas Hillgruber in seinem Aufsatz »Der Ostkrieg und die Judenvernichtung« folgendermaßen:
»Die praktische Zusammenarbeit von Heer und ›Einsatzgruppen‹ hinsichtlich der Aktion gegen die Juden gestaltete sich so, daß die Armeeoberbefehlshaber unmittelbar nach dem Einmarsch in den besetzten Orten die Kennzeichnung und Registrierung der Juden an ihren Wohnsitzen anordneten. Dies wurde in großformatigen Plakaten bekanntgemacht, so daß den Einheiten der Sicherheitspolizei und des SD der Zugriff bequem möglich war, sofern nicht einzelne oder Gruppen von Juden – nachdem das ihnen bevorstehende Schicksal bekannt war – in die Wälder flüchteten oder sonst ›untertauchten‹. Insgesamt wurden für den bevorstehenden Feldzug gegen die Sowjetunion vier ›Einsatzgruppen‹ in Stärke von 500 bis 990 Mann, insgesamt also etwa 3000 Mann (aus der Geheimen Staatspolizei, der Kriminalpolizei, der Ordnungspolizei, der ausländischen Hilfspolizei und der Waffen-SS), untergliedert in 16 ›Einsatz‹- und ›Sonderkommandos‹, zusammengestellt.«

Im Bereich der Heeresgruppe Mitte, in dem sich die in diesem Buch geschilderten schrecklichen Ereignisse abspielten, operierte die »Einsatzgruppe B«[17]. Über ihre blutige Vernichtungsarbeit sind wir insofern recht gut informiert, als sie zunächst täglich, dann alle zwei bis vier Tage, genaue Berichte an das »Reichssicherheitshauptamt« (RSHA) gab, wo sie – mit den Berichten der anderen Einsatzgruppen – zu den »Ereignismeldungen UdSSR«[18] zusammengefaßt wurden. Ab dem 1. Mai 1942 hießen sie »Meldungen aus den besetzten Ostgebieten«[19]. Die Mordaktionen an Juden, kommunistischen Funktionären und »sonstigen radikalen Elementen« sind in diesen Quellen – im großen und ganzen verläßlich – festgehalten.
Ähnlich wie die Einsatzgruppen A (für das Baltikum), C (für die nördliche und mittlere Ukraine) und D (Bessarabien, die Südukraine, die Krim und Kaukasien) hatte auch die Einsatzgruppe B unter dem SS-Brigadeführer Arthur Nebe mehrere Kommandos für den Einsatz in Weißrußland zur Verfügung, und zwar die Sonderkommandos 7a und 7b, die Einsatzkommandos 8 und 9 sowie das »Vorkommando Moskau«[20]. Über die Führer der Einsatzgruppen und der Kommandos der Einsatzgruppe B informiert die folgende Aufstellung[21]:
Der Chef der Einsatzgruppe B, Nebe, hatte seinen Unterführern bereits zu Beginn des Rußlandkrieges eröffnet, »daß nach einem Befehl Hitlers das ganze besetzte Rußland judenfrei zu machen sei und auch andere rassisch minderwertige Elemente... zu liquidieren seien«[22]. So begann denn im un-

Führer der Einsatzgruppen

Einsatzgruppe A	Einsatzgruppe B	Einsatzgruppe C	Einsatzgruppe D
Dr. Stahlecker bis 23. 3. 1942 (gef.)	*Nebe* bis Ende Okt. 1941	*Dr. Dr. Rasch* bis Anfang Okt. 1941	*Ohlendorf* bis Juni 1942
Jost 24. März bis Anfang Sept. 1942	*Naumann* Anfang Nov. 1941 bis Febr. / März 1943	*Dr. Thomas* Okt. 1941 bis 28. 8. 1943	*Bierkamp* ab Juli 1942 bis Juli 1943 (danach BdS Krakau)
Dr. Achamer-Pifrader 10. 9. 1942 bis 4. 9. 1943	*Horst Böhme* 12. 3. 1943 bis 28. 8. 1943	*Horst Böhme* 6. 9. 1943 bis Ende März 1944	
Panzinger 4. 9. 1943 bis Mai 1944	*Dr. Ehrlinger* 28. 8. 1943 bis April 1944		
Dr. Fuchs bis Okt. 1944	*Seetzen* 28. 4. 1944 bis Aug. (?) 1944		
	Horst Böhme 12. 8. 1944		

Führer der Kommandos der Einsatzgruppe B

SK 7a	SK 7b	VK Moskau / SK 7c	EK 8	EK 9
Dr. Blume bis Sept. 1941	*Rausch* bis Jan. / Febr. 1942	*Dr. Six* bis 20. 8. 1941	*Dr. Bradfisch* bis 1. 4. 1942	*Dr. Filbert* bis 20. 10. 1941
E. Steimle Sept. bis Dez. 1941, danach vertretungsweise: *Matschke*	*Ott* Mitte Febr. 1942 bis Jan. 1943; möglicherw. von Juli bis Okt. 1942 vertr. durch *Dr. Auinger*	*Klingelhöfer* vertretungsweise; K. leitete ab Okt. das vom VKM abgetrennte u. später aufgelöste »VK Gruppenstab« bis Dez. 1941	*Richter* 1. 4. bis Sept. 1942 *Dr. Isselhorst* Sept. bis Nov. 1942	*Osw. Schäfer* Okt. 1941 bis Februar 1942 *Wiebens* Febr. 1942 bis Jan. 1943
Rapp Febr. 1942 bis 28. 1. 1943	*Rabe* Jan / Febr. 1943 bis Okt. 1944	*Dr. Körting* Mitte Sept. bis Dez. (?) 1941 Im Jan. 1942 VKM unter Verschmelzung	*Schindhelm* 13. 11. 1942 bis Okt. 1943	*Dr. Buchardt* Jan. 1943 bis März 1944

SK 7a	SK 7b	VK Moskau / SK 7c	EK 8	EK 9
		mit Teiltrupp Döring der EGrB zum SK 7c umgebildet		
Looss Juni 1943 bis Juni 1944		*Bock* Dez. 1941 bis Mitte 1942		
Dr. Bast Juni 1944 bis Okt. / Nov. 1944		(Vertretung: *Schmücker* Juni bis Spätherbst 1942)		
		Bluhm Spätherbst 1942 bis Juli 1943		
		Eckhardt Juli bis Dez. 1943, Verschmelzung mit SK 7a		

mittelbaren Gefolge der Kampfhandlungen – »auf den Spuren der Heeresgruppe Mitte« – die Vernichtungsarbeit. Die Berichte der Einsatzgruppe B sprechen bereits im ersten Monat des Rußlandkrieges von »laufend täglich« durchgeführten und »laufend weiter« erfolgenden »Liquidierungen«, ohne daß diese Mordtaten als »Vergeltung« für feindselige Handlungen von jüdischer Seite bemäntelt wurden, wie dies bei den anderen Einsatzgruppen geschah[23]. Wie den vorliegenden Zeugnissen zu entnehmen ist, war die Führung der Heeresgruppe Mitte »über Charakter und Tendenz der ›Aktionen‹ der Einsatzgruppe genügend unterrichtet«[24].

Faschisten und Deutsche

Über das Ausmaß der Beteiligung der Wehrmacht an den Vernichtungsaktionen der SS wird hierzulande seit Jahrzehnten eine Kontroverse geführt. Hierbei zeichnet sich folgende Tendenz ab: Je weiter die historische Forschung voranschreitet, desto deutlicher zeigt sich, daß die in den fünfziger Jahren veröffentlichten Memoiren ehemaliger Generäle der deutschen

Wehrmacht schönfärberische Züge trugen[25], daß Teile der Wehrmacht – wie oben in These 5 bereits ausgeführt – nicht nur von den Massakern wußten, sondern auch halfen.
Die sowjetischen Augenzeugenberichte in diesem Buch lassen erkennen, daß diese Kontroverse in der Sowjetunion auf wenig Interesse stoßen würde. Denn für die Opfer des deutschen Vernichtungskrieges war es bedeutungslos, ob es sich bei den Tätern um Angehörige der Wehrmacht, der SS, der Einsatzgruppen, der Sicherungs- und Polizeiverbände oder anderer Organisationen handelte. Es waren die »Faschisten«, die das Land überfielen, eroberten, seine Bewohner umbrachten, die Dörfer und Städte vernichteten. Es waren die »Faschisten«, die sich den Sowjetbürgern gegenüber während der Jahre der Okkupation als Herrenmenschen aufführten: »Es war so erniedrigend«, erinnert sich eine Zeitgenossin. »Man konnte nicht leben, wie man als Mensch leben muß.«[26] Und eine andere berichtet: »Sie kamen hierher und haben uns alles weggenommen. Und wie sie uns behandelt haben! Sie haben uns gar nicht für Menschen genommen.«[27]
Gleichwohl haben die Bürger der Sowjetunion schon während des Krieges kein pauschales Verdammungsurteil über die Eroberer gesprochen, sondern zwischen »Faschisten« und »Deutschen« unterschieden. Die befragten Überlebenden des Vernichtungskrieges betonten zudem immer wieder, daß es unter den Deutschen in Uniform auch viele anständige Menschen gegeben habe. Zu dieser erstaunlich differenzierten Sicht hat wohl nicht zuletzt Stalin beigetragen, der gesagt haben soll, die Hitlers würden kommen und gehen, aber das deutsche Volk bleibe bestehen.
Vor diesem ambivalenten historischen Hintergrund wird verständlich, weshalb der deutsche Journalist Paul Kohl von seinen russischen Gesprächspartnern nicht abgewehrt, sondern angenommen wurde, weshalb sie sich sogar dankbar zeigten, daß er gekommen war – daß überhaupt endlich einmal einer kam –, um zu sehen und zu hören, was dort vor ihm noch nie einer hatte hören und sehen wollen. Auch andere Deutsche, die in den letzten Jahren die Sowjetunion besuchten, bezeugen, daß sie freundlich aufgenommen wurden und ihnen kein Haß entgegenschlug.
Es sind also offenbar gar nicht die anderen, die Bürger der Sowjetunion, die uns Deutschen die angemessene Auseinandersetzung mit dem »Rußlandkrieg« so schwer machen. Die Probleme liegen bei uns selbst. Es ist vielfach geschwiegen worden, wo schmerzliche Erinnerung geboten gewesen wäre. So liegen die Barrieren, die überwunden werden müssen, damit die in diesem Buch mitgeteilten sowjetischen Augenzeugenberichte hierzulande wahrgenommen werden, nicht beim Verhalten der anderen, sondern bei uns selbst, zum Beispiel in einem wenig entwickelten Generationengespräch.

Schwieriges Generationengespräch

Es wird mir unvergessen bleiben, wie schwer sich der Physiker und Philosoph Carl Friedrich von Weizsäcker[28] tat, als er – im Rahmen einer von ihm selbst mit angeregten Tagung über »Begegnungen und Versöhnung mit den Völkern der Sowjetunion« – als Zeitzeuge zum deutsch-sowjetischen Krieg 1941–45 Stellung nahm. »In der Bundesrepublik«, sagte er, sei »ein immer wieder aufflammendes Bedürfnis vorhanden, jene Ereignisse, die u. a. uns auch in den Jahren 1941–1945 mit fürchterlichen Gewalttaten in die Sowjetunion geführt haben, aber eben nicht nur dorthin, neu zu bedenken, und ein ebenso wiederkehrendes Bedürfnis, sie nicht zu bedenken. Das ist vollkommen verständlich, denn es ist unerträglich, das alles anzusehen. Es ist unerträglich für mich und die Älteren von uns, die das alles miterlebt haben. Es ist mir aufgefallen, daß meine Kinder mir alle eines Tages einmal gesagt haben: ›Hört mal, ihr Eltern habt uns nichts erzählt von der damaligen Zeit!‹ Ich habe das gar nicht so gemerkt, daß ich nicht davon erzählt habe; aber die Lust, davon zu erzählen, ist natürlich sehr gering... Auf der anderen Seite, wenn man es nicht anschaut, wird man nicht das Richtige tun.« Man müsse also dahinkommen, »nicht in der unlösbaren Spannung zwischen Nichthinsehen – weil man es nicht erträgt – und einer Selbstpeitschung, einer Selbstgeißelung zu verharren«. Es gehe um »die Ermöglichung eines ruhigen Anschauens von Dingen, die man eigentlich nicht ruhig anschauen kann«.
Hier artikuliert also ein nachdenklicher Angehöriger der Kriegsgeneration jenes Gefühl der Unerträglichkeit, welches das Eingeständnis von Mitschuld einschließt und das für ihn offenbar eine Barriere darstellte und noch darstellt, über diesen Teil der deutschen Geschichte nachzudenken und zu sprechen.
Paul Kohl schildet uns einen Fall[29], der zeigt, welche Folgen das verweigerte Generationengespräch unter den Deutschen haben kann: In der Halle des Hotels »Jubilejuaja« in Minsk prügelten sich Angehörige einer westdeutschen Reisegruppe. Sie hatten zuvor Chatyn besucht, jenes in der Nähe gelegene ehemalige Dorf, das die Deutschen während des Krieges dem Erdboden gleichgemacht hatten und in dem sich heute die zentrale Gedenkstätte für die Opfer des deutschen Vernichtungskrieges in Belorußland befindet. Ältere Mitglieder der Reisegruppe hatten mit Landsergeschichten geprotzt. Jüngere, erschüttert, empört über die ihnen bis dahin unbekannten Verbrechen, hatten die Alten zornig als Massenmörder beschimpft. Das war der Streit im Bus gewesen. Jetzt prügelten sie sich. Eine Szene aus den frühen achtziger Jahren – vierzig Jahre nach dem Ende des Zweiten Weltkrieges.
Der Vorgang mag uns als drastischer Anschauungsunterricht für die Folgen

des großen Schweigens[30] über den Rußlandkrieg in den Jahrzehnten nach 1945 dienen. Hier die Angehörigen der Kriegsgeneration, die das erlebte Schreckliche verdrängen oder auf makabre Landsersprüche verkürzten; dort die Angehörigen der nachgewachsenen Generationen, die jetzt jene Informationen einzufordern beginnen, die ihnen allzu lange vorenthalten worden sind. So gesehen stellt die geschilderte Prügelszene den stummen und hilflosen Ersatz für ein gewiß schmerzliches, aber im Hinblick auf die Zukunft notwendiges, konstruktives Generationengespräch dar. Es wäre schade, wenn jene recht behalten sollten, die sagen, das Problem erledige sich doch ohnehin in absehbarer Zeit »biologisch«.

Der eine und der andere Holocaust

Wo stehen wir in der Bundesrepublik heute bezüglich der Auseinandersetzung mit dem Krieg des Deutschen Reiches gegen die Sowjetunion, der am 22. Juni 1941 mit dem Überfall der deutschen Wehrmacht begann und am 8. Mai 1945 mit deren bedingungsloser Kapitulation endete? Ich habe den Eindruck, daß die Aufarbeitung dieses Themas – verstanden als ein gesellschaftlicher Lernprozeß – eher noch vor uns liegt, als daß er schon geleistet wäre. Wir haben den einen Holocaust angenommen und den anderen verdrängt.

Über den Massenmord an den europäischen Juden wurden die Deutschen – soweit sie nicht schon vorher von ihm wußten – gleich nach der Kapitulation 1945 informiert. Die Siegermächte zeigten Filme über die Massentötungen in den Konzentrationslagern. Seitdem und bis heute ist das Eingeständnis der Schuld am Holocaust – zumindest in der Form einer Kollektivscham – eine weithin konsensfähige Haltung geblieben. Anders als früher zieht man sich heute auch in offiziellen Politikerreden nicht mehr auf die distanzierende und entlastende Formulierung zurück, der Holocaust sei »im deutschen Namen« verübt worden, sondern es wird – belehrt durch den in diesen Dingen erfreulich sensiblen Bundespräsidenten Richard von Weizsäcker – korrekt hinzugefügt: »durch Deutsche«.[31]

Intensiver als je zuvor hat sich die deutsche Öffentlichkeit im Jahre 1988, anläßlich des 50. Jahrestages der »Reichskristallnacht«, mit der Geschichte der Judenverfolgung in Deutschland auseinandergesetzt. Ältere haben sich an Erlebtes öffentlich erinnert. Andere wurden aufgefordert, den harten Schutzschild des Vergessens nicht länger vor sich herzutragen, zum Beispiel durch ein Symposium in Nürnberg[32] mit der provozierenden Frage: »Von nichts gewußt und keiner war dabei?« Jüngere haben sich informiert, zu

lernen und zu verstehen versucht. Trotz mancher »Exkulpationsrituale« wird man in der Summe feststellen dürfen, daß die Last von Auschwitz von der übergroßen Mehrheit der Deutschen nicht verdrängt wird.
Aber wie steht es mit dem »anderen Holocaust«, dem Vernichtungskrieg gegen die Sowjetunion? Haben wir Deutschen in der Bundesrepublik uns jemals mit vergleichbarer Intensität mit dem Schreckenskapitel auseinandergesetzt?
Gleich nach dem Ende des Krieges gab es bei vielen Deutschen durchaus die Bereitschaft zu dieser Auseinandersetzung. Sie wurde jedoch mit dem Beginn des »Kalten Krieges« alsbald verschüttet und durch eine neuerliche Orientierung an antibolschewistischen Feindbildern ersetzt. Mit der Frontstellung gegen den Sowjetkommunismus korrespondierte die weitgehende Verdrängung des Krieges gegen die Sowjetunion aus dem Bewußtsein der Deutschen. Das Vergessen dauert an. Bei seinem Besuch im ehemaligen Konzentrationslager Bergen-Belsen im Jahre 1985 – im Zusammenhang mit den offiziellen Gedenkfeiern zum 8. Mai 1945 – gab Bundeskanzler Helmut Kohl dem vorherrschenden Bewußtseinsstand dadurch Ausdruck, daß er »vergaß«, von den Gräbern von 50000 sowjetischen Kriegsgefangenen in Bergen-Belsen zu sprechen und sich vor ihnen zu verneigen[35]. Zufall? Scheu? Fehlende Einsicht? Jedenfalls ein deutliches Indiz dafür, daß die Auseinandersetzung mit der »Befreiung« Deutschlands bislang nur in recht einseitiger Hinsicht erfolgt ist, nämlich in bezug auf die westlichen Siegermächte. Es ist aber ein Faktum, daß die Rote Armee der Sowjetunion einen maßgeblichen, ja sogar entscheidenden Anteil an dieser Befreiung hatte und die Opfer der UdSSR im Kriege somit »auch Opfer für uns« waren[36].

Wissenschaft und Stammtisch

Die historischen Fakten über den Rußlandkrieg sind im wesentlichen seit den sechziger Jahren bekannt. Wer wissen will, kann wissen. Auch die seriöse Presse hat bei der Vermittlung der grundlegenden historischen Fakten eine alles in allem konstruktive Rolle gespielt[37]. Gleichwohl können wir auf Schritt und Tritt erfahren, daß das, was die Geschichtsforschung erarbeitet hat, beim allgemeinen, historisch nur mäßig interessierten Publikum noch wenig angekommen ist. Es stimmt, was Hans Heigert über die »Durchdringung« des Nationalsozialismus im allgemeinen schrieb: In Wahrheit setzen sich »die ungefähren Erinnerungen« nicht über Lehrstühle, Akademien, Seminare und Publikationen, sondern ganz woanders fort: »an den Stammtischen, in Turn- und Gesangvereinen, Witzen aus der alten Zeit, bei Ritualen des Sich-selber-auf-die-Schulter-Klopfens«[38].

Für den deutsch-sowjetischen Krieg gilt das in besonderem Maße. Selbst die populär gemachte, 12teilige Fernsehserie »Der unvergessene Krieg«[39] – eine sowjetisch-amerikanische Gemeinschaftsproduktion, die 1981 im Deutschen Fernsehen ausgestrahlt wurde – hat es allem Anschein nach nicht vermocht, die herrschende Verdrängung und die mit ihr korrespondierenden »ungefähren Erinnerungen« zu durchbrechen und aufzulösen.

Es fehlten wohl einfach der politische Anstoß und das politische Klima, um alte, teilweise bis in die Hitlerzeit zurückreichende Feindbilder abzuschmelzen und damit den Weg zu einer unvoreingenommenen Beschäftigung mit dem dunkelsten Kapitel der deutsch-sowjetischen Beziehungen frei zu machen. Wie wir den seit 1986 durchgeführten Meinungsumfragen[40] entnehmen können, hat nun die Ära Gorbatschow mit ihrem »neuen Denken« sowie mit den Ansätzen zu Umgestaltung und Transparenz endlich das alte, verkrustete Feindbilddenken brüchig werden lassen. Aber solche Bilder sind langlebig und Rückfälle daher nicht auszuschließen. Immerhin läßt sich jedoch sagen, daß die Chancen zu einer unvoreingenommenen Erinnerung an den Tiefpunkt in der gemeinsamen Geschichte Deutschlands und der Sowjetunion bei uns derzeit besser sind als je zuvor. So könnte es tatsächlich sein, daß die Zeit reif ist für dieses Buch von Paul Kohl. Es gibt uns die Möglichkeit und fordert uns dazu auf, neben dem schwierigen Generationengespräch unter den Deutschen nun auch eine gedankliche Kommunikation mit den sowjetischen Augenzeugen zu führen.

Eine Herausforderung an die Vorstellungskraft

Wer auch nur einen der hier präsentierten Augenzeugenberichte gelesen hat, wird vermutlich mit der Versuchung zu kämpfen haben, das Buch gleich wieder zuzuschlagen. Spontane Ablehnung schrecklicher Nachrichten ist anscheinend eine natürliche menschliche Reaktion. Wer das Buch dann wieder öffnet und weiterliest, wird feststellen, daß das, was wir hier aus der Perspektive der Opfer über den deutschen Vernichtungskrieg erfahren, nicht zuletzt eine Herausforderung an unsere Vorstellungskraft darstellt.

Paul Kohl war bei seinen Interviews immer wieder mit diesem Problem konfrontiert. Einen Gehängten, zehn Erschossene, 34791 Erschossene – wo beginnt und wo endet das, was man sich gerade noch vorzustellen vermag? Oder sind es die Zahlen selbst, die den Weg versperren, der zum Begreifen führt? In der Masse bleiben die Opfer anonym, werden zur »grauen Schick-

salsgemeinschaft«[41], zur »blinden« Größe. So sind die sowjetischen Augenzeugenberichte vielleicht dort am eindringlichsten, wo der einzelne Mensch erkennbar wird, wo sein individuelles Leid begreifbar bleibt – stellvertretend für die vielen Opfer.
Eine Herausforderung an die Vorstellungskraft sind die Kriegsereignisse übrigens nicht minder für die jüngeren Generationen in der Sowjetunion. Paul Kohl bekam im Museum von Smolensk davon einen Eindruck[42]. Die Besucher können dort ein Relief betrachten, das die Realität der Schlacht und des Vernichtungskrieges optisch einzufangen versucht: schießende Soldaten, brennende Dörfer, Erhängte. Doch der Versuch der musealen Aufbereitung gerät zur unfreiwilligen Komik: Das »Zwergengemetzel« der Gipsminiatur kann – so schildert Kohl seine Empfindungen – letztlich nicht veranschaulichen, was war, denn »dieses Entsetzliche ist eben nicht nachbildbar«.

Oral History und Forschungsstand

Die mündliche Geschichtsüberlieferung hat ihre Stärken und Schwächen[43]. Zu den Stärken gehört die Erinnerung des Zeitzeugen an sein ganz individuelles Erleben eines historischen Vorgangs, an die Atmosphäre des Geschehens und an manches Detail, das in der schriftlichen Überlieferung im Regelfall nicht zum Tragen kommt. Zu den Nachteilen zählt demgegenüber, daß sich in der Erinnerung häufig vermischt, was man von einem historisch relevanten Vorgang selbst erlebt und was man später über ihn erfahren hat. Die Berichte der sowjetischen Augenzeugen, die in diesem Band abgedruckt sind, teilen diese Stärken und Schwächen jeder mündlichen Geschichtsüberlieferung.
Das bedeutet, daß wir sie als das nehmen müssen, was sie sind: als persönliche Aussagen über schreckliche Ereignisse, die sich tief in das Gedächtnis der Menschen eingegraben haben und die nur unter schmerzhafter Erinnerung mitgeteilt werden konnten. So ist ein Zeitdokument von großer Eindringlichkeit entstanden, ein gewichtiger Beitrag zu einer Geschichte dieses Krieges »von unten«, aus der Sicht der meist hilflosen Opfer.
Mündliche Geschichtsüberlieferung kann und will das Studium der Regierungs- und militärgeschichtlichen Dokumente nicht ersetzen, höchstens ergänzen und gegebenenfalls mit Leben füllen. In einer Zeit aber, in der die sowjetischen Archive der historischen Forschung sich erst langsam zu öffnen beginnen, werden Historiker und historisch interessierte Zeitgenossen die Augenzeugenberichte besonders zu schätzen wissen, die Paul Kohl auf den Spuren der Heeresgruppe Mitte zusammengetragen hat.

Bleibt anzumerken, daß sich in der Sowjetunion gerade in jüngster Zeit – trotz der schwierigen Quellenlage, die sich hoffentlich bald zum Positiven hin verändern wird – eine lebhafte Diskussion über einzelne Aspekte des deutsch-sowjetischen Krieges zu beobachten ist[44]. Im Vordergrund steht dabei offenbar die – mit kritischer Tendenz gegen Stalin gestellte – Frage, wie es geschehen konnte, daß die deutsche Wehrmacht im Sommer 1941 die Rote Armee einfach überrennen und so die machtpolitischen Voraussetzungen für die Mordaktionen hinter der Front schaffen konnte.
Die in diesem Buch geschilderten Augenzeugenberichte könnten auch die historische Forschung anregen. Sie hat sich, beschämend genug, mit den meisten der Massaker, von denen hier die Rede ist, überhaupt noch nicht befaßt. Ziehen wir die einschlägigen Werke bundesdeutscher und anderer westlicher Historiker zum deutsch-sowjetischen Krieg, zur deutschen Besatzungspolitik in der Sowjetunion[45] und zum Massenmord an den Juden[46] heran, dazu die vorliegenden Untersuchungen über die sowjetischen Kriegsgefangenen in deutschem Gewahrsam, so wird rasch deutlich, daß sie uns nicht in den Stand setzen, die von Paul Kohl aufgesuchten Städte und die in den Augenzeugenberichten erwähnten Personen zu verifizieren. Das war ausschließlich mit den Mitteln möglich, die der »Zentralen Stelle der Landesjustizverwaltungen zur Aufklärung von NS-Verbrechen« in Ludwigsburg zur Verfügung stehen. Dort konnte eine fast lückenlose Verifizierung von Orten und Personen geleistet werden.
Man sieht: Der deutsche Vernichtungskrieg in der Sowjetunion ist bislang eher paradigmatisch denn systematisch erforscht worden. Die wenigen Bücher aus der Sowjetunion, die davon handeln und ins Deutsche übersetzt wurden[47], sind hier nur schwer oder gar nicht zugänglich. So können denn die sowjetischen Augenzeugenberichte in diesem Buch auch daran erinnern, wie lückenhaft das Bild ist, das die Forschung bislang von diesem Krieg erarbeitet hat und welche Aufgaben noch vor uns liegen.

Anmerkungen

1 Zur einführenden Orientierung sind folgende Werke zu empfehlen: Das Deutsche Reich und der Zweite Weltkrieg, Bd. 4: *Der Angriff auf die Sowjetunion.* Von H. Boog, J. Förster, J. Hoffmann, E. Klink, R.-D. Müller, G. R. Ueberschär, Stuttgart 1983. – Deutschland im Zweiten Weltkrieg, Bd. 2: *Vom Überfall auf die Sowjetunion bis zur sowjetischen Gegenoffensive bei Stalingrad* (Juni 1941 bis November 1942), Leitung: Karl Drechsler, Berlin (DDR) 1975. – *Helmut Krausnick / Hans-Heinrich Wilhelm:* Die Truppe des Weltanschauungskrieges. Die Einsatzgruppen der Sicherheitspolizei und des SD 1938–1942, Stuttgart 1981. Vgl. auch Anm. 17. – *Christian Streit:* Keine Ka-

meraden. Die Wehrmacht und die sowjetischen Kriegsgefangenen 1941–1945, Stuttgart 1978, 2. Aufl. 1981. – *Gerd R. Ueberschär / Wolfram Wette (Hg.):* »Unternehmen Barbarossa«. Der deutsche Überfall auf die Sowjetunion 1941. Berichte, Analysen, Dokumente, Paderborn 1984. – *Wigbert Benz:* Der Rußlandfeldzug des Dritten Reiches: Ursachen, Ziele, Wirkungen. Zur Bewältigung eines Völkermords unter Berücksichtigung des Geschichtsunterrichts, Frankfurt / M. 1986.

2 Mit einigen politikgeschichtlichen, kirchengeschichtlichen, psychologischen, ideologischen und – im engeren Sinne – politischen Aspekten dieses Problems befaßt sich der Sammelband: *Frieden mit der Sowjetunion – eine unerledigte Aufgabe.* Hg. von Dietrich Goldschmidt in Zusammenarbeit mit Sophinette Becker, Erhard Eppler, Wolfgang Huber, Horst Krautter, Hartmut Leonhard, Wolfgang Raupach, Klaus von Schubert und Wolfram Wette (Gütersloher Taschenbücher / Siebenstern 582), Gütersloh 1989.

3 Bei den folgenden 7 Thesen handelt es sich um den auszugsweisen, leicht geänderten Wiederabdruck eines Beitrages des Verfassers, der unter dem Titel »Erobern, zerstören, auslöschen. Die verdrängte Last von 1941: Der Rußlandfeldzug war ein Raub- und Vernichtungskrieg von Anfang an« zuerst veröffentlicht wurde in: DIE ZEIT, Nr. 48 vom 20. November 1987, S. 49–51.

4 Zur Auseinandersetzung mit diesen Versuchen, die im sog. Historikerstreit eine gewisse Rolle gespielt haben, vgl. meinen Beitrag: Über die Wiederbelebung des Antibolschewismus mit historischen Mitteln – oder: Was steckt hinter der Präventivkriegsthese?, in: *Erler / Müller / Rose / Schnabel / Ueberschär / Wette:* Geschichtswende? Entsorgungsversuche zur deutschen Geschichte, Freiburg 1987, S. 86–115, sowie: *Bianka Pietrow:* Deutschland im Juni 1941 – ein Opfer sowjetischer Aggression? Zur Kontroverse über die Präventivkriegsthese, in: Geschichte und Gesellschaft. Zeitschrift für historische Sozialwissenschaft 14 (1988), H. 1, S. 116–135. Neuerdings hat der ehemalige Offizier der Roten Armee und Agent des sowjetischen militärischen Geheimdienstes, *Viktor Suworow,* in seinem Buch: Der Eisbrecher. Hitler in Stalins Kalkül. Aus dem Russischen von Hans Jäger, Stuttgart 1989, den – allerdings untauglichen – Versuch gemacht, aufgrund einer militärhistorischen Analyse der Roten Armee im Sommer 1941 eine Angriffsabsicht Stalins zu belegen. Zur Auseinandersetzung mit diesem Buch vgl. *Wolfgang Malanowski:* »Rücken an Rücken oder Brust an Brust?« in: DER SPIEGEL, Nr. 10, 6. März 1989, S. 148–164.

5 Texte im Wortlaut in: *Gerd R. Ueberschär / Wolfram Wette (Hg.):* »Unternehmen Barbarossa« (wie Anm. 1), Teil IV: Ausgewählte Dokumente.

6 Vgl. den Befehl des Oberbefehlshabers des Heeres, Generalfeldmarschall Walther von Brauchitsch, über die Zusammenarbeit der Wehrmacht mit der Sicherheitspolizei und dem SD im vorgesehenen Krieg gegen die Sowjetunion vom 28. 4. 1941, Wortlaut ebd. (wie Anm. 5), S. 303 f.

7 *Ernst Nolte:* Der Faschismus in seiner Epoche, München 1963, S. 463.

8 Über die Heeresgruppe Mitte, ihre militärischen Planungen und Operationen, liegen mehrere kriegsgeschichtliche Darstellungen vor: *Werner Haupt:* Heeresgruppe Mitte 1941–1945, Dorheim 1968; *ders.:* Bildchronik der Heeresgruppe Mitte 1941–1945, Dorheim 1969; *ders.:* Die Schlachten der Heeresgruppe Mitte. Aus der Sicht der Divisionen, Friedberg 1983; eine Schilderung der Operationen der Heeresgruppe Mitte vom Kriegsbeginn bis zur Jahreswende 1941 / 42 bietet der Beitrag von *Ernst Klink* in: Das Deutsche Reich und der Zweite Weltkrieg, Bd. 4 (siehe Anm. 1), S. 451 ff.; vgl. auch das ebd. abgedruckte Kartenmaterial. Vegeblich sucht man in diesen traditionellen kriegsgeschichtlichen Darstellungen Informationen über das Zusammenwirken der Heeresgruppe Mitte mit der Einsatzgruppe B. Weder die verbrecherischen Befehle noch die Praxis des Vernichtungskrieges werden angemessen problematisiert.

9 Vgl. die Liste der Oberbefehlshaber der Heeresgruppe Mitte, der Generalstabschefs und der Oberbefehlshaber der Armeen, in: Haupt, Heeresgruppe Mitte (wie Anm. 8), S. 367ff.

10 Vgl. dazu die »Gebietskarte der Heeresgruppe Mitte« im Anhang des Buches von Haupt, Heeresgruppe Mitte (wie Anm. 8). Zur Gliederung der Heeresgruppe vgl. ebd., S. 355ff.

11 Zum Zusammenbruch der Heeresgruppe Mitte vgl. die Zusammenstellung von Operationsberichten in dem Buch von *Gerd Niepold:* Mittlere Ostfront Juni '44. Darstellung, Beurteilung, Lehren, Herford/Bonn 1985.

12 Zu den deutschen Verlustzahlen vgl. Ueberschär/Wette (Hg.), »Unternehmen Barbarossa« (wie Anm. 1), S. 402. Nach der dort erwähnten Statistik wurden im Osten ca. 1 Million deutsche Soldaten getötet, 3,8 Millionen verwundet und 1,25 Millionen vermißt, was sich zu mehr als 6 Millionen Verlusten addiert. Vgl. auch die detaillierten Zahlen in: *Fritz Hahn:* Waffen und Geheimwaffen des deutschen Heeres 1933–1945, Bd. 2, Koblenz 1987, S. 256.

13 Siehe: Haupt, Heeresgruppe Mitte (wie Anm. 8), S. 355.

14 Vgl. dazu auch den nachfolgenden Abschnitt »Faschisten und Deutsche«.

15 Vgl. oben, Anm. 6.

16 *Andreas Hillgruber:* Der Ostkrieg und die Judenvernichtung, in: »Unternehmen Barbarossa« (wie Anm. 1), S. 225f.

17 Über Führung, Gliederung, Marschwege, Aktionsräume und die Vernichtungspraxis der Einsatzgruppe B informiert das aus den Quellen gearbeitete Buch von *Helmut Krausnick:* Hitlers Einsatzgruppen. Die Truppe des Weltanschauungskrieges 1938–1942, Frankfurt/M. 1985, besonders S. 124f., 156–162, 360ff. (Bei diesem Taschenbuch handelt es sich um einen teilweisen Wiederabdruck des in Anm. 1 genannten Bandes von Krausnick/Wilhelm.)

18 Bislang nicht publiziert. Die Akten befinden sich im Bundesarchiv Koblenz unter der Signatur R 58/214–221.

19 Ebenfalls bislang nicht publiziert, Fundort: Bundesarchiv Koblenz, Signatur R 58/697–699, R 58/222–224.

20 Krausnick, Hitlers Einsatzgruppen (wie Anm. 17), S. 124f.

21 Entnommen ebd., S. 360 und 362.

22 Ebd., S. 142.

23 Ebd., S. 143.

24 Ebd., S. 197. Über das Verhältnis von Heer und Einsatzgruppen sowie über die Fälle und Formen von Kooperationen sowie die Kenntnis des Heeres von der Tätigkeit der Einsatzgruppen berichtet im einzelnen Krausnick, ebd., S. 179–245.

25 Vgl. hierzu *Jürgen Förster:* Zur Rolle der Wehrmacht im Krieg gegen die Sowjetunion, in: Aus Politik und Zeitgeschichte, B 45/80 vom 8. Nov. 1980, S. 1–15; *ders.:* Rückblick auf das »Unternehmen Barbarossa«. Die besondere Qualität des Krieges im Osten, in: *Jörg Friedrich/Jörg Wollenberg (Hg.):* Licht in den Schatten der Vergangenheit. Zur Enttabuisierung der Nürnberger Kriegsverbrecherprozesse, Frankfurt/M., Berlin 1987, S. 115–129; sowie den Beitrag Försters in: Das Deutsche Reich und der Zweite Weltkrieg, Bd. 4 (Anm. 1).

26 Im vorliegenden Buch, S. 189.

27 Ebd., S. 189.

28 *Carl Friedrich von Weizsäcker:* Richtungsskizze für ein Votum auf dem Weg zu einer Weltfriedensversammlung der Christen. Vortrag im Rahmen einer Tagung »Begegnungen und Versöhnung mit den Völkern der Sowjetunion als Schritt im konziliaren Prozeß« (28. 9.–1. 10. 1987) in Kloster Kirchberg, veröffentlicht in: epd-Dokumentation Nr. 5/88, Frankfurt/M. 25. Januar 1988, S. 45–46, Zitate S. 48f.

29 Im vorliegenden Buch, S. 127.

30 Vgl. dazu jetzt aus psychoanalytischer Sicht Sophinette Becker, Der Umgang der Deutschen in der Bundesrepublik mit Krieg und Verbrechen in der Sowjetunion, in: Frieden mit der Sowjetunion (siehe Anm. 2).

31 Diese Formulierung verwendete Bundespräsident *Richard von Weizsäcker* in seiner Rede zur Eröffnung des 37. deutschen Historikertages in Bamberg am 12. Oktober 1988; Auszüge u. d. T. »Auschwitz geschah in deutschem Namen durch Deutsche«, in: Süddeutsche Zeitung vom 14. Oktober 1988, Wortlaut der gesamten Rede u. a. in: Schriften der Stadt Bamberg 2, hg. von der Städtischen Pressestelle, Bamberg 1988.

32 Vgl. den Bericht »Nichts gesehen und nichts gewußt? Nürnberger Symposium beschäftigt sich mit der Rolle der Bürger bei der Judenverfolgung«, in: Süddeutsche Zeitung vom 21. November 1988, S. 18.

33 *Y. Michal Bodemann:* Was hat der Gedenktag überhaupt mit den Juden zu tun? Nachbetrachtungen zu der »Reichspogromnacht« und dem Umgang der Deutschen mit ihrer Geschichte, in: Frankfurter Rundschau vom 29. November 1988, S. 10.

34 *Rolf-Dieter Müller:* Der andere Holocaust. Der Krieg gegen die Sowjetunion: Vieles deutet darauf hin, daß dem russischen Volk ein ähnliches Schicksal zugedacht war wie dem jüdischen, in: DIE ZEIT Nr. 27, 1. Juli 1988, S. 33f.

35 *Helmut Kohl:* Gedenken in Bergen-Belsen. Ansprache am 8. Mai 1985 anläßlich des Besuches von US-Präsident Reagan, in: Bulletin des Presse- und Informationsamtes der Bundesregierung Nr. 49 vom 7. Mai 1985, S. 417.

36 *Wolfgang Eichwede:* Die Sowjetunion und Deutschland 1945, in: Zusammenbruch oder Befreiung? Zur Aktualität des 8. Mai 1945. Eine Berliner Universitätsvorlesung, hg. von Ulrich Albrecht, Elmar Altvater und Ekkehart Krippendorff, Berlin 1986, S. 120–139, Zitat S. 137.

37 Vgl. hierzu die Spezialuntersuchung von *Gerhard Schreiber:* Zur Perzeption des Unternehmens »Barbarossa« in der deutschen Presse, in: »Unternehmen Barbarossa« (siehe Anm. 1), S. 22–42.

38 *Hans Heigert:* Der deutsche Sonderfall, in: Süddeutsche Zeitung vom 19./20. November 1988, S. 4.

39 Vgl. dazu *Heinz Werner Hübner:* Der unvergessene Krieg, in: »Unternehmen Barbarossa« (wie Anm. 1), S. 43–47; sowie den Begleitband von *Michael Eickhoff, Wilhelm Pagels und Willy Reschl:* Der unvergessene Krieg. Hitler-Deutschland gegen die Sowjetunion 1941–1945, Köln 1981.

40 Vgl. den Pressebericht »Abrüstungsumfrage. Mehr Vertrauen zu Gorbatschow«, in: stern, Nr. 23, 27. März 1987, S. 217, sowie den Bericht »Gorbatschow populärer als Kohl. SPIEGEL-Umfrage über die Abrüstungs-Debatte und über die Lage der Parteien im Landtags-Wahljahr 1987«, in: DER SPIEGEL, Nr. 18/1987 vom 24. April 1987, S. 52–63. Vgl. weiterhin den Bericht über eine SINUS-Studie, eine Emnid- und eine Infas-Umfrage vom Spätjahr 1988 über nachlassende Bedrohungsgefühle u. d. T. »Daß die Russen kommen, glaubt kaum einer«, in: Badische Zeitung, 18. 1. 1989, S. 5.

41 Diesen Ausdruck verwendete *Walter Jens* in einem Vortrag »Reden über das eigene Land«, über den die Süddeutsche Zeitung, Nr. 286, 21. November 1988, u. d. T. »Das Land der Sieger« berichtete. Er setzte den Pauschalierungen in Gedenkstunden die Forderung nach exemplarischer Individualisierung der Opfer entgegen. Damit werde den ermordeten, gesichtslosen Juden wieder Gesicht und Würde gegeben.

42 Im vorliegenden Buch, S. 167f.

43 Zu Problemen und Möglichkeiten der Oral History vgl. die Sammelbände: *Lutz Niethammer (Hg.):* Lebenserfahrung und kollektives Gedächtnis. Die Praxis der »Oral History«, Frankfurt/M. 1980; *Gerhard Botz und Josef Wiedenholzer (Hg.):* Mündliche Geschichte und Arbeiterbewegung. Eine Einführung in Arbeitsweisen und Themenbereiche der Geschichte »geschichtsloser« Sozialgruppen, Wien, Köln, Graz 1984.

44 In der in Moskau erscheinenden »Militärhistorischen Zeitschrift«. In den Heften 4, 5 und 6/1988 dieser Zeitschrift wurden gleich mehrere Aufsätze über die Anfangsphase des »Großen Vaterländischen Krieges« veröffentlicht. Übersetzungen ins Deutsche liegen im Militärgeschichtlichen Forschungsamt, Freiburg i. Br., vor.

45 Das Standardwerk zur deutschen Besatzungspolitik in der UdSSR von *Alexander Dallin:* Deutsche Herrschaft in Rußland 1941–1945. Eine Studie über Besatzungspolitik, Düsseldorf 1958, erschien als 2. Auflage (Königstein) im Jahr 1981. Das bedeutet, daß das mit dem Wissensstand der frühen 50er Jahre von einem amerikanischen Historiker geschriebe Werk noch immer unübertroffen ist.

46 Zur geographischen Orientierung vgl. *Martin Gilbert:* Endlösung. Die Vertreibung und Vernichtung der Juden. Ein Atlas. Aus dem Englischen von Nikolaus Hansen, Reinbek bei Hamburg 1982. Die beste Gesamtdarstellung stammt aus der Feder des amerikanischen Historikers *Raul Hilberg:* Die Vernichtung der europäischen Juden. Die Gesamtgeschichte des Holocaust, Berlin 1982, Erstausgabe Chicago 1960; jetzt auch als Fischer-Taschenbuch u. d. T.: Die Vernichtung der europäischen Juden, 3 Bde., Frankfurt/M. 1990.

47 Der Roman des russischen Schriftstellers *A. Anatoli (Kusnezow):* Babij Jar, München, Zürich, Wien 1970, ist längst vergriffen; ein Augenzeugenbericht ist abgedruckt in: *Eine Schuld, die nie erlischt.* Dokumente über deutsche Kriegsverbrechen in der Sowjetunion. Mit einem Geleitwort von Ales Adamowitsch, Köln 1987, Dok. Nr. 60, S. 170–172. Bei diesem Buch handelt es sich um die Lizenzausgabe einer zuerst u. d. T. »Verbrecherische Ziele – verbrecherische Mittel!« im Verlag für fremdsprachliche Literatur, Moskau 1963, erschienenen Dokumentation. Vgl. auch den Roman von *Ales Adamowitsch:* Stätten des Schweigens. Aus dem Russischen von Heinz Kübart, Köln 1985, sowie den – vielleicht etwas zu schön geratenen – Bildband von *Wladimir Karpow:* Rußland im Krieg 1941–1945. Mit einem Geleitwort von Harrison E. Salisbury, Zürich 1988.

Nachwort

Der Weg dieses Buchmanuskriptes gleicht dem Lauf einer Flipperkugel durch den Kulturbetrieb. Zwei Jahre lang bot ich diesen Text 32 Buchverlagen von Hamburg bis München an. Die Reaktion der Verlage war im allgemeinen immer dieselbe: Nach mehreren brieflichen und/oder telefonischen Erinnerungen erhielt ich gewöhnlich einen Vordruck oder manchmal sogar einen kurzen Brief, in dem man mir mitteilte, daß für mein Manuskript kein Markt bestehe, die Nachfrage zu gering, die Herstellungskosten zu groß, eine Publikation also nicht möglich sei.
In einem Hamburger Verlag ging das Manuskript verloren, einem Münchener Verlag war das Thema zu »links«, in einem Kölner Verlag irrte der Text monatelang wegen Nichtzuständigkeit von Lektor zu Lektor. Von einigen Verlagen erhielt ich überhaupt keine Antwort, teils weil sie sich im Laufe eines halben Jahres durch Konkurs oder Umstrukturierung auflösten, teils weil sie das Manuskript auf ihrem Schreibtisch schlichtweg vergessen hatten. Ich gab im »Börsenblatt für den Deutschen Buchhandel« eine Anzeige unter der Rubrik »Verleger-Gesuche« auf und erhielt zwei »Angebote«: Ein Verlag schlug mir eine Publikation unter der Bedingung einer erheblichen Beteiligung an den Herstellungskosten vor, und ein anderer Verlag schickte mir seinen Prospekt über sein Buch »Wie werde ich Eigenverleger«. Als ich mich bei einem Lektor beklagte, fragte er, ob ich meinen Text denn schon allen 1900 westdeutschen Verlagen angeboten habe. Wenn nicht, hätte ich keinen Grund zur Beschwerde. Ich schickte das Manuskript einer Hamburger Illustrierten und einem Hamburger Nachrichten-Magazin für eine Serie. Doch auch hier ging mir kein Stern auf, und es spiegelte sich nur müdes Desinteresse.
In diesen Jahren der Verlegersuche bewarb ich mich dreimal um ein Werkstipendium, das der Berliner Senat jährlich an fast zwei Dutzend Autoren vergibt. Dreimal befanden die Juroren aus Berliner Literatureinrichtungen mein Projekt als nicht förderungswürdig. Auch die renommierte Stiftung Preußische Seehandlung, die alljährlich zahlreiche Werkstipendien vergibt, verweigerte eine Förderung. Als 33. Versuch schickte ich im August 1987 mein Manuskript der »Hamburger Stiftung für Sozialgeschichte des 20. Jahrhunderts«, die bekannt ist für Publikationen kritischer Arbeiten

über die NS-Zeit. Zwar dauerte es ein halbes Jahr, bis ich schließlich einen Vertrag erhielt, doch immerhin hatte ich nun endlich einen Vertrag. Und als man sich in Hamburg eineinhalb Jahre später dann konkret an die Publikation im Greno-Verlag machen wollte, stellte sich heraus, daß der Greno-Verlag pleite war, Konkurs anmelden und sich auflösen mußte. Zwei Jahre, nachdem ich mein Manuskript der Hamburger Stiftung geschickt hatte, und vier Jahre, nachdem ich den Text dem ersten Verlag angeboten hatte, stand ich nun mit meinen 500 Seiten wieder ohne Verlag da.

Darauf setzte sich der Lektor des Gütersloher Verlagshauses Gerd Mohn, Dr. Manfred Baumotte, sehr engagiert dafür ein, dieses Buch in seinem Verlag herauszubringen, was ihm auch gelang. Doch nachdem mein Lektor Baumotte aus dem Verlag ausscheiden mußte, hatte es dort seinen Fürsprecher verloren. Nach einer eher bescheidenen Karriere im Programm des Gütersloher Verlagshauses Gerd Mohn (Bertelsmann) hat sich nun ein engagierter Lektor gefunden: Dr. Walter Pehle und dem Fischer Taschenbuch Verlag gelang es, die Taschenbuch-Lizenz zu erwerben. Dafür danke ich sehr. So kann nun endlich, fast zehn Jahre nach meiner Reise auf der Spur der Heeresgruppe Mitte 1985, dieses Buch in der »schwarzen Reihe« einem größeren Leserkreis zur Verfügung gestellt werden. Und dies in einer Zeit, in der mehr und mehr Hakenkreuze an die Wände geschmiert werden und »Sieg Heil« gegrölt wird.

Die meisten Dokumente als Belege für die Aussagen der sowjetischen Augenzeugen fand ich in der Zentralen Stelle der Landesjustizverwaltungen in Ludwigsburg. Hier habe ich drei Wochen lang in den Akten geblättert und ausgewählt. Für die Hilfe dabei danke ich dem Leiter der Zentralen Stelle, Herrn Dr. Alfred Streim, und Herrn Dr. Willi Dreßen. Am meisten aber danke ich meiner Frau Sophie für ihre jahrelange Geduld bei all den Schwierigkeiten, besonders den finanziellen, die das Entstehen dieses Buches immer wieder hervorbrachte.

Berlin, im Februar 1995 *Paul Kohl*

Quellen- und Bildnachweise

Die Originale der Ereignismeldungen UdSSR des Chefs der Sicherheitspolizei und des SD und (ab 1. 5. 1942) die Meldungen aus den besetzten Ostgebieten (RSHA Berlin) befinden sich im Bundesarchiv Koblenz im Bestand R 58 (RSHA). Kopien hiervon sind im Institut für Zeitgeschichte, München, und in der Zentralen Stelle der Landesjustizverwaltungen, Ludwigsburg, archiviert. – Die Serie der »Militärgeographischen Angaben« oder »Militärgeographischen Beschreibungen« sind in der Staatsbibliothek Preußischer Kulturbesitz, Kartenabteilung, West-Berlin, einzusehen. – Die Abkürzung DZA steht für Deutsches Zentralarchiv in Potsdam, das identisch ist mit dem Zentralen Staatsarchiv (ZStA) in Potsdam. – ZSt steht für Zentrale Stelle der Landesjustizverwaltungen, Ludwigsburg. BA/MA steht für Bundesarchiv/Militärarchiv, Freiburg im Br. – SZAOR = Staatliches Zentralarchiv der Oktoberrevolution, Minsk.

S. 219: Nichtangriffsvertrag zwischen Deutschland und der Union der Sozialistischen Sowjetrepubliken vom 23. August 1939: Politisches Archiv des Auswärtigen Amtes (PA/AA), Bonn, Film 11/0048-50, »Akten des Büros des Reichsaußenministers«, u. a. veröffentlicht in: Erwin Oberländer (Hg.): Hitler-Stalin-Pakt 1939. Das Ende Ostmitteleuropas?, Frankfurt/M. 1989, S. 125 ff. – S. 220: Geheimes Zusatzprotokoll vom 23. August 1939 zum Nichtangriffsvertrag zwischen Deutschland und der Union der Sozialistischen Sowjetrepubliken: PA/AA, Film 19/182–183. – S. 221: Deutsch-sowjetischer Grenz- und Freundschaftsvertrag vom 28. September 1939: PA/AA, Film 2/003231. – S. 222: Geheimes Zusatzprotokoll vom 28. September 1939 zum Deutsch-sowjetischen Grenz- und Freundschaftsvertrag: PA/AA, Film 2/0319. – S. 222: Militärgeographische Angaben über das Europäische Rußland – Weißrußland/Textheft, S. 38, Staatsbibliothek Preußischer Kulturbesitz, Berlin/West. – S. 224: Aussage von Heinrich M., Angehöriger des 307. Polizeibataillons: Zentrale Stelle der Landesjustizverwaltungen (ZSt), Ludwigsburg, 204 AR-Z 334/59, Bd. 2, Bl. 7–11. – S. 226: Aussage eines Angehörigen der 3. Kompanie des 307. Polizeibataillons über seine Verweigerung, an einer Exekution in Brest teilzunehmen: ZSt I Befehlsnotstand, B 80. – S. 226: Ereignismeldung UdSSR: Ereignismeldung UdSSR Nr. 32 vom 24. 7. 1941, ZSt Ereignismeldungen Ordn. 79, Bild 17, 21 und 30; Ereignismeldung UdSSR Nr. 43 vom 5. 8. 1941: ZSt Ereignismeldungen, Ordn. 80, Bild 156. – S. 229: Auszug aus einem Plakat, auf dem die Wehrmacht zur Registrierung der ortsansässigen Juden aufrief: Bundesarchiv/Militärarchiv (BA/MA), Freiburg im Br., AOK 9/13904/1. – S. 229: Lagebericht für den Monat Oktober 1942 des Gendarmerie-Gebietsführers von Brest-Litowsk über die Räumung des Gettos: ZSt Verschied. 301, Ordn. 100, Bild 220. – S. 230: Der Angehörige der Polizeikompanie »Nürnberg«, Ernst Westermacher, berichtet über die Erschießung von Kindern aus dem Brester Getto: ZSt 204 AR-Z 334/59, Bd. 3, Bl. 566. – S. 230: Einsatzbefehl des 3. Bataillons des 15. Polizeiregiments zur Vernichtung der Dörfer Borki, Zablocie, Borysowka und Kortelisi: Staatliches Zentralarchiv der Oktoberrevolution (SZAOR) der UdSSR, Fonds 7021, Liste 148, Akte 3, Bl. 20. – S. 231: Aus dem Kriegstagebuch des 3. Bataillons des 15. Polizeiregiments: SZAOR, Fonds 7021, Liste 148, Akte 4, Bl. 193; ZSt II 204 AR-Z 38/70, Bd. 2, Bl. 369 und 371. – S. 233: Aus dem Erfahrungsbericht des stellvertretenden Führers der 10. Kompanie des 3. Bataillons des 15. Polizeiregiments über die Vernichtung der Ortschaft Borki in der Zeit vom 22. 9.–26. 9. 1942: SZAOR, Fonds 7021, Liste 148, Akte 2, Bl. 358–362. – S. 235: Schreiben des Generalkommissars von Weißrußland, Wilhelm Kube, an den Reichskommissar für das Ostland, Hinrich Lohse, vom 31. Juli 1942: ZSt 202 AR-Z 184/67, Bl. 1173. – S. 237: Schreiben des Gebietskommissars von Sluzk, Heinrich Carl, an den Generalkommissar von Weißrußland in Minsk, Wilhelm Kube, in dem er sich über das brutale Vorgehen des 11. Polizeibataillons gegen die Sluzker Juden am 27. und 28. Oktober 1941 beschwert (Auszug): Slg. Nürnberger Dokumente PS-1104, IMT, Bd. XXVII, S. 4–8. – S. 239: Befehl des Kommandeurs der Sicherheitspolizei und des SD Weißrußlands, SS-Obersturmbannführer Strauch, vom 5. Februar 1943 über die Räumung des Gettos von Sluzk: ZSt 202 AR-Z 282/59, Bd. I, Bl. 185–188. – S. 240: Aussage des Angehörigen der KdS/BdS-Dienststelle Minsk, Abt. IV, Rudolf Rübe, über seine Beteiligung bei der Räumung des Gettos von Sluzk am 8. Februar 1943: ZSt 202 AR-Z 282/59. – S. 242: Abschlußbericht des Stadtkommissars von Minsk, Becker (nach der Flucht in Forbach, Schwarzwald), vom 27. Juli 1944 an den Generalkommissar von Weißrußland, Kurt von Gottberg (nach der Flucht in Bielitz, südl. von Kattowitz), über die Räumung der Stadt Minsk am 2./3. Juli 1944: ZSt 202 AR-Z 184/67, Bl. 16–37. – S. 244: Meldung über eine Großrazzia in Minsk Ende April 1943: Meldungen aus den besetzten Gebieten Nr. 55 vom 21. 5. 1943: Bundesarchiv, Koblenz, Bestand R 58/224/190–191. – S. 246: Anordnung des Feldkommandanten vom 19. Juli 1941 zur Errichtung des Gettos von Minsk: SZAOR von Belorußland, Minsk. – S. 247: Bericht des Ministerialrats Xaver Dorsch vom 10. 7. 1941 an den Minister für die besetzten Ostgebiete, Alfred Rosenberg, über das Zivilgefangenenlager in Minsk: SZAOR, Fonds 7445, Liste 2, Akte 138, Bl. 180–182; Slg. Nürnberger Dokumente PS-022, IMT, Bd. XXV, S. 81 f. – S. 248: Schreiben des Verwalters des Minsker Gerichtsgefängnisses Guenther vom 31. Mai 1943 an den Generalkommissar von Weißrußland, Wilhelm Kube: ZSt, Versch. Ordn. 110, Bild 320. – S. 248: Schreiben an den Leiter der Gruppe II D im Reichssicherheitshauptamt Berlin, SS-Obersturmbannführer Walter Rauff, zuständig für die technische Weiterentwicklung der Gaswagen: aus: Adalbert Rückerl: NS-Prozesse, Karlsruhe 1971, Dokumentenanhang. – S. 251: Aussage des Gaswagenfahrers SS-Hauptscharführer Haßler: ZSt 202 AR-Z 287/60, Bl. 2273–2287. – S. 252: Aus den Tätigkeitsberichten des SS-Unterscharführers Arlt: aus: Unsere Ehre heißt Treue, Wien 1965, S. 246. – S. 254: Aussage des Leiters der Abt. IV (Exekutive) des Befehlshabers der Sicherheitspolizei und des SD Minsk, Georg Heuser, über die Erschießungen in Blagowschtschina: ZSt 2 AR-Z 282/59, Bl. 493–497, Handakte Heuser, Ordn. I. – S. 255: Aussage des Angehörigen der Abt. IV des KdS/BdS Minsk, Johann Paul Rumschewitsch, über die Exekutionsstätte Blagowschtschina bei Trostenez: ZSt 2 AR-7-3/61, Bl. 579, 580 und 590. – S. 257: Aus dem Bericht »Minsk – Im Lager der deutschen Juden« von Karl Loewenstein: aus: Das Parlament, Beilage B XXXXV/56 vom 7. November 1956, S. 705–718. – S. 258: Bericht des SS-Untersturmführers Becker an SS-Obersturmbannführer Walter Rauff im Reichssicherheitshauptamt, Berlin: Slg. Nürnberger Dokumente, IMT, Bd. XXVI, S. 103 ff. – S. 259: Aussage des Leiters des Arbeitskommandos des Sonderkommandos 1005-Mitte in Trostenez, Adolf Rübe, über die Verbrennung von Juden bei lebendigem Leib an der Enterdungsstelle Blagowschtschina Anfang November 1943: ZSt 202 AR-Z 22/60, Bl. 48 ff. – S. 260: Aussage des Angehörigen der Schutzpolizei und des Bewachungskommandos der Leichenverbrennungsstätte in Blagowschtschina, Konrad Mütze: ZSt 202 AR-Z 22/60, Bl. 1835–1846. – S. 262: Aussage des Angehörigen der Minsker BdS-Dienststelle, Friedrich Golke, über die Exekutionsstätte Schaschkowka beim Lager Trostenez: ZSt II 202 AR-Z 3/61, Bl. 22 f. – S. 263: Schreiben an den SS- und Polizei-Gebietsführer von Borisov über die Vernichtung des Dorfes Chatyn: ZSt UdSSR Ordn. 245 Aa, Bild 390. – S. 264: Bericht des Angehörigen des Abwehrkommandos B, Soennecken, vom 24. Oktober 1941 über die Judenerschießungen bei der Räumung des Gettos von Borisov vom 20. bis 21. Oktober 1941: ZSt 202 AR-Z 9/66, Bl. 253–256. – S. 267: Aussage von Generalmajor Gottfried von Erdmannsdorff, Kom-

mandant des Festen Platzes Mogilov, am 17. Januar 1946 während des Minsker Prozesses: Minsker Prozeß, Minsk 1947, Protokoll S. 86–90. – S. 268: Aussage des Chefs der Sicherheitspolizei und des SD von Orscha, Hans Hermann Koch, am 17. Januar 1946 im Minsker Prozeß: Minsker Prozeß, Minsk 1947, Protokoll S. 106–116. – S. 269: Mitteilung der Außerordentlichen Staatlichen Kommission über die Liquidierung von Kriegsgefangenen und Zivilisten in Smolensk und Umgebung von Juli 1941 bis September 1943 (Auszug): SZAOR, Fonds 7021, Liste 116, Protokoll 19; abgedruckt in: Istwestija Nr. 263 vom 6. November 1943; auch in: Eine Schuld, die nicht erlischt. Dokumente über deutsche Kriegsverbrechen in der Sowjetunion, Köln 1987, S. 167 ff. – S. 270: Mitteilung der Außerordentlichen Staatlichen Kommission über die Zerstörung und Ausplünderung der Stadt Smolensk (Auszug): abgedruckt in: Istwestija, Nr. 263 vom 6. November 1943. – S. 271: Bericht des Lagerkommandanten des Dulag 240 (Smolensk) vom 25. Oktober 1941 (Auszug): ZSt Verschied. Ordn. 118, Bild 157–164. – S. 272: Befehl zur Zerstörung beim Rückzug der deutschen Truppen vom 7. September 1943: SZAOR, Fonds 7021, Liste 148, Akte 174, Bl. 2. – S. 272: Befehl der 281. Sicherungsdivision vom 16. Juli 1943 über den zwangsweisen Einsatz der Zivilbevölkerung zum Minenräumen: Zentrales Staatsarchiv (ZStA), Potsdam, Fall 12, Bd. 126, Bl. 241.
Die Fotos auf den Seiten 4, 43 und 75 wurden dem Autor von der ehemaligen Presseagentur Nowosti (APN), das Umschlagfoto sowie die Fotos auf den Seiten 106, 119 und 169 von verschiedenen Archiven in der Sowjetunion auf seinen Reisen zur Verfügung gestellt. – S. 34: aus: Rudolf Gschöpf: Mein Weg mit der 45. Infanteriedivision, Linz 1955, S. 153.
S. 87: Die Postkarte des Ehepaares Jacoby wurde dem Autor von Jessica Jacoby, Berlin, zur Verfügung gestellt.

Ortsregister

Die kursiv gedruckten Ziffern verweisen auf den Anmerkungsteil

Personenregister

Die kursiv gedruckten Ziffern verweisen auf den Anmerkungsteil.
Bei einigen Personen konnten die Vornamen leider nicht ermittelt werden.

Moderne kritische Militärgeschichte

Horst Boog/
Jürgen Förster/
Joachim Hoffmann/
Ernst Klink/
Rolf-Dieter Müller/
Gerd R. Ueberschär
Der Angriff auf die Sowjetunion
Band 11008

Wilhelm Deist/
Manfred Messerschmidt/ Hans-Erich Volkmann/
Wolfram Wette
Ursachen und Voraussetzungen des Zweiten Weltkrieges
Band 4432

Horst Boog/
Werner Rahn/
Reinhard Stumpf/
Bernd Wegner
Die Welt im Krieg 1941 - 1943
Band 1:
Von Pearl Harbor zum Bombenkrieg in Europa
Band 11698
Band 2:
Von El Alamein bis Stalingrad
Band 11699

Paul Kohl
Der Krieg der deutschen Wehrmacht und der Polizei 1941-1944
Sowjetische Überlebende berichten
Band 12306

Rolf-Dieter Müller
Hitlers Ostkrieg und die deutsche Siedlungspolitik
Die Zusammenarbeit von Wehrmacht, Wirtschaft und SS
Band 10573

(Hg.) Wolfram Wette/
Gerd R. Ueberschär
Stalingrad
Mythos und Wirklichkeit einer Schlacht
Band 11097

Fischer Taschenbuch Verlag

fi 1715 / 3